I0187348

# MUTTERS AGENDA

## XI

1970

Titel der französischen Originalausgabe:
*L'Agenda de Mère, 1970*
© 1981 Institut de Recherches Évolutives, Paris.

Deutsche Erstauflage 2001

ISBN 978-3-910083-61-5

Alle Rechte vorbehalten

*Diese Agenda …*
*ist mein Geschenk*
*an die, die mich lieben*

Mutter

## Biographische Anmerkung

MUTTER wurde am 21. Februar 1878 in eine Pariser Familie gänzlich materialistischer Überzeugung geboren. Sie studierte Musik, Malerei und höhere Mathematik. Als Schülerin des französischen Malers Gustave Moreau lernte sie die großen Impressionisten der Epoche kennen. Später traf sie Max Théon, eine mysteriöse Persönlichkeit mit außerordentlichen okkulten Fähigkeiten, der ihr als erster eine zusammenhängende Erklärung all der spontanen Erfahrungen gab, die sie seit ihrer Kindheit hatte, und der sie bei zwei langen Besuchen auf seinem Anwesen in Algerien die Geheimnisse des Okkultismus lehrte. 1914 besuchte sie die französische Kolonialstadt Pondicherry in Südindien, wo sie Sri Aurobindo begegnete, der dort als indischer Freiheitskämpfer vor den Briten Zuflucht gefunden hatte. Nach einem Aufenthalt in Japan und einem kurzen Besuch in China kehrte sie 1920 endgültig nach Pondicherry zurück. Als Sri Aurobindo sich 1926 zurückzog, um der Erforschung einer neuen Evolutionsmacht in der Materie nachzugehen, übernahm sie die Leitung seines Ashrams und bemühte sich vergeblich, die Schüler zu einem neuen Bewußtsein zu erwecken. 1958, acht Jahre nach Sri Aurobindos Abschied, zog auch sie sich zurück, um *das* Problem anzugehen: eine Veränderung im Bewußtsein der Körperzellen. Von 1958 bis 1973 deckte sie allmählich den „Großen Übergang" zu einer neuen Spezies und einem neuen Lebensmodus in der Materie auf. Dabei erzählte sie Satprem von ihren außerordentlichen Erfahrungen, und das ist die *Agenda*.

(Siehe Satprems biographische Trilogie: *Mutter: 1. Der Göttliche Materialismus, 2. Die Neue Spezies, 3. Die Mutation des Todes*, Verlag Hinder + Deelmann, Gladenbach 1992-94.)

SATPREM wurde 1923 in Paris geboren. Den Großteil seiner Kindheit verbrachte er auf Segelfahrten vor der bretonischen Küste. Mit zwanzig wurde er wegen Widerstandsaktivitäten von der Gestapo verhaftet und verbrachte anderthalb Jahre in deutschen Konzentrationslagern. Körperlich und seelisch zutiefst erschüttert, reiste er nach seiner Befreiung zunächst nach Indien, um einen Posten in der französischen Kolonialregierung in Pondicherry anzutreten. Dort begegnete er Sri Aurobindo, der verkündet hatte: „Der Mensch ist ein Übergangswesen". Daraufhin verließ er seinen Posten und begab sich auf eine Reihe von Abenteuern, die ihn nach Guayana, Brasilien und Afrika führten, bevor er 1953 nach Indien zurückkehrte. Er wanderte als Sannyasin durchs Land, wurde in den Tantrismus eingeweiht, bis er sich schließlich dem Werk von Mutter und Sri Aurobindo widmete.

Als Mutters Vertrauter zeichnete er siebzehn Jahre lang ihre Erfahrungen auf und dokumentierte ihre Suche nach einer Veränderung im Programm der Zellen, die zu einer anderen Sicht des Todes führte.

1977, vier Jahre nach Mutters Tod, gründete er in Paris das Institut de Recherches Évolutives, um die vollständige Veröffentlichung der *Agenda* sicherzustellen.

# CHRONIK DES WELTGESCHEHENS

## 1970

| | |
|---|---|
| 5. Januar | Erdbeben in China: eine „Katastrophe". |
| 11. Januar | In Biafra endet der Widerstand nach 30 Monaten Krieg. |
| 17. Januar | Erneute Unruhen an mehreren Pariser Universitäten. In Lille verbrennt sich ein sechzehnjähriger Student; bis zum 30. begehen weitere sechs Schüler auf die gleiche Art Selbstmord. |
| 20. Januar | Erfolgloser Staatsstreich im Irak, gefolgt von Hinrichtungen. |
| 1. Februar | Papst Paul VI. schließt jegliche Diskussion über eine Lockerung des Zölibats in der Kirche aus. |
| 3. Februar | Tod Bertrand Russells. |
| 11. Februar | Japan bringt als viertes Land einen Satelliten in Erdumlaufbahn. |
| 21. Februar | Mutter wird zweiundneunzig. |
| | In Laos erobern die kommunistischen Streitkräfte die Jar-Ebene. |
| 23. Februar | Guyana wird eine Republik innerhalb des Commonwealth. |
| 2. März | Rhodesien wird zur Republik. |
| 5. März | Der Atomwaffensperrvertrag tritt in Kraft, unterzeichnet von 45 Ländern. |
| 18. März | In Kambodscha wird Prinz Norodom Sihanouk durch einen rechtsgerichteten Staatsstreich entmachtet. |
| 28. März | Ein Erdbeben in Anatolien (Türkei) fordert mehr als tausend Todesopfer. |
| 14. April | Die *Apollo-13*-Mission schlägt fehl und endet mit einer Notlandung am 17. April. |
| 20. April | US-Präsident Nixon kündigt an, daß er innerhalb eines Jahres 150000 Soldaten aus Vietnam abziehen will. |
| 24. April | China startet seinen ersten Satelliten. |
| 12. Mai | Israel beginnt einen Luft- und Bodenangriff gegen Libanon. |
| 31. Mai | Ein Erdbeben in Peru fordert 20000 Todesopfer. |
| 10. Juni | Die nordvietnamesischen Streitkräfte besetzen die Tempel von Angkor-Vat. |
| 29. Juni | Die US-Truppen ziehen sich aus Kambodscha nach Südvietnam zurück. |
| 7. August | Israel und Ägypten einigen sich auf einen 90-tägigen Waffenstillstand, den die palästinensischen Guerillas ablehnen. |
| 12. August | Deutschland und die UdSSR unterzeichnen in Moskau einen Nicht-Angriffs-Pakt. |
| 2. Sept. | Das indische Parlament beschließt die Abschaffung der Privilegien der Maharajas. |
| 16. Sept. | Das Widerstandskomitee der Palästinenser setzt Yassir Arafat als Verantwortlichen der „Revolutionskräfte" ein. |
| 28. Sept. | Tod des ägyptischen Präsidenten Nasser; Anwar Sadat tritt seine Nachfolge an. |
| 8. Oktober | Solschenizyn erhält den Literatur-Nobelpreis. |
| 9. Oktober | Kambodscha erklärt sich als Republik der Khmer. |

| | |
|---|---|
| 12. Oktober | Nixon kündigt den Abzug weiterer 40000 amerikanischer Soldaten bis Weihnachten an. |
| 14. Oktober | China zündet eine 3 Megatonnen-Atombombe. |
| 24. Oktober | In Chile wird Salvador Allende, ein marxistischer Sozialist, zum Präsidenten gewählt. |
| 4. Nov. | Die *Concorde-001* fliegt mit zweifacher Schallgeschwindigkeit. |
| 13. Nov. | Die südlichen Gebiete von Ostpakistan werden von einem Orkan und einer Flutwelle verwüstet: mehr als eine Million Todesopfer. |
| 17. Nov. | Die sowjetische Raumsonde *Luna 17* setzt ein unbemanntes Fahrzeug auf dem Mond ab. |
| 20. Nov. | Die erste Abstimmung über die Aufnahme Chinas in die UNO verfehlt die erforderliche Zweidrittelmehrheit. |
| 23. Nov. | Papst Paul VI. beschließt, daß Kardinäle, die über achtzig Jahre alt sind, nicht mehr bei den Wahlen neuer Päpste mitstimmen dürfen. |
| 26. Nov. | Solschenizyn verzichtet auf eine Reise nach Stockholm für die Verleihung seines Literatur-Nobelpreises. |
| 27. Nov. | Kurz nach seiner Ankunft in Manila entgeht Papst Paul VI. nur knapp einem Attentat durch einen bolivianischen Maler. |
| 1. Dez. | Italien legalisiert die Ehescheidung (nur unter gewissen Voraussetzungen). |
| 7. Dez. | Sheikh Mujibur Rahmans Partei erreicht in Ostpakistans ersten Landeswahlen eine absolute Mehrheit. Z.A. Bhuttos Partei hält den westlichen Landesteil. Am 9. fordert Mujibur Rahman die volle Autonomie für Ostpakistan (das heutige Bangladesch). |
| 14. Dez. | In Polen lösen drastische Preiserhöhungen gewaltsame Auseinandersetzungen zwischen Demonstranten und der Polizei aus. Am 20. tritt Edward Gierek die Nachfolge von Wladyslav Gomulka als Erster Sekretär der Kommunistischen Partei an. |

*Januar*

## 1. Januar 1970

Die Welt bereitet sich auf eine große Veränderung vor.

Wollt ihr mithelfen?

\*
\* \*

*(Etwas später kommentiert Mutter diese Botschaft
mit folgenden Worten:)*

Diese große Veränderung ist die Entstehung einer neuen Spezies auf der Erde, die im Vergleich zum Menschen das sein wird, was der Mensch im Vergleich zum Tier war.

Das Bewußtsein dieser neuen Spezies ist bereits am Werk auf der Erde, um all diejenigen zu erleuchten, die fähig sind, es zu empfangen und darauf zu hören.

## 3. Januar 1970

*(Fortsetzung des Gesprächs vom 31. Dezember 1969
über Auroville und das Matrimandir)*

*Liebe Mutter, ich hatte Paolo [den italienischen Architekten]
hergebeten; er wartet draußen.*

Ja ... Da gibt es etwas Interessantes.

Schon seit langem hatte ich etwas gefühlt; dann sprachen wir neulich darüber, und ich SAH ... Ich erzählte das R [dem Architekten von Auroville] und bat ihn, Paolo zu treffen, auch sagte ich ihm, daß ich GESEHEN hätte, was zu tun sei. Natürlich sagte er nicht nein, er stimmte allem zu, aber ich spürte, daß er nicht die Absicht hat ...

Wie dem auch sei, ich sah überaus deutlich – das heißt, es war und IST noch immer so, und zwar hier *(Mutter deutet einen ewigen Plan an)* – das Innere dieses Ortes [des Matrimandirs].

*Solltest du das nicht Paolo sagen?*

Jetzt sofort?... Gut ... Mir fällt es leichter zu sprechen, wenn ich mit dir allein bin.

*Ja, dann sprich, liebe Mutter!*

Ich könnte es beschreiben. Es kam so: eine Art Saal wie das Innere einer Säule, ohne Fenster. Die Lüftung wird künstlich gewährleistet, mit Hilfe dieser Apparate *(Mutter deutet auf eine Klimaanlage)*, und darüber nur ein Dach. Die Sonne wird in den Mittelpunkt leuchten, oder wenn die Sonne nicht scheint (nachts oder an trüben Tagen), erfolgt die Beleuchtung mit elektrischen Scheinwerfern. Die Idee ist, sofort eine Art Modellversion zu bauen, die ungefähr hundert Personen aufnehmen könnte. Wenn die Stadt erst einmal fertig gebaut ist und man die notwendige Erfahrung hat, dann läßt sich etwas Großes bauen – etwas wirklich Großes mit Platz für tausend bis zweitausend Personen. Die zweite Version wird später um die erste herum gebaut, das heißt, die erste wird erst weichen, wenn die zweite fertig ist.

Das also ist die Idee.

Um das Paolo zu erklären (und falls ich eine Möglichkeit sehe, auch R), bräuchte ich jedoch einen Plan. Ich werde einen anfertigen lassen – ich selbst kann es nicht mehr; früher hätte ich das gekonnt, aber jetzt sehe ich nicht mehr gut genug. Gleich heute Nachmittag werde ich in meiner Gegenwart einen Plan anfertigen lassen, und damit könnte ich die Sache dann gut erklären. Dir wollte ich einfach erzählen, was ich sah ...

Es wird ein zwölfseitiger Turm sein – jede Seite repräsentiert einen Monat des Jahres –, und der obere Teil, das Dach des Turmes, wird so sein *(Mutter deutet mit einer Geste ungefähr folgendes an:)*

Im Innern sind zwölf Säulen – die Wände und zwölf Säulen – und genau in der Mitte, auf dem Boden, mein Symbol. Darauf stehen vier Symbole von Sri Aurobindo, die an den Ecken verbunden sind und ein Quadrat bilden, und darauf ... eine Kugel. Eine Kugel, die möglichst aus einem durchsichtigen Material bestehen sollte mit (oder ohne) einem Licht im Innern, jedenfalls müßte das Sonnenlicht auf die Kugel fallen. So wird das Licht dem Monat oder dem Augenblick entsprechend hierhin oder dorthin wandern ... *(Geste, den Gang der Sonne beschreibend),* verstehst du? Es wird eine ständige Öffnung geben, durch die ein Lichtstrahl fällt. Kein diffuses Licht, sondern ein gebündelt einfallender Lichtstrahl. Um dies zu bewerkstelligen, bedarf es gewisser technischer Kenntnisse, und deshalb möchte ich mit einem Ingenieur eine Zeichnung anfertigen.

In diesem Saal wird es weder Fenster noch andere Lichter geben, so daß nur durch diesen Lichtstrahl Tag und Nacht immer eine Art helles Halbdunkel herrscht – tagsüber durch die Sonne, nachts durch einen künstlichen Lichtstrahl. Und auf dem Boden: nichts außer einem Belag wie hier *(in Mutters Zimmer),* das heißt, zuunterst Holz (oder etwas anderes), darauf ein weicher Schaumgummibelag und schließlich ein Teppich. Der Teppich bedeckt den gesamten Boden – außer in diesem Zentrum. Die Leute könnten sich überall hinsetzen. Und dann die zwölf Säulen – für diejenigen, die etwas zum Anlehnen brauchen.

Auf alle Fälle wird man nicht dorthin gehen, um „regelmäßige Meditationen" oder so etwas abzuhalten (die interne Organisation wird später geregelt), sondern dies wird ein Ort der Konzentration sein. Nicht jeder wird kommen können; Besuchern wird zu einer bestimmten Zeit der Woche oder des Tages der Zugang gestattet sein, aber keinesfalls eine Mischung. Zu einer bestimmten Stunde oder an einem bestimmten Tag kann es Besuchern gezeigt werden, aber während der übrigen Zeit haben nur diejenigen Zugang, die ... ernsthaft und aufrichtig lernen wollen, sich zu konzentrieren.

So ist es gut, glaube ich.

Es war da *(Geste, eine Vision von oben anzeigend),* beim Sprechen sehe ich es noch immer vor mir – ich SEHE. So, wie ich es sehe, ist es jedenfalls wirklich sehr schön ... Eine Art Halbdunkel, so daß man noch sehen kann, aber SEHR ruhig, und sehr helle und intensive Lichtstrahlen, die auf die Kugel fallen (das projizierte, künstliche Licht sollte etwas golden sein, es darf nicht kalt wirken – dies hängt von den Scheinwerfern ab). Eine Kugel aus einem Plastikmaterial oder ... ich weiß nicht was.

*Kristall?*

Ja, wenn möglich. Für den kleinen Tempel braucht die Kugel nicht sehr groß zu sein: etwa so groß *(ungefähr 30 cm)* wäre in Ordnung. Aber für den großen Tempel sollte sie entsprechend größer bemessen sein.

*Wie wird denn der große Tempel gebaut? Über dem kleinen?*

Nein, nein – der kleine wird wieder verschwinden.

*Ach so. Er wird verschwinden, und man baut den andern.*

Aber der große wird erst später gebaut, jedoch wirklich groß bemessen ... Der kleine wird erst verschwinden, wenn der große fertig ist. Bis die Stadt fertig ist, wird es sicher zwanzig Jahren dauern (bis wirklich alles eingerichtet ist). Das gleiche gilt für die Gärten: alle Gärten, die zu Beginn angelegt werden, sind für jetzt, aber in zwanzig Jahren erfordert das einen anderen Maßstab; bis dahin muß es etwas wirklich ... wirklich Schönes sein. Und ich frage mich, aus welchem Material man diese Kugel, die große, anfertigen soll ... Die kleine vielleicht aus Kristall: so groß *(30 cm)* würde sicher genügen. Man muß die Kugel von allen Ecken des Saals aus sehen können.

*Sie darf wohl auch nicht zu hoch über dem Boden sein.*

Nein, Sri Aurobindos Symbol braucht nicht sehr groß zu sein, etwa so ...

*Fünfundzwanzig, dreißig Zentimeter?*

Höchstens, allerhöchstens.

*Das heißt, die Kugel wird sich ungefähr auf Augenhöhe befinden.*

Ja, genau, auf Augenhöhe.

Eine SEHR ruhige Atmosphäre. Sonst NICHTS: große Säulen ... Was den Stil der Säulen betrifft ... ob rund oder auch zwölfeckig? Jedenfalls ZWÖLF Säulen.

*Und ein Dach aus zwei Ebenen?*

Ja, ein Dach aus zwei Ebenen, um die Sonne durchzulassen.

Es muß so konstruiert sein, daß kein Regen reinkommt. Man sollte nichts öffnen oder schließen müssen, wenn es regnet; es muß so konstruiert sein, daß der Regen nicht eindringen kann. Und die Sonne muß ALS STRAHL hereinscheinen: nicht diffus. Deshalb muß die Öffnung begrenzt sein ... Dazu braucht es einen ausgezeichneten Ingenieur, der sein Handwerk wirklich versteht.

*Und wann werden sie damit beginnen?*

Ich würde am liebsten sofort anfangen, sobald die Pläne vorliegen. Es gibt zwei Probleme: zunächst die Pläne (die Arbeiter kann man bekommen) und dann das Geld ... Ich glaube, die Idee dieses kleinen Modells ist realisierbar („klein" ist eine bloße Redensart, denn um problemlos hundert Leute aufnehmen zu können, muß es schon recht groß sein). Für den Anfang also ein kleineres Modell. Beim Bau dieses kleineren Modells wird man lernen und das große erst dann bauen, wenn die Stadt fertig ist – also nicht sofort.

Ich habe mit R darüber gesprochen, und am nächsten Morgen sagte er mir: „Ja, aber es wird Zeit brauchen, um das zu arrangieren." (Ich hatte ihm nicht all das erklärt, was ich dir gerade erzählt habe; ich sagte ihm lediglich, daß wir etwas bauen wollen). Danach hatte ich die Vision dieses Saals, deshalb brauche ich niemanden mehr, um die Grundform zu entwerfen: ich kenne sie. Eigentlich braucht es eher einen Ingenieur als einen Architekten, denn ein Architekt ... Es sollte so einfach wie möglich sein.

*Ich hatte Paolo erzählt, was du gesehen hast: diesen großen leeren Saal, worin sich nichts befand. Das hat ihn sehr berührt, er sah genau diesen großen leeren Saal. Er versteht sehr gut. Und „leer" bedeutet einfach eine Form.*

Aber eine Form ... wie ein Turm ... (deshalb wollte ich eine Skizze haben, um das zu zeigen) mit zwölf gleichen Seiten, und die Wand sollte nicht gerade sein, sondern so *(leicht geneigte Geste)*, ich weiß nicht, ob das möglich ist. Und im Innern zwölf Säulen. Außerdem muß man einen Weg finden, um die Sonne einzufangen: damit sie zu jeder Jahreszeit hereinscheinen kann ... Wir brauchen also jemanden, der sein Handwerk versteht.

Was das Äußere betrifft ... das habe ich nicht gesehen, überhaupt nicht. Ich sah nur das Innere.

Ich wollte es Paolo erklären, sobald ich die Pläne habe, das wäre leichter gewesen, aber da du ihn schon heute hergebeten hast ...

*(Sujata bittet Paolo einzutreten. Er bringt eine Girlande aus rosaroten „Harmonie"-Blüten mit. Mutter schenkt ihm eine orangefarbene Hibiskusblüte – die Blume Aurovilles –, mustert ihn und beginnt zu sprechen:)*

Seitdem wir uns zum Bau dieses Tempels entschlossen haben, sah ich folgendes (ich sah es von innen). Gerade habe ich versucht, dies Satprem zu beschreiben. Aber in einigen Tagen werde ich Pläne und Zeichnungen haben und es genauer erklären können. Ich weiß allerdings noch nicht, wie das Äußere gestaltet werden soll, aber ich weiß, wie das Innere aussieht.

*(Paolo:) Das Äußere ergibt sich aus dem Inneren.*

Es soll eine Art Turm sein mit zwölf gleichen Seiten, die die zwölf Monate des Jahres darstellen – ein völlig leerer Turm ... Er sollte hundert bis zweihundert Personen aufnehmen können. Um das Dach zu stützen, werden im Innern (nicht außen: innen) zwölf Säulen stehen, und genau in der Mitte wird sich das Objekt der Konzentration befinden ... Je nach Position der Sonne wird ihr Licht das ganze Jahr über IN STRAHLEN einfallen (nicht als diffuses Licht, deshalb muß eine Vorrichtung gefunden werden, um das Licht in Strahlen zu bündeln) – so wird sich der Strahl je nach Tageszeit und Monat drehen (zu diesem Zweck wird oben eine Vorrichtung angebracht), so daß der Strahl stets direkt auf die Mitte gerichtet bleibt. Im Zentrum befindet sich das Symbol *(von Mutter)* und daraufstehend das Symbol von Sri Aurobindo, das eine Kugel trägt. Die Kugel sollte aus einem durchsichtigen Material bestehen: aus Kristall oder ... Eine große Kugel. Die Leute dürfen diesen Saal betreten, um sich zu konzentrieren – *(lachend)* um zu lernen, sich zu konzentrieren. Keine zeitlich festgelegten Meditationen, nichts dergleichen, aber sie sollten hier in Stille verweilen – in Stille und Konzentration.

*(P:) Sehr schön.*

Aber der Ort sollte so einfach wie nur möglich sein. Der Fußboden so, daß die Leute es bequem haben, damit sie nicht dadurch abgelenkt werden, daß es ihnen hier oder da weh tut.

*(P:) Sehr schön.*

In der Mitte des Bodens wird mein Symbol sein, aus dessen Zentrum sich vier Symbole von Sri Aurobindo erheben, wie die vier Seiten eines Quadrats angeordnet, die eine durchsichtige Kugel tragen.

So wurde es gesehen.

Nun lasse ich von einem Ingenieur die ersten einfachen Pläne erstellen, um es zu veranschaulichen, und sobald diese fertig sind, werde ich sie dir zeigen. Dann sehen wir weiter.

Für die Mauern wird man wahrscheinlich Stahlbeton verwenden müssen.

*(P:) Die ganze Struktur kann aus Stahlbeton bestehen.*

Das Dach sollte wahrscheinlich schräg sein, und in der Mitte muß eine spezielle Vorrichtung für die Sonne angebracht werden.

*(Satprem:) Du sagtest, daß du die Wände etwas schräg sahst.*

Entweder sollten die Wände schräg sein oder das Dach – so, wie es am leichtesten zu realisieren ist. Man kann die Wände auch gerade machen und das Dach schräg, wobei der obere Teil von den zwölf Säulen getragen wird. Ganz oben wird die Vorrichtung für die Sonne angebracht.

Und im Innern: nichts. Nur die Säulen. Die Säulen ... ich weiß nicht, man wird sehen, ob man sie auch zwölfeckig oder einfach rund macht.

*(P:) Rund.*

Oder viereckig – das wäre zu überlegen.

Der Fußboden wird mit etwas Dickem und Weichem belegt. Hier ... (sitzt ihr hier bequem?... Ja?), hier ist zuunterst Holz, dann diese Art Schaumgummi und darüber ein Wollteppich.

*(Satprem:) Mit deinem Symbol?*

Nicht der Teppich. Das Symbol, dachte ich, wäre besser aus etwas Solidem angefertigt.

*(P:) Aus Stein.*

Das Symbol ... Das Ganze wird darum herum angeordnet sein. Das Symbol wird nicht alles ausfüllen, sondern sich nur in der Mitte des Raumes befinden – *(lachend)* man darf sich nicht auf das Symbol setzen ... Es wird in der Mitte sein. Die Größe des Symbols in seinem Verhältnis zum Ganzen und im Vergleich zur Höhe ist noch sorgfältig zu erwägen.

*(P:) Und der Saal soll sehr groß sein?*

Oh, ja! Das muß er sein. Es sollte eine Art Halbdunkel herrschen, nur erhellt von diesen Sonnenstrahlen – der Sonnenstrahl muß SICHT-BAR sein.

Ein Sonnenstrahl.

Je nach Tageszeit und Monat wird die Sonne dann wandern. Und nachts, sobald die Sonne untergegangen ist, werden Scheinwerfer eingeschaltet, die den gleichen Effekt und die gleiche Farbtönung produzieren. Tag und Nacht wird das Licht dort scheinen. Keine Fenster und keine andere Beleuchtung: nichts. Eine Klimaanlage für die Lüftung (in den Mauern eingebaut, das ist nicht schwierig).

Und STILLE. Innen wird nicht gesprochen.

So wird es gut sein.

Sobald meine Pläne fertig sind, werde ich dich rufen, um sie dir zu zeigen.

*(P:) Sehr gut.*

*(Zu Sujata:)* Gib mir doch bitte eine Rose für ihn!

> *(Mutter überreicht Paolo zwei rote Rosen,*
> *Paolo zieht sich zurück)*

17

Ich habe ihn nicht gefragt, ob er R gesehen hat, denn ... R steckt völlig in der „praktischen" Atmosphäre des Hier und Jetzt.

Gut. Und jetzt los damit!

Weißt du, ich habe folgendes gelernt: Die Religionen sind gescheitert, weil sie uneins waren – sie wollten, daß man sich ihrer Religion unter Ausschluß aller anderen Religionen anschließe. Jegliches menschliche Wissen ist gescheitert, weil es auf Ausschließlichkeit bestand; und der Mensch ist gescheitert, weil er ausschließlich sein wollte. Was das neue Bewußtsein fordert und worauf es beharrt, ist: keine Trennungen mehr. Fähig zu sein, das höchste Spirituelle sowie das gröbste Materielle zu verstehen und ... den Verbindungspunkt zu finden, dort, wo dies ... zu einer wirklichen Kraft wird. Genau das will es jetzt auch dem Körper beibringen, und zwar mit den radikalsten Mitteln.

Das Unglück dabei ist – (lachend) ich nenne es ein „Unglück" –, daß sich dies bei den Leuten als Störung auswirkt und diejenigen, die mir in der Arbeit nahestehen, „krank" werden. Der eine liegt in der Klinik, der andere hat Beschwerden. Entsprechend ihrer Empfänglichkeit muß ich ihnen nun begreiflich machen, daß sie sich keine Sorgen machen sollten und es sich nicht um eine „Krankheit" handelt, sondern ... um den Widerstand des Körpers. Mein Körper hat aus seinen Schwierigkeiten gelernt ... Denn ständig ist es doch so: Wenn du die richtige Haltung einnimmst, geht alles bestens – vorausgesetzt, du fängst nicht an, den Körper zu beobachten, zu studieren: „Aha, so oder so ist das also, dies oder das fühlt er ..." Sobald man sich mit ihm beschäftigt und das Bewußtsein auf ihn richtet, geht etwas schief. Eine Störung tritt ein. Man muß so sein ... (nach oben gerichtete Geste). Und da ist etwas, das dennoch WEISS – es weiß, ohne zu beobachten (das ist schwer zu erklären). Und man sieht: Sobald das Bewußtsein der Zellen die wahre Haltung einnimmt, verwandelt sich die Störung und manifestiert sich nicht mehr als Störung. Die Beschaffenheit ihrer Manifestation verändert sich. Wie?...

Nicht nur das: Auch dieses „Dein-Wille-möge-geschehen" (ohne sich im geringsten darum zu kümmern, was dieser Wille überhaupt sei, also eine Akzeptanz, die von vornherein alles einschließt), auch dies wird auf ganz seltsame Weise ersetzt durch etwas, das nichts mit dem Denken und immer weniger mit dem Sehen zu tun hat, sondern das etwas Höheres ist, eine Wahrnehmungsweise, eine neue Art der Wahrnehmung: man weiß. Aber dies kam nur für einige wenige Sekunden. Ab und zu kommt es und ... Dann fangen die alten Gewohnheiten wieder an. Es geht weit, weit über das Denken und auch über das Sehvermögen hinaus. Bei dieser Wahrnehmung besteht keine Differenzierung der Organe mehr (Mutter berührt ihre Augen, ihre Ohren). Eine

Wahrnehmung, die … ja, die total ist (wenn man es näher beschreiben will): Sehvermögen, Hörvermögen und Wissen, alles zugleich. Etwas, das eine neue Art der Wahrnehmung darstellt. Ja, da weiß man eindeutig. Dies ersetzt das Wissen. Sobald man es aber auf die Ebene des Wissens bringen will, verschwindet es, und man verliert den Kontakt.

Gewiß handelt es sich bei alledem um das Bewußtsein dessen, was Sri Aurobindo das Supramental nannte[1]: das Wesen, das nach dem Menschen kommt. Wie wird es beschaffen sein? – Ich habe es noch nicht gesehen … Was den Übermenschen, das Übergangswesen betrifft, hatte ich einige Einblicke, doch man spürt deutlich, daß es sich da nur um ein Übergangswesen handelt. Wie aber wird das Wesen sein, das nach dem Übermenschen kommt? Ich weiß es nicht … Wir sind noch viel zu menschlich. Wenn wir das höchste Bewußtsein, das höchste Wesen – den Höchsten – visualisieren wollen, neigen wir aus Gewohnheit dazu, ihm eine menschenähnliche Gestalt zu verleihen … Ich sah dieses zukünftige Wesen (schon vor vielen Jahren); es handelte sich offensichtlich um eine viel harmonischere und ausdrucksvollere Gestalt als die menschliche, dennoch war es der menschlichen immer noch ähnlich: mit einem Kopf und mit Armen und Beinen und … Wird es so sein? Ich weiß es nicht. Zwangsläufig wird dies als Übergangswesen existieren. Bei der Entwicklung vom Tier zum Menschen gab es ja auch alle möglichen Arten von Affen als Zwischenstufen … Aber eines ist klar: die Leichtigkeit, die Unverletzlichkeit, die beliebig freie Fortbewegung und Leuchtkraft, all das zählt zu den supramentalen Eigenschaften, aber … Ach ja, sie kleideten sich auch willentlich: nichts Fremdes wird hinzugefügt, sondern die Substanz selbst nimmt bestimmte Formen an … All das habe ich gesehen und auch mit Sri Aurobindo diskutiert, und er selbst zeigte mir diesbezüglich ebenfalls gewisse Dinge (manchmal sehe ich ihn, und er zeigt mir Dinge). Er hat sich jedoch lediglich darüber geäußert, wie die Übergangsstufe sein wird. Aber alle Beschreibungen sind nicht von Belang. Und wenn ich ihn nachts sehe (manchmal verbringe ich viele Stunden mit ihm), dann geschieht dies so natürlich und spontan, daß ich dabei gar nicht erst anfange zu beobachten: „Dies ist so, jenes ist so usw.", nein. Mit einer gewissen Konzentration bleibt mir am nächsten Morgen zwar ein sehr starker Eindruck, aber die Einzelheiten, so wie sie uns hier erscheinen, lassen sich nicht wiedergeben.

Ebenso verhält es sich mit dieser Sache (Sri Aurobindo nennt es auch „Wahrnehmung"), mit dieser Wahrnehmung, die das Sehvermögen und

---

1 Diesen Teil des Gesprächs wird Mutter am 27. Mai 1970 fortsetzen und genauer erläutern.

all das ersetzt: während der Nacht ist sie sehr stark. Das ist schwierig zu beschreiben ... Beim Aufwachen bleibt immer noch der Eindruck, aber nicht die Fähigkeit. Die volle Fähigkeit ist nicht vorhanden.

*(Schweigen)*

Konkret werde ich versuchen, unser Vorhaben R verständlich zu machen. Aber mir schien, daß wir wahrscheinlich ... Wenn R hier ist, kümmert er sich vor allem um die praktischen Aspekte von „Auromodèle" (das ist sehr wichtig und auch sehr gut); aber den Bau des Zentrums möchte ich gern Paolo anvertrauen, und deshalb wäre das beste, Paolo bliebe hier, wenn R wieder weg ist, und dann werden wir es mit Paolo bauen. Allerdings will ich nicht, daß dabei ein Gefühl der Rivalität entsteht. Sie müssen begreifen, daß sie sich gegenseitig ergänzen sollen.

Ich glaube, Paolo wird das verstehen.

*Aber R wird dies als Einmischung in seine Kompetenzen auffassen ...*

Vielleicht nicht – ich will es versuchen. Ich werde es versuchen.

Nein, als ich ihm erklärte, daß wir das Zentrum bauen müssen – daß ich es gesehen habe, und daß es gebaut werden müsse –, hatte er nichts einzuwenden. Er sagte mir nur: „Aber das wird Zeit brauchen." Ich antwortete ihm: „Nein, es muß sofort gebaut werden." Aus diesem Grund lasse ich von einem Ingenieur Skizzen entwerfen, um sie ihm zu zeigen; denn dies ist nicht die Arbeit eines Architekten sondern eines Ingenieurs. Um das Sonnenlicht aufzufangen, sind sehr präzise Berechnungen erforderlich. Es muß jemand sein, der dies wirklich versteht. Der Architekt muß sich darum kümmern, daß die Säulen und die Mauern schön und die Proportionen richtig werden – all das ist sehr gut – und dann dieses Symbol in der Mitte. Um die Ästhetik muß sich der Architekt kümmern, aber die Berechnungen ... Das Wichtigste ist das Spiel der Sonnenstrahlen auf der Kugel im Zentrum. Denn dies wird das Symbol sein – das Symbol der zukünftigen Verwirklichung.

*(Mutter verharrt in Konzentration)*

Der Schritt, den die Menschheit SOFORT tun muß, ist ein endgültiges Abrücken von der Ausschließlichkeit. Denn in den Handlungen wirkt sich dies nicht nur symbolisch sondern tatsächlich als Teilung und Trennung aus, indem alle sagen: „Dies und nicht jenes". Nein: dies UND jenes ... und das und das dazu – und alles gleichzeitig. Flexibel und weit genug sein, um alles zu vereinen. Und genau daran stoße ich mich jetzt ständig, in ALLEN Bereichen – überall ... Auch im Körper. Der

Körper hat die Gewohnheit zu fordern: „Dies und nicht jenes, dies ODER jenes ..." Nein, nein, nein: dies UND das.

Die große Trennung ist: das Leben und der Tod – ja. Daraus ergibt sich alles. Worte sind idiotisch, aber: das Über-Leben ist Tod und Leben zusammen.

Warum es „Über-Leben" nennen? Wir neigen immer dazu, uns auf die eine Seite zu schlagen: Licht und Finsternis ... („Finsternis", nun ...)

Ach, wie klein wir sind! Man fühlt sich so klein ...

*<br>* *

*(Kurz darauf schlägt Satprem vor, in Mutters Kommentar zu den „Aphorismen" ein Wort zu ändern.)*

*Da ist ein Wort, das mir nicht ganz richtig zu sein scheint ...*

Oh, da wirst du eine Menge finden, mein Kind. Das habe ich dir bereits gesagt.

Erst gestern schrieb ich etwas in einem Brief an D, und kaum war der Brief abgesandt, sagte ich mir: „Nein, so hätte ich mich nicht ausdrücken sollen, sondern so ..." Ich hatte es nämlich in Eile geschrieben, in der Atmosphäre einer mentalen Tätigkeit neben mir *(ausgehend von Personen in Mutters Umfeld)*, die zwar nicht laut war, aber dennoch wirkte und es mir schwer machte, die Sache einzufangen, was mir erst hinterher gelang *(als die Leute gegangen waren)*.

Das war der Grund, warum ich die Kommentare noch einmal durchsehen wollte.

*Wir könnten sie zusammen durchsehen.*

*(Schweigen)*

Gestern sah ich noch einen Aphorismus ... Wenn ich diese Aphorismen mit meinen jetzigen Erfahrungen lese, sehe ich, daß Sri Aurobindo all das wußte. In diesen Aphorismen hatte er dies erfaßt, er hatte das berührt, und auch die Worte, die uns zunächst seltsam erscheinen oder selbst für das höchste intellektuelle Verständnis nicht ganz klar sind, haben einen Sinn. Gestern dachte ich plötzlich: „Sieh an, das war es also [was Sri Aurobindo sah]!" Zum Beispiel kam in dem Aphorismus, den ich gestern las, das Wort „Wahrnehmung" vor, und ich erinnere mich, wie ich mich vor einigen Jahren beim Übersetzen gefragt hatte: „Wahrnehmung, was will er damit wohl sagen?..." Jetzt verstehe ich es vollkommen. Es handelt sich um etwas, das nichts mit unseren

Sinnen zu tun hat: weder mit dem Sehen noch mit dem Gehör noch
... – Wahrnehmung. Er hat das Wort „Wahrnehmung" verwendet. Und
Wahrnehmung ist ein hervorragendes Wort.[1]

Dabei lese ich im Moment nur die Übersetzung; wenn ich das Origi-
nal wiedersähe, wäre es vielleicht noch frappierender.

*(langes Schweigen)*

Weißt du, wenn ich jetzt wieder mit all den Dingen in Kontakt
komme, die ich früher einmal gesagt habe, machen sie auf mich (trotz
all meiner Bemühungen, sie so klar wie möglich auszudrücken) dennoch so sehr den Eindruck, als seien es nur ... Worte des Unwissens
– basierend auf einer Wahl und der Gegensätzlichkeit: dies und nicht
jenes, das und nicht jenes andere, man bejaht, man verneint ... Jetzt
wirkt das so dumm und engstirnig – so engstirnig. Das, was man bei
den Menschen bewundert, die man als Heilige betrachtete (vor allem
die Heiligen), ist ihre Abkehr: die Abkehr von fast allem außer von Gott
*(Mutter deutet mit ausgestrecktem Zeigefinger in Richtung Himmel)*. Und
alles, alles, angefangen von der höchsten Sache – dem Zugang, der Art,
sich dem Göttlichen zu nähern – bis hin zur materiellsten: den Kör-
perfunktionen, alles, von oben bis unten, ist die gleiche Dummheit:
dies aber nicht das, jenes aber nicht dieses, dieses im Widerspruch
zu jenem, dies im Gegensatz zu jenem ... Alle Moralauffassungen,
alle sozialen Regeln und die gesamte materielle Organisation der Welt
basieren auf dieser Trennung. Und jetzt wird es immer offensichtli-
cher, daß dies das ALLERERSTE sein wird, was das höhere Wesen (das Sri
Aurobindo das „supramentale Wesen" nannte) abschaffen will.

Jetzt verstehe ich, warum er es „Supramental" anstatt „Übermensch" nannte. Er nannte es Supramental, weil der Übermensch
immer noch ... Dahingegen ist die ganze Existenzgrundlage dieses
Wesens anders: anstatt auf der Trennung zu basieren, basiert es auf
der Vereinigung. Der Mensch spricht viel von Vereinigung, aber er hat
nicht die geringste Ahnung, was das ist.

Das ist sehr interessant.

Der Körper spürt so deutlich, daß er ... nicht mehr hier und noch
nicht dort ist; deshalb ... *(Mutter deutet eine schwebende Geste an)* ist er
dem Anschein nach etwas völlig Absurdes mit scheinbaren Schwächen,
die die Menschen verachten, und ... *(Mutter lacht)* mit unvorstellbaren
Kräften, die die Menschen nicht ertragen können.

---

1 Aphorismus 262 – „Erkenne und handle stets im Lichte deiner ständig wachsenden Wahrnehmungen, aber folge nicht nur jenen deines denkenden Gehirns. Gott
spricht zu deinem Herzen, wenn das Gehirn Ihn nicht verstehen kann."

Sonderbar.

Und außerdem ist es nicht realisiert, nicht konkretisiert, nicht ausgedrückt, sondern einfach so *(gleiche Geste in der Schwebe)*. Deshalb ist es etwas völlig Absurdes geworden.

*(Schweigen)*

Was die Menschen als „schwierig", als „kompliziert" bezeichnet haben ... Sobald der Körper jetzt in Kontakt mit „dem" tritt – diesem Unbekannten, das danach drängt, sich Ausdruck zu verschaffen –, dann sagt er sich: „Oh, wie leicht war es doch früher, als man noch zu wissen glaubte!"

Jetzt weiß er, daß er nichts weiß.

## 7. Januar 1970

Ich habe einige Papiere wiedergefunden ...

*(Mutter deutet auf mehrere Notizen)*

Aber erst wollte ich dir noch zwei *Aphorismen* zeigen, die ich gestern erhielt. Plötzlich ... *(Geste einer Herabkunft)* ist Sri Aurobindo gekommen und schrieb etwas – auf französisch. Hinterher erinnerte ich mich nicht einmal mehr an das, was er geschrieben hatte. Ich bat nur darum, den Text sofort zu bekommen (denn er war es, der geschrieben hatte). Gestern abend brachte man ihn mir, damit ich ihn dir zeigen kann.

*(Mutter überreicht Satprem ein Blatt Papier)*

272 – Wer eine hohe spirituelle Stufe erreichen will, muß Prüfungen und Examen ohne Ende durchstehen. Aber die meisten Kandidaten sind nur darauf aus, den Prüfer zu bestechen.

273 – Solange deine Hände frei sind, kämpfe mit deinen Händen, und kämpfe mit deiner Stimme, deinem Gehirn und mit allen möglichen Waffen. Bist du angekettet im Verlies deines Feindes und haben seine Knebel dich mundtot gemacht? So kämpfe mit deiner stillen, alles erstürmenden Seele und mit deiner

weitreichenden Willenskraft; und wenn du tot bist, kämpfe weiter mit der weltumfassenden Kraft, die von Gott in dich trat.

*(Mutters Kommentar:)*

„Die Wahrheit ist eine schwierige, mühsame Eroberung. Man muß ein echter Krieger sein, um diese Eroberung zu erringen, ein Krieger, der sich vor nichts fürchtet, weder vor seinen Feinden noch vor dem Tod, denn allen Schwierigkeiten zum Trotz, mit oder ohne Körper, geht der Kampf weiter und wird mit dem Sieg enden."

Wenn du nur wüßtest! Als dies kam, war es ein DICHTES goldenes Licht. Und ich konnte mich gar nicht mehr daran erinnern, was notiert worden war.

*Das klingt ja fast triumphierend!*

Das stimmt ... Ach, es war eine Atmosphäre des Triumphes. Die Atmosphäre war dermaßen ... dicht, weißt du. Ich hatte wirklich den Eindruck ... ja, den Eindruck eines Sieges, einer ABSOLUTEN Gewißheit: alle Zweifel, alle Schwächen waren wie weggeblasen, alles. Hinterher fragte ich mich: „Was habe ich eigentlich geschrieben?..." – Ich wußte es nicht mehr. Man brachte es mir gestern abend, und ich las es nochmal, und da sagte ich mir: „Ach so, das ist es!..." – Ich wußte es nicht mehr.

Da herrschte so sehr das wahre Bewußtsein, in dem der Tod nicht existiert: Was ist der Tod? – Nichts. Während ich schrieb, war der Eindruck, als hätte Sri Aurobindo mich plötzlich in eine Welt der Wahrheit eintreten lassen, wo jene ganze Welt der Illusion und der Lüge keine Kraft mehr hatte.

Interessant.

*Das ist unwiderlegbar.*

Ja, so ist es, dazu gibt es nichts mehr zu sagen.

Wir werden es für den 15. August aufheben [Sri Aurobindos Geburtstag].

*Und wenn wir es am 21. Februar verteilten [Mutters Geburtstag]?*

Aber dann ohne Unterschrift?... Ich kann doch nicht mit „Sri Aurobindo" unterzeichnen. Ich würde den Eindruck erwecken, eine Fälschung zu begehen. – Ohne Unterschrift.

*Aber warum? Du unterschreibst einfach selbst.*

Ich bin nur noch das *(Mutter deutet auf die Haut ihrer Hände)*.
Das ist eine Möglichkeit: ich werde es als Botschaft verteilen.

*
* *

Beim Einordnen von Papieren fand ich einige Dinge (das ist viel
weniger interessant).

*(Mutter reicht Satprem eine erste Notiz)*

Why do men want to worship?
It is much better to become
than to worship.[1]

*(Mutter lacht)* Daran erinnere ich mich noch, das schrieb ich schon
vor langer Zeit ...

*Im April 1969 [am 26.].*

Damals schrieben mir einige Leute Briefe und taten alles mögliche,
um mir ihre Verehrung usw. zu bekunden. Dabei hatte ich so sehr das
Gefühl, daß sie einfach zu FAUL waren, sich zu ändern, und stattdessen
bewunderten sie. *(Mutter lacht)*
Hier noch eine weitere Notiz:

Wenn du deine Seele finden, sie kennenlernen und ihr gehorchen
willst, bleibe unbedingt hier.
Wenn dies aber nicht dein Lebensziel ist und du das Leben der
großen Mehrheit der Menschen leben möchtest, kannst du natürlich zu deiner Familie zurückkehren.

Das ist auch gut. Es gibt nämlich so viele Leute, die fragen: „Warum
hierbleiben?..." Da dachte ich, dies könnte nützlich sein.
Und nun zum letzten.

Gerichtet an die Leute bösen Willens:

Das Böse, das ihr absichtlich getan habt, fällt stets in der einen
oder anderen Form auf euch zurück.

*Unten steht eine Anmerkung: „Diktiert vom Bewußtsein des
Ü.M." [Übermenschen].*

Ja, dieses Bewußtsein wird eines Tages ... Ich erinnere mich noch,
wie ich sagte: „Warum soll man sich mit solchen Dingen abgeben?"

---

1 „Warum wollen die Menschen anbeten? Es ist viel besser, zu werden, als anzubeten."

Da antwortete es auf diese Weise und insistierte solange, bis ich es aufschrieb.

Das Böse, das ihr ABSICHTLICH getan habt (das heißt, mit der Absicht zu schaden, mit der Absicht zu zerstören), fällt immer, immer auf euch zurück ... Und ich möchte hinzufügen: Es TUT ES TATSÄCHLICH – es ist dabei, es zu tun: ich SEHE es. Völlig unerwartete Dinge.

Viele Menschen haben in einer Regung von Wut oder ... absichtlich etwas Böses getan – das fällt auf sie zurück.

*Sollen wir das im* Bulletin *vom Februar bringen?*

Wie du willst. Du entscheidest über das *Bulletin. (Lachend)* Nein, wirklich, im Ernst: in mir ist nichts mehr, das noch irgendeine Meinung hat – nichts, nirgends. Denn mir scheint, alles muß zutage treten können *(Mutter dreht ihre Hand nach allen Seiten, wie um unzählige Facetten anzudeuten)*, so, so, so oder so ... Deshalb ...

Und außerdem ist es merkwürdig: Wenn etwas entschieden ist, kommt augenblicklich eine Kraft, um es zu unterstützen ... Aber dies sage ich nicht, denn die Leute würden es ausnützen. Ich sage das nur unter uns. Ich habe dir das *Bulletin* anvertraut, und ich sehe: Sobald es entschieden ist, kommt die Kraft und gibt ihre Unterstützung – nicht, daß du nun unachtsam wirst! Aber so ist es. Das ist sehr interessant.

Sehr interessant, die Dinge werden ... ich weiß nicht ... konkret. Dinge, die so waren *(ätherische Geste)*, die man dem „geistigen Bereich" zuordnete, werden konkret, materiell.

Aber wenn sich auch nur eine leise Regung schlechten Willens bemerkbar macht – ausgehend von Menschen, die nicht zufrieden sind mit dem, was das Göttliche für sie getan hat, selbst wegen einer Kleinigkeit –, sobald sie vor mich treten, und sie brauchen nicht einmal etwas zu sagen: plötzlich fangen alle meine Nerven an, fürchterlich zu schmerzen – und dann weiß ich Bescheid. Das ist schon dreimal passiert.[1] Dabei handelt es sich um Leute, die nach außen hin voll guten Willens sind. Aber eine kleine derartige Regung genügt. Es genügt, daß eine solche Kraft auch nur in einem Detail anwesend ist, und schon fangen alle Nerven an zu schmerzen.

Da ist T.F., die ein umfangreiches, wirklich bemerkenswertes Drehbuch zusammengestellt hat. Sie hat mir die Hälfte davon vorgelesen (wirklich bemerkenswert), und ihre Beschreibung der vitalen Welt und des Lebens, die sie mir vorlas ... Mein Kind! Diese Beschreibung

---

1 Siehe *Agenda* Bd. 10, vom 12. November und 24. Dezember 1969. Wir berühren hier vielleicht die zentrale physische Schwierigkeit, die für Mutter zur Qual wurde. Es war nicht das „Problem der Transformation" sondern das Problem ihrer Anhänger.

übertrifft mit Sicherheit das menschliche Bewußtsein: nur das Bewußtsein eines vitalen Wesens konnte dies schreiben – das gab mir ein Fieber. Dabei fühlte ich mich nicht unwohl, nichts – ich bewunderte ihre Erzählung und sagte mir: man muß verdammt beschlagen sein, um so etwas zu schreiben (es war unglaublich präzise, verstehst du, es ging ganz gewiß über das Menschliche hinaus). Und sie selbst sagte mir nachher: „Ach, ich hab dir ein Fieber gegeben." Und das stimmte, ich hatte Fieber. Jetzt ist es vorbei – völlig weg.

So sind die Dinge, verstehst du, sie werden … real.

*<br>* *

*(In bezug auf einen Schüler)*

*… Du bist überaus gut zu ihm.*

*(Mutter lächelt)*

Für mich gilt: Barmherzigkeit gegenüber jeder Sünde.

*Aber kann es denn Barmherzigkeit gegenüber totalem Egoismus geben?*

Oh, ja! Ja. So ist es …

## 10. Januar 1970

*(Trotz seines nebensächlichen Charakters veröffentlichen wir den Anfang des folgenden Gesprächs, denn es ist sehr aufschlußreich bezüglich der Schwierigkeiten, mit denen Mutter zu kämpfen hatte.)*

… Und dann dies, eine Übersetzung: Jemand, der hier war (er ist jetzt wieder fortgegangen), hat eine Übersetzung gemacht. Wahrscheinlich taugt sie nicht viel, ich weiß es nicht. Ich weiß nicht, wem ich sie geben soll. Falls du irgendwann einmal nichts anderes zu tun hast …

*Liebe Mutter, das Problem ist, daß man in der Druckerei schon jetzt nicht imstande ist, die existierenden Übersetzungen*

*herauszubringen – es geht nicht voran. Ich habe fünf Bücher*
*von Sri Aurobindo vorbereitet, aber sie kommen nicht weiter.*

Es gelingt ihnen nicht, ihre Arbeit zu machen.

*Erst machen sie Versprechungen, und dann können sie ihre*
*Versprechungen nie halten.*

Ach, wie ärgerlich! Denn als A hier war, hatte er mit ihnen ein
Programm abgemacht, und er sah, daß es …

*Ich hab ihnen alles geschickt, es liegt druckreif in der Druk-*
*kerei: „Grundlagen des Yoga“, „Licht auf Yoga“, „Der Zyklus*
*der menschlichen Entwicklung“, „Das Ideal einer geeinten*
*Menschheit“ und schließlich deine Gespräche von 1958. Diese*
*fünf Bände sind fertig und warten.*

Notiere mir das auf einem Blatt Papier. Wenn ich Z *(den Manager)*
das nächste Mal sehe, werde ich es ihm sagen.

*Liebe Mutter, sage ihm bei dieser Gelegenheit auch, wenn ich*
*ihn um etwas bitte – und ich bitte ihn brieflich ein-, zwei-, drei-*
*mal –, dann könnte er doch begreifen, daß ich dies tue, weil ich*
*überzeugt bin, daß die Sache getan werden muß, und so sollte er*
*mir darauf auch antworten. Oder etwa nicht?*

Das liegt daran, daß sie nicht wissen, was sie sagen sollen …

*Aber nein, liebe Mutter, es ist doch ganz simpel: ich habe ihm*
*dreimal geschrieben: „Schicken Sie mir einen Probeabdruck des*
*Umschlags der* Synthese des Yoga*!“ Und er hat es nicht getan.*

Ich glaube, der arme Mann hat dort gar keine Autorität. Das jedenfalls ist mein Eindruck.

*Ja, wenn die Sache aber fehlerhaft gedruckt wird, was soll ich*
*dann sagen? Ich bin schließlich dafür verantwortlich!*

Ja, dann wäre es besser, wenn … Man könnte versuchen, es ihm zu
sagen … Früher sah ich ihn einmal wöchentlich, und so hatte ich ein
bißchen mehr Kontrolle. Jetzt sehe ich ihn nur noch einmal im Monat;
es wäre besser, wenn ich ihn öfters sähe …

*Ja, vielleicht.*

Er jedenfalls war sehr zufrieden, daß ich aufhörte, ihn zu sehen …

*(Satprem reißt erstaunt die Augen auf)*

... weil ich einen Druck auf ihn ausübe.

*Wie entmutigend! ...*

*(Mutter lacht)*

*Ich kann nicht verstehen, daß man jemandem dreimal schrei-*
*ben muß: „Schicken Sie mir die Probeabdrucke!", und er tut es*
*einfach nicht. Nicht nur das, obendrein antwortet er mit einer*
*Lüge, indem er mir sagt: „Sie haben es schon gutgeheißen." Ich*
*bin ihm nicht böse, liebe Mutter, er ist sehr nett ...*

*(Mutter lacht)* Aber unfähig. Ich könnte ihn bitten, mir die Probeabdrucke zu schicken, und ich gebe sie dir. So wird er es wohl oder übel
tun müssen.

*
* *

Ich habe die *Revue Cosmique* wiedergefunden[1]. Das ist wirklich
amüsant ... Ich habe sie aufgehoben, um sie dir zu zeigen. Damals
wurden für die Mitglieder der Gemeinschaft „Regeln" aufgestellt, das
ist sehr amüsant. Man muß nett zueinander sein ... Und außerdem
schrieben die Regeln vor, daß man keine persönlichen Götter anerkennen dürfe.

*(Mutter reicht Satprem die Schriftstücke)*

„Die kosmische Philosophie
akzeptiert keinen persönlichen Gott ..."

Ob sie dies akzeptiert oder nicht, es gibt sie leider ... *(Lachen)*
Das ist amüsant. Ich weiß nicht, wohin damit, du kannst es behalten.

*Das sollte aufbewahrt werden.*

Kannst du es aufbewahren?

*Ja, liebe Mutter, man sollte es aufbewahren, und eines Tages*
*wird es sich aus historischer Sicht lohnen, all dies zu veröffent-*
*lichen.*

Ja, das stimmt: Historisch gesehen ist es amüsant.

*Es muß sorgsam aufbewahrt und eines Tages als Dokument*
*veröffentlicht werden.*

---

1 Von Théon.

Ja, das ist richtig.

*<br>* *

*Kurz darauf*

 *Ich habe da noch einen Brief von Paolo …*

Ich werde ihn heute nachmittag treffen.

Ich hab dir schon erzählt, daß ich das zentrale Bauwerk von Auroville gesehen habe … Jetzt habe ich den Plan. Hättest du Lust, ihn zu sehen?… Dort liegen zwei Rollen *(Mutter entrollt den Plan, und erklärt dabei):*

Es wird zwölf Seiten haben, die einen Kreis bilden. Und in einem gleichmäßigen Abstand von der Mitte stehen zwölf Säulen. In der Mitte auf dem Boden: mein Symbol, und im Zentrum meines Symbols vier stehende Symbole von Sri Aurobindo, die ein Quadrat bilden, auf dem eine transparente Kugel ruht (es wurde noch nicht entschieden, aus welchem Material sie sein wird). Wenn die Sonne scheint, wird oben vom Dach ein Strahl auf die Kugel fallen (sonst nirgendwohin, nur dort), und wenn die Sonne nicht scheint, werden elektrische Scheinwerfer einen Strahl (kein diffuses Licht) genau auf diese Kugel richten.

Es wird keine Türen geben, aber … nachdem man erst tief hinabsteigt, steigt man im Innern des Zentrums wieder auf, man geht also unter den Wänden hindurch und steigt im Innern wieder hinauf – auch das ist ein Symbol. Alles ist symbolisch.

Es wird keine Möbel geben, aber auf dem Boden zunächst wahrscheinlich Holz, dann ein dicker Belag aus Schaumstoff und darauf ein Teppichboden (wie hier). Die Farbe ist noch offen. Das Ganze wird weiß sein. Ich bin mir nicht sicher, ob die Symbole von Sri Aurobindo weiß sein werden … Ich glaube nicht. Ich sah sie eher in einer undefinierbaren Farbe zwischen gold und orange. Etwa so. Sie werden hochkant stehen, aus Stein gehauen. Und dann eine Kugel, die nicht durchsichtig, sondern durchscheinend sein wird. Ganz unten *(unter der Kugel)* wird ein Scheinwerfer angebracht sein, der einen diffusen Strahl nach oben in die Kugel wirft. Und von außen werden Lichtstrahlen auf die Mitte fallen. Ansonsten wird es keine weitere Beleuchtung geben: keine Fenster, nur eine Klimaanlage. Und keine Möbel, nichts. Ein Ort, wo man sich bemüht, sein Bewußtsein zu finden.

Außen wird es ungefähr so aussehen *(Mutter entrollt einen anderen Plan)* … Noch ist nicht klar, ob das Dach spitz sein wird oder …

Ganz einfach, ganz einfach.

Es wird ungefähr 200 Personen aufnehmen können.

Was schreibt denn Paolo?

*Liebe Mutter,*
*Am Sonntag habe ich R getroffen. Er kam in mein Zimmer, wir*
*haben zusammen zu Mittag gegessen.*
*Liebevoll hatte ich für Dich und R sehr schöne Blumengebinde*
*zusammengestellt. Du warst mit uns. Wir haben lange mitein-*
*ander gesprochen. Ich empfand R wie einen Bruder.*
*Ich habe ihm erklärt, daß Auroville nicht wie irgendeine andere*
*Stadt entstehen darf (die Probleme der Stadtplanung, die sozi-*
*alen und wirtschaftlichen Probleme, all das: nachher). Am*
*Anfang muß „etwas anderes" sein. Deshalb muß man mit dem*
*Zentrum beginnen. Das Zentrum muß unsere Schlüsselposi-*
*tion, unser Anker sein, das, wo-rauf wir uns stützen können,*
*um den Sprung auf die andere Seite zu wagen – denn nur von*
*der anderen Seite aus kann man anfangen zu verstehen, was*
*Auroville sein soll. Und dieses Zentrum muß als Form dienen,*
*die in der Materie den Inhalt dessen ausdrückt, was Du uns auf*
*allen Ebenen (auch den okkulten) zu übermitteln vermagst. Wir*
*müssen nur das offene und aufrichtige Mittel sein, durch das*
*Du dies verwirklichen kannst.*
*Und ich teilte ihm mit, wie sehr ich die Notwendigkeit spürte,*
*sich all dem zu nähern, indem wir die innere Erfahrung mit*
*allen zusammen – mit den Menschen aus dem Osten und dem*
*Westen – in einer umfassenden Bewegung der Liebe gemeinsam*
*leben, denn dies ist der einzigmögliche Beton, um „etwas ande-*
*res" zu errichten …*

Das klingt gut, was er da sagt.

*… Und das Zentrum kann uns diese Liebe sofort vermitteln,*
*weil es die Liebe zu Dir darstellt.*
*Ich sagte ihm, konkret könnten wir alle versammelt mit einem*
*Augenblick der Stille den Versuch beginnen, eine völlige innere*
*Leere zu schaffen, und in diese Leere mit vereinter Aspiration*
*die Zeichen für den Beginn herabkommen zu lassen. Alle vereint*
*und gemeinsam, insbesondere jene, die spirituell am weitesten*
*fortgeschritten sind: die Inder.*
*R war vollkommen einverstanden damit. Er sagte, daß wir das*
*wirklich tun sollten.*

*(Mutter nickt zustimmend)*

Ich werde Paolo heute nachmittag sehen, um ihm diesen Plan zu geben. Denn das habe ich gesehen, weißt du.

Wir werden es aus weißem Marmor bauen. L sagte, er werde sich aufmachen, den Marmor zu besorgen, er kennt den Ort.

*Das gesamte Gebäude aus weißem Marmor?*

Ja, ja.

*Aber Paolo sagte mir etwas, das ich als richtig empfinde. Er sagte mir: Wir werden das Zentrum bauen, wir werden unser ganzes Herz, unsere ganze Aspiration in dieses Zentrum hineinlegen ...*

Ja, ja.

*Und mit den Jahren wird es sich immer mehr mit Kraft „aufladen" ...*

Ja.

*Deshalb sollte dieses Zentrum aber als endgültiges Bauwerk gelten und darf nicht abgerissen und anschließend durch einen anderen, größeren Tempel ersetzt werden.*

Ich sagte dies nur, um die Gemüter der Leute zu beruhigen, die glauben, man bräuchte etwas Riesiges. Deshalb sagte ich: „Wir fangen mit diesem Zentrum an, und später werden wir sehen ..." Dieses Zentrum wird solange bestehen, bis die Stadt vollständig fertiggebaut ist, und danach wird man sehen – da wird man sicher keine Lust haben, es wieder abzureißen.

*Aber er sagte, vom architektonischen Standpunkt aus könne man das Ganze nach außen hin erweitern, ohne das, was schon gebaut ist, zu verändern.*

Ja, das ist durchaus möglich.

R fragte mich: „Und was machen wir später?" Ich antwortete: „Ach, darüber machen wir uns später Gedanken ..." So ist es, sie wissen nicht ... Sie wissen nicht, daß man NICHT DENKEN darf. Ich selber dachte keinen Augenblick lang darüber nach – eines Tages sah ich es einfach, so wie ich dich sehe. Auch jetzt noch ist das überaus lebendig: ich brauche nur zu schauen, und schon sehe ich es. Ich sah dieses Zentrum und das Licht, das daraufällt, und GANZ NATÜRLICH, während ich es ansah, sagte ich: Ja, so ist es. Aber dies war kein „Denken", ich dachte nicht „zwölf Säulen und dann zwölf Stege und dann ..." Ich dachte mir all das nicht aus, sondern ich sah es.

So war es auch mit den Symbolen von Sri Aurobindo ... Sobald ich vom Zentrum spreche, sehe ich immer noch diese vier Symbole von Sri Aurobindo, die an den Ecken miteinander verbunden sind, in dieser Farbe ... einer seltsamen Farbe ... Ich weiß nicht, wo man sie finden könnte. Ein sehr warmes, orangefarbenes Gold. Und dies ist die einzige Farbe an diesem Ort: alles übrige ist weiß. Und die Kugel durchscheinend.

*Paolo sagte, er werde sich sofort in Italien, in Murano – dem Ort, wo man große Kristallgläser herstellt – erkundigen, um herauszufinden, bis zu welcher Größe man dort eine Kristallkugel herstellen kann – zum Beispiel mit einem Durchmesser von 30 cm.*

Die genaue Größe muß auf dem Plan angegeben sein.

*In Murano gibt es eine große Kristallglasfabrik.*

Oh, sie stellen dort wundervolle Sachen her.
Ist die Größe der Kugel nicht auf dem Plan angegeben?

*Siebzig Zentimeter.*

Sie könnte innen auch hohl sein. Sie braucht nicht aus massivem Kristall zu bestehen, damit sie nicht zu schwer wird.

*(Schweigen)*

Paolo ist ein guter Mann.

*Ja, liebe Mutter.*

Dieser unterirdische Eingang ... Der Zugang wird ungefähr zehn Meter von der Wand entfernt am Fuße der Urne liegen. Die Urne bezeichnet die Stelle des Abstiegs. Ich muß noch entscheiden, von welcher Seite genau ... Und es ist gut möglich, daß die Urne sich später im Innern der Umfriedung befinden wird statt außen. Dann könnte man einfach eine große Mauer darum herum bauen und Gärten anlegen. Zwischen der Mauer der Umfriedung und dem Gebäude, das man jetzt bauen wird, liegen Gärten und die Urne. Und diese Mauer wird einen Eingang haben (ein oder mehrere normale Tore): man wird in diesem Garten umhergehen können.

Man wird gewisse Bedingungen erfüllen müssen, um den unterirdischen Eingang betreten und in das Zentrum hochgehen zu dürfen .... Es muß ein bißchen wie eine Initiation sein, nicht „einfach so".

*(Schweigen)*

Zu R habe ich gesagt: „Das Weitere werden wir in zwanzig Jahren sehen." Da war er beruhigt.

Die erste Idee war, dies mit Wasser zu umgeben, eine kleine Insel anzulegen, damit man erst das Wasser überqueren muß, um zum Zentrum zu gelangen. Das wäre durchaus realisierbar ...

*(Schweigen)*

Ist das alles? Hast du sonst noch etwas?

*Nein, liebe Mutter.*

Geht es deiner Mutter gut?... Ich würde ihr gern Blumen schenken. Hier habe ich welche für dich und auch für Sujata – wo ist sie?

*Sujata?... Sie ist da.*

Hinter meinem Rücken? *(Lachen)*

*Nein, neben dir.*

*(Zu Sujata:)* Wir brauchen Rosen für seine Mutter.

Warst du es, zu dem Baron *(der letzte Gouverneur von Pondicherry)* gesagt hatte, er wolle sich in meinen Wolldecken begraben lassen? *(Lachen)* Ja, anscheinend war ihm kalt. S, die sich um ihn kümmert, schrieb mir, daß er vor Kälte zitternd erwachte, und sie bat mich: „Kannst Du ihm eine oder zwei Decken schicken?" Im Meditationssaal stand offenbar eine große Holztruhe mit wunderbaren Wolldecken. Davon habe ich ihm zwei geschickt. Ich sagte aber: „Unter der Bedingung, daß er sie nicht mitnimmt ... Er ist durchaus fähig, sie mitzunehmen!" *(Lachen)* Danach sagte er zu F, oh, er sei so glücklich – „Ich werde darum bitten, mich in diesen Decken begraben zu lassen." *(Lachen)*

## 14. Januar 1970

*Ich möchte dich etwas in bezug auf das „Bulletin" fragen. Es betrifft die Notiz, wo du sagst: „Warum wollen die Menschen anbeten? Es wäre viel besser zu werden, als anzubeten."*

*(Mutter lacht)*

*Könnte man hier nicht den Kommentar hinzufügen, den du das letzte Mal geäußert hast? Du sagtest: „Es liegt daran, daß sie zu faul sind, sich zu ändern, deshalb beten sie an."*

Das ist wahr. Es klingt aber etwas streng. *(Mutter lacht)*
Was glaubst du?

*(Schweigen)*

Man sollte allerdings hinzufügen: „Die Bedingung, um nicht anzubeten, ist die, daß man sich verändert." – Viele wollen sich nämlich weder ändern noch anbeten.

## 17. Januar 1970

Was wolltest du mir sagen?

*Ich bekam Besuch von Paolo und von N ... Es geht um zwei Dinge. Aber zunächst gibt es den Plan dieses Zentrums – genauer gesagt: die Außenansicht dieses Zentrums.*

Das Äußere habe ich nicht gesehen. Wir haben nur eine Skizze, eine Skizze von L. Ich habe überhaupt nichts gesehen, und ich bin allen Vorschlägen gegenüber offen. Also?

*Er hat mir etwas erklärt, das ich sehr schön fand und dir unterbreiten möchte ... Als du von dem Zentrum sprachst, sagtest du doch: „Ich weiß nicht, ob die Wände schräg sein werden oder ob das Dach schräg sein soll", du schienst zu zögern. Daraufhin, sagte Paolo, erhielt er eine Art Inspiration, und er sah etwas sehr Einfaches, eine Art eiförmiger Schale, die zur Hälfte aus dem Erdboden herausragt und halb in der Erde eingegraben ist. Dazu hat er eine Skizze gemacht, die ich dir zeigen möchte.*

35

Hat er auch R gesehen? Denn R hatte zwei Ideen. Er kam mit zwei Ideen zu mir, und ich sagte ihm, welche der beiden ich vorziehe, aber noch ist nichts entschieden. Und R muß noch Skizzen von seinen Ideen machen. Zeig mir, was Paolo sagt, und dann erzähle ich dir von Rs Ideen.

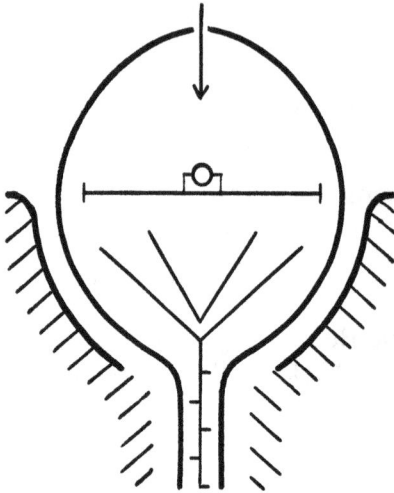

*(Satprem entrollt den Plan) Hier die Außenansicht, eine einfache eiförmige Schale. Das Innere wird genau so sein, wie du es gesehen hast: ein großer Teppich, ganz leer, und die Kugel in der Mitte. Und was Paolo inspirierte, das war, als du sagtest, der Eingang müsse unterirdisch sein, so daß man oben wieder herauskäme. So hatte er die Idee, von unten her eine Wendeltreppe zu bauen, die hinaufführt und oben in mehrere Treppen übergeht, die sich in alle Richtungen verzweigen (im unteren Teil des Eis) und schließlich in den Tempel selbst münden. Der untere Teil wäre aus schwarzem Marmor und der obere Teil aus weißem Marmor. Das Ganze sähe aus wie eine Lotosknospe – so als wüchse sie aus der Erde.*

Bist du sicher, daß er R nicht gesehen hat? Denn R hat mir gesagt: „Ich möchte eine große Kugel bauen; das Innere wird eine genaue Halbkugel sein, und die untere Hälfte wird sich unter der Erde befinden." Er hat mir fast das gleiche gesagt.

*Weil Paolo ihm von seiner Idee erzählt hat.*

Aha, Paolo hat ihm von seiner Idee erzählt! Das ist es also …

*Es sieht aus wie eine Knospe, die aus der Erde wächst.*

Ja, ja, das war die erste Idee, von der R sprach, mit fast genau den gleichen Worten. Seine zweite Idee war eine Pyramide: das Innere des Tempels, wie besprochen, und darüber eine Pyramide. Ich hatte auch an eine Pyramide gedacht und sagte ihm das. Er erklärte mir, er werde beide Pläne anfertigen, und dann werden wir sehen. Aber wenn das mit Paolos Idee übereinstimmt, wäre es sehr gut.

*Aber die Idee von R ist eigentlich Paolos Idee.*

Ja, eben.

*Wenn man am oberen Ende des „Stengels" ankommt, verlaufen mehrere Treppen in alle Richtungen, so daß man von allen Seiten in das Innere des Tempels gelangen kann … Das Zentrum ist völlig leer, und ringsherum verläuft eine Art Galerie, auf der man von unten ankommt. Dort münden all diese Treppen. Und das Ganze ist leer bis auf den großen Teppich, der ringsum bis zu der Galerie reicht. So macht es den Eindruck, als ob das Ganze schwebte. Alles in weiß, ganz einfarbig. Dann stellt sich die Frage der zwölf Säulen … Paolo sagte, er fühle, daß die Säulen noch ein altertümliches Symbol seien, das nicht gut zur Eiform paßt, und so schlug er vor, statt zwölf Säulen symbolisch nur zwölf Sockel zum Anlehnen zu bauen.*

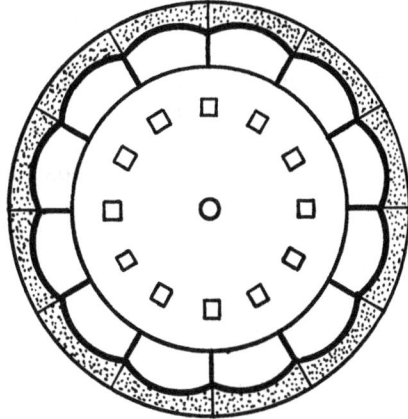

Oh, die Säulen erfüllen aber einen Zweck, denn oben auf den Säulen werden die Scheinwerfer angebracht, die das Licht nach unten auf die Mitte werfen sollen: Tag und Nacht wird das Licht scheinen. Tagsüber wird man dafür sorgen, daß es oben durch eine Öffnung kommt, und sobald die Sonne untergeht, werden Scheinwerfer eingeschaltet. Diese Scheinwerfer werden an den Säulen befestigt und auf die Mitte gerichtet sein.

*Aber liebe Mutter, wenn die Säulen einzig dazu dienen, die Scheinwerfer zu tragen, könnte man diese doch auch an den Wänden anbringen, oder?*

Die Säulen befinden sich nicht direkt an den Wänden, sondern hier, genau in halber Distanz zwischen der Raummitte und den Wänden.

*Er sah diesen Raum in der Mitte nämlich ganz nackt, nur mit dem Symbol im Zentrum und einem großen einfarbigen Teppich, ohne durch Säulen unterbrochen zu sein. Und statt der Säulen so etwas wie große Blöcke – zwölf große Blöcke –, die den Platz der Säulen darstellen und gleichzeitig zum Anlehnen dienen könnten. Zwölf große, ungefähr 50 cm hohe Blöcke.*

Das macht keinen Sinn.

*Einen symbolischen Sinn? Denn du sprachst oft davon, daß die Säulen den Leuten zum Anlehnen dienten.*

37

Ja, für ihren Rücken.

*So meinte er, diese Blöcke könnten zum Beispiel jeweils aus einem unterschiedlichen Material angefertigt werden, wie ein Symbol: zwölf verschiedene Materialien.*

Ich jedenfalls sah Säulen.

An den Außenwänden wird man nur eine elektrische Lüftung anbringen (keine Fenster), und auf den Säulen befinden sich die Scheinwerfer – ich sah Säulen, mehr kann ich nicht sagen. Ich sah ganz klar die Säulen.

*Gut, ich werde ihm das sagen.*

Was die Galerie ringsum betrifft, so weiß ich nicht, ob mir das gefällt … Dies habe ich nicht gesehen: ich sah die Wände ganz nackt, ohne Fenster, dann die Säulen und das Zentrum. Da bin ich mir sicher, weil ich es lange sah.

*Sagt dir die Form einer Kugel zu?*

Das bedeutet, daß sie einen perfekten Kreis bilden würde: die eine Hälfte über der Erde, die andere Hälfte unten … Das könnte gehen. Man müßte eine Vorrichtung für das Sonnenlicht anbringen.

*Ja, N kennt sich sehr gut aus mit dem Problem der Beleuchtung mittels Prismen; wenn man die Sonnenstrahlen einfangen will, muß man dies nämlich mit Prismen tun. Er sagt, er werde dieses Problem ganz einfach lösen und sich darum kümmern. Man wird einfach an mehreren Stellen Prismen anbringen, die genau einen Sonnenstrahl einfangen werden.*

Es muß EIN Strahl sein. Ich konnte den Strahl SEHEN.

*So ist es, mit einem Prisma sieht man den Strahl. Dafür werden einige geometrisch berechnete Öffnungen angebracht, entsprechend dem Lauf der Sonne … Aber im Innern an den Wänden werden die zwölf Stege wiedergegeben sein.*

Ja, ja.

*Und dort [Satprem deutet auf die ringsum verlaufende Galerie] sollten die Eingänge liegen, die aus dem unterirdischen Teil hinaufführen.*

Ich weiß nicht, ob es gut ist, mehrere Eingänge zu haben … Das würde ein praktisches Problem bedeuten: Wenn es nur einen einzigen Eingang gibt, der streng überwacht wird, geht es gut. Aber mit mehreren Eingängen und ohne genügende Beleuchtung wird es zu Katastrophen kommen.

*Nein, nein, liebe Mutter, außen gibt es nur einen Eingang. Erst wenn man am unteren Ende der Kugel angelangt ist und hinaufsteigt, verzweigt es sich in mehrere Passagen. Außen gibt es nur einen einzigen abwärtsführenden Gang, der hier zum Fuß dieser Wendeltreppe führt.*

*(Schweigen)*

*Ihm kam die Idee dieser ringförmigen Galerie, weil er meinte, daß sich so dieser große völlig weiße Teppich besser abheben würde und es wirkte, als ob er losgelöst in der Luft schwebte, statt an der Wand zu kleben.*

Ich hatte nicht vor, ihn „an die Wand zu kleben", da war immer ein Gang entlang der Wände ringsherum.

*Auf diese kreisförmige Galerie würden mehrere Gänge münden, durch die die Leute heraufkommen. Auch veranlaßte ihn die Idee der Leere, auf die Säulen zu verzichten.*

Mir gefällt die Idee mit der Galerie nicht, weil die Wände von oben bis unten aus weißem Marmor ganz glatt aussahen.

*Aber die Abgrenzungen der Galerie sind nicht hoch, sie ragen nur ungefähr 30 cm aus dem Boden hervor.*

Ja, das geht.

*Übrigens sagte er, daß der Teppich genau den Rand der ringförmigen Galerie abdecken könnte.*

Das ist gut so.

*(Schweigen)*

Gut, das geht. Jetzt müssen sie sich nur noch einigen. Aber das ist wohl schon halbwegs geschehen, denn R hat mir von dieser Idee erzählt. Wenn ich gewußt hätte, daß es Paolos Idee war, hätte ich sofort ja gesagt. Aber das wird in Ordnung kommen. Es ist gut.

*Dann werde ich ihm also sagen, daß er auf dieser Grundlage weiterarbeiten soll ... Die einzige noch offene Frage betrifft das Äußere: Soll man rund um die untere Hälfte der Kugel herum einen leeren Abstand belassen, damit man sie sieht? Sonst, wenn man alles zuschüttet, hat es den Anschein einer Halbkugel, die*

39

*einfach auf dem Boden liegt. Damit man den unterirdischen Teil dieser Kugel gut erkennt, dachte er daran, ringsum eine Öffnung zu schaffen.*

Ich weiß nicht. Ich sage dir, ich sah nichts, was das Äußere betrifft, deshalb weiß ich es nicht.

Aber es wäre gefährlich. Man könnte hineinstürzen.

*Oder man könnte zum Beispiel ringsum eine Art Wassergraben mit sehr klarem Wasser anlegen, was diesen unteren Teil der Kugel hervorheben könnte.*

Ja. Ja, das könnte gut sein.

*Da ist noch das Problem der Maße. Laut Plan hast du einen Durchmesser von 24 m angegeben – ein Radius von 12 m rings um die Kristallkugel in der Mitte. Könnte man ringsum noch einen zusätzlichen Abstand für die Galerie lassen? Auf dem Plan sind 24 m Durchmesser und 15,20 m Höhe angegeben.*

Ach?

*Er fragt, ob diese Proportionen variieren könnten. Zum Beispiel 24 m für den Durchmesser des Teppichs beibehalten, aber zusätzlich noch 2 oder 3 m für die Zugänge.*

Wo wäre dann die Wand?

*Die Wand wäre hier [Satprem deutet auf den äußeren Rand der Galerie].*

Die Wände sollten 24 m Abstand haben.

*Er sagt, wenn da noch die Zugänge sind, wären 24 m ein wenig knapp.*

*(Schweigen)*

*Auch die Höhe ist noch offen.*

Die Frage war ja, ob die Kugel im Schnitt ein vollkommener Kreis werden soll.

*Wenn dies ein vollkommener Kreis wäre, dann würde die Höhe dem Radius der Wände entsprechen.*

Ja.

*(langes Schweigen)*

Was mir wirklich Freude bereiten würde, wäre, wenn die beiden sich einigen könnten und mir ein gemeinsames Projekt präsentierten. Das würde die Durchführung erleichtern ... Wenn R mit Paolos Idee einverstanden ist, warum könnten dann nicht beide gemeinsam versuchen, sie durchzuführen?

*Ja, das würde die Sache erleichtern.*

Oh, ganz erheblich!

Wie wird das hier unten aussehen?... *(Mutter deutet auf den unterirdischen Teil der Kugel)* All das ist mental. Was wird sich in diesem großen, dunklen Untergeschoß abspielen?... Was wird geschehen? – Eine Menge Dinge können da passieren. Die Menschheit ist nicht transformiert, das darf man nicht vergessen. Alle möglichen Leute werden kommen ... Selbst wenn der Eingang bewacht wird, kann man die Leute nicht davon abhalten, zu kommen, um zu sehen. Was geschieht dann da unten?... Das war mein erster Einwand, als R mir sagte: „Man könnte herrliche unterirdische Gewölbe bauen." Ich fragte ihn: „Schön und gut, aber wer kontrolliert dann, was da unten vor sich geht?"

*Ich dachte, dieser hinabführende Eingang sei deine Idee.*

Meine Idee war ein ziemlich kurzer Abstieg, der dort oben einmünden würde *(Mutter deutet auf die einzige Öffnung des ursprünglichen Plans)*. Ein ziemlich kurzer Abstieg und kein so großer unterirdischer Raum ... Das wäre schon möglich, es ist nur eine Frage der Kontrolle. Zwischen einem unterirdischen Gang mit Platz für zwei Reihen von Besuchern (eine, die hinaufgeht, und eine, die wieder heruntergeht) und solch einem riesigen unterirdischen Raum besteht ein großer Unterschied. Und obendrein will er jetzt noch, daß er ganz schwarz sei.

*Ja, aus schwarzem Marmor.*

Ja, und dann? Das bedeutet, daß man nicht sehen kann. Was wird sich dann darin abspielen?

*Die Gänge sind nicht tunnelartig, sondern in der Mitte befindet sich eine Wendeltreppe, und wenn man oben an der Treppe ankommt, verzweigt sie sich in eine Reihe von Treppen wie freihängende Brücken. Das ist nicht eingeschlossen, sondern frei schwebend.*

Wird es da keine Unfälle geben?... Oh, es gibt genügend verwirrte Leute, die sich den Hals brechen könnten ... Weißt du, das ist alles ein wenig zu mental für meinen Geschmack. Ja, vom mentalen Standpunkt aus gesehen ist das sehr attraktiv, aber wenn ich es mir vorzustellen versuche ...

*Die Hauptidee ist vor allem der kollektive Bau dieses unterirdischen Bereichs, wie ein Symbol ...*

*(langes Schweigen)*

Wir werden sehen! *(Mutter lacht)*

*(Schweigen)*

Auf alle Fälle müssen sie sich einigen. Dann werde ich sehen.

Ich wünschte, sie könnten mir gemeinsam ihren Plan bringen. Das wäre sehr gut.

Denn der eine sagt mir nicht, daß es die Idee des anderen ist – er präsentierte es als seine eigene Idee –, und der andere sagt mir nicht, daß er schon mit dem ersten darüber gesprochen hat ...

*Aber er hatte keine Gelegenheit, es dir zu sagen.*

Nein, aber du sagtest es, weil ich es dir erzählte ... Jetzt weiß ich Bescheid. Verstehst du, da arbeiten wir für „die menschliche Einheit", und die Arbeiter können sich nicht einmal selber einigen.

Ich sehe sehr wohl – bei jedem einzelnen –, daß es so ist *(Geste der Verdrehung)*. Nicht, daß mich das erstaunt, aber ... Meine Logik sagt mir: „Das ist ja schön und gut, ihr seid sehr nett, ihr arbeitet für die menschliche Einheit – dann seid wenigstens unter euch selbst einig!" ... Verstehst du?

*Aber ich bin sicher, daß Paolo nichts anderes wünscht, als sich mit R zu einigen.*

Du verstehst bestimmt, wenn R Paolos Idee übernommen hat, dann hegt er eine gewisse Bewunderung für Paolos Intelligenz, sonst hätte er die Idee nicht aufgenommen. Warum also einerseits dies und andererseits ...? Solche Kleinlichkeiten wollen wir nicht mehr haben.

*Als Paolo mir den Plan zeigte, hatte ich den Eindruck von etwas sehr Schönem ... Ich will dir sagen, was ich fühlte, ich fühlte, daß ich der Geburt von Auroville beiwohnte.*

Nein, das ist nicht wahr.

*Ich meine die materielle Geburt.*

Ja, ja, ich verstehe gut, aber das ist nicht wahr.

*(Mutter versinkt in eine lange Konzentration)*

Wir werden das Ganze sich abklären lassen. Denn, verstehst du, bevor ich Änderungen akzeptiere, möchte ich sicher sein, daß der Ursprung der Inspiration von derselben Qualität ist wie die meinige ... Was die Durchführung betrifft, weiß ich sehr wohl, daß wir Leute brauchen, die ihr Metier verstehen und die Arbeit ausführen, was aber die Inspiration angeht, muß ich sicher sein, daß ihr Ursprung MIN-DESTENS auf der Höhe der meinigen liegt ... Und da bin ich mir nicht sicher, denn ich hatte es so klar gesehen. Bei Paolos Ideen sah ich sofort die Mischung. Seine Ideen sind alle mental, das kann ich garantieren, denn es ist ein Leichtes für mich, dies zu sehen. Sie alle bringen die gleiche MISCHUNG mit sich, die in allem steckt, was auf der Welt getan wird. Und das ... Was nützt es, immer wieder damit anzufangen?...

Etwas stört mich: Von unten einzutreten, das ist schön und gut, aber dieser enorme Unterbau?... *(Mutter verzieht den Mund)*

*(Schweigen)*

Wir werden sehen. Es muß sich erst einmal abklären, dann werden wir sehen.

*Und was den oberen Teil betrifft, sollen wir die Idee einer eiför-migen Schale beibehalten oder ist das noch offen?*

Eine Schale ... Die Idee war eine Kugel. Warum ein Ei?

*Ein „Ei", jedenfalls eine runde, sphärische Form.*

Ein Ei ist länglich, nicht sphärisch. Das Ei ist eigentlich ein wenig wie ein Kreisel geformt: das obere Ende ist dicker und das untere schmaler, nur mit den Treppen ... Das wäre durchaus möglich.

Reiche mir ein Blatt Papier ... *(Mutter zeichnet ein Ei, während sie erklärt:)* Dort ganz unten wären die Treppen.

So, ja.

*Seine Idee war, das Ei des Brahman nachzubilden; weißt du, das Ur-Ei. Daß der Tempel die Nachbildung des Ur-Eis wäre.*

Wie sieht denn das Ei des Brahman aus?...

*Ich weiß nicht ... Wie ein Ei, glaube ich!*

Ein Ei ist immer schmaler an einem Ende. Wenn man sich ein solches Ei vorstellt *(Mutter zeichnet)* mit der Treppe, die von unten wie eine Spirale hinauf in den Tempel führt ... Zum Beispiel sieben Treppenmündungen.

*Sieben statt zwölf.*

Hier *(Mutter zeichnet den Äquator des „Eis")* sind es 24 m und eine Höhe von nur 15,50 m. So stimmt es.

*24 m für den gesamten Durchmesser oder für den Teppich?*

Nein, die Wände müssen vertikal sein, nicht gewölbt. Ich sah sie gerade.

*Vertikal und nach oben hin wie ein Kuppel.*

Nach dem, was ich sah, waren die Säulen höher als die Wände, und deshalb war das Dach geneigt. Und auf den Säulen waren die Scheinwerfer angebracht.

Die breiteste Stelle würde sich hier befinden *(Mutter zieht eine Linie auf der Höhe des Teppichs).*

*Am Rand des Fußbodens.*

Ja.

*Und du sagtest sieben Öffnungen?*

Sieben Treppen.

Und ein unterirdischer Gang, der zum unteren Ende des Eies führt, wo diese sieben Treppen beginnen. Das wäre möglich.

*Die Wände im Innern des Tempels müßten also gerade sein.*

Die Außenhaut könnte man optisch abrunden, aber innen sollten die Wände gerade sein.

*Die Wand gerade und oben eine Kuppel.*

Ja, eine Kuppel auf der geraden Wand. Aber die Kuppel kann eiförmig sein, und ich dachte, an der Stelle, wo sich die Kuppel mit der Wand verbindet, könnten die Säulen stehen.

Zwölf Säulen.

Um die äußere Form zu wahren, könnte man die Mauer in abgerundeter Form weiterführen, so *(Mutter zeichnet).*

Das ergäbe sogar die Möglichkeit, einen Raum zwischen der äußeren und der inneren Wand zu schaffen. Das wäre zu erwägen.

*Zusätzlich zu den 24 m?*

Ja, das ist beschlossene Sache: die 24 m enden an den inneren Wänden.

*Und die Öffnungen für die sieben Treppen?*

Mir wäre lieber, sie befänden sich außerhalb der inneren Wände.

*Ja, das wäre besser, dann würde im Zentrum mehr Platz bleiben.*

Oh, ja. Und das Zentrum hätte viel klarere Linien. Daß man alle diese Treppen sehen könnte, gefiel mir gar nicht. Nicht einmal eine Treppe hätte mir gefallen, aber gleich sieben ... Draußen ist es gut.

*Also ein äußerer Gang.*

Genau.

*Ja, wie die Säulengänge bei den indischen Tempeln.*

Ja.
Das geht sehr gut.

*Und die sieben Treppen beginnen direkt am Fuße des Eis, ohne diesen „Stiehl", der hinaufführt?*

Das überlasse ich ihnen. Der untere Teil ist mir egal. Ob sie die Treppe so oder so machen wollen ... Hauptsache, sie wird nicht zu steil.

*(Schweigen)*

*(Um zu verstehen, von welchem Auroville – und vor allem, von welchen Aurovillianern – Mutter hier spricht, muß gesagt werden, daß fast alle der ersten Ankömmlinge – mit einigen bemerkenswerten Ausnahmen – ein ziemlich gemischtes Ganzes darstellten, das nichts weiter als eine Art Urlaub an einer exotischen Mittelmeerküste suchte und einige wenig erfreuliche Gewohnheiten mitbrachte. Damit rechtfertigten sich später die Feinde Aurovilles, um alle möglichen üblen Gerüchte in die Welt zu setzen. Es dauerte Jahre, bis die Dinge sich klärten und die Situation sich völlig veränderte, indem die unerwünschten Elemente von selbst wieder fortgingen, während Neuankömmlinge eine aufrichtigere Aspiration mitbrachten.)*

Hast du sonst noch etwas?

*Da ist noch der zweite Teil des Problems.*

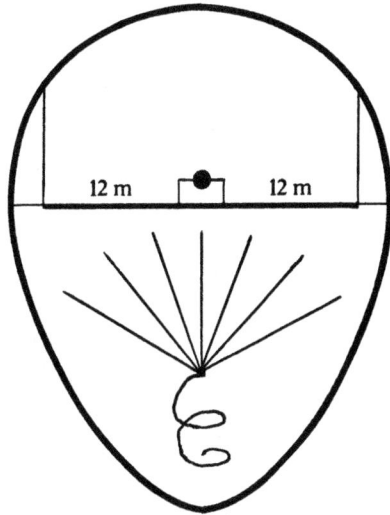

45

Aha! Und was ist das?

*N und Paolo ist klar geworden, wenn man den Bau von Auroville oder des Zentrums den Aurovillianern getrennt vom Ashram überläßt, dann wird das nie funktionieren, dann wird nie die wahre Kraft vorhanden sein, weil die Leute dort nicht empfänglich genug sind, um die Arbeit zu tun. Mit dieser Trennung zwischen dem Ashram und Auroville wird man es nie schaffen – man wird irgend etwas „fabrizieren", aber nicht die wahre Sache. Ihrer Meinung nach bestünde die einzige Hoffnung wirklich darin, daß dieses Zentrum nicht von den Aurovillianern allein, sondern von allen gemeinsam gebaut wird, egal ob Aurovillianer oder Nicht-Aurovillianer, damit sich die ganze Kraft im Bau dieses Zentrums bündelt und die Aurovillianer nicht durch eine äußere Trennung im Stich gelassen werden. So, wie alle Mitglieder des Ashrams das „Golconde" bauten, sollten sie jetzt auch alle das Zentrum von Auroville bauen, ohne Arbeiter von außen.*

An Golconde haben Arbeiter von außen mitgewirkt.

*Man würde jedenfalls die äußeren Elemente so weit wie möglich einschränken, damit es ein Werk der Hingabe wird. Ansonsten, sagten sie mir (vor allem N), sind die Aurovillianer voller Arroganz und Unverständnis, sie sehen nur das Äußere der Sache. Deshalb muß die Kraft der Leute von hier einfließen. Und solange die Leute aus dem Ashram sich nicht zu ihnen gesellen, nicht ihre Kraft einflößen, wird man nichts erreichen ... Im Moment (sagte mir Paolo) ähnelt Auroville einer Totenstadt.*

*(Mutter lacht)*

*Es ist die „lebendige" Frucht des Egoismus. Die einzige Rettung wäre, daß die Leute aus dem Ashram hinzukämen und die Arbeit in die Hand nähmen und die anderen darin absorbiert werden, sonst ...*

*(nach längerem Schweigen)*

Wir haben drei Baubetriebe im Ashram: da ist P, der sich um die Instandhaltung der Häuser kümmert, A.S. und L ... A.S. ist nicht dafür ausgerüstet und hat auch zu viel zu tun, weil er sich nicht nur um die Bauarbeiten, sondern auch um alle Kraftfahrzeuge und um all unsere Ländereien kümmert. Ich finde, daß er bereits voll beschäftigt ist und seine Arbeit gut macht, und wenn man ihm zu viel gäbe, könnte er sie nicht mehr gut machen ... L ist sehr interessiert, er schlug sogar vor, sich darum zu kümmern und den weißen Marmor zu besorgen. Er würde ihn an Ort und Stelle selbst aussuchen und herbringen. Er ist sehr interessiert, und wenn ich ihn damit beauftrage ... Aber das wäre nicht besser.

*Das war es eigentlich nicht, was er sagen wollte – er sprach überhaupt nicht von einem bautechnischen Problem, sondern über die Tatsache, daß die Ashramiten mit den Aurovillianern zusammenarbeiten sollten ... N könnte als Ingenieur mit dem vorhandenen Geld den Bau übernehmen, aber alle handwerklichen Arbeiten sollten von sämtlichen Leuten aus dem Ashram gemeinsam mit den Aurovillianern durchgeführt werden. Dies ist die Idee.*

Das ist nicht möglich. Alle Leute im Ashram, die im arbeitsfähigen Alter sind, arbeiten bereits. Jeder hat eine Beschäftigung.

*Er sah eine Art Schichtensystem: jeder könnte zum Beispiel eine Stunde am Tag oder einen Tag in der Woche dafür einsetzen. Denn sonst ...*

Nichts wäre ihnen lieber als das! Sie würden es als ein großartiges Vergnügen betrachten. Es kostet mich mehr Mühe, sie von solchen Zerstreuungen abzuhalten, als wenn ich sie zu einer Tätigkeit anregen müßte. Für sie wäre das ein Vergnügen.

*Denn er sagt, wenn die innere Kraft der Leute aus dem Ashram sich nicht unter die Aurovillianer mischt, dann bleiben die Aurovillianer so wie sie sind. Es besteht eine Trennung zwischen Auroville und dem Ashram.*

Ich finde, daß diese nicht groß genug ist.

*Die Trennung?*

Ja.

*Ach so! Gut.*

Ich finde sie nicht groß genug. Die beiden Dinge liegen überhaupt nicht auf der gleichen Ebene.
Die Leute hier ...

*(Schweigen)*

Du brauchst dir nur vorzustellen, ich wäre nicht mehr da.

*Oh je!*

Stell dir das einfach mal vor! Du würdest sofort sehen, was dann geschieht.

*Ja, deine Gegenwart ist die einzige Hoffnung.*

Wenn sie zu mir kämen und sagten: „Du mußt die Verantwortung übernehmen", ja, dann würde ich sagen: „Sie haben recht", das wäre etwas ganz anderes.
Sie haben einen völlig falschen Weg eingeschlagen. So ist es keineswegs.

*Aber liebe Mutter, das ist es doch, was Paolo und N sagen wollen, oder?*

*(Mutter lacht)* Sie denken nicht klar. Ihre Gedanken sind konfus.

*Wenn sie sagen, daß sich alle Leute vom Ashram am Bau von Auroville beteiligen sollen, so wie man es bei Golconde tat, meinen sie damit, daß du allen Anhängern den Impuls gibst zu kommen, um sich an der Arbeit zu beteiligen. Genau dies war die Idee. Aber du sagst, daß es im Gegenteil eine Trennung – und keine Vermischung – geben soll.*

*(Lachend)* Wenn du wüßtest, wie die Dinge stehen!… Die Leute aus Auroville bringen Drogen hierher und … alles mögliche.

*Ja, ja, ich weiß – ich weiß, liebe Mutter. Deshalb sagte er, die einzige Hoffnung wäre …*

Sie würden sich dort von allem möglichen anstecken lassen.

*Er sagt: „Sonst gibt es keine Hoffnung."*

Oh, nein! Er weiß es nicht. Das ist alles mental. Sie wissen es nicht. Wer weiß etwas? Nur wenn man sieht. Kein einziger SIEHT.
All das sind Gedanken, Gedanken, Gedanken – mit bloßen Gedanken kann man nichts bauen.

*Können die Leute in Auroville denn die Arbeit machen?*

Ich bin dabei, sie zu bearbeiten *(knetende Geste)*, um die Energien zusammenzubringen, die dazu imstande sind. Die Situation in Auroville muß sich erst klären.

*Ja.*

*(Schweigen)*

Verstehst du, sie reden von physischer Arbeit, aber für die physische Arbeit stehen nur die jungen Leute, die zur Schule gehen, zur Verfügung – alle Ashramiten sind alt geworden, mein Kind. Sie sind alle alt. Da bleiben nur die Jungen an der Schule. Und die Jungen, die zur Schule gehen, sind nicht hier, um Ashramiten zu werden, sondern um eine Ausbildung zu erhalten – die Wahl liegt bei ihnen ... Viele von ihnen möchten nach Auroville gehen. So würde die Erziehung des Ashrams nach Auroville umgesiedelt – es sind deren viele. Aber ... nenne mir ein paar Namen: Wer könnte mit seinen Händen arbeiten?

*Aber liebe Mutter, die einzige Möglichkeit wäre doch, wenn du es* SAGEN *würdest; dann würde ich schon morgen zwei Stunden lang „Körbe" [mit Schutt] tragen.*

*(Mutter lacht)* Mein Kind, du bist einer der jüngsten ... Aber siehst du mich zu Nolini sagen: Gehen Sie arbeiten!

*Oh, das würde alle anderen mitreißen ... Nun, dies war die Idee von N und Paolo.*

*(Mutter lacht)* Armer Nolini!

*(langes Schweigen)*

Wenn du wüßtest, wieviele Briefe ich von sogenannten Aurovillianern erhalte, die mir schreiben: „Ach, ich möchte endlich meine Ruhe haben, ich möchte in den Ashram kommen, ich will nicht mehr in Auroville bleiben ..." Siehst du, es ist also genau das Gegenteil: „Ich möchte meine Ruhe haben."[1] So ist das.

*(Schweigen)*

Weißt du, ich glaube nicht an Entscheidungen von außen. Ich glaube nur an eines: an die Bewußtseinskraft, die einen DRUCK ausübt *(Geste)*. Und der Druck wird immer intensiver. Das wird die Leute reinigen.

Sonst gäbe es keinen Ausweg, denn früher (vor nur zehn Jahren) ging ich überallhin und sah, was vorgeht, aber das ist vorbei. Dies ist aber keine Entscheidung, die ich getroffen hatte, ich dachte gar nicht, es sei vorbei, keineswegs, sondern etwas hat mich dazu GEZWUNGEN. Verstehst du? So sagte ich: gut. Das ist auch keine Unfähigkeit: dieser Körper ist äußerst folgsam, er tut alles, was man von ihm verlangt; würde man von ihm verlangen, hinzugehen, dann würde er es so einrichten, daß er hingehen könnte. Er ist äußerst folgsam. Aber so ist es nun einmal, der Befehl lautet: NEIN. Und ich weiß auch warum ...

---

1 In der Tat schlossen sich die meisten Faulenzer den Ashramiten an.

Ich glaube nur an das: den Druck des Bewußtseins. Alles übrige sind Dinge, welche die Menschen tun, sie tun sie mehr oder weniger gut; sie leben, sie sterben und verändern sich oder werden entstellt, und dann ... – alles, was sie getan haben. Es ist zwecklos. Die ausführende Kraft muß von oben kommen, zwingend *(Geste einer Herabkunft)*. Und dafür muß das hier *(Mutter deutet auf die Stirn)* ruhig bleiben. Nicht sagen: „Ach, dies darf nicht sein, oh, jenes darf nicht sein, ach, wir müssen dies oder das tun ..." Friede, Friede, Friede! Er weiß besser als ihr, was notwendig ist. Voilà.

Weil es nicht viele gibt, die das verstehen können, sage ich nichts: ich schaue und warte.

Ich SCHAUE ... Wenn man mir zum Beispiel ein Stück Papier reicht, wie du soeben, als du mir diese Zeichnung gabst, betrachte ich es und sehe ganz genau, was in diesem Papier der Inspiration von oben entspricht und was sich darin vermischt hat und was ... Aber natürlich kann man das nicht sagen. Außerdem würden sie mir sowieso nicht glauben.

*(Schweigen)*

Ich verstehe sehr gut – sehr gut –, warum Sri Aurobindo nicht „Übermensch" sagte, sondern Supramental. Er nannte es nicht Übermensch, weil er nicht wollte, daß es „ein sich perfektionierender Mensch" sei, denn darum geht es nicht. Er nannte es Supramental, weil ... Er sagte: Laßt all das!

Supramental – SUPRA, verstehst du?

Vor wenigen Tagen sah ich die Fotos der Leute, die auf dem Mond gelandet waren ... Hast du sie gesehen? Sahst du nicht, wie sie ausgerüstet waren?

*Ja, ich hab die Bilder gesehen.*

Ach, sie sind zu Maschinen geworden.

*So ist es: zu Robotern.*

Ja, also *(lachend)* sagten die Russen: Man könnte ebensogut Roboter hinaufschicken, dazu braucht man keine Menschen ...
So ist es.

*(Schweigen)*

Weißt du, N hat seine Zeit damit verbracht, so viel Schlechtes über R zu sagen, wie er nur konnte, indem er dessen Pläne alle für schlecht erklärte und behauptete, seine Arbeit könne nicht gelingen. R seinerseits hat seine Zeit damit verbracht zu behaupten: „N hat meine ganze

Arbeit verdorben!" Und ein anderer sagt: „Dieser tat ..." Und wieder ein anderer sagt: „Jener tat ..." – alle verhalten sich so. Dabei sehe ich auf eine so klare Weise, daß sie, WENN die Arbeit getan werden soll, ZUERST diese ganze engstirnige Menschlichkeit überwinden müssen. Sie „sehen", sie haben „Ideen" (sie haben alle viele Ideen); die anderen sehen etwas anderes und haben andere Ideen, und sie erklären: „Ach, das ist nichts wert, aber meine Idee ist gut ..." So sind sie. Und meine ganze Bemühung besteht darin, DRUCK auf sie auszuüben, damit sie ihre kleine Person aufgeben. Solange diese nicht abdankt, KANN die Arbeit nicht getan werden.

Tatsächlich suchen sie nach allen möglichen Gründen, nur um den wahren Grund nicht zu sehen.

Wir brauchen ... uff! ein wenig Luft.

Mein Körper ist dabei, eine Disziplin zu erlernen, die schrecklich ist, weißt du ... Ach! Aber er beklagt sich nicht, er ist zufrieden, er verlangt danach. Und er SIEHT, wie sehr man voll WINZIGER DINGE ist, die ständig den Einfluß der Kraft hemmen. Ja, man muß anfangen, sich davon zu befreien. Man muß so sein *(hingebungsvolle, offene Geste)* und die Kraft empfangen. Dann werden alle Inspirationen kommen, und nicht nur die Inspirationen, sondern auch die MITTEL, sie durchzuführen, die WAHRE SACHE. Sonst ...

Und weil sie alle nicht ganz bereit sind, mache ich es wie das Bewußtsein: ich übe einen Druck aus und schweige – ich warte *(Mutter lacht)*.

*(Schweigen)*

Wenn du wüßtest, was alles passiert, würde dich das sehr amüsieren ... Dies gilt auch für den gesamten landwirtschaftlichen Bereich, den ganzen pädagogischen Bereich – überall ist es das gleiche ... Auf der internationalen Ebene ist es so, überall, überall: der Mensch *(Mutter plustert sich auf)* bläht sich auf.

ZUERST müssen sie es verstehen, abzudanken. Dann wird man sehen.

*Soll ich ihnen deine Botschaft übermitteln?*

Ach, mein Kind! Sie wären ganz entsetzt, die Armen!

*Glaubst du? Es würde ihnen gut tun.*

Oh, nein, nein! Das würde sie völlig erschüttern. Der Druck ist das beste Mittel. Denn sie verstehen nicht, was du denkst; sie verstehen nicht, was du sagst: sie verstehen nur das, was sie selber im Kopf haben. Sie verändern den Sinn der Worte ... So, wie es mit A.R.[1] geschah, der es als einen persönlichen Angriff auffaßte.

*Ja, das ist wahr. Das habe ich gemerkt: sie fassen es als einen persönlichen Angriff auf.*

So ist es – und zwar überall, das ist das Schwierige: die Person zuerst. Das verdirbt alles.

*Man sagt vollkommen objektiv die Wahrheit, so wie man sie sieht – und schon ist es, als würde man sie persönlich angreifen.*

Wie ein Angriff, ja.

Deshalb muß man lange warten, bis sie reif sind – verstehst du, dabei verliert man viel Zeit. Es ist besser, man sagt nichts, sondern übt einfach Druck aus. Und darin bin ich gnadenlos! *(Mutter lacht lauthals)*

*Ja, und was mache ich mitten unter all diesen Leuten?*

Du kannst ihnen sagen, daß ... Gerade sprach R mit mir (es war das gleiche nur mit anderen Worten), und ich sagte weder ja noch nein, ich wartete ab, denn ich wollte wissen, wie die anderen es sehen. Jetzt sehe ich, daß sie einverstanden sind. Wenn sie sich einigen können, wird die Arbeit viel schneller vorangehen. Ja. Die Einwände bei den Details spielen keine Rolle, denn man geht von einer Idee aus und gelangt zur nächsten – und man macht eine Menge Fortschritte zwischen den beiden. Deshalb ist es nicht nötig, darüber zu diskutieren, sondern ... Es genügt, wenn ihr euch bemüht, eure Kräfte zu vereinen, um schneller voranzukommen, das ist alles. *(Mutter lacht)*

Wieviel Uhr ist es?

*Oh, es ist schon sehr spät, liebe Mutter, halb zwölf.*

Oh!

---

1 A.R., der Heiler, der 1969 gekommen war, um Mutter zu sehen, und den Satprem ernsthaft erschüttert hatte.

## 21. Januar 1970

*(Mutter hört sich die Lektüre der englischen Übersetzung des Gesprächs vom 13. Dezember 1969 an, wo sie von der Heilung des Bösen „ohne Verdrängung" sprach: „Die Vorstellung von Gut und Böse führt zur Verdrängung … Nur die Schwäche unseres Bewußtseins bewirkt diese Trennung." Dann sagt sie: „Man muß lernen zu verschwinden". Satprem hatte vorgeschlagen, gewisse Auszüge daraus in den „Notizen auf dem Weg" zu veröffentlichen.)*

Ist das der Schluß?...

*(Zu Nolini:)* Denken Sie, daß das geht? Wird das nicht bloß eine große Verwirrung auslösen?... Ich bin mir nicht sicher.

Sie werden sich völlig verloren fühlen.

*(Schweigen)*

*(Satprem:) Du berührst den Kern des Problems – den Kern aller Probleme.*

Ja, aber … *(Mutter lacht)*

*Die Leute haben zig Schwierigkeiten, dabei gibt es nur EINE Schwierigkeit; es gibt zig Facetten, aber es gibt nur EIN Problem. Das kommt hier klar zum Ausdruck.*

Aber das wird ihnen einen Schrecken einjagen.

*(Schweigen)*

Man sollte sagen, daß in diesem Bewußtsein, wo die beiden Gegensätze sich vereinen, beide ihr Wesen ändern. Sie bleiben nicht das, was sie sind. Nicht, daß sie verbunden werden und dieselben bleiben: Alle beide verwandeln sich grundlegend. Das ist äußerst wichtig. Ihre Beschaffenheit, ihre Aktion, ihre Schwingung wird vollkommen anders, sobald sie miteinander vereint sind. Nur die Trennung macht sie zu dem, was sie sind.

Man muß die Trennung beseitigen, dann wird sich ihr eigentliches Wesen ändern: es ist nicht mehr das „Gute" oder das „Böse", sondern etwas anderes, das vollständig ist. Es ist vollständig.

*(Schweigen)*

Es ist ganz nahe ... Wir sind an der Schwelle. Wann wird DIE SACHE kommen?... Ich weiß es nicht.

### 28. Januar 1970

*(Satprem fängt an, Mutter sein Vorwort zur zweiten Ausgabe vom* Abenteuer des Bewußtseins *vorzulesen. Wir veröffentlichen es hier, um den Puls jener Zeit wiederzugeben.)*

*Das Zeitalter der Abenteuer ist vorbei.*
*Selbst wenn wir uns bis in die siebente Galaxis begeben, so tun wir das computergesteuert und in einen Raumanzug gehüllt; und nichts ändert sich, wir stehen genauso da wie zuvor: als hilflose Kinder angesichts des Todes, als Lebewesen, die sich nicht im klaren sind, warum und weshalb sie leben und wohin es geht. Was die Erde betrifft, wissen wir nur zu gut, daß die Zeiten eines Cortez oder Pizarro Vergangenheit sind: die gleiche alte Maschinerie erdrückt uns; die gleiche alte Mausefalle steht allenthalben bereit einzuschnappen. Doch wie immer stellt es sich heraus, daß unsere schlimmsten Schwierigkeiten unsere größten Möglichkeiten sind und daß die obskure Übergangszeit, die wir gegenwärtig durchleben, doch nur eine Übergangszeit ist, die zu einem größeren Licht führt. Wir stehen vor einer Wand, am Beginn der letzten Entdeckungsreise, dem letzten Abenteuer, das uns noch bleibt: der Erkundung unserer selbst.*
*Die Zeichen mehren sich, und ihre Bedeutung liegt auf der Hand. Das bemerkenswerteste Phänomen der sechziger Jahre ist nicht der Trip zum Mond, es sind vielmehr die „Trips" auf Drogen, die weltweiten Studentenunruhen und die Hippy-Bewegung – wohin aber um alles in der Welt könnten sie noch führen? Es gibt keinen Platz mehr auf unseren überfüllten Stränden und keinen Platz mehr in den wachsenden Ameisenhaufen unserer Städte. Der Ausweg liegt anderswo.*
*Doch es gibt verschiedene Arten von „Anderswo".*
*Jene der Drogen sind unsicher und voller Gefahren, vor allem aber sind sie abhängig von äußeren Mitteln – es sollte möglich*

*sein, eine Erfahrung willentlich und an irgendeinem Ort zu machen, inmitten eines Einkaufszentrums ebenso wie in der Zurückgezogenheit des eigenen Zimmers, denn ansonsten ist es keine Erfahrung, sondern lediglich eine Anomalie oder eben eine Abhängigkeit.*

*Jene der Psychoanalyse beschränkten sich bis jetzt auf einige schlecht erleuchtete Kellergewölbe des Unterbewußtseins, vor allem jedoch fehlt ihnen der Hebel des Bewußtseins, der es einem erlaubt, sich frei zu bewegen und Herr seiner selbst zu sein, anstatt sich in die Rolle eines hilflosen Beobachters oder eines Patienten versetzt zu sehen.*

*Jene der Religion sind schon eher erleuchtet, aber auch sie sind abhängig von einem Gott oder einem Dogma, vor allen Dingen aber schränken sie uns auf eine Art von Erfahrung ein, denn es ist schließlich genausogut, ja sogar eher möglich, ein Gefangener anderer Welten als ein Gefangener dieser Welt zu sein. ...*

Ja, ja.

*... Letztlich bemißt sich der Wert einer Erfahrung an ihrer Kapazität, das Leben zu verändern, ansonsten ist sie nichts als eine eitle Sinnestäuschung oder ein vergeblicher Traum.*

*Mit Sri Aurobindo gelangen wir zu einer doppelten Entdeckung, deren wir dringend bedürfen, wenn wir nicht nur einen Ausweg aus dem erstickenden Chaos, in dem wir leben, finden, sondern auch unsere Welt verändern wollen. Folgen wir ihm Schritt für Schritt auf seiner außerordentlichen Forschungsreise – seiner Technik, innere Räume zu erschließen, wenn man so will –, so stoßen wir auf die wichtigste aller Entdeckungen, auf das Große Geheimnis, welches das Gesicht der Welt verändern wird. Es besteht darin, zu erkennen, daß Bewußtsein eine Macht ist. Hypnotisiert von den „unumstößlichen" Naturgesetzen, die den modernen Menschen seit seiner Geburt einmauern, glaubt er, daß seine alleinige Hoffnung in der ständig zunehmenden Herstellung und Verbreitung von Maschinen liegt, welche besser sehen, besser hören, besser rechnen, besser heilen können als er – und die schließlich vielleicht sogar besser leben werden als er ...*

*(Mutter lacht)*

*... Zuerst müssen wir der einfachen Tatsache wieder gewahr werden, daß wir mehr können als all unsere Maschinen und Apparate und daß gerade diese gewaltige Maschinerie, die uns*

*erdrückt, ebenso schnell zusammenbrechen kann, wie sie erbaut wurde, vorausgesetzt, wir ergreifen den Hebel der wahren Macht und erkunden unser eigenes Herz, so wie es umsichtige und planvolle Forscher tun würden.*

*In diesem Falle machen wir vielleicht die überraschende Entdeckung, daß unser prächtiges 20. Jahrhundert kaum mehr ist als das Steinzeitalter der Psychologie, daß wir, trotz all unserer Wissenschaft, noch nicht auf die wahre Wissenschaft des Lebens gestoßen sind, auf die wirkliche Beherrschung der Welt und unserer selbst, und daß sich vor unseren Augen Horizonte der Vollkommenheit, der Harmonie und Schönheit öffnen, im Vergleich zu denen sich unsere stolzesten Entdeckungen und Erfindungen wie krude Dilettantismen eines Lehrjungen ausnehmen.*

Das ist ausgezeichnet ... wunderbar. Es hat eine dynamische Kraft.

\*
\* \*

*Kurz darauf*

Nicht letzte Nacht, sondern die Nacht zuvor sah ich zum ersten Mal Sri Aurobindo ein Auto steuern. Er lenkte es, und ich saß direkt hinter ihm, und es war, als sei die ganze Welt gegenwärtig. Aber zwischen mir und Sri Aurobindo, das heißt, zwischen der Welt und Sri Aurobindo befand sich eine Trennwand *(wie eine Glasscheibe)*, aber davor hing eine Matte, damit man nicht hindurchschauen konnte. Ich konnte sehen, die anderen jedoch sahen nichts, und ich sah Sri Aurobindo am Steuer, er war es, der fuhr. Er war ... ohne Alter und besaß eine außergewöhnliche Kraft und MEISTERSCHAFT als Fahrer. Und es war, als ob ... als ob er anfinge, die Welt zu führen.

Ich fragte mich: „Wie ist das möglich?..." Es war das erste Mal. Ich sehe ihn fast jede Nacht, aber er ist immer beschäftigt, geht hierhin und dorthin, er tut etwas oder verhält sich ruhig oder sieht Leute oder tut scheinbar nichts; hier steuerte er also einen Wagen – es war der Wagen der Welt –, und da war eine Trennwand, damit man nicht sah, daß er es war ... Dahinter befand sich die gesamte Welt, und man wußte es nicht, aber er fuhr mit einer unglaublichen Sicherheit und Schnelligkeit.

Als ich erwachte, hatte ich den Eindruck, daß sich wirklich etwas verändert hatte.

Natürlich hängt dies mit der bevorstehenden Hundertjahrfeier zusammen[1]. Da war noch eine Trennwand, aber er führte das Steuer.

Jetzt verstehe ich meine Vision.

Diese Kraft, diese Macht in ihm war gewaltig.

*(Schweigen)*

Es war eine ganz besondere Nacht ... Ein alter Freund von Amrita ist in dieser Nacht gestorben: Ganeshan. Ich wußte es nicht. Und es war ...

Wie soll ich das wirklich erklären?... Der Körper, das Bewußtsein des Körpers war das Bewußtsein eines sterbenden Körpers, aber gleichzeitig mit dem absoluten Wissen, daß er nicht starb. Es war jedoch das Bewußtsein eines sterbenden Körpers mit allen Ängsten, allem Leid, all diesen Dingen, aber da war das Wissen, daß dies hier nicht starb *(Mutter deutet auf ihren eigenen Körper)*. Es hielt lange an: die ganze Nacht – Ganeshan starb sehr früh am Morgen. Später erfuhr ich es (wenige Stunden später berichtete man mir, er sei gegangen), da verstand ich ... Dieser Mann besaß eine intensive Hingabe, und er wußte schon seit langem, daß er sterben würde. Seine Söhne hatten ihm vorgeschlagen, ihn mitzunehmen, um ihn zu pflegen – er sagte: „Nein, ich will im Ashram sterben, ich will die Atmosphäre hier nicht verlassen." ... Ich verstehe, weshalb, denn ... das Bewußtsein half ihm die ganze Zeit, begleitet von der Reaktion, die mein Körper haben würde. Verstehst du? So starb er unter besonders günstigen Bedingungen. Mein Körper war so *(hingebungsvolle Geste)* und sagte: „Gut, Herr, wie Du willst, ich bin vollkommen bereit." Und gleichzeitig wußte er genau: „Du bist nicht dabei zu sterben ..."

Aber er verhielt sich so, er sagte: „Nun gut, wenn Du entschieden hast, dann hast Du entschieden ..." Und er wußte. Ich kann nicht behaupten, er habe eine angenehme Nacht verbracht, nein.[2] Aber das Bewußtsein war äußerst bewußt, oh!...

Als man ihm *(dem Körper)* dann am Morgen sagte, daß dieser Mann dahingeschieden sei, lachte er und sagte: „Aha! das war es also ..."

Aber es war interessant. Und danach (ich weiß nicht mehr, um wieviel Uhr, aber wahrscheinlich, als ihm klar wurde, daß es vorbei war oder daß es bald vorbei sein würde – jedenfalls als die Intensität des „Vorgangs" nachgelassen hatte), gleich danach hatte ich diese Vision: er kehrte wieder in seine gewöhnliche Ruhe zurück, und plötzlich befand ich mich in diesem Auto – dem Weltenauto, gesteuert von Sri

---

1  1972
2  Mutter mußte sich in dieser Nacht erbrechen.

Aurobindo ... Und die Erfahrung war von einer so ungeheuer WAHREN und lebendigen, wirklichen Klarheit, unglaublich!

*(Meditation)*

### 31. Januar 1970

Jemand schrieb mir aus Frankreich, er habe alles mögliche versucht, aber nichts sei ihm gelungen, und er sei völlig verzweifelt ... Daraufhin antwortete ich ihm folgendes:

*(Mutter reicht Satprem eine Notiz)*

In dem Augenblick, wo alles verloren scheint,
kann alles gerettet werden.

Wenn man das Vertrauen in die eigene Kraft verloren hat,
muß man an die Göttliche Gnade glauben.

Das kann vielen Leuten helfen.
Dies wurde schon ich weiß nicht wieviele Male gesagt, aber es scheint immer noch notwendig, es zu wiederholen.

*(Schweigen)*

Das alte System des Privateigentums bricht jetzt in der Welt zusammen. Wie immer vollzieht sich das jedoch auf eine widerliche Art ... Hier haben sie im ganzen Land eine ekelhafte Spioniererei eingesetzt gegen Leute, die ihr Geld gewinnbringend von einem Ort zu einem anderen schaffen. Mir ist das egal, denn ich tue nichts dergleichen, nur weiß ich, daß es hier Leute gibt, die das tun. Und ich will keine Scherereien bekommen.

Man hat S angezeigt, weil sie Geld hatte (ich weiß nicht genau, worum es ging, ich verstehe nichts davon), jedenfalls ging dieses Geld zu einem Freund in Amerika, und dieser Freund hat es ihr wieder geschickt, damit sie darüber verfügen kann. Daraufhin wurde sie aufgefordert, diesbezüglich Erklärungen abzugeben. Aber alles war völlig korrekt ... Nun, ich will damit sagen, daß selbst der Ashram unter Verdacht steht.

28 - 1. 70

C'est au moment où tout paraît perdu, que tout peut être sauvé.

Quand on a perdu confiance en son pouvoir personnel, il faut avoir la foi en la Grâce Divine.

Falls dich also jemals einer ins Vertrauen zieht, dann sag ihm: „Seien Sie vorsichtig!"

Stell dir vor, die Leute, die S befragten, gaben vor, vom Radio zu kommen. Was für niederträchtige, kleine Lügengeschichten! Sie erschienen und behaupteten, sie kämen vom Radio. Natürlich hat sie sie empfangen. Dann stellten sie ihr Fragen wie: „Haben Sie Geld erhalten? Von wem und wie?..." Woraufhin sie die Wahrheit sagte, das war ganz normal. Danach schrieb sie mir. Ich gab den Brief an C weiter und fragte ihn: „Was ist denn das für eine Geschichte?" Er erklärte mir, daß hier bereits mehrere Leute auf diese Weise belästigt wurden … Sie haben überall im Land ein Überwachungssystem aufgebaut, um verdächtige Leute zu schnappen.

Ich verstehe übrigens nichts davon. Was kann denn schlimm daran sein, Geld von hier statt von dort zu bekommen? Keine Ahnung! Was ist falsch daran? Das ist mir unverständlich.

Es geht wohl mehr um die Lust am Mogeln als um sonstwas – eine oder zwei Rupien mehr, was ist das schon? Das ist nichts. Man reizt die Leute bloß, indem man ihnen sagt: „Das ist verboten". Dadurch bekommen sie sofort Lust, es zu tun.

Aber in der indischen Verfassung steht ein Paragraph, daß persönliches Eigentum in keiner Weise beschlagnahmt werden dürfe, das heißt, man bestätigt das Recht auf persönliches Eigentum. Das wollen sie abändern, indem sie sagen, daß es „Fälle" gibt, wo es beschlagnahmt werden kann. Du verstehst also …

Natürlich weiß ich, daß es vorbei ist, es wird verschwinden – das persönliche Eigentum gehört der Vergangenheit an. Nur … Die Russen hatten erklärt, daß der Staat die Person ersetze, und *(lachend)* was geschah dann mit dem Staat? – Der Staat bereicherte sich auf Kosten aller. Jetzt sind sie dabei, das wieder rückgängig zu machen. Aber anstatt von dieser Erfahrung zu profitieren, wollen andere Länder nur die gleiche Dummheit wiederholen …

Keiner hat bisher zu sagen gewagt: Das Geld ist eine Kraft, und es gehört niemandem, aber es muß von der selbstlosesten und weitblickendsten Person (oder mehreren Personen) des Landes gehandhabt werden.

*So weit sind wir noch nicht.*

Bei weitem nicht!
Das wird noch einige Jahrhunderte dauern – vielleicht nicht ganz so lange.

*(Schweigen)*

Es ist sehr einfach, man wagt nicht, den Leuten direkt zu sagen: „Ihr habt kein Geld mehr, es gehört euch nicht", aber man hindert sie, es auszugeben, wie und wo sie wollen – ihr habt dazu kein Recht mehr! Ihr habt kein Recht mehr, damit zu tun, was ihr wollt; man nimmt es euch nicht weg, aber ihr dürft es nicht verwenden. Zu was nützt es dann?

*(Schweigen)*

Es bedeutet eine ENORME Befriedigung, sagen zu können: „Ich besitze nichts – nichts." *(Mutter lacht)* ... Als Sri Aurobindo noch hier war, beklagte sich jemand über den „Luxus", in dem ich angeblich lebte, worauf ihm Sri Aurobindo antwortete: „Die Mutter betrachtet die Kleider, die sie anzieht, nicht als ihr persönliches Eigentum, sondern man hat sie ihr geliehen, damit wir eine gutaussehende Mutter haben, und wenn sie ihren Posten abtreten sollte, würde sie auch auf die Kleider verzichten." *(Mutter lacht von ganzem Herzen)*
Ich versichere dir, das Leben ist komisch.

*(langes Schweigen)*

Hast du Neuigkeiten von deinem Buch?[1]

*Nein, liebe Mutter.*

Die Person, die sich darum kümmern sollte, hat auch keine Neuigkeiten?

*Nein, nichts Neues. Ich weiß nicht genau, wie ich mich bezüglich dieses Buches verhalten soll. Nicht, daß es mich beunruhigt, aber ... ich mache mir Gedanken. Ich frage mich, ob es geführt wird?*

Weißt du, mein Kind, MEHR UND MEHR und mit absoluter Sicherheit SEHE ich – sehe und fühle ich: ALLES ist entschieden.

*Alles ist entschieden.*

Jedes Ding hat seinen Sinn – der sich uns entzieht, weil unsere Sicht nicht weit genug reicht.
Und verstehst du, wenn es anders wäre, dann hätte das Leben, die Existenz und letztendlich die Welt überhaupt keinen Sinn.

*Ja.*

---

1 *Der Sannyasin*, der seit einem Jahr in Paris auf einen Verleger wartet. Am Vorabend hatte Satprem einen Brief an Mutter geschrieben, um sie zu fragen: „Wird das Schicksal des *Sannyasin* von Sri Aurobindo geleitet?" Er hatte den Brief jedoch nicht abgeschickt, sondern hatte ihn in seiner Aktenmappe mitgebracht, ohne ihn zu erwähnen.

Dies ist meine felsenfeste Überzeugung. Ich SEHE es – es ist etwas, das ich sehe. Wie soll ich sagen?... Ich bin dabei, für diese Überzeugung zu zahlen. Der Körper erlebt bei seinem Machtwechsel (was ich als Übertragung der Macht bezeichne) schwierige Augenblicke, wirklich schwierige Augenblicke, und deshalb hätte es von einer gewöhnlichen Sicht aus betrachtet überhaupt keinen Sinn, weil, wie es scheint, die Schwierigkeiten im Laufe der „Umwandlung" immer größer werden, aber ... für die wahre Sicht (wenn man sich IN der wahren Sicht befindet) ist die noch verbleibende Lüge der Grund für all die Unannehmlichkeiten (die verbleibende Mischung). Sogar auf der rein materiellen Ebene ... (auf der Gefühlsebene wurde das schon vor langer Zeit erobert: mit dem Verschwinden der Begierden sind auch ALLE Sorgen verschwunden und durch ein immerwährendes und völlig aufrichtiges Lächeln ersetzt worden – nicht aufgrund irgendeines Willens, sondern mühelos, natürlich und spontan); ich will sagen, daß dies PHYSISCH, materiell ist: Unpäßlichkeiten, Schwierigkeiten und all dies. Im Körper ist es dasselbe. Es ist dasselbe, aber ... physisch ist man weniger weit fortgeschritten; die Materie transformiert sich langsamer [als die höheren Ebenen], so kommt es zu mehr Widerstand.

In jeder Minute und in jedem Fall ist die einzige Lösung ... *(Geste der Hingabe):* „Was Du willst." Das heißt die Aufhebung der Vorlieben und Wünsche. Selbst die Vorliebe, nicht zu leiden.

> *Man kann sich nur sehr schwer vorstellen, daß dieses Bewußtsein ... Man versteht gut, daß es in der Unendlichkeit und in der Ewigkeit alles führt, aber führt es auch alles bis ins winzigste Detail?... Da fällt es einem schwer zu ...*

Auch im Mikroskopischen.

*Im Mikroskopischen.*

Genau das sah ich – ich verstehe den Grund. Das Problem stellte sich mir heute morgen: Das individuelle Bewußtsein, sei es noch so umfassend, kann sich nicht vorstellen, d.h. konkret begreifen, daß die Möglichkeit besteht, gleichzeitig das Bewußtsein von allem zu haben. Denn das individuelle Bewußtsein ist nicht so beschaffen. Und genau deshalb fällt es ihm schwer zu verstehen, daß DAS Bewußtsein ein Bewußtsein von ALLEM zugleich besitzt: im Ganzen, in der Totalität und im kleinsten Detail. Dies ...

*Ja, das ist schwierig ... Aber es ist ermutigend!*

Ach, das gibt einem eine große Ruhe ... Ich erzählte dir doch vor einigen Tagen, daß der Körper diese Erfahrung hatte zu sterben, ohne zu sterben, und daß diese Erfahrung dem Körper zeigte: „Gut ... es ist gut." Zu akzeptieren, ohne ... (wie soll ich sagen?), mühelos EINZUWILLIGEN. Und dann ist es vorbei. Die ganze alte Illusion, daß man mit der Auflösung des Körpers verschwinden wird, ist schon seit langem nicht mehr da. Jetzt ist der Körper selbst vollkommen davon überzeugt, daß sogar, wenn er auf diese Weise zerstreut wird, dies nur sein Bewußtseinsfeld erweitert ... Ich weiß nicht einmal, wie ich das erklären soll, denn dieses Gefühl des Persönlichen und der Notwendigkeit des Persönlichen für das Bewußtsein ist verschwunden.

Ich sehe sehr wohl, und der Körper merkt deutlich, daß er nur aufgrund seines Widerstands – seines Widerstands gegenüber der Wahrheit – zu leiden vermag. Überall da, wo eine vollständige Einwilligung besteht, verschwindet der Schmerz augenblicklich.

*(Schweigen)*

Dasselbe gilt für die Länder und Staaten: Es ist derselbe Machtwechsel. Statt einer persönlichen Macht wird es eine göttliche Macht sein, und derselbe Machtwechsel verursacht das unsägliche Chaos, das wir erleben – wegen des Widerstandes.

*(langes Schweigen)*

Je mehr sich ein Teil des Wesens (egal welcher) dem Augenblick des Übergangs nähert, das heißt, je mehr er zu diesem Übergang bereit ist, desto größer wird seine Empfindlichkeit. In dem Augenblick, wo man über das Stadium der Probleme hinausgelangen und von der universellen Sicht aus sehen kann, werden die Probleme für die persönliche Empfindlichkeit spürbar schärfer. Dies hatte ich früher schon bemerkt; jetzt wiederholt es sich für den Körper. Seine Empfindlichkeit wird ... erschreckend. Leute, die nicht wissen, warum das so ist, sind wirklich entsetzt ... Die Möglichkeit des Unwohlseins, des ... Dasselbe gilt auch für die Probleme. Für diejenigen, die das WISSEN und die verstanden haben, ist dies die Gelegenheit, einen letzten Fortschritt zu machen und sich so zu verhalten: *(Mutter öffnet ihre Handflächen nach oben)*.

Das, was sich noch der Illusion hingibt, etwas Getrenntes zu sein, muß sich im Grunde auflösen. Es muß sich sagen: „Das geht mich nichts an, ich existiere nicht." Dies ist die beste Haltung, die es einnehmen könnte. Dann ... tritt es ein in den großen universellen Rhythmus.

*(Meditation)*

*Februar*

## 4. Februar 1970

*(Mutter sieht müde aus.)*

Hast du etwas zu sagen?... Ich auch nicht ... Ich habe überhaupt nichts.

*Bist du müde?*

Nein, das ist es nicht. Es ist schwierig.

*(Mutter tritt in eine lange Meditation ein,*
*die bis zum Schluß der Unterredung dauern wird)*

Ein wachsendes Gefühl der Nutzlosigkeit aller Worte – vor allem das.
Alle Worte sind ungenau und unzulänglich.

## 7. Februar 1970

*(Wir werden nie genau wissen, was geschah oder wie es kam,*
*aber ungefähr von diesem Tag an machte sich eine deutliche*
*Veränderung in Mutters physischer Verfassung bemerkbar.)*

Jemand hat mir einen fürchterlichen Schnupfen verpaßt – ich huste und huste ... Gestern fühlte ich mich den ganzen Tag unwohl.

*Ich hatte den Eindruck, als seien wir in einen Sturm geraten.*

Ach, schlimmer als ein Sturm.

*(Schweigen)*

So viel schlechter Wille, Denunziationen ... Die Regierung ist beunruhigt, und man riet mir, mich vor einer Person, die du kennst, in acht zu nehmen ... ein Marquis.

*Ach, ja. Ich weiß.*

Du weißt davon?

*Ja, sie haben diesen Mann verfolgt. Zehn Jahre lang haben sie ihm die Wiedereinreise nach Indien verboten. Er steht auf der schwarzen Liste, verdächtigt als ...*

Spion?

*Nein, nein. Als Schmuggler.*

Ah, gut. Spionage verabscheue ich, aber Schmuggelei ist mir egal.

*Aber auch von Schmuggelei kann überhaupt nicht die Rede sein. Tatsache ist, daß er vor zehn Jahren dem Nizzam von Hyderabad einen prachtvollen Palast abgekauft hatte, der der Begum gehörte, ein sehr schöner Palast. Das hat Neider auf den Plan gerufen, die ihm alle möglichen Schwierigkeiten machten, um ihn zu vertreiben. Jedenfalls eine niederträchtige Geschichte. Schließlich überhäuften sie ihn mit einer Menge Beschuldigungen, und zehn Jahre lang konnten sie seine Rückkehr nach Indien blockieren.*

Oh!... Man ließ mir ausrichten, mich in acht zu nehmen – so, als ob man mir damit einen „großen Gefallen" erwiese.

*Was für eine Frechheit!*

Ich antwortete: „Ich hab diesen Mann gesehen, auf mich machte er einen anständigen Eindruck." *(Mutter lacht)*

*Ich kenne ihn sehr gut. Sie haben sehr gelitten, besonders seine indische Frau, die man zehn Jahre lang hinderte, nach Indien zurückzukehren.*

Die Leute sind dumm.

*Dann hat man sie auf die schwarze Liste gesetzt, und jetzt werden sie diese Geschichte nicht mehr los. Überall, wo sie hingehen, werden sie beschattet, bespitzelt, auf den Flughäfen durchsucht, wirklich höllisch.*

Ich bin froh, daß wir darüber gesprochen haben, denn Spionage kann ich absolut nicht ausstehen – alles andere ist mir egal. Und gerade das kann man nicht wissen, denn bei all ihren üblen Nachreden hüten sie sich, Genaueres zu sagen. Ich habe einfach geantwortet: „Ich habe diesen Mann gesehen, er ist völlig in Ordnung."

*Aber er ist wirklich ein Marquis: ein Ritter.*

Er ist ein Gentleman.

*Ich wünschte mir so sehr, sie könnten sich von dieser Geschichte befreien, die auf ihnen lastet.*

Aber die Regierungen sind Sklaven ihres Papierkrams.

*(Schweigen)*

Heute morgen fühlte ich mich viel besser, und dann überfiel es mich wieder *(Geste wie eine Ladung, die sich über Mutter ergießt)* ... Es wird vorübergehen.

*Ja, man fühlt genau, wie es an einem zerrt, die Atmosphäre ist schwierig.*

Etwas wie eine lauernde Wut.

*Ja.*

Irgend etwas tobt vor Wut.

Unglücklicherweise tragen die Leute dies zu mir herein ... Kaum habe ich ein wenig Ordnung in die Dinge gebracht, paff! fällt schon die nächste Ladung auf mich, und alles beginnt von vorn.

*(Schweigen)*

Auf der materiellen Ebene sind die Leute vom französischen Konsulat ganz erbittert gegen uns, und es ist ihnen gelungen, eine alte Dame in den Ashram einzuschleusen, die sich für „Wohltätigkeitswerke" einsetzt, und sie möchte, daß S sie begleitet. Ich sagte S: „Wenn du sie bekehren kannst, dann geh und komm mit ihr zurück (denn sie sollte in sechs Monaten zurückkehren), komm in sechs Monaten mit ihr zurück" ... Eine sehr reiche Dame, die ihr Geld für „Wohltätigkeitswerke" verschleudert. Wie es scheint, haben sie so etwas wie Aufnahmezentren, wo Kleider und Nahrung verteilt werden, und dies mit einer Hochnäsigkeit ... Abscheulich, ganz abscheulich.

*Ja, die Wohltätigkeit ist etwas Widerliches.*

Ach, für mich ist es eine widerliche Angelegenheit. Damit wollen sie sich nur wichtig machen.

Deshalb sagte ich S: „Wenn du sie bekehren kannst ... Sie ist sehr reich *(lachend)*, das könnte nützlich sein."

*Aber du sagst, daß die Leute im Konsulat auch gegen uns sind?*

Ja, sie ist eine Freundin des Konsuls.

*Ich glaube, die Frau des Konsuls hat mir niemals verziehen, was ich ihr damals sagte.*

Ach, sie stellen sich AKTIV gegen uns ... Sie haben uns beschuldigt, Ganoven und Drogensüchtige bei uns zu beherbergen. Eine ganze Bande hat sich im „Parc à Charbon"[1] eingenistet, und nun heißt es, wir hätten sie eingeladen.

*Aber liebe Mutter, ich finde diese „Ganoven" weitaus besser als all diese Konsuln.*

(Mutter lacht)

*Zumindest sind sie nicht von gesellschaftlichen Zwängen belastet (in gewisser Weise).*

Ja, aber ... Es sind auch nicht alles Unschuldslämmer.

*Sicher, es ist ein gemischter Haufen. Aber es gibt nichts Schlimmeres als Leute, die in ihrer wohltätigen Gewißheit eingesperrt sind.*

Oh! ...

(Schweigen)

Von hier bis da ist alles gereizt *(Mutter deutet auf den oberen Brustkorb, den Hals und die Nase):* alles, was mit den Leuten in Kontakt steht. Es fühlte sich an, als sei alles voller Knoten, und das machte mir zu schaffen; dann kam der Augenblick, wo sich all das wieder klären konnte, und es war sehr gut, ich fühlte die Arbeit. Aber danach hat es sich wieder verschlimmert wegen allen möglichen Dingen, die mich zwar nicht direkt „überfielen", aber an mich herangetragen wurden. Damit wurde es ein wenig schwierig.

Dies ging von hier bis dahin *(gleiche Geste),* das, was mit der äußeren Welt in Kontakt steht. Heute morgen war es immer noch da.

Es fing bei der Nase an, dann der Hals, und nun hat es sich bis hierhin ausgebreitet *(Brustkorb):* husten, husten, husten ...

Jedenfalls bin ich erleichtert wegen deines Marquis. Diese Geschichte widerte mich an.

(Schweigen)

Das gleiche spielt sich mit dem „Geldwechsel" ab, von dem sie jetzt so hypnotisiert sind. Das liegt an der kollektiven Dummheit, die Regeln des Geldwechsels zu akzeptieren – hier hätte man nie Regeln aufstellen dürfen, denn sobald dies geschieht, wollen die Leute sie natürlich umgehen. Nun tun sie es alle heimlich, ach!... Ich bekam einen Brief

---

1 Eines der Gasthäuser des Ashrams.

von einem Herrn (nicht direkt an mich adressiert – er wurde mir von jemandem gebracht), der mir anbot, daß er mir für die Dollars, die ich erhalte (ich erhalte größere Beträge – keine Riesensummen, aber doch ziemlich regelmäßig), pro Dollar elf Rupien geben würde, manchmal sogar zwölf ... Ich habe nicht geantwortet. Und jetzt werden wir belauert, um zu sehen, ob es da nichts gibt, was ... Widerlich!

Dieser Herr sagte sogar: „Dies biete ich nicht jedem an, sonst gebe ich nur zehn zu eins, das ist das Übliche, aber FÜR SIE würde ich es tun ..." Weißt du, das roch unangenehm. Ich dachte mir: „Ja, dann können die Leute sagen: „Die Mutter tut es", – nein, danke!"

Im Grunde geht es mehr um die heimliche Lust am Mogeln als um etwas anderes – eine oder zwei Rupien mehr, was ist das schon? Gar nichts. Man REIZT die Leute, indem man ihnen sagt: „Das ist verboten." – Da bekommen sie sofort Lust, es zu tun.

Ach, bitte *(auf das Tonbandgerät zeigend)*, das muß gelöscht werden, denn ... es ist gefährlich!

*(Schweigen)*

Mir schien, ich hätte noch etwas ... Was?... Ach, die *Aphorismen* ... Hast du den von gestern gelesen?

*Über den anarchistischen Zustand?*

Das ist gut, nicht wahr?

*(Satprem liest vor)*

321 – Der anarchistische Zustand ist der wahre göttliche Zustand für den Menschen, am Ende wie auch am Anfang; doch in der Zwischenzeit würde er uns direkt in Teufelsküche führen.

Und was hatte ich zum vorhergehenden Aphorismus gesagt?

*Oh, ja ...*

320 – Die Regierungen, die Gesellschaften, die Könige, die Polizei, die Richter, die Institutionen, die Kirchen ...

Ja, er hat alles darin untergebracht: die Religionen wie die Polizei.

*Ja, das gehört zusammen.*

Das fand ich fabelhaft.

... die Gesetze, die Sitten, die Armeen sind vorübergehende Notwendigkeiten, die uns für einige Jahrhunderte aufgezwungen wurden, weil Gott Sein Antlitz vor uns verbarg. Wenn es wieder

71

in seiner Wahrheit und Schönheit vor uns erscheinen wird, dann werden diese Notwendigkeiten sich in seinem Licht in nichts auflösen.

Was habe ich darauf geantwortet?

*Du hast gesagt:*

Der anarchistische Zustand ist das Regieren eines jeden durch sich selbst. Und es wird die perfekte Regierung sein, wenn ein jeder sich des inneren Göttlichen bewußt ist und Ihm allein gehorcht.

Ich schreibe diese Dinge, und später fällt mir die Fortsetzung ein, aber dann habe ich keine Zeit, mir das zu notieren …

Jemand schrieb mir aus Auroville, er sei im Glauben gekommen, daß er hier nur sich selbst gehorchen müßte (oder so ähnlich), und nun stelle er fest, daß es Regeln und Gesetze gibt. Und er sagte: „Ich werde sie nicht befolgen, ich bin frei! Ich weigere mich, sie zu befolgen." Man hat mir das natürlich berichtet[1]. Daraufhin schrieb ich ihm (ich erinnere mich nicht mehr): „Man ist erst dann frei, wenn man sich des Göttlichen bewußt ist und wenn das Göttliche in jedem die Entscheidungen trifft, sonst ist man der Sklave seiner Begierden und Gewohnheiten und all der Konventionen …" Das habe ich ihm geschickt, woraufhin er nichts mehr von sich hören ließ.

Eben das wollte ich hinzufügen *(zum Aphorismus)*. Man sollte es so ausdrücken: Man ist erst dann frei, wenn das Göttliche in jedem von uns die Entscheidungen trifft, sonst sind die Menschen Sklaven ihrer Begierden und Gewohnheiten und aller Konventionen, aller Gesetze und Vorschriften … Je freier sie sich glauben, um so mehr sind sie gebunden.

*(Schweigen)*

Was hast du zu sagen?

*Hat man dir gesagt, daß sich in Frankreich fünf oder sechs Studenten aus Protest in Brand gesteckt haben?*

Was?!

*Ja.*

---

1 Eines der widerlichsten Dinge im Ashram war diese Manie, die sie alle, oder fast alle hatten (zumindest diejenigen, die Zugang zu Mutter hatten), bei Mutter zu „petzen" wie in einem Töchterheim. Als hätten sie nichts Besseres zu tun gehabt. Und Mutter „absorbierte".

Sie haben sich ...

*In Brand gesteckt.*

Wie entsetzlich!

*Siebzehn- und achtzehnjährige Jungen.*

Oh!...

*Studenten[1].*

Das ist die neue Manie – hier wollen sie dasselbe tun ... Was soll das?

*Ein Protest gegen diese erstickende Gesellschaft.*

Wie entsetzlich!...
In Frankreich?

*Ja.*

*(Schweigen)*

Weiß man, was sie dachten?... Denn ich habe mich folgendes gefragt: Wenn man – wie ich – weiß, daß der Tod wirklich nicht existiert, daß er ... wirklich nur einen sehr kleinen Unterschied ausmacht (man hält den Unterschied für ungeheuer – aber das stimmt nicht). Wenn die Menschen dies jedoch zu früh wüßten, dann würde eine GROSSE ANZAHL von ihnen absichtlich gehen ...

Deshalb würde es mich sehr interessieren zu wissen, was diese Jungen, die sich umgebracht haben, dachten. Ob sie Bescheid wußten und ein spirituelles Leben hatten oder ...? Denn das erste Stadium, wenn man dies weiß ... Wenn man wüßte, daß der Tod keinen so radikalen Unterschied ausmacht, wie die Leute glauben – wenn sie wüßten, was er wirklich ist –, ohne die innere Verwirklichung der Hingabe erlangt zu haben, dann würden all jene, die unzufrieden sind, sofort sagen: „Ich haue ab!..."

Plötzlich verstand ich das; ich sagte mir: Dies ist wieder einmal eine unendliche Weisheit und Gnade, die bewirkt, daß der Mensch es nicht weiß – daß der Mensch nicht weiß, was der Tod ist: er glaubt, es sei das Ende.

Das wäre interessant zu wissen.

*Aus den Berichten ging hervor, daß es Studenten aus einem sehr*

---

1 Tatsächlich waren es Gymnasiasten.

*durchschnittlichen Milieu waren, die so reagierten … Einer von ihnen sagte, es sei wegen der Massaker in Biafra …*

Wo?

*In Afrika. Dort wurde fast ein ganzer Stamm (die Ibos) massakriert – mit der Komplizenschaft der Engländer, der Russen und anderer.*

Warum?

*Weil sie die Unabhängigkeit erlangen wollten.*

Ungeheuerlich!… Nein, ich weiß nicht, was geschieht.

*Es handelte sich um Gebiete, die früher von den Engländern besetzt worden waren und unter englischer Herrschaft vereint wurden. Als die Engländer fortgegangen waren, wollte ein ganzer Stamm sich abspalten, woraufhin der andere Teil mit englischen, russischen und anderen Waffen die Abspaltung zu verhindern suchte, usw. So hat man sie nach und nach eliminiert. Das einzige Land, das wirklich protestierte, war Frankreich.*

Ach!

*Jedenfalls ist das eine nicht sehr schöne politische Geschichte. Aber nach Ansicht eines der Studenten ging es darum, „das Massaker von Biafra zu sühnen".*

Oh!…

*Tatsächlich ist das ein Protest gegen diese Gesellschaft, die … die verlogen ist, die keine Zukunft hat.*

Ja, es ist wirklich häßlich, was auf der Erde passiert.

*Schrecklich.*

*(Schweigen)*

Vor einigen Tagen besuchte mich eine Dame (ich glaube, sie ist Vietnamesin), ich hatte sie schon einmal vor langer Zeit gesehen. Nun ist sie wieder gekommen und besuchte mich. Sie setzte sich vor mich hin (eine sehr liebe, kleinwüchsige, rundliche Dame) und sagte mir: „Ich bin gekommen, weil wir seit fünfundzwanzig Jahren Krieg haben …" In ihrer Atmosphäre lag ein solcher Schmerz, das war … oh, so jammervoll! „SEIT FÜNFUNDZWANZIG JAHREN haben wir Krieg … deshalb bin ich gekommen – können wir denn auf Frieden hoffen?…" Und ich fühlte … *(Mutter schließt die Augen)*

*(Schweigen)*

So ist es doch: sie sind so stolz auf ihre Mondlandung, während sie … [sich gleichzeitig hier auf der Erde massakrieren].

*(langes Schweigen)*

Jetzt verstehe ich viele Dinge … Wenn ich mich im irdischen Bewußtsein befinde, sind da GROSSE Wellen von etwas so Elendem … von einem so jammervollen Schmerz … Das kommt wellenartig. Wenn ich völlig ruhig und reglos bleibe, ohne abgelenkt zu werden, kommt als Antwort darauf die Kraft herab und dringt dort ein. Und das vollbringt viel Arbeit.

Diese Atmosphäre ist erfüllt von einer Beklemmung, die so dringend einer Antwort bedarf, und diese kommt dann und nach … (manchmal dauert es lange, stundenlang), aber es dringt durch und breitet sich aus. Allerdings habe ich nicht immer Zeit dazu. Besonders morgens sehe ich viele Leute (der Mittwoch und der Samstag sind die beiden Tage, an denen ich keine Besuche mehr empfange, aber trotzdem sind es an die zwanzig Personen, die ich vor dir sehe), das zerstreut die Kräfte. Und daraus folgt dann *(Mutter deutet auf ihre Brust)*, daß die Störung sich verschlimmert. Andernfalls, wenn ich ganz allein bin, also nachts (nur nachts), und wenn ich auf meinem Bett liege … dann geht es. Doch die Beklemmung der Welt dringt ein. Jetzt verstehe ich (ich weiß nicht, um was es geht, ich weiß nicht, was passiert), aber das war so entsetzlich. Ich fühlte das und fragte mich: „Was ist los? Was geht vor, daß es dazu kommt?…" Und die Menschen selbst sind so unbewußt. Von diesen armen kleinen Seehunden habe ich dir ja erzählt …

Das ist eine solche Unbewußtheit. Wenn sie doch nur ein klein wenig fühlen würden, welches Leid sie anderen damit zufügen, könnte sie das vielleicht aufhalten …

Nun, das trifft diesen Bereich hier *(Mutter deutet hustend auf die Brust)*, er steht mit der Welt in Kontakt.

*(langes Schweigen)*

Diese Entwicklungskurve, um von der Unbewußtheit zum Bewußtsein zu gelangen, dauert schon so lange – wie lange wird das noch gehen?… Im Grunde ist das … eine schreckliche Sache.

Aber eines verstehe ich: Es bedarf ENTWEDER des höchsten Bewußtseins oder aber der Unbewußtheit; der Übergang zwischen den beiden ist entsetzlich. Ein Halb-Bewußtsein ist noch schlimmer.

*(langes Schweigen)*

Diese Art künstliche Harmonie, in der der Körper lebt, basiert fast ganz auf der Unbewußtheit, in der er lebt, und sobald auch nur ein klein wenig Bewußtsein da hineinkommt, gerät alles aus dem Gleichgewicht; und wenn zu viel eindringen würde, könnte er es nicht aushalten. Jetzt sehe ich das ... Was würde das erst in einem viel größeren Maßstab bedeuten?... Ich erinnere mich an zwei oder drei Nächte ... *(Mutter schüttelt kaum merklich den Kopf)*

*(Schweigen)*

Mehrere Leute hier wurden plötzlich ganz unerwartet krank. Einige waren bewußt, und sie schrieben mir, daß ihnen plötzlich „etwas anderes" bewußt geworden sei – etwas, das sie nicht kannten und das sie im Ungleichgewicht ihrer Krankheit plötzlich zu fassen bekamen.

Eine SEHR STARKE AKTION ist im Gange. Aber, weißt du, die Leute glauben, alles müßte auf ihre Weise gut gehen, und dann wundern sie sich: „Wie kommt es, daß dieses göttliche Bewußtsein am Werk ist und dennoch so viele schwierige, schmerzliche und unerwartete Dinge geschehen?..." Sie können es nicht begreifen. Aber mein Körper versteht genau. Keine Minute lang beklagte er sich. Keine Sekunde lang hat er die Schuld den anderen zugeschoben, sondern er sagt sich: „Mein armer Kleiner, in dir steckt noch viel von der alten Unordnung."

Ach, es gibt noch viel zu tun!

*(Schweigen)*

Ich bekomme Briefe (von Kindern), die mich fragen: „Warum hat der höchste Herr bloß erlaubt, daß die Dinge so sind?..." Dies werde ich am häufigsten gefragt.

Aber sobald ein WAHRER KONTAKT zustandekommt, ist all das vorbei.

Es gab ja Leute, die behauptet haben (ich erinnere mich nicht mehr, in welcher Religion): „Gott ist schließlich nicht jener, der leidet ..." *(Mutter lacht)* Darüber waren die Leute noch aufgebrachter: „Ja, er selber leidet nicht – er läßt uns leiden, ohne selber zu leiden." *(Mutter lacht)* Vielleicht amüsiert es ihn.

Ich erinnere mich an die arme Bharatidi (sie war eine Rebellin). Vor langer Zeit hatten wir einmal zusammen ein Theaterstück organisiert, und da sagte sie mir eines Tages (alle, die spielen sollten, waren zusammengekommen): „Wenn man bedenkt, daß Gott all dies sieht, und daß er das duldet ..." *(Mutter lacht)* Ich antwortete ihr: „Vielleicht sieht er die Dinge nicht so wie wir."

Das amüsierte mich, denn sie war eine sehr intelligente Frau. Aber das ... *(Mutter lacht)*

*(Schweigen.*
*Mutter hustet)*

Wieviel Uhr ist es?

*Zwanzig nach elf.*

Ach … Ich wollte dir vorschlagen, etwas zu meditieren, aber es ist zu spät.

*(Mutter nimmt ein paar Rosen)*

Hier, heute werde ich es so machen …

*(Mutter reicht Sujata eine gelbe Rose für sie,*
*zusammen mit einer roten für Satprem)*

*(Mutter nimmt Satprems Hände:)* Meine Hände sind nicht erkältet!

## 11. Februar 1970

*(Mutter hustet, ihre Stimme ist sehr schwach)*

Es geht nicht. Unmöglich zu sprechen.
Hast du den Aphorismus erhalten?

325 – „Freiheit, Gleichheit, Brüderlichkeit" riefen die französischen Revolutionäre aus, aber in Wirklichkeit wurde nur die Freiheit sowie eine geringe Dosis an Gleichheit in die Tat umgesetzt; was die Brüderlichkeit betrifft, so hat sich nur die Brüderlichkeit Kains etabliert … und die von Barabbas. Manchmal wird sie „Trust" oder „Kartell" oder gelegentlich „Europa-Rat" genannt.

326 – Die fortschrittlichen Denker Europas rufen aus: „Da die Freiheit gescheitert ist, versuchen wir es doch mit Freiheit UND Gleichheit oder, weil es nicht leicht ist, die beiden unter einen Hut zu bringen, versuchen wir es statt mit der Freiheit mit der Gleichheit. Was die Brüderlichkeit betrifft, diese ist unmöglich, deshalb werden wir sie durch Industrieverbände ersetzen." Aber ich denke, daß Gott sich auch diesmal nicht täuschen läßt.

*(Satprem liest Mutters Kommentar vor:)*

„Momentan sind Freiheit, Gleichheit und Brüderlichkeit -bloße Worte, die mit großem Geschrei proklamiert, aber noch nie in die Tat umgesetzt wurden, und das können sie auch nicht, solange die Menschen so bleiben, wie sie sind, beherrscht von ihrem Ego und all seinen Begierden, anstatt einzig und allein vom Höchsten Einen und allerhöchsten Göttlichen geführt zu sein."

Und ich fügte hinzu:

Die Freiheit kann sich erst manifestieren, wenn alle Menschen die Freiheit des Höchsten Herrn kennen.

Die Gleichheit kann sich erst manifestieren, wenn die Menschen sich des Höchsten Herrn bewußt geworden sind.

Die Brüderlichkeit kann sich erst manifestieren, wenn alle Menschen fühlen, daß sie gleichermaßen dem Höchsten Herrn entstammen und sich „eins" fühlen in Seiner Einheit.

Dies erscheint dem Menschen unmöglich, aber ohne Zweifel wird die neue Spezies dazu fähig sein.

Etwas anderes ... *(Mutter überreicht eine andere Notiz)* Ich sehe nicht mehr gut ... Einem Mädchen, das sich furchtbar über die Meinung der anderen ärgerte, habe ich folgendes geantwortet:

Nur die Meinung
des Höchsten Herrn
hat Bedeutung.
Nur der Höchste Herr
verdient unsere ganze Liebe und
gibt sie uns hundertfach zurück.

*(Schweigen)*

Es geht nicht gut *(Mutter preßt ihre Hände an den Kopf)*. Mein Kopf, ich hatte noch nie in meinem Leben so einen Kopf. Ich höre Lärm darin und ...

Heute morgen fing es an, es war voll von etwas ... Ich weiß nicht, was es ist. Und die Leute drängen und drängen – und es sind so viele! Noch nie habe ich so viele gesehen ... gestern morgen war ich fast geheilt, und ich dachte, es sei vorbei, aber dann empfing ich bis halb eins Leute. Und danach ...

Hast du nichts?... Nun, ich werde nicht sprechen.

*(lange Meditation)*

Ich sehe dich am Samstag, ich hoffe, daß es dann vorbei ist.

Noch nie war mein Kopf in einem solchen Zustand ... Das Bewußtsein ist überaus klar ... Merkwürdig ... Ich habe den Eindruck, mein Kopf sei so dick *(Geste)*, als sei er riesig geworden.

*(Schweigen)*

Ein [französischer] Botschaftsattaché ist gekommen, er aß mit R und F und Baron *(dem früheren Gouverneur von Pondicherry)* zu Abend. Seine Tochter war damals zur Einweihungsfeier von Auroville gekommen, um die Erde Frankreichs zu bringen. Deshalb stellte er alle möglichen Fragen und zeigte sich sehr interessiert ... Ein neuer Botschafter wird kommen, und wir hoffen, daß dieser besser sein wird[1] ... Der vorhergehende war völlig gegen den Ashram eingestellt. Aber nun hoffen wir, daß der neue besser sein wird.

## 18. Februar 1970

*(Mutter fühlte sich nicht wohl und konnte Satprem am 14. nicht empfangen. Das folgende Gespräch ist sehr wichtig, weil es den sichtbaren Anfang eines Konflikts anzeigt, den wir als „medizinisch" bezeichnen können und der mit den Jahren immer schlimmere Ausmaße annehmen wird.)*

Noch nie in meinem Leben hatte ich eine solche Erkältung *(seit Anfang Februar hustet Mutter viel)*. Und letzte Nacht hatte ich eine Art physischen Albtraum ... Noch nie in meinem Leben erlebte ich so etwas ... Ich kann nicht sagen, richtig geschlafen zu haben, aber ... Wie soll ich sagen? Es ist eine Mischung zwischen etwas, das sein wahres inneres Heilmittel zu finden versucht, und dem Arzt, der behauptet, wenn ich keine Medikamente nehme, werde ich noch „monatelang" krank sein.

*Das behaupten sie immer.*

---

1 Eine vergebliche Hoffnung.

Folglich ...

Ach, es bräuchte Stunden, dies alles zu erzählen. Es spielt sich bestimmt in der materiellen Welt ab, und *(lachend)* letzte Nacht sah ich plötzlich zwei große männliche Gestalten, ganz grau. Man sah keine Augen, keine Nase usw., und sie waren die beiden „Ärzte" (welche Ärzte, weiß ich nicht), sie diskutierten. Mein Körper befand sich auf dem Bett (ich glaube nicht, daß ich saß, dennoch stand ich auch nicht), und sie diskutierten miteinander, aber ohne zu sprechen. Es hatte den Anschein, als seien es zwei Wesen aus einer niederen vitalen Welt, riesige Wesen – groß, stark, ungeheuerlich. Dann zeigte einer während seiner Demonstration mit dem Finger auf mein Herz, und sein Finger berührte es – da stieß ich einen Schrei aus. Einen physischen Schrei.

Ich war nicht froh über diese Erfahrung.

Nie, nie berührten mich solche Dinge, nie. Einmal bekam ich sehr starkes Fieber, ich hatte 42 Grad Fieber, und es war ungeheuerlich (es hielt nicht lange an, aber doch einige Stunden). Ich hatte mich bei einer Arbeiterversammlung angesteckt, wo sie einen Puja oder was weiß ich zelebrierten.[1] Ich bekam Fieber. Aber Sri Aurobindo war da. Ich sah sämtliche Wesen des materiellsten Vitals auf mich einstürmen *(auf den Körper einstürmende Geste)*. Ich erinnere mich, das war noch zu Sri Aurobindos Zeiten (das ist schon lange her). Und als ich diese Wesen sah, sagte ich zu Sri Aurobindo: „Dies ist es also, was den Leuten solch furchtbare Albträume bereitet." Sie näherten sich (sie versuchten es), doch sobald sie Sri Aurobindos Gegenwart um mich herum berührten, wichen sie zurück, dann kamen sie wieder und wurden erneut zurückgestoßen – das hielt die ganze Nacht an. Aber letzte Nacht war es nicht so ... Natürlich war Sri Aurobindo nicht physisch gegenwärtig, und ... ich sah diese Wesen. Besonders als dieses Wesen mich bei seiner Demonstration mit dem Finger berührte ... das ließ mich aufschreien – ich schrie materiell auf.

---

1 Die *Ayudh-Puja* oder das „Fest der Waffen". Bei einem ähnlichen Anlaß wurde Mutter ernsthaft angegriffen, und Sri Aurobindo mußte den Schülern einen Brief schreiben, in dem er folgendes erklärte: „Die Mutter wurde schwer getroffen und muß unbedingt ihre Kräfte wieder sammeln. ... Es kommt gar nicht in Frage, daß sie wieder anfängt, Leute zu empfangen – ein einziger solcher Morgen würde genügen, um sie völlig zu erschöpfen. Ihr müßt euch darüber im Klaren sein, daß eine physische Begegnung mit den anderen für sie kein bloßer gesellschaftlicher oder familiärer Kontakt ist, der von einigen oberflächlichen Nettigkeiten begleitet wird, die keinen großen Unterschied in die eine oder andere Richtung machen. Für sie bedeutet es einen Austausch: sie gibt ihre Kräfte, und sie empfängt Dinge von den anderen – mal gute, mal schlechte oder vermischte –, was eine große Anpassungs- und Reinigungsarbeit erfordert, und in vielen Fällen bringt dies für ihren Körper eine große Anspannung." (12. November 1931)

*Ja, es berührte dich.*

Ja. Es KONNTE mich berühren.

*All dies wegen der „Ärzte".*

Ja, sie gaben vor, Ärzte zu sein.

Ach, materiell ist man nicht gut beschützt, sonst wäre das nicht so ... Materiell bin ich nur beschützt, wenn ich nicht schlafe und vollkommen konzentriert und reglos bin, ohne mit irgend jemandem zu sprechen, ohne Kontakt mit der Umgebung, nur in die göttliche Gegenwart getaucht. Dann geht es. Aber die Dinge sind weit davon entfernt, so zu sein! *(Mutter hustet)*

*(Schweigen)*

Das kannst du für die *Agenda* aufheben, aber es darf nicht darüber gesprochen werden. In der *Agenda* ja, aber sonst nicht.

*(langes Schweigen)*

*Weißt du, liebe Mutter, schon mehrmals hatte ich solche „medizinischen Träume", mit einer Art Medizin, die zu heilen vorgibt, die einem aber schrecklich schadet, oder man versucht dich zu operieren, jemand will deinen Körper quälen, um dich zu operieren. Anfangs fügt man sich und sagt: „Gut, ich muß mich operieren lassen", aber schließlich kehrt das Bewußtsein zurück, und man weist diesen angeblichen Arzt zurück. Das ist mir oft passiert. Ein Wesen, das vorgibt, einen zu heilen: ein „Doktor".*

Ich glaube, das ist es – ich glaube, es gibt vitale Wesen, die sich dessen bedienen, was noch an Unbewußtheit in den Ärzten steckt.

*(Schweigen)*

Aber Sri Aurobindo ist das auch einmal passiert: in der Nacht – einer Nacht wie dieser – hat er geschrien. Und nachher sagte er, daß sich das in der materiellen Welt abgespielt hatte: Wesen des materiellsten Vitals, die sich in der irdischen Atmosphäre aufhalten, nicht in der vitalen Atmosphäre.

Es mögen vitale Wesenheiten sein, Überbleibsel von toten Menschen – das ist möglich. Es können auch irgendwelche Teil-Materialisationen des Vitals selbst sein: Wesen des Vitals.

Mein ganzes Leben begleitete mich diese Art weißes Licht – nicht durchsichtig weiß, sondern weiß wie ... WEISS. Dieses Licht ist extrem stark. Nie, nie haben sie sich genähert – sie konnten sich dem nie nähern. Nur in jener Nacht, als ich Fieber hatte (ich glaube ... das war ungefähr 1918, nein, 1920[1]), aber damals hatten mich die Leute mit Fieber angesteckt. Sonst nie, niemals, sie konnten sich nicht nähern.

## 21. Februar 1970

*(Mutters 91. Geburtstag. Das Gespräch findet nach der gemeinsamen Meditation aller Schüler statt. Mutter schaut Satprem lange mit einem unsagbaren Ausdruck an, bevor sie zu sprechen beginnt.)*

Heute morgen wurde dem Körper etwas geschenkt ... Heute morgen hat der Höchste Herr ihn gelehrt, ganz Ihm zu gehören, und das war so wunderbar ... Während der ganzen Nacht – die ganze Nacht und den ganzen Morgen – war es wie eine vollkommen konkrete Demonstration, wie man vollkommen Ihm gehört ... Nie zuvor hatte der Körper je so etwas gefühlt. Natürlich ist er sich all dessen völlig bewußt, was immer noch „knirscht" – das ist auch der Grund, warum es immer noch zu diesen Nachwirkungen jenes schlimmen Angriffs kommt[2]. Es sind nur Überbleibsel, aber ...

Diese sehr konkrete Erfahrung machte der Körper heute den ganzen Morgen, und die Schlußfolgerung kam während der Meditation.

Es ist ein wenig schwierig, dies zu erklären – Worte wirken sehr einschränkend. Es gleicht dem, was wir als „Frieden" bezeichnen, ist jedoch leuchtend und macht den Eindruck eines ... (wie soll ich sagen?) eines solch angenehmen Wohlbefindens ... etwas ... Es richtet sich nicht hierhin *(Geste auf sich selbst)*, sondern dorthin *(Geste nach außen)*, deshalb ist es so schwierig zu erklären. Nicht in sich selbst findet der Körper sein Wohlbehagen, sondern es ist ein wohliges Gefühl ... *(Geste in alle Richtungen)*, eine Art Wohlbehagen, das ausstrahlt und ... ja, es gleicht einer Gewißheit. Da gibt es keine ... Von „Besorgnis" kann keine Rede sein, nichts dergleichen, auch keine „Fragen" ... Aber es ist ... mehr als das, was wir Wohlbehagen und Gewißheit nennen.

---

1 Vielleicht verwechselt Mutter dies mit der Epidemie in Japan im Januar 1919, bei der sie fast gestorben wäre, hingegen datiert jenes Fieber, von dem sie bei einem „Puja der Waffen" überfallen wurde, aus dem Jahre 1931.
2 Mutter hustet noch immer ein wenig.

Etwas Unsagbares. So umfassend (im Körper selbst), so weit ... Das war wirklich wie eine Opfergabe heute.

Gestern war die Attacke während des ganzen Tages sehr stark, wie um zu sehen, ob der Körper durchhalten würde. Aber er konnte sein Vertrauen und seine ruhige Gewißheit beibehalten (den ganzen Tag), und dann wurde es etwas ... Das war es, aber ... Das ist schwierig zu erklären.

Hast du etwas gefühlt[1]? Nein?

*Doch.*

Es war wie eine Fortsetzung der Meditation.

*(Schweigen)*

Gestern war es wirklich wie eine Prüfung, um zu sehen, ob der Körper standhalten würde, ob er imstande sein würde, aus sich selbst hinauszutreten – er hat sich richtig verhalten (besonders in der Nacht war es gut).

Das ist so ... Alle Worte sind ganz klein.

Großartig ... *(lachend)* Wirklich, man hat ihm ein Geschenk gemacht!

\*
\* \*

*(An diesem Tag gab Mutter folgende Antwort auf eine Frage, die ihr von einer der Vereinigungen des Ashrams gestellt worden war:)*

*„Worin besteht die große Veränderung, auf die sich die Welt vorbereitet? Wie kann man helfen?"*

Eine Bewußtseinsveränderung. Und wenn sich unser Bewußtsein verändert hat, werden wir wissen, welche Veränderung es ist.

Die Veränderung braucht unsere Hilfe nicht, um zu kommen, aber wir müssen uns dem Bewußtsein öffnen, damit es für uns nicht umsonst kommt.

---

1 Am Anfang des Gesprächs, als Mutter Satprem anschaute.

## 25. Februar 1970

Es ist äußerst interessant geworden, nur kann man nicht sprechen ... *(Mutter hustet)*, und es ist besser, nicht zu sprechen.
Sehr interessant.
Ich verbrachte die ganze letzte Nacht bei Sri Aurobindo, und zwar mit einer WELT von Erklärungen. Er ließ mich eine Menge Dinge begreifen ... ja, außergewöhnlich. Und praktisch: über den aktuellen Stand der Dinge ... Nicht darüber sprechen, deshalb huste ich, das ist absichtlich.
Ungeheuer interessant.

*(Schweigen)*

Eine detaillierte Demonstration des Unterschieds zwischen den beiden Bewußtseinsarten.

*(Schweigen)*

Unter anderem erklärte er mir auf eine ganz praktische und eindeutige Weise, daß die Ursache aller Krankheiten, Störungen und Konflikte hier in der materiellen Welt darin liegt, daß die beiden Bewegungen, die simultan sind – die Bewegung der Fortdauer (was man Stabilität nennen könnte) und die Bewegung der Transformation – beide Bewegungen sind im ursprünglichen Bewußtsein eins und stehen nicht im Widerspruch zueinander; und er zeigte mir (nicht in Gedanken, sondern mit dem Bewußtsein), wie die beiden hier getrennt sind, und daß dies die Ursache des Todes ist. Weil sie nicht miteinander harmonieren können – sie WISSEN nicht, wie sie miteinander harmonieren können: sie vermögen es, aber sie wissen es nicht. Die Bewegung der Transformation und die Bewegung der Stabilität. Wenn sie nicht miteinander harmonieren, wo es notwendig ist, entsteht ein Bruch im Gleichgewicht, und das Wesen stirbt – die Dinge sterben, alles stirbt aus diesem Grund. Wenn man das so sagt, macht es keinen Sinn. Mir wird die direkte Erfahrung der Sache gegeben ... Und auch das – der Husten und all das – ist so einfach, so offensichtlich, sobald man die Erfahrung macht.
Man könnte (fast) sagen: Wenn die beiden das Gleichgewicht ihrer simultanen Existenz finden, wird dies das Göttliche neu erschaffen ... Es ist in uns, steht aber nicht in Harmonie miteinander[1].

*(Schweigen)*

---

1 Es scheint, daß diese Erfahrung jene fortsetzt, von der Mutter in der *Agenda* Bd. 10 am 19. November 1969 sprach: „Einheit = Kraft und Ruhe zusammen."

Mindestens vier Stunden bei Sri Aurobindo letzte Nacht ... Oh, außergewöhnlich, außergewöhnlich, alles gezeigt, alles erklärt.

*(Schweigen)*

Hast du den letzten Aphorismus erhalten, den von gestern?... Ich las ihn, und dann veranlaßte mich Sri Aurobindo zu schreiben. Und so begann ich in prophetischem Ton zu schreiben ... Hast du es gelesen? Es ist, als spräche ich zu jemandem ...

*Nein, ich habe den vom 23., von vorgestern.*

Worum ging es da?

*Sri Aurobindo sagt: „Die Seele ist nackt und ohne Scham[1]", und man fragt dich: „Ist die Seele nicht immer rein?" Darauf antwortest du:*

„Die Seele ist nicht verkleidet, sie zeigt sich so, wie sie ist und kümmert sich nicht um das Urteil der Menschen, weil sie die treue Dienerin des Göttlichen und dessen Heimstätte ist."

Nein, nicht dieser. Ich schrieb folgendes: „Du bist ..." *(Mutter versucht, sich zu erinnern)*, nun, ich wende mich ich weiß nicht mehr an wen mit „Du" – an die Menschheit oder an das menschliche Wesen, ich weiß nicht mehr.

Aber dieser ist gut ... Sie ist nicht verkleidet, das ist gut. Es war so konkret: Wie das menschliche Bewußtsein (besonders das mentale) IMMER verkleidet ist – man muß den Anschein geben, als sei man dies oder jenes, man muß diesen Eindruck oder jenen Anschein erwecken. Eine Verkleidung.

*(Meditation)*

---

1 351 – Nur die Seele, die nackt und ohne Scham ist, kann rein und unschuldig sein, so wie es Adam im ursprünglichen Garten der Menschheit war.

## 28. Februar 1970

*(Mutter hustet immer noch)*

Die Arbeit im Körper geht in beschleunigtem Tempo voran, aber es ist nicht leicht … Jedenfalls sehr präzise, sehr genau. Ich habe dir erzählt, daß ich eine ganze Nacht bei Sri Aurobindo verbrachte und er mir bis ins Detail erklärte, was sich alles mit dem Körper abspielt …

Es ist schwierig.

Man hat so sehr den Eindruck, daß der Zustand, den man vorher normal fand, ein Zustand völliger Dummheit ist … und daß alle, aber auch alle Stützpunkte, die man hatte, überhaupt nichts taugen. Deshalb ist es … schwierig.

Da sind Dinge … Höchst interessant! Man glaubt immer, es gebe gewisse Dinge, die gefährlich seien (zum Beispiel gewisse Krankheiten oder gewisse Störungen), und andere seien unbedeutend, aber nun hat es sich auf ganz eindeutige Weise gezeigt, daß dies gar nicht stimmt, sondern daß … alles vollkommen davon abhängt (um es klar auszudrücken), was entschieden worden ist, was der Höchste Herr entschieden hat. Bei der geringsten Kleinigkeit – etwas völlig Unbedeutendem – kann Er das Funktionieren des Körpers stoppen, und bei etwas sehr Ernsthaftem, das man als unheilbar betrachtet, geht es ohne Problem weiter. Dies wurde praktisch demonstriert.

Es kommt zu unangenehmen Augenblicken. Denn die mentalen Überzeugungen, die mentalen Konstruktionen helfen dem Körper sehr, jetzt aber sind sie weg, deshalb hat er es nicht mehr leicht. Wenn man zum Beispiel einen mentalen Glauben hat – Vertrauen, nicht wahr –, dann hilft das sehr, denn er bleibt fest, ohne zu schwanken, inmitten aller Schwierigkeiten … doch dies ist nicht mehr vorhanden. Einzig das Bewußtsein existiert, aber das Bewußtsein *(lächelnd)* macht keine Umstände. Das Bewußtsein erzählt keine Witze, es macht einem nichts vor im gewünschten Augenblick, um einem zu helfen – es ist so, wie es ist *(Geste wie eine unbewegte Präsenz)*, in einer Einfachheit und vollkommenen Aufrichtigkeit. Und so sieht man deutlich und weiß Bescheid, aber …

Der Körper sieht auf völlig eindeutige Weise, daß seine Empfindungen … fast fabriziert sind, das heißt, sie entsprechen nicht wirklich der Wahrheit – aber … *(lachend)* das hilft ihm nicht besonders … Manchmal fühlt er sich wirklich nicht wohl.

Er ist sich seiner Dummheit so sehr bewußt geworden, daß … seine erste Reaktion war, zu sagen: „Es ist *hopeless*, es gibt keine Hoffnung. Dies muß sich auflösen und durch etwas anderes ersetzt werden."

Dann ist da immer dieses Lächeln, das schaut und keine Umstände macht ... Und so .... versucht er, ruhig zu bleiben.

Weißt du, er hat das Stadium der Dummheit überschritten, wo man sagt: „Warum sind diese Dinge so?" – Er sieht recht gut, warum es so ist. Aber es ist so allumfassend, so allgemein, daß ... Es fällt dem körperlichen Bewußtsein schwer, ständig in diesem universellen Zustand zu bleiben.

*(Schweigen)*

Um es in einem Satz auszudrücken (denn all das scheinen Phrasen zu sein): Man weiß, daß man in der Lüge lebt; man weiß, was diese Lüge ist; blitzartig weiß man, was die Wahrheit ist, und trotzdem ist man nicht fähig, ... wie sie zu werden. Und man sieht auch, warum. Denn ein ganzer Weg muß zurückgelegt werden, bis diese Lüge weichen und der Wahrheit Platz machen kann, bis sie sich in Wahrheit verwandelt, auf eine WAHRE Art – nicht auf eine willkürliche, sondern auf eine wahre Art. Dazu bedarf es aller möglichen Erfahrungen, Anpassungen – was für uns hier Zeit beansprucht: es braucht Zeit. Dies läßt sich nicht sofort erreichen. Und wenn der Körper sieht, wenn er sich seiner Dummheit bewußt wird, dann wünscht er, dann sehnt er sich danach, daß es sofort verschwinde, und deshalb knirscht alles.

Ach, es ist nicht angenehm.

*(langes Schweigen)*

Es wurde ihm nichts Definitives gesagt – weder klar und deutlich, daß die Transformation möglich ist, noch daß sie unmöglich ist. Er sieht nur, welch ungeheure Arbeit dies erfordert – den Unterschied zwischen dem, was ist, und dem, was sein sollte – und ohne zu wissen, ob er fähig sein wird, es zu schaffen oder nicht. Was wird von ihm erwartet? Von Minute zu Minute wird ihm gesagt, was von ihm erwartet wird; es wird ihm ganz klar gesagt, also tut er es. So gibt es Augenblicke, wo er sich gehen lassen kann *(Mutter breitet ihre Arme wie in einem großen Rhythmus aus)*, dann geht es gut, aber ... da ist das Leben mit all seinen Anforderungen, und jedes Ding wird zu einem Problem.

*(Schweigen)*

Wenn der Körper an seinem Zustand der Unwissenheit (einer allgemeinen Unwissenheit) festhalten möchte, dann akzeptiert er (wie soll ich sagen?) PASSIV, so zu bleiben, wie er ist. Aber in seinem gegenwärtigen Zustand KANN er nicht akzeptieren, so zu bleiben, wie er ist; er ahnt zu sehr, was er sein sollte, und so ist da ein Bedürfnis, einfach so zu bleiben – ein Bedürfnis, so zu bleiben, ohne so zu bleiben, verstehst du? So etwas wie … eine konstante und fast vollständige Transformation.

*(langes Schweigen)*

Ach, letzte Nacht oder die davor (ich erinnere mich nicht mehr) zeigte ich dir die Verfassung, in der du dich befindest. Jetzt erinnere ich mich an kein Wort mehr.

*Schade!*

Ja, schade. Oh, es war so klar, und ich sagte dir: „Sieh nur …" Es wurde so präzise in diesem neuen Bewußtsein gesehen. Ich sagte dir: „Schau mal …" Aber es war gut. Ich sagte: „Sieh, es gibt keinen Grund, dir Sorgen zu machen, es geht gut." *(Sujata lacht)* An das erinnere ich mich. Und ich erklärte dir sogar, warum du dir dessen nicht bewußt bist, wenn du aufwachst.

Merkwürdig, wenn ich mich in diesem Zustand befinde, schlafe ich weder, noch bin ich wach, weder das eine noch das andere, sondern ich befinde mich in einer Art neuem Zustand. Ob ich nun im Bett liege oder auf dem Sessel sitze, macht überhaupt keinen Unterschied. Es ist ein gewisser Zustand, in den ich eintrete und wo ich die Dinge auf eine so klare Art weiß und diese dann (wie in deinem Fall) erkläre. Sobald ich wieder aus diesem Zustand heraustrete, schwupps! ist es vorbei … Merkwürdig. Die Nächte sind sehr, sehr kurz, obwohl ich noch vor neun zu Bett gehe und um halb fünf wieder aufstehe, was eine lange Zeit ist. Weißt du, ich schlafe nicht so, wie die Leute schlafen (überhaupt nicht), und ich bin auch nicht wach. Es ist etwas anderes. In diesem Zustand sind die Dinge offensichtlich und sehr leicht zu verstehen, ich kann sie erklären (wie ich sie dir erkläre), und es ist ein ganz natürliches Phänomen – es war überhaupt nicht überraschend, dir zu begegnen (es war keine „Begegnung": du warst da), und ich sagte dir Dinge. Und dann schwupps! ist es weg. Plötzlich huste ich oder spüre einen Schmerz hier oder da und dann … fällt man wieder in die gewohnte Dummheit zurück.

Manchmal ist es auch so, wenn ich nur hier in meinem Sessel sitze.

Das Merkwürdige daran ist, daß ich dann sehr klar höre, sehr klar sehe, aber offensichtlich nicht mit diesen Sinnen hier, denn jetzt zum Beispiel höre ich nicht gut und sehe nicht mehr klar. Aber in so einem Augenblick … Ich erinnere mich, daß ich Dinge tue. Zum Beispiel, wenn ich Sri Aurobindo nachts begegne, geschieht es in diesem Bewußtsein. Und jetzt ist mein Körper physisch gekrümmt – in der Nacht aber war er völlig normal. Doch ich schlafe nicht. Was bedeutet das? Ich weiß es nicht. Da ist etwas … Ist das möglich?

Und ich trete auch nicht aus meinem Körper hinaus ... Oder wird dieser Körper durch einen anderen ersetzt? Ich weiß es nicht.

Alles ist anders.

*März*

## 4. März 1970

*(Nach der Lektüre des Aphorismus 135)*

Jede Krankheit bedeutet die Möglichkeit, eine neue Freude an der Gesundheit zu erlangen; jedes Übel, jeder Schmerz eine Vorbereitung der Natur auf ein größeres Wohl und eine intensivere Glückseligkeit; jeder Tod eine Öffnung auf eine umfassendere Unsterblichkeit. Warum und wie muß das so sein? Dies ist das Geheimnis Gottes, das nur die vom Egoismus gereinigte Seele zu ermessen vermag.

Ja, ja *(Mutter nickt)*, genau das tue ich gerade. Man muß wirklich ausdauernd sein.

Ich sage das nicht, um mich selbst zu loben, aber ich glaube, daß es keine leichte Sache ist. Denn solange die Dinge sich noch im vitalen oder mentalen Bereich abspielen, ist es nichts – nichts. Wenn es aber physisch wird … dann ist es schwieriger. *(Mutter lacht)*

Dieser Aphorismus bleibt vollkommen wahr.

*(Mutter versinkt in Kontemplation,
dann überreicht sie Satprem eine rote Rose)*

Das sind „alle dem Göttlichen zugewandten menschlichen Leidenschaften", und dies *(Mutter schenkt eine rosa Rose)* ist die Antwort darauf.

## 7. März 1970

Zuerst wollte ich dir erzählen, daß Nolini eine sehr interessante Erfahrung hatte. Dies war gestern. Seit ein oder zwei Tagen fühlte er sich nicht wohl: er hatte Schwindelanfälle und konnte fast nicht gehen, er fühlte sich also ziemlich elend. Um ins Bad zu gelangen, mußte er dennoch aufstehen, aber er stand nicht sicher auf seinen Beinen, da sagte plötzlich etwas in ihm: „All das kommt davon, daß dein physisches Bewußtsein kein Vertrauen hat: es glaubt nicht, es hat kein Vertrauen", und MIT EINEM SCHLAG fühlte er, wie ihn etwas packte, und alles war weg! Er fühlte sich wieder vollkommen wohl, und so blieb es auch. Er wußte sehr wohl, daß in seinem physischen Bewußtsein Zweifel und viele alte Ideen herrschten – das alles hat er hinweggefegt, worauf er sich wieder wohl fühlte. Dies passierte ihm am Morgen, und am Abend, als ich ihn sah, ging es ihm gut. Das ist interessant.

Ja, das ist alles, was ich sagen wollte.

Es ist sehr ... ernst geworden, und zwar im Großen genauso wie im Kleinen (all diese Begriffe, dieses Gefühl eines Wichtigen und Unwichtigen hat sich völlig verwischt). Im Physischen ist die Arbeit sehr ernst geworden, und hier hat sich das noch zugespitzt, weil der Druck des Bewußtseins in den Leuten eine Streitsucht auslöst. Nun streiten sie sich alle. Und ich sehe sehr wohl, daß es der Druck dieses Bewußtseins ist – alles in ihnen, was sich dem widersetzt, rebelliert. Und das bringt hier alles durcheinander ...

Ich beobachte und werde sehen, was geschieht ...

Ich selber kann nicht aktiv eingreifen, das ist nicht möglich, deshalb bräuchte ich einen sehr energischen und für das Bewußtsein sehr offenen Mann, der gleichzeitig SEHR ruhig ist und der genau dieser Strömung – einer sturmartigen Strömung – standhalten könnte.

Aber immerhin bewegt sich etwas, verstehst du, man hat den Eindruck, als würde alles hochgewirbelt, es döst nicht mehr halb leblos vor sich hin, und so ...

Mit der Gesundheit geht es genauso. Der Körper ist vollkommen fit, aber sobald sich wieder eine alte Regung bemerkbar macht, ach!... dann knirscht und schreit es, oh! Aber das Bewußtsein (ich spreche vom Bewußtsein im Körper) wird immer klarer und präziser.

Dieses Bewußtsein ist keineswegs nur eine Idee, sondern eine Art ... ja, ein Zustand des Bewußtseins der alleinigen Existenz und Realität des Göttlichen, und in diesem Zustand wird alles wunderbar (physisch, materiell). Es gibt Augenblicke einer intensiven Harmonie ... ganz außergewöhnlich. Wenn es aber knirscht, mein Kind, dann knirscht es ganz fürchterlich.

Ich erhalte eine Unmenge von Briefen: inständige Bitten von Leuten, die in allen möglichen Schwierigkeiten stecken, physische Schwierigkeiten (die unglaublichsten) oder moralische – materielle, äußere und innere Schwierigkeiten – all das scheint sich entfesselt zu haben.

*Ich hatte einen merkwürdigen Traum, der vielleicht damit zusammenhängt ... Ich weiß nicht, ich war bei dir, und auch Sri Aurobindo war anwesend (ich sah ihn aber nicht).*

Ach!

*Ich sah ihn nicht, aber er war da, und plötzlich wurdest du krank, du lagst ausgestreckt da, und in diesem Augenblick sagte mir Sri Aurobindo – ich sah ihn nicht, aber er sagte mir: „Mutter muß kaltes Fleisch und kaltes Gemüse essen ..." Und es war, als ob er mich wegschickte, um den Auftrag der Person mitzuteilen, die ihn erfüllen sollte ... So ging ich und lief eine ganze Strecke, bis ich schließlich bei R (den Leuten in Auroville) in ein Zimmer kam, das sehr dunkel und voller Menschen war ...*

*(Mutter nickt)*

*Und darin schrie R: „Ruhe!" R hatte ein sehr finsteres Gesicht, fast schwarz, und er schrie: „Ruhe!"; und offenbar sollte ich diesen Leuten sagen, daß Mutter kaltes Fleisch und kaltes Gemüse zu sich nehmen müsse.*

*(Mutter lacht)* Was könnte das wohl bedeuten?... Hattest du keine Ahnung, was es bedeuten könnte?

*Ich hatte den Eindruck, daß diese Leute schrecklich aufgeregt waren, sie machten dich krank, und sie sollten dir kalte Nahrung bringen.*

*(Mutter lacht)*

*Aber was für eine düstere Welt!*

Sehr düster.

*Oh, ein Durcheinander ... Aber ich weiß nicht, nachts stehe ich sehr oft mit den Leuten von Auroville in Verbindung, und das ist überaus anstrengend, weißt du.*

Ach, wie merkwürdig!

*Sehr oft.*

Das bedeutet, daß du dort etwas zu tun hast.

*Ja, aber offen gesagt interessiert mich das nicht besonders[1].*

*(Mutter lacht)* Das rührt sicher daher, daß sie alle dein Buch lesen.

*Ja, man hat mich auch gefragt, ob ich im Radio sprechen könnte – ich sagte nein.*

---

1 Satprem fing erst an, sich für Auroville zu interessieren, als er nach Mutters Abschied sah, daß ihre Arbeit dort gefährdet war.

Oh! *(Mutter lacht)* Das hat man mir nicht erzählt, sonst hätte ich reagiert.

*Aber viele kommen nach und nach von dort, um mich zu sehen.*

Ja, mittlerweile haben viele das Buch gelesen. Dein Buch hat eine ungeheure Wirkung ... Ständig erhalte ich Briefe von Leuten: „Ich habe *Das Abenteuer des Bewußtseins* gelesen, es war eine Offenbarung." Auch in den Vereinigten Staaten und in Kanada beginnt es einen großen Einfluß zu haben. Natürlich bereitet dir das anstrengende Nächte.

*(Schweigen)*

Aber ich habe den Eindruck, daß dieses Bewußtsein alle sozialen Konventionen, alle guten Manieren, die ganze gute Erziehung hinweggefegt hat, und so verhalten sich natürlich all jene, die keine tiefe innere Verankerung haben, wie unerzogene Kinder.

*(Schweigen)*

Und im Körper (in den Zellen, im Bewußtsein des Körpers) wütet ständig ein Kampf zwischen allen materialistischen Ideen und dem wahren Bewußtsein, und das verursacht ... *(knirschende Geste)*. Innerhalb einer Viertelstunde fängt alles an zu knirschen – man hat Schmerzen, man fühlt sich nicht wohl, und es ist, als steckte alles in fürchterlichen Widersprüchen – und plötzlich, brrt! unter dem Druck des wahren Bewußtseins verschwindet all das in einer Minute, und es wird ... etwas Wunderbares. Aber es ist nicht beständig: der Kampf setzt sich fort.

Jedenfalls ist es wirklich interessant.

*(Schweigen)*

Man muß nur durchhalten können, das ist alles. *(Mutter lacht)*

## 13. März 1970

*(Satprem hatte Mutter einen aufgebrachten Brief geschrieben,
weil man häßliche „Anschuldigungen" gegen ihn vorgebracht
und außerdem Mutter gegenüber den Verdacht geäußert
hatte – aus welchen Gründen, ist nicht bekannt –, daß sein
Freund, der Marquis B, in „Spionageaffären" verwickelt sei.
Diese Eifersüchteleien waren ihm unverständlich, und Satprem
wunderte sich, daß Mutter sich überhaupt einen solchen Tratsch
anhörte. Er verstand nicht, daß Mutter nicht darauf „hörte",
sondern tatsächlich an allen Elementen, die auf sie zukamen,
arbeitete. Dies war ihr „schmutziges Kampffeld", wie sie es
nannte. Diese traurigen Zwischenfälle sind nur ein Zeichen, daß
die Atmosphäre um Mutter herum anfing ... merkwürdig zu
werden.)*

Satprem, mein liebes Kind,

Ich glaube nicht, was Udar mir sagt, auch nicht, was mir sonst jemand sagt. Der Herr hat mir die Macht gegeben, die Dinge so zu sehen, wie sie sind, und ich urteile nicht.

Unsere Beziehung ist so beschaffen, daß sie nicht durch solche Kindereien untergraben werden kann.

Also bis morgen, in Frieden und in Freude, damit auch die letzten Wolken sich auflösen.

Mit meiner ganzen Zärtlichkeit und meinem Segen,

Mutter

## 14. März 1970

*(In bezug auf die letzten von Mutter kommentierten
„Aphorismen")*

382 – Die moderne Menschheit braucht Maschinen wegen ihrer unheilbaren Barbarei. Wenn wir uns schon in eine unglaubliche Fülle von Komfort und Geräten einschließen müssen, dann

müssen wir notgedrungen auch auf die Kunst und ihre Methoden verzichten. Denn auf Einfachheit und auf Freiheit zu verzichten, bedeutet sich der Schönheit zu berauben. Der Luxus unserer Vorfahren war reich, sogar prunkvoll, aber nie überladen.

383 – Ich kann den barbarischen Komfort und die protzige Zurschaustellung des europäischen Lebens nicht als zivilisiert bezeichnen. Menschen, die nicht frei sind in ihrer Seele und würdevoll rhythmisch in ihren Einrichtungen, sind nicht zivilisiert.

384 – In modernen Zeiten und unter dem europäischen Einfluß ist die Kunst ein Auswuchs des Lebens oder ein unnützer Lakai geworden; ursprünglich sollte sie sein Hauptverwalter und unentbehrlicher Organisator sein.

Solange das Mental mit seiner anmaßenden Selbstgewißheit über das Leben herrscht, wie kann sich da das Reich des Göttlichen verwirklichen?

385 – Krankheiten ziehen sich unnötig in die Länge und enden öfter mit dem Tod als unvermeidlich, weil das Mental des Kranken die Krankheit seines Körpers unterstützt und sich auf sie einläßt.

Das ist absolut wahr!

386 – Die medizinische Wissenschaft war für die Menschheit mehr ein Fluch denn ein Segen. Gewiß, sie hat die Kraft der Epidemien gebrochen und eine wunderbare Chirurgie entdeckt, aber sie hat auch die natürliche Gesundheit des Menschen geschwächt und die individuellen Krankheiten vervielfacht; sie hat dem Mental und dem Körper Angst und Abhängigkeit eingeflößt; sie hat unserer Gesundheit beigebracht, sich nicht auf die natürliche Solidität zu verlassen sondern auf die unsichere und widerliche Stütze der Tabletten aus dem anorganischen und pflanzlichen Reich.

Vortrefflich!

387 – Der Arzt schießt eine Droge auf die Krankheit ab, manchmal trifft er genau, manchmal daneben. Die verfehlten Schüsse werden außer acht gelassen, die Volltreffer aber sorgfältig gehortet, gezählt, systematisiert und zur Wissenschaft erhoben.

388 – Wir lachen über den Wilden wegen seines Glaubens an den Wunderheiler, ist aber der zivilisierte Mensch weniger

abergläubisch in seinem Glauben an die Ärzte? Der Wilde erkennt, daß er, indem er gewisse Beschwörungen wiederholt, oft eine gewisse Krankheit heilt: er hat Vertrauen. Der zivilisierte Kranke erkennt, daß er, indem er gewisse Mittel bestimmten Anordnungen zufolge einnimmt, oft von einer gewissen Krankheit geheilt wird: er hat Vertrauen. Wo liegt da der Unterschied?

Man könnte daraus schließen, daß das Vertrauen des Kranken den Mitteln die Kraft gibt, ihn zu heilen.

Wenn die Menschen einen absoluten Glauben in die heilende Kraft der Gnade hätten, könnten sie vielleicht viele Krankheiten vermeiden.

*<br>* *

*(Mutters Stimme hat sich sehr verändert. Man könnte meinen, sie sei immer mehr außer Atem, als müsse ihre Stimme große Entfernungen durchdringen.)*

*(Zu Sujata:)* ... Morgen werden wir das erledigen – morgen früh?

*(Sujata:) Aber morgen früh bist du sehr beschäftigt, Mutter.*

So ist es jeden Tag, mein Kind! Es ist ... ganz furchtbar. Es bleiben nur diese beiden Tage übrig, Mittwoch und Samstag, ansonsten sage ich alles ab; sogar die Geburtstagsbesuche, ich verlege sie auf den Nachmittag. An den anderen Tagen fängt es um 8 Uhr an und endet erst mittags. Unerträglich.

Also komme morgen ... um halb zehn? Geht das?

*(Schweigen)*

*(Zu Satprem:)* Hast du die letzten *Aphorismen* gesehen?

*Ja, über die Krankheiten, die Ärzte ... Aber in einem Aphorismus von Sri Aurobindo steht ein Satz, den ich wunderbar finde: „Die moderne Menschheit braucht Maschinen wegen ihrer unheilbaren Barbarei ..."*

*(Mutter nickt und verharrt lange schweigend)*

Heute erhielt ich die Nachricht, daß L.D. gestorben sei[1]. Sie hatte sich einer sehr schweren Operation unterziehen müssen (sie hatte Krebs), daraufhin erholte sie sich wieder und kehrte nach Hause zurück. Sie

---

1 Eine sehr treue amerikanische Anhängerin.

schrieb mir einen Brief, in dem sie mir sagte: „Mir geht es immer besser ...", und dann schied sie dahin. Heute bekam ich die Nachricht. Einfach so.

Das gleiche ist R passiert: ein Rückfall. Und das macht so sehr den Anschein ... Es ist diese Anstrengung gegen, ja, gegen das, was Sri Aurobindo die Barbarei nannte *(Mutter macht eine Geste, welche die gesamte Atmosphäre der Erde einbezieht)*. Es scheint ein ... ich weiß nicht, ob es eine Weigerung oder eine Unfähigkeit ist, sich aus der mentalen Konstruktion zu befreien. Und das Wirken dieses Bewußtseins ist ... (wie soll ich sagen?) fast schonungslos, um zu zeigen, wie falsch die gesamte mentale Konstruktion ist – alles, selbst scheinbar spontane Reaktionen sind alle die Folge einer extrem komplexen mentalen Konstruktion.

Aber es ist schonungslos.

Man ist darin geboren, und es scheint einem ganz natürlich, demgemäß zu fühlen, demgemäß zu reagieren und alles demgemäß zu organisieren, so daß man vollkommen an der Wahrheit vorbeigeht.

Das steckt in der Organisation des Körpers selbst.

Nun scheint sich die Aktion mit außerordentlicher Kraft durchzusetzen, was (uns) als gnadenlos erscheint *(Mutter stößt ihre Faust in die Materie)*, damit wir die Lehre daraus ziehen.

*(Schweigen)*

Ich erinnere mich an die Zeit, als Sri Aurobindo noch hier war ... Weißt du, der innere Teil des Wesens trat in ein Bewußtsein, das die Dinge im Licht des höheren Bewußtseins sah und fühlte: vollkommen anders. Doch als Sri Aurobindo dann krank wurde und alle diese Dinge passierten ... zuerst dieser Unfall (er brach sich das Bein)[1], da sagte der Körper ständig (der KÖRPER): „Das sind alles nur Träume, das gilt nicht uns; für uns als Körper ist es so ..." *(Geste unter der Erde)* Schrecklich ... Und all das war verschwunden. Es war vollkommen verschwunden – nach all diesen Jahren der Anstrengung war es weg, und der Körper selbst fühlte die göttliche Gegenwart, und er hatte den Eindruck, daß ... sich notgedrungen alles ändern müsse. Doch in den letzten Tagen ist diese alte Formation wieder zurückgekehrt – es handelt sich um eine irdische Formation der gesamten Menschheit, das heißt, daß jene, die die Vision, die Wahrnehmung oder auch nur die Sehnsucht nach dieser höheren Wahrheit haben, mit diesem furchtbaren Schmerz der unaufhörlichen Negierung aller Umstände konfrontiert sind, sobald sie zur [materiellen] Tatsache zurückkehren. Davon hatte der Körper

---

1 Am 24. November 1938.

sich vollkommen befreit – und dies ist zurückgekehrt. Es ist zurückgekehrt, aber ... als es zurückkam, als der Körper dies sah, sah er es
SO, WIE MAN EINE LÜGE SIEHT. Und ich verstand, wie sehr er
sich verändert hat, denn als er das sah, hatte er den Eindruck ... er
betrachtete es mit einem Lächeln und mit dem Eindruck: Ach, das war
eine alte Formation, die keine Wahrheit mehr besitzt. Eine außergewöhnliche Erfahrung: daß die Zeit dieser Einschränkung nun vorbei
ist. Und dieser Druck des Bewußtseins, um die Dinge, so wie sie waren
– so elend, so klein und finster und gleichzeitig scheinbar so ... unabwendbar – letztendlich zu überwinden; all dies liegt *(Mutter macht eine
Geste über die Schulter hinweg)* weit zurück wie eine Vergangenheit,
die bereits überholt ist. Da sah ich wirklich – ich sah und verstand die
Arbeit dieses Bewußtseins (das GNADENLOS ist, es kümmert sich
nicht darum, ob es schwierig ist oder nicht schwierig, wahrscheinlich
kümmert es sich nicht einmal besonders um die scheinbaren Schä-
den), damit der normale Zustand nicht mehr diese so schwerfällige, so
finstere, häßliche – und so niedrige – Angelegenheit sei, sondern daß er
zur Morgenröte werde ... Ja, zu etwas, das am Horizont aufsteigt: ein
neues Bewußtsein. Dieses wahrere und strahlendere Etwas.

Was Sri Aurobindo hier über die Krankheiten sagt, trifft es genau:
die Macht der Gewohnheit und aller Konstruktionen und all dessen,
was in den Krankheiten als „unvermeidlich" und „unwiderruflich"
erscheint, das alles dient nur dazu, die Erfahrungen zu vervielfachen,
um zu zeigen ... damit wir lernen, daß es einfach eine Frage der Haltung ist, um über dieses mentale Gefängnis, in dem sich die Menschheit
verfangen hat, hinauswachsen zu können und ... da oben zu atmen.

Dies ist die Erfahrung DES KÖRPERS. Früher sagten jene, die innere
Erfahrungen hatten: „Oh, so ist es zwar da oben, aber hier ..." Jetzt
wird dieses „Aber hier" bald nicht mehr existieren. Man wird diese
ungeheure Veränderung erzielen, daß das physische Leben vom höheren Bewußtsein bestimmt wird und nicht mehr von der mentalen Welt.
Dies ist ein Machtwechsel ... Er ist schwierig, mühsam und schmerz-
lich. Natürlich wird dabei auch Schaden entstehen, aber ... Man kann
die Veränderung wirklich sehen – man kann sie sehen. Und dies ist
die WAHRE VERÄNDERUNG – das, was es dem neuen Bewußtsein erlauben
wird, sich auszudrücken. Der Körper lernt, er lernt seine Lektion – alle
Körper, alle Körper.

*(Schweigen)*

So war die alte, durch das Mental hervorgerufene Trennung: „Weiter oben ist es sehr gut, dort könnt ihr alle Erfahrungen erleben, dort
ist alles erleuchtet und wunderbar; aber hier ist nichts zu machen."

Der Eindruck, als sei man in eine Welt hineingeboren, „in der nichts zu machen ist". Das erklärt übrigens, warum alle jene, die nicht die Möglichkeit vorhersahen, daß es auch anders sein könnte, sagten: „Es ist besser, da herauszutreten ..." All das ist so klar geworden! Aber diese Veränderung besteht ja gerade darin, daß es NICHT MEHR unvermeidbar ist, das ist der große Sieg: es ist nicht mehr unvermeidbar. Man fühlt – man fühlt und sieht, und der Körper selbst hatte die Erfahrung –, daß es bald auch hier wahrer werden kann.

Etwas hat sich ... wirklich verändert in der Welt.

*(Schweigen)*

Natürlich wird es Zeit brauchen, bis sich das wirklich etabliert hat. Darin liegt der Kampf. Von allen Seiten, auf allen Ebenen erhebt sich ein Ansturm von Dingen, die äußerlich behaupten: „Nichts hat sich verändert" – aber das ist nicht wahr. Es ist nicht wahr, der Körper weiß, daß es nicht wahr ist. Und jetzt weiß er auch, in welchem Sinne.

Das, was Sri Aurobindo hier in diesen *Aphorismen* geschrieben hat, ist so prophetisch! Das war so sehr die Vision der WAHREN Sache. So prophetisch!

*(Schweigen)*

Jetzt sehe ich, wie sehr sein Abschied und seine so ... immense und unaufhörliche Arbeit in diesem Subtilphysischen geholfen haben. Wie sehr hat er *(Geste, die Materie zu kneten)* geholfen, die Dinge vorzubereiten, die Struktur des Physischen zu verändern.

Alle Erfahrungen, die andere gemacht haben, indem sie sich mit höheren Welten in Verbindung setzten, haben das Physische hier so belassen, wie es ist. (Wie soll ich sagen?) ... Vom Anfang meines Lebens an und bis zu Sri Aurobindos Abschied war mir bewußt, daß man die Höhen erklimmen, alles Wissen und alle Erfahrungen erlangen kann (man hatte sie tatsächlich erlangt), sobald man aber in diesen Körper zurückkehrte ... bestimmten diese UNGEHEUERLICHEN alten mentalen Gesetze wieder alles. Deshalb dienten all diese Jahre nur dazu, um vorzubereiten, vorzubereiten – sich zu befreien und vorzubereiten – und in den letzten Tagen ... ach! da konnte der Körper sogar PHYSISCH feststellen, daß es sich verändert hat.

Nun muß dies *worked out*, ausgearbeitet und in allen Einzelheiten verwirklicht werden, aber die Veränderung IST VOLLBRACHT – die Veränderung ist vollbracht.

Das bedeutet, daß die materiellen Bedingungen, die durch das Mental erarbeitet und FIXIERT worden waren *(Mutter ballt ihre Fäuste)* und die so unabänderlich zu sein schienen, daß jene, die eine lebendige

Erfahrung der höheren Welten hatten, dachten, man müsse dieser Welt entfliehen, man müsse, wenn man wirklich in der Wahrheit leben will, dieser materiellen Welt entsagen (das ist die Grundlage aller Theorien und Glaubenslehren), aber jetzt ist das nicht mehr der Fall. Überhaupt nicht. Jetzt ist das Physische FÄHIG, das höhere Licht, die Wahrheit, das wahre Bewußtsein zu empfangen und zu MANIFESTIEREN.

Das ist nicht leicht, es verlangt Ausdauer und Willen. Aber ein Tag wird kommen, wo das ganz natürlich geworden ist. Die Tür hat sich gerade einen Spalt weit geöffnet – mehr nicht –, jetzt heißt es hindurchzugehen.

*(Schweigen)*

Natürlich klammert sich das Etablierte weiter an und wehrt sich verzweifelt. Das verursacht auch diese ganze Verwirrung *(Geste, die Turbulenzen in der Erdatmosphäre andeutend)* – aber es hat die Partie verloren. Es ist aus und vorbei.

*(Schweigen)*

Das neue Bewußtsein hat etwas mehr als ein Jahr gebraucht, um diesen Sieg zu erringen[1]. Auch jetzt noch ist es natürlich nur für jene sichtbar, welche die innere Vision haben, aber ... es ist vollbracht.

*(langes Schweigen)*

Das ist die Arbeit, die Sri Aurobindo mir aufgetragen hat. Jetzt verstehe ich das.

Aber es ist, als würden diese mentalen Kräfte, diese mentalen Mächte, sich von allen Seiten in einem gewaltsamen Protest erheben, um uns ihre alten Gesetze weiterhin aufzuzwingen: „Das war doch schon immer so!..." Aber es ist vorbei. Es wird nicht immer so sein, ja.

*(langes Schweigen)*

Etwas von diesem Kampf spielte sich in den letzten Tagen im Körper ab ... Das ist wirklich sehr interessant. Von außen kamen Einflüsse, die ihm Erfahrungen geben wollten, die ihn davon überzeugen sollten: „Nein, das, was immer war, wird immer sein; du kannst es ja versuchen, aber es ist eine Illusion", doch dann trat etwas ein, eine nette kleine Störung machte sich im Körper bemerkbar, auf die er einfach durch sein Verharren im Frieden *(unwandelbare Geste)* und durch seine Haltung *(Mutter öffnet beide Hände)* antwortete: „Es ist, wie Du willst, Herr, wie Du willst ..." – Da war blitzartig alles weggefegt. Dies

---

1 Das „Bewußtsein des Übermenschen": 1. Januar 1969.

wiederholte sich mehrmals (mindestens zehnmal an einem Tag). Jetzt fängt der Körper an zu fühlen: „Das ist es!..." Er spürt diese Freude – die Freude des ... erlebten Wunders.

Es ist nicht so, wie es war, es ist NICHT MEHR SO, wie es war – es ist nicht mehr so, wie es war.

Noch muß man kämpfen, muß Geduld, Mut, Willen und Vertrauen aufbringen – aber es ist nicht mehr „so". Die alte Sache versucht sich festzuklammern – scheußlich! Scheußlich. Aber ... es ist nicht mehr so, wie es war. Es ist nicht mehr so.

Ja.

*(Schweigen)*

Auch was die Frage betrifft: „Wie weit ... wie weit wird der Körper gehen können?" auch da verhält er sich so ... VOLLKOMMEN friedlich und glücklich: Es ist, wie Du willst.

*(langes Schweigen)*

Alles andere scheint so alt zu sein wie etwas ... das einer toten Vergangenheit angehört – die versucht, wieder aufzuleben, aber sie kann es nicht mehr.

Und alle Umstände mögen so katastrophal sein, wie sie nur können: Unannehmlichkeiten, Komplikationen, Schwierigkeiten – all dies wütet wie grimmige Tiere, aber ... es ist vorbei. Der Körper WEISS, daß es vorbei ist. Vielleicht braucht es noch Jahrhunderte, aber es ist vorbei. Um zu verschwinden, kann es Jahrhunderte dauern, aber jetzt ist es vorbei.

Diese ganz konkrete und absolute Verwirklichung, die man zuvor nur erfahren konnte, wenn man aus der Materie hinaustrat *(Mutter richtet einen Finger nach unten)*, wird man mit absoluter Gewißheit HIER SELBST erfahren.

*(Mutter schaut Satprem lange an und nimmt dann seine Hände)*

Es ist der vierzehnte Monat, seitdem das Bewußtsein gekommen ist – vierzehn Monate: zweimal sieben.

*(Schweigen)*

Ist heute der vierzehnte?

*Ja, der vierzehnte.*

Interessant.

Wie sehr hat er doch gearbeitet, seitdem er gegangen ist! Oh ... die ganze Zeit, unaufhörlich.

*(Schweigen)*

Dies scheint ... Es erscheint wie ein Wunder im Körper. Das Verschwinden dieser Formation erscheint wirklich wie ein Wunder.
Und alles wird klar.
Wir werden sehen.

*(langes Schweigen)*

Es ging relativ schnell.

*(Schweigen)*

Gut ...

*Heißt das, daß jedes menschliche Bewußtsein, das ein wenig Glauben besitzt, jetzt die Möglichkeit hat, sich aus diesem mentalen Hypnotismus zu befreien?*

Ja, ja, genau das. So ist es.
So ist es.

## 18. März 1970

*(In bezug auf die letzten Aphorismen und die englische Übersetzung von Mutters Kommentaren)*

393 – Um Krankheiten zu heilen und zu vermeiden, sollten wir uns der göttlichen Gesundheit bedienen, die in uns steckt; aber Galenus, Hippokrates und die ganze hehre Sippschaft haben uns stattdessen als physisches Evangelium mit einem Arsenal von Medikamenten und barbarischem lateinischen Hokuspokus versorgt.

399 – Es gab eine Zeit, da war der Mensch auf natürliche Weise gesund, und er könnte diesen Urzustand wiedererlangen, wenn man es ihm erlaubte; aber die medizinische Wissenschaft

verfolgt unseren Körper mit einem unzähligen Schwarm von Medikamenten und bestürmt unsere Phantasie mit einer gefräßigen Horde von Mikroben.

400 – Ich würde lieber sterben und mit allem Schluß machen, als mich mein Leben lang gegen die gespenstische Belagerung von Mikroben zu wehren. Falls dies den Anschein macht, barbarisch und unaufgeklärt zu sein, nun, dann umarme ich fröhlich meine kimmerische Finsternis.

401 – Die Chirurgen retten und heilen, indem sie schneiden und verstümmeln. Warum nicht stattdessen die direkten und allmächtigen Mittel der Natur entdecken?

402 – Wegen der Angst, des Mangels an Selbstvertrauen und unseres unnatürlichen physischen Glaubens an Medikamente, den die medizinische Wissenschaft unserem Mental und unserem Körper beigebracht und zu unserer zweiten Natur gemacht hat, wird es lange dauern, bis die Selbstheilung die Medizin ersetzen wird.

Tatsächlich kommt mir die Antwort sehr oft auf englisch, weil sie von Sri Aurobindo stammt. Beim Lesen horche ich, und dann spricht er. Daraufhin übersetze ich es beim Schreiben ins Französische. Aber ich könnte es gleichzeitig auch auf englisch schreiben.

Erst gestern ... Hast du den von gestern schon gelesen?... Gestern war er so empört gegen die Ärzte! Und ich sagte: „Bevor man spontan keine Medikamente mehr benötigt, muß sich erst die Natur ändern." Das ist eine zu alte Gewohnheit.

Wie lautete mein Kommentar?

*(Satprem liest vor)*

„Der Schaden, den der mentale Glaube an die Notwendigkeit von Medikamenten angerichtet hat, läßt sich durch kein äußeres Mittel beheben. Nur wenn wir das mentale Gefängnis verlassen und uns bewußt in das Licht des Geistes erheben, können wir in der bewußten Vereinigung mit dem Göttlichen Ihm erlauben, uns das verlorene Gleichgewicht und die Gesundheit wiederzugeben. Die supramentale Transformation ist das einzige wahre Heilmittel."

*(Schweigen)*

Seit Monaten (besonders seit dem Anfang dieses Jahres) habe ich die Erfahrung, daß durch die „Verlagérung" des Bewußtseins – wenn man das Bewußtsein, anstatt es im gewohnten Zustand zu belassen, verlagert (ich spreche vom Bewußtsein des Körpers), wenn man es in direkten Kontakt mit dem Göttlichen bringt, dann … verschwindet der Schmerz vollkommen, manchmal in Sekunden, manchmal in Minuten, jedenfalls in nur wenigen Minuten. Aber man braucht nur so zu machen *(Mutter neigt einen Finger geringfügig nach links)*, sich nur ein klein wenig zurückzuwenden, und schon kommt er wieder. Wenn man aber sein Bewußtsein am richtigen Platz hält, ist der Schmerz weg.

Diese Erfahrung habe ich schon mehr als hundertmal gemacht, sogar mit Zahnschmerzen (ein schwer zu heilender Schmerz), mit starken Schmerzen hier oder da. DER KÖRPER selber hat diese Erfahrung. Der Körper weiß es.

*(langes Schweigen)*

Das ist sehr interessant, weil es eine Erfahrung ist, die der Körper in allen Einzelheiten und in allen Stadien gemacht hat … Sein erster Schritt war, nicht an den Schmerz zu denken, sich nicht darum zu kümmern. Das ist das erste Stadium. Dann merkte er, daß sich der Schmerz deutlich verminderte, wenn er mit etwas anderem beschäftigt war. Daraufhin machte er die Erfahrung, daß der Schmerz zurückkehrte, sobald sich ihm jemand näherte, der weiß, daß man Schmerzen hat. All dies ist überaus interessant: eine Fülle kleiner Feststellungen in jeder Minute. Und schließlich hatte er den wiederholten und absolut überzeugenden Beweis, daß, sobald er sich auf das Göttliche konzentriert, mit Ihm in Kontakt tritt (denn er FÜHLT, er spürt in den Zellen), sobald er sich konzentriert (ohne sich um den kranken Punkt zu kümmern: es ist besser, nicht darauf zu achten), der Schmerz darauf vollkommen verschwindet, so sehr, daß … Es gibt solche Momente, wo etwas weh tut, und die erste Reaktion ist, den Schmerz nicht mehr zu spüren; anfangs bat er (der Körper) um eine höhere Intervention, und das hatte eine Wirkung, aber es war das Gefühl eines Kampfes, eines Widerstands (etwas in der Art): es brauchte Zeit. Doch als es ihm gelang, sich OHNE BITTEN auf das Göttliche zu konzentrieren (einfach nur in Hingabe), dann dachte er nicht mehr daran, der Körper selbst dachte nicht mehr an den Schmerz, und nach einer Weile merkte er, daß dieser tatsächlich vollkommen verschwunden war. – Er dachte nicht daran, und schon war da nichts mehr.

Diese Erfahrung wiederholte sich HUNDERTE von Malen, in bezug auf ganz unterschiedliche Dinge.

*(Schweigen)*

Es muß einen Zustand geben, in dem auch die Möglichkeit eines Unfalls ausgeschlossen ist. Aber diesen ... kenne ich nicht.

Das wären die natürlichen Bedingungen eines supramentalen Lebens.

Dazu muß sich jedoch notgedrungen der Aufbau des Körpers selbst ändern, denn es geschieht ja im Körper – er wird sich ändern müssen. Wie? Das weiß ich noch nicht.

Es geht in Richtung eines vollkommenen Gehorsams der Materie gegenüber dem Bewußtsein (dem höheren Bewußtsein) – aus der jetzigen Erfahrung entspricht dies dem göttlichen Bewußtsein, aber wahrscheinlich ist es das, was Sri Aurobindo das supramentale Bewußtsein nannte. Denn es wird gewiß ... *(Geste eines stufenweisen Fortschritts)* einen unbegrenzten Aufstieg geben.

In diesem Bewußtsein verschwindet jegliche Empfindung eines Ego, es existiert schlichtweg nicht. Da steht nicht mehr „eine Person", die Einflüsse empfängt und aussendet, den anderen gegenüber – überhaupt nicht mehr –, sondern alles ist ein allgemeines Kräftespiel *(Mutter macht eine umfassende, sich bewegende Geste)*, in dem jeder spontan seine Rolle erfüllt.

Genau diese Erfahrung hat der Körper bereits mehrere Male gemacht. Er bleibt sehr lange darin. Jetzt ist es beinahe ... diese Beziehung zu den Dingen und Wesen (die alte Beziehung) ist fast nur noch wie eine Erinnerung. Sie ist nicht mehr ... natürlich.

*(langes Schweigen)*

Ich weiß nicht, wie ich das erklären soll ... Etwas hat sich radikal verändert, nicht nur im Bewußtsein des Körpers, sondern in seiner Funktionsweise. Im Augenblick ist es noch schwierig zu erklären ... Weißt du, die Vorstellung, man befände sich im Zentrum und die Dinge kämen auf einen zu und alles stünde mit diesem egozentrischen Zentrum in Verbindung ... dies ist eine alte Sache, die seit langem vorbei ist. Aber da waren noch ...

*(Schweigen)*

Diese Formulierung ist nicht ganz zutreffend, aber es ist ungefähr so, als seien alle Zellen in Kontakt mit etwas, das über ihnen steht, sogar räumlich, das aber auf sie den Eindruck macht, als sei es ihr Zentrum. Jedoch ein Zentrum ..., das nicht so ist *(Mutter vollzieht eine auf sich selbst gerichtete Geste)*, und es ist auch nicht ... (wie soll ich sagen?) lokalisiert; es ist ... weder hier *(im Körper)* noch darüber noch

... Es ist nicht lokalisiert. Dennoch haben die Zellen den Eindruck, als würde die Kraft – die Bewegkraft oder Willenskraft –, die „davon" ausgeht, sich ausbreiten *(sich nach unten ausbreitende Geste)*, um in den Körper zu gelangen. Und ... (das ist interessant) der Körper hat den Eindruck, DIREKTER „damit" verbunden zu sein und daß das, durch ihn, die anderen, die Umgebung beeinflußt – aber es sind nicht „die anderen", sondern ... Manchmal kam es ihm sogar so vor, als stünden ihm manche dieser Dinge *(die „anderen", sein Umfeld)* näher als andere. Dies ist sehr schwierig zu sagen ... Aber es ist spontan. Das Schwierige daran ist, daß ich, um es auszudrücken, anfangen muß zu denken, wo es doch spontan ist: es ist eine Empfindung, kein Gedanke.

Nachts, wenn ich allein bin, gibt es zum Beispiel Augenblicke, in denen sich irgendwo *(in der „Umgebung")* der Eindruck einer Störung oder Angst bemerkbar macht, und die einzige Abhilfe für den Körper (er fühlt genau, daß es von außen kommt – aber „außen" ist nicht das richtige Wort, es kommt eher aus einer Entfernung ... ich weiß nicht, wie ich sagen soll), sein einziger Ausweg ist dann, sich in dieses leuchtende Zentrum zu stürzen – das bedeutet nicht, etwas an sich „heranzuziehen", sondern ... sich da hineinzustürzen.

*(Mutter vertieft sich in eine lange Kontemplation,*
*dann lächelt sie)*

Neben dir, aber ganz ... (wie soll ich sagen?) sehr deutlich sichtbar und sehr klar, war das, was du in deinem früheren Leben warst. Ein Kopf, ich hätte ihn zeichnen können ... Ein rasierter Schädel, groß, ein sehr breiter Kopf mit einem etwas langen Kinn und einer feinen Nase. Und dennoch warst du das ganz und gar. Merkwürdig.

Aber eine Hautfarbe ... eine sehr helle indische Hautfarbe (d.h. ganz ohne rosa Farbton), große Augen, ungefähr 25, 30 Jahre alt. Der Kopf war etwas größer als deiner (nur ein klein wenig, nicht viel). Aber dir SEHR NAHE, ich will damit sagen, sehr eins mit dir ... Eine sehr hohe Stirn. Und der Kopf ... birnenförmig.

Er meditierte, und auf einmal schaute er mich an: der Blick war ganz leuchtend ... Als sei er so nahe – weißt du, ich war innerlich nicht weit weg, sondern gleich hier. Merkwürdig.

Hast du nichts gefühlt?

Ich hatte jedoch den Eindruck, daß dies nichts Neues ist, sondern als sei er ständig hier.

Das ist amüsant. Es war beinahe, als hätte ich ihn mit meinen physischen Augen gesehen.

Der Kopf war etwas größer als deiner – nicht viel, nur ein klein wenig.

Und er sieht dir ähnlich. *(Mutter lacht)* Eine breite Stirn.

Er scheint sich ständig hier aufzuhalten, er war nicht zu Besuch gekommen, sondern war hier seßhaft.

*Welche Art von Hilfe bringt er?*

Er ist ein Wesen, das einen sehr intensiven Yoga betrieben hat. Es ging dabei um die Verbindung mit den höheren Bewußtseinsebenen. Aber ... er muß extrem asketisch gewesen sein ... Das *(die Materie)* interessierte ihn nicht: er war ausschließlich auf das Bewußtsein ausgerichtet – sehr, sehr konzentriert.

> *Meine Schwierigkeit, die Kräfte oder Einflüsse zu erkennen, besteht darin, daß sich in mir alles als eine Intensität von Kraft ausdrückt, so daß ich nichts unterscheiden kann, verstehst du, es ist immer „eine Kraft", eine Intensität.*

Ja, die seine muß SEHR intensiv sein!

Er lächelte. Er lächelte, als befände er sich in einer sehr glücklichen Erfahrung. Aber GANZ IM INNERN. Wahrscheinlich ohne großes Interesse am Äußeren.

Er muß ein Sannyasin gewesen sein. Auch war er fast nackt, er trug nur ein kleines Tuch, das man sah, ein orangefarbenes Tuch ... Er hatte eine sehr helle indische Hautfarbe.

Und einen Augenblick lang sah er mich an: die Augen waren sehr schön, der Blick war sehr schön.

Eine sehr intensive Aspiration.

## 21. März 1970

*(Der Anfang dieses Gesprächs fand in Anwesenheit von Nolini und auf englisch statt.)*

Hast du die *Aphorismen* von gestern erhalten?... Vielleicht kann dir Nolini etwas dazu sagen ...

407 – Ich bin kein Bhakta [einer, der dem Weg der Liebe zum Göttlichen folgt], denn ich habe der Welt nicht für Gott entsagt. Wie kann ich dem entsagen, was Er mir gewaltsam genommen

und mir gegen meinen Willen zurückgegeben hat? Das ist zu schwer für mich.

*(Mutter lacht)* Nun fragt mich T, was Sri Aurobindo damit sagen will.

Und dann ist da noch ein anderer Aphorismus.

> 411 – Sobald ich wußte, daß Gott eine Frau war … *(Lachen)* verstand ich vage, was Liebe ist; aber erst als ich selber eine Frau wurde und dem Meister und Geliebten folgte, habe ich die Liebe vollkommen gekannt.

Was will er genau damit sagen? Wißt ihr, wann er das geschrieben hat?...

Ich antwortete T folgendes:

> „Darauf kann ich nicht antworten, denn solange er noch in einem Körper war, sagte er mir nie etwas darüber.
> Wenn jemand das genaue Datum weiß, an dem er dies geschrieben hat, könnte das ein Hinweis sein.
> Vielleicht könnte N Dir sagen, wann es geschrieben wurde oder ob Sri Aurobindo ihm etwas darüber gesagt hat."

*(Zu Nolini:)* Wissen Sie es vielleicht?

*(Nolini:) Am Anfang, als er nach Pondicherry kam[1].*

Also ganz am Anfang … Was meint er denn damit, wenn er sagt: „Sobald ich wußte, daß Gott eine Frau war"?

*(Nolini:) Er sagte immer, Krishna und Kali seien ein und dasselbe Wesen. Auch Ramakrishna ist einmal eine Frau geworden: Gott war Krishna, und er wurde zur Frau. Lange hatte er diesen Eindruck.*

Für mich drückt diese Antwort natürlich seinen Sinn für Humor aus. *(Mutter lacht)*

*(Satprem:) Ja, du hast T geschrieben: „Sri Aurobindo hatte einen genialen Humor, und es bleibt uns nichts anderes übrig, als in Bewunderung zu schweigen."*

Das war meine erste Antwort, aber dann fragte mich T: „Warum genau hat Sri Aurobindo es so ausgedrückt?..." Das hängt von dem Datum ab, wo es geschrieben wurde.

---

1 Im Jahre 1910.

*(Satprem:) Dies scheint die gleiche Erfahrung zu sein wie für Ramakrishna.*

*(Nolini:) Er unterschrieb die Briefe aus jener Zeit nicht mit „Sri Aurobindo" sondern mit „Kali".*

Ach, ja?

*(Nolini:) Ja, immer ... Alle seine Briefe an Motilal waren zum Beispiel so gezeichnet.*

Aber die Art und Weise, es zu sagen! ... *(alle lachen)*

*<br>* *

*Kurz darauf*

Heute morgen hatte ich (d.h. DER KÖRPER) STUNDENLANG diese Erfahrung, daß nichts existiert außer dem Göttlichen. Die beiden Zustände sind so *(Mutter verflechtet die Finger ihrer rechten Hand mit denen der linken)*. Stundenlang ... Die Unpäßlichkeit, die durch ganz kleine Dinge[1] verursacht wird, ist viel größer als im gewöhnlichen Leben, aber auch das Wohlbefinden ist wunderbar, und die beiden sind so *(dieselbe Geste einer engen Verschmelzung)*. Man muß sehr, sehr ruhig sein. Nur im inneren Frieden kann man das aushalten.

Der Körper ist nur dann fähig, dies auszuhalten, wenn er überzeugt ist, daß das Göttliche die einzige Wahrheit ist – dann geht es gut. Dann weiß er, daß der Schmerz, so intensiv er auch sein mag, bestimmt vorbeigehen wird. Deshalb bleibt er ruhig ... Das jedenfalls habe ich gelernt ... Gestern abend fing es an und dauerte noch den ganzen Morgen lang – eigentlich bis du gekommen bist, aber es ist immer noch da.

*(langes Schweigen)*

Ja, dieses Bewußtsein intensiviert gewissermaßen alles, um es erkennbarer zu machen: alle Lebensumstände. Phantastische Geschichten. Phantastisch ... Unglaublich. Krankheiten, Mißverständnisse, Streitereien, alles, alles hat sich dermaßen zugespitzt, als wollte es einen zwingen, es deutlich zu sehen.

*(Schweigen)*

Etwas Lustiges hat sich ereignet: Eine Frau, die hier war (sie ist abgereist), hat einen Brief geschrieben, der in einem Umschlag ankam (mit Briefmarken und Poststempel aus Genf): ein Brief voller

---

1 Mutter hatte eine geschwollene Wange wegen eines Zahnabszesses.

112

Beschimpfungen gegen den Ashram wegen der Behandlung, die man ihr angedeihen ließ. Gleichzeitig traf heute morgen ein Telegramm aus Bombay ein, worin sie sich für ihren Aufenthalt bedankte! Ja, ein Telegramm, voller Dankbarkeit, worin sie mir mitteilte: ich reise Samstag ab (also heute) nach Genf. Der Brief aus Genf kam vor dem Telegramm an, also schon gestern. Das Telegramm kam erst heute. *(Mutter lacht)* ... Unmöglich zu verstehen. Und auf dem Telegramm stand das Datum mit dem gleichen Namen. Einer voller Beschimpfungen, der andere voller Dankbarkeit ... Dies ist nicht das einzige Beispiel, aber es ist das neueste, deshalb erwähne ich es.

Offensichtlich herrscht ein Wille, alle unsere vermeintlichen gewohnten Kenntnisse durcheinanderzubringen.

*(langes Schweigen)*

Ach, es wird noch viel Zeit brauchen ... Es geht so schnell wie nur möglich, aber sehr viel bleibt noch zu tun.

## 25. März 1970

Es ist immer noch schwierig. Die Dinge werden immer komplizierter und schwieriger, und gleichzeitig wird die Kraft immer größer, sogar in einem ganz erstaunlichen Ausmaß.

Aber für die Leute, die lieber ihre Ruhe haben wollen *(lachend)*, ist das unangenehm.

Hast du etwas? Hast du nichts mitgebracht, nichts zu sagen?

*Da ist ein Brief von dem Marquis, dem Freund von mir. Er bittet um deine Hilfe ...*

Wofür?

*Um sein Leben zu ändern und sich von all seinen materiellen und finanziellen Problemen dort zu befreien.*

Ich dachte, er sei sehr reich?

*Aber er will alles loswerden.*

Ach!... Soll er es doch dem Ashram schenken! *(Mutter lacht)*

*Viel von seinem Kapital steckt in seinen Grundstücken, Schlössern, usw. fest, und er sagt: Ich könnte all das durch eine Finanzorganisation verwalten lassen und sehen, was geschieht, oder soll ich mich selbst darum kümmern, alles verkaufen und hierher kommen?*

*(nach einem Schweigen)*

Wenn er kommt, sollte er Geld mitbringen, denn hier ist die Lage kritisch. Wir geben dreimal soviel aus, wie wir haben, deshalb ... Es ist eine Art permanentes Wunder. Und die Ausgaben steigen ständig. D[1] sagte mir heute morgen, daß er so nicht mehr weitermachen könne. So ist das. Außerdem erhöht der Staat die Steuern um das Zehnfache – das Zehnfache. Und so geht es mit allem. Wir stehen vor ... einem Loch. Deshalb kann ich nur noch Leute aufnehmen, die nicht nur für sich selbst aufkommen, sondern auch dem Ashram ein wenig helfen können.

*(langes Schweigen)*

Das, was man als die „Herrschaft des Geldes" bezeichnen könnte, geht seinem Ende entgegen. Aber die Übergangszeit zwischen der bisher in der Welt geltenden Regelung und dem, was sein wird (in hundert Jahren zum Beispiel), diese Zeit wird sehr schwierig sein – sie IST es bereits.

Die Industrien repräsentierten die große Möglichkeit, Geld zu verdienen – das ist jetzt vollkommen vorbei. Die Regierung nimmt den ganzen Gewinn. Vorher hatten wir hier kleine Betriebe, die von Steuern befreit wurden unter der Bedingung, daß sie 75% ihres Gewinns an den Ashram abtreten – jetzt haben sie ihr Gesetz geändert, und es sind nicht mehr 75% sondern der gesamte Gewinn.

*Den sie dem Ashram geben? – Du meinst dem Staat?*

Nein, nein! Dem Staat geben sie alles. Aber vorher hatten wir erreicht, daß die Betriebe des Ashrams von den Steuern befreit wurden, vorausgesetzt, sie geben 75% ihres Gewinns dem Ashram; ab jetzt wurden die 75% auf 100% erhöht. Das heißt, daß alle Betriebe hier ihren gesamten Gewinn dem Ashram abtreten müssen, sonst werden sie besteuert.

*Aber das ist doch prima!*

---

1 Derjenige, der sich um den Speisesaal und um die Vorräte kümmert.

*(Mutter lacht)* Ja, das ist ein Zeichen der Zeit. Für sie ist das nicht schlecht, denn mit mir kann man sich immer arrangieren. Aber es gibt andere Organisationen ... Die meisten Leute eröffnen ein Unternehmen, um Geld zum Leben zu verdienen – das können sie nicht mehr. Sie können es nicht mehr, weil persönliche Ausgaben nicht erlaubt sind.

Aber das mit den „nicht erlaubten" persönlichen Ausgaben galt von Anfang an. Ich erinnere mich, wie meine Mutter vor sehr langer Zeit anfing ... ich weiß nicht, ob es ein Hühnerstall oder etwas ähnliches war, jedenfalls wollte sie ihre Finanzen ein wenig aufbessern, und ... Das war vor fünfzig oder sechzig Jahren. Sie war sehr einfach und unkompliziert. Sie hatte ihr Geschäft eröffnet und verkaufte ihre Hühner, ihre Eier usw.; sie gab ihr Geld aus und betrieb ihr Geschäft ... Und eines schönen Tages *(lachend)* wurde sie zur Rechenschaft gezogen. Fast wäre sie sehr ernsthaft bestraft worden, weil sie das Geld einfach ausgegeben hatte – sie hat das nie verstanden!... Mich amüsierte das sehr. Das ist mindestens fünfzig Jahre her.

Verstehst du, mir erscheint das als eigenartige Gesinnung. Wozu denn arbeiten? Normalerweise arbeitet man, um seinen Lebensunterhalt zu verdienen – das ist aber nicht legal. Man muß arbeiten, und das Geschäft ist keineswegs persönlich. Man hat nicht das Recht, seine Ausgaben aus dem Betrieb, den man selbst gegründet hat, zu bestreiten.

Die Welt ist von einer so unvergleichlichen Dummheit! Und natürlich muß dies ein Ende haben, so kann es nicht weitergehen.

Wie? Was wird daraus werden? Ich weiß es nicht ... Natürlich ist ihre Kalkulation völlig falsch (die Kalkulation der Regierung): sie ruinieren das Land immer mehr. Deshalb befinden sie sich in einer kritischen Lage. Aber schon lange begann man zu merken, daß alle diese Steuern, alle diese Abgaben einfach nur das Land ruinieren, sonst nichts ... Fast alle Betriebe im Norden [Indiens] müssen schließen, fast alle. Deshalb ...

Man tut viele völlig unnötige Dinge. Das alles wird verschwinden, aber ...

Ich stehe mit vielerlei Leuten in Kontakt – alle kommen und beklagen sich, indem sie mir den elenden Zustand der Dinge schildern: Regierungsbeamte, Privatpersonen, alle. Und ich sehe: Es wird ... unmöglich. Wie soll man leben? Man weiß es nicht. Denn man hatte das Geld als Grundlage genommen – „das Geld" – und natürlich hatte man versucht, es zu verdienen. Jetzt funktioniert das nicht mehr. Man kann kein Geld mehr verdienen, und man kann es auch nicht die ganze

Zeit ausgeben, ohne welches zu verdienen, was soll man also tun? – Alles muß geändert werden.

In Rußland hatte man versucht, die Regierung dafür verantwortlich zu machen, aber das ... *(lachend)* hat nur dazu geführt, daß all jene, die in der Regierung saßen, sich die Taschen mit Geld vollstopften, während überall Elend herrschte. Da man nicht viel Phantasie hat, will man jetzt wieder zur alten Methode zurückkehren. Aber das ist es nicht. Man muß einen Schritt weitergehen.

Die Erde in viele kleine Stücke zu zerteilen, wo sich jeder Teil gegen den anderen auflehnt oder ... Es bedarf einer globalen Weltorganisation. Und durch wen? Es müßten zumindest Leute sein, die ein globales Bewußtsein haben! *(Mutter lacht)* Sonst kann es nicht funktionieren. Deshalb wird es an die hundert sehr schwierige Jahre geben – sehr schwierig. Danach wird man vielleicht zu etwas anderem durchbrechen...

*(Schweigen)*

Das, was dieser Mann *(der Marquis)* dir schreibt – es gibt viele, die sich in dieser Lage befinden. Viele haben das geschrieben: Menschen aus allen Ländern. Sie haben die Art, wie die Dinge sind, satt. Sie sagen: „Kein persönliches Eigentum!" Aber sie besitzen nicht viel Phantasie, deshalb haben sie noch nicht herausgefunden, wie sie es anders machen sollen.

*(Schweigen)*

*Ein System von „Arbeitsstunden-Gutscheinen" und eine Rangordnung für die Qualität oder das Maß der geleisteten Arbeit.*

Wo wird das praktiziert?

*Ich weiß nicht, in meiner Phantasie!*

Ach, das kommt von dir. Ja, sehr gut!

*Etwas, das sich auf die Arbeit bezieht.*

Ja.

*Arbeitsgutscheine. Dann könnte man sagen, der Gutschein eines Ingenieurs ist fünfmal soviel wert wie der eines Kulis zum Beispiel, das ist alles.*

Dazu bräuchte man eine ganze Organisation. Man sollte ... so etwas sollte man in Auroville einführen.

*Auf der Arbeit basierend.*

Ja, irgendeine Aktivität. Man könnte diese Arbeit als eine Aktivität bezeichnen, die einen kollektiven Nutzen hätte, keinen egoistischen.

*(Schweigen)*

Die Schwierigkeit besteht in der Wertschätzung der Dinge. Dazu braucht man eine sehr weitreichende Vision. Das Geld war leicht zu handhaben, weil es mechanisch wurde ... Dieses andere System kann nicht ganz so mechanisch werden, deshalb ... Eine Idee wäre zum Beispiel, daß diejenigen, die in Auroville leben, kein Geld besitzen – es wäre kein Geld im Umlauf –, und um zu essen ... Jeder hat natürlich das Recht zu essen, aber ... Von einem rein praktischen Standpunkt aus erwog man die Möglichkeit aller Arten von Nahrungsmitteln, je nach Geschmack und Bedarf des einzelnen (zum Beispiel gibt es vegetarische Kost, nicht-vegetarische Kost, Diätkost usw.), und jene, die dies in Anspruch nehmen wollen, müßten als Gegenleistung etwas dafür tun. Entweder arbeiten oder ... Es ist schwierig, dies ganz praktisch zu verwirklichen ... Weißt du, man hat um die Stadt herum sehr viel Land vorgesehen, um darauf Landwirtschaft im großen Stil für die Bedürfnisse der Stadt zu betreiben. Aber um dieses Land zu kultivieren, braucht man zunächst Geld oder Materialien. Deshalb ... Ich stehe jetzt vor all diesen Problemen mit allen Einzelheiten, das ist nicht gerade einfach!

Es gibt einige, die gut verstehen.

Weißt du, die Idee ist, daß es in Auroville keinen Zoll, keine Steuern gibt und daß die Aurovillianer kein persönliches Eigentum besitzen. Auf dem Papier sieht das ganz gut aus, aber wenn es heißt, dies praktisch umzusetzen ...

Das Problem ist immer das gleiche: Die Verantwortung müßten diejenigen übernehmen, die ein universelles Bewußtsein besitzen, denn sonst ... Überall, wo ein persönliches Bewußtsein am Werk ist, handelt es sich um Wesen, die unfähig sind zu regieren – wir sehen dies am Beispiel der aktuellen Regierungen: erschreckend!

*(langes Schweigen)*

Da ist noch ein sehr interessanter psychologischer Gesichtspunkt: Die materiellen Bedürfnisse verringern sich nämlich im Maße des spirituellen Wachstums. Und zwar (wie Sri Aurobindo sagte) nicht durch eine asketische Anstrengung, sondern weil die Aufmerksamkeit, die Konzentration des Wesens sich einem anderen Bereich zuwendet ... Dem rein materiell orientierten Wesen gefallen, wie man sich leicht vorstellen kann, nur die materiellen Dinge; und all jene, die vorwiegend im emotionalen oder im äußerlich mentalen Teil ihres Wesens leben, richten ihr Interesse beispielsweise auf ... Dinge der Schönheit, wie jene, die das Bedürfnis haben, sich mit schönen Dingen zu umgeben, sich schöner Dinge zu bedienen. Dies wird heutzutage als der Gipfel der Menschheit angesehen, dennoch ist es etwas völlig ... etwas, das man als „mittleren Bereich" bezeichnen könnte *(Geste knapp über dem Erdboden)*, keineswegs ein höherer Bereich. Aber so wie die Welt jetzt organisiert ist, werden die Menschen, die keine ästhetischen Bedürfnisse haben, zu einem sehr primitiven Leben zurückkehren – das ist nicht gut. Man bräuchte einen Ort, wo das Leben ... wo der Rahmen des Lebens selbst keine individuelle Angelegenheit ist, sondern eine Schönheit wiedergibt, die wie das natürliche Umfeld einer gewissen Entwicklungsstufe wäre.

So wie die Dinge heutzutage sind, muß man reich sein, um sich mit schönen Dingen umgeben zu können, und dies ist bereits eine Ursache des Ungleichgewichts, denn im allgemeinen geht Reichtum mit einem völlig durchschnittlichen, zuweilen mittelmäßigen Bewußtseinsgrad einher. Überall herrscht Ungleichgewicht und Unordnung. Man bräuchte ... einen Ort der Schönheit – einen Ort der Schönheit, wo man nur leben könnte, wenn man einen gewissen Bewußtseinsgrad erreicht hat. Und zwar nicht, daß andere Personen darüber entscheiden, sondern dies müßte ganz spontan und natürlich zustandekommen. Wie könnte man dies erreichen?...

In Auroville beginnen Probleme dieser Art aufzutauchen, und das macht die Sache interessant. Natürlich sind die Möglichkeiten sehr begrenzt, aber auch das ist Teil des zu lösenden Problems.

*(langes Schweigen)*

Die Voraussetzungen, um zu organisieren – um ein Organisator zu sein (es geht nicht darum, zu „regieren", sondern zu ORGANISIEREN) – die Voraussetzungen müßten folgende sein: keine Wünsche, keine Vorlieben, keine Hingezogenheit, keine Abneigungen mehr – eine vollkommene Losgelöstheit gegenüber allen Dingen. Natürlich die Aufrichtigkeit, aber das ist selbstverständlich: überall, wo Unaufrichtigkeit im Spiel ist, schleicht sich auch gleichzeitig Gift ein. Außerdem sind nur jene, die selber diese Bedingungen erfüllen, fähig zu erkennen, ob ein anderer es auch tut oder nicht.

Jetzt aber basieren alle menschlichen Organisationen auf den sichtbaren Tatsachen (die eine Lüge sind), auf der öffentlichen Meinung (die eine weitere Lüge ist) und auf dem Moralgefühl *(Mutter lacht)*, was eine dritte Lüge ist. Deshalb ...

*(Schweigen)*

Ach, hast du die letzten Kommentare zu den „Aphorismen" gelesen?

*Deine „Gotteserfahrung"?*

Ja, ich bin mir nicht sicher, ob ich mich klar genug ausgedrückt habe ... Ich bin nicht überzeugt, daß man dies veröffentlichen kann.

*Sie fragt: „Was meint Sri Aurobindo mit der „Freude, der Feind Gottes zu sein"?"[1] Darauf antwortest du:*

Auch hier muß ich gestehen, daß ich es nicht weiß, denn er hat es mir nie gesagt.
Aber ich kann dir von meiner eigenen Erfahrung erzählen. Ungefähr bis zu meinem fünfundzwanzigsten Lebensjahr kannte ich nur den Gott der Religionen, den Gott, so wie die Menschen ihn gemacht hatten, und den wollte ich um keinen Preis. Ich leugnete seine Existenz mit der Gewißheit, daß, wenn ein solcher Gott existierte, ich ihn hassen würde.
Als ich um die fünfundzwanzig war, fand ich den inneren Gott, und gleichzeitig lernte ich, daß der von fast allen westlichen Religionen beschriebene Gott nichts anderes ist als der Große Widersacher.
Als ich nach Indien kam ...

Ja, hier müßte man sagen, wie lange danach das war ... Ich war fünfundzwanzig Jahre alt, und ich bin achtzehnhundert ... 1878 geboren.

*Also 1903.*

Und ich kam 1914 nach Indien. Dies müßte man angeben. Die Erfahrung des inneren Göttlichen hatte ich um 1903.

Als ich 1914 nach Indien kam und Sri Aurobindos Lehre kennenlernte, wurde mir alles sehr klar.

Ich spreche nicht gern von mir selber. Nur ... (das ist etwas, was ich nicht weiß: ob mein Körper fortbestehen wird oder nicht – darüber weiß ich nichts, und es interessiert mich nicht), aber mir scheint, daß dies nur nützlich sein könnte, nachdem dieser Körper gegangen ist.

*Na, hör mal!*

*(Schweigen)*

---

1 417 – Deine Seele hat nicht die ganze Wonne Gottes gekostet, wenn sie nie die Freude genossen hat, sein Feind zu sein, sein Vorhaben zu bekämpfen und sich im tödlichen Kampf gegen ihn zu erschöpfen.

*Nicht gegangen, sondern verändert.*

Verändert ... Ist das möglich?

*Wenn es nicht in deinem Körper möglich ist, wie soll es dann in anderen Körpern möglich sein?*

Nein ... Ich weiß nicht. Für den Menschen scheint bewiesen zu sein, daß er sich von Geburt zu Geburt entwickelt mit dazwischenliegenden Formen, die nicht fortbestehen. So könnte es sein, daß gewisse Menschen, die jetzt einen etwas ... (wie soll ich sagen?) weiter entwickelten oder fortgeschrittenen Körper haben, Kinder bekommen, die ihrerseits noch weiter ... – auf die Weise *(Geste einer immer größer werdenden Lawine)* –, und daß diese Zwischenstufen später wieder verschwinden. Ich weiß es nicht.

Die Existenz selbst unterliegt noch der unumgänglichen Abhängigkeit von etwas Materiellem, was natürlich jedesmal wieder eine alte Schwierigkeit zurückbringt. Dieses Problem der Nahrung ... All das beobachte ich jetzt gerade (eine sehr präzise Beobachtung, die ich fast wissenschaftlich nennen könnte). Die Zellen sind sich der göttlichen Kraft und der Macht, die diese Kraft vermittelt, bewußt, aber sie sind sich auch dessen bewußt, daß sie für ihre eigene Fortdauer, auch nach einer teilweisen Transformation, noch immer einer von außen kommenden Stütze bedürfen – doch damit schluckt man jedesmal eine neue Schwierigkeit ... Und alles, was ich über die Übertragung der Funktionsweise sagte, hat mehr und mehr seine Richtigkeit bewiesen, aber da bleibt noch dies *(die Nahrung)*, und das betrifft den Magen und alles übrige: das Blut und ... Kann man sich etwas vorstellen, das auf diese Weise funktionieren würde, ohne sich zu zersetzen? Ich weiß es nicht. Etwas, das fähig wäre, sich ständig weiterzuentwickeln? (Denn man kann nur fortbestehen, wenn der Fortschritt andauernd ist.) Ist dies entwicklungsfähig?... Im Augenblick ist es jedenfalls noch so *(Geste eines Gleichgewichts)*.

Fast alles, was automatisch war, ist verschwunden – das mindert die Fähigkeiten sehr. Andererseits wird dies ersetzt durch ein Bewußtsein, das eine gewisse Macht besitzt, die vorher nicht vorhanden war, was eine Verbesserung bedeutet. Aber letztendlich kann ich, von einem gewöhnlichen Standpunkt aus betrachtet, nicht mehr dasselbe tun wie mit zwanzig Jahren, das ist klar. Ich weiß vielleicht hunderttausendmal mehr als damals, aber ... Der Körper, dieser Körper selbst weiß – er fühlt, er ist fähig, alles zu wissen, was er damals nicht wußte –, aber von einem rein materiellen Standpunkt aus gesehen ... *(Mutter schüttelt den Kopf, indem sie auf die Unfähigkeit des Körpers hinweist)*.

Könnte das wiederhergestellt werden? Ich weiß es nicht. Diese Frage bleibt offen. Ich weiß es nicht ... Und er könnte nur fortdauern, wenn die Fähigkeiten wiederhergestellt würden. Wie Sri Aurobindo sehr vernünftig sagte: Wer würde in einem Körper mit schwindenden Fähigkeiten weiterbestehen wollen?[1]... Das Sehvermögen ist nicht mehr so klar, man hört schlechter, man kann nicht mehr deutlich sprechen, man ... Schließlich kann man auch nicht mehr frei gehen, man kann kein Gewicht mehr tragen – alle möglichen Dinge.

Wird dies, so wie es ist *(Mutter zwickt die Haut ihrer Hände)*, fähig sein, sich mit Hilfe der Kraft zu transformieren? Ist das möglich? – Wir werden es erst wissen, wenn es getan ist, und nicht vorher!

*Mir erscheint das durchaus möglich.*

Gewiß, logischerweise hast du recht, denn die Fähigkeit zu heilen besteht. Mit der Fähigkeit zu heilen besteht auch die Fähigkeit, die Abnützung zu beheben. Gewiß.

*Alle Möglichkeiten sind da! Das Problem ist lediglich, daß die Materie sich an das Eindringen einer anderen Kraft anpassen muß.*

Ja.

*Sobald sie sich dem wirklich angepaßt hat ...*

Ja, genau! ...

*Was hindert sie?...*

KANN sie?

*Aber ja! Bestimmt kann sie.*

Das ist es.

*Wenn der Geist will, kann er. Wenn der Geist sieht, daß dies der Augenblick ist, kann er. Es gibt überhaupt keinen Grund.*

Es wäre interessant zu sehen! *(Mutter lacht)*

*Ja.*

*(Mutter bleibt lange in Kontemplation vertieft)*

---

1 376 – ... der es akzeptieren würde, hundert Jahre dasselbe Gewand zu tragen oder für ewige Zeiten in einer engen Behausung eingesperrt zu sein?

Dem körperlichen Bewußtsein, das bewußt bleibt, während der Körper schläft, erscheint die aktuelle Welt dunkel und schlammig – immer. Das heißt, da ist immer ein Halbdunkel – man sieht kaum – und Schlamm. Dies ist keine Meinung, keine Empfindung, sondern eine materielle TATSACHE. Folglich ist sich dieses [körperliche] Bewußtsein bereits einer Welt bewußt ... die nicht mehr den gleichen Gesetzen unterliegen wird.

Die Zellen sind voll und ganz davon überzeugt, daß ... (ich drücke es auf die einfachste Weise aus) daß der Herr allmächtig ist. Allerdings sind sie sich nicht sicher, ob ER WILL *(lachend)*, daß es so oder anders sei, das heißt, ob er will, daß die Transformation sich in einem bereits existierenden Körper abspielt oder über mehrere Zwischenstufen.

> *Zukünftige Zwischenstufen würden aber bedeuten, daß es mehrere Jahrhunderte dauern könnte ...*

Ja, natürlich!

> *Doch es scheint, daß der MOMENT gekommen ist ...*

Diesbezüglich besteht eine absolute Weigerung zu antworten.

Oh, ich weiß sehr wohl warum! Weil ... (wie soll ich sagen?), man sollte es auf eine ganz kindliche Art sagen: Weil die physische Materie faul ist und deshalb ... *(lachend)* wenn ihr die Gewißheit gegeben wäre, würde sie sich gehen lassen.

Was er jedoch fast vollkommen überwunden hat, ist: keine Wünsche, keine Vorlieben mehr *(unwandelbare Geste)*. Das wurde ersetzt durch ... „Nur das, was Du willst." Er wählt nicht, er sagt nicht: „Dies ist besser als das" – was Du willst.

Das ist der natürliche und spontane Zustand.

> *(Schweigen)*

Gut *(lachend)*, wir werden sehen!

> *Nein, ich glaube nicht [daß Zwischenstufen erforderlich sind].*

Was?

> *Ich glaube nicht. Weil es sonst wirklich Jahrhunderte über Jahrhunderte dauern würde.*

Ja. Aber die Jahrhunderte sind nichts für den höchsten Herrn.

> *Selbstverständlich.*

Für ihn ist es ...

*Aber trotzdem, die Welt hat einen so akuten Zustand des Leidens und des Schmerzes erreicht, daß …*

Ja.

*Jetzt ist der Augenblick gekommen, daß* EIN *Körper sich genügend verändert, um der Menschheit eine konkrete Hoffnung geben zu können.*

Ja, ja … Vielleicht sogar nur als Beispiel.

*Ja, vielleicht, aber nicht nur, denn von dem Tag an, wo diese Kraft so sehr in deine Materie eingedrungen sein würde, hättest du die Möglichkeit, sie an andere Körper, die bereit wären, weiterzugeben.*

Ach, diese Möglichkeit besteht bereits. Dafür erlebe ich ständig Beweise – außergewöhnliche … Weißt du, die kleinen Wunder geschehen ständig, ständig.

*(Schweigen)*

Offensichtlich kommt EIN Augenblick, wo es geschehen wird.

## 28. März 1970

*(Mutter reicht Satprem eine Notiz.)*

Dies schickte ich zur Konferenz der *New Age Association*[1]. Sie hatten die Frage gestellt: „Besteht das Ziel des Lebens darin, glücklich zu sein?…" Darauf habe ich geantwortet:

Dies ist genau die umgekehrte Sicht der Dinge.
Der Sinn des menschlichen Lebens ist die Entdeckung des Göttlichen und seine Manifestation. Natürlich führt diese Entdeckung zum Glück, aber dieses Glück ist die Folge und nicht das Ziel an sich. Und dieser Irrtum, die bloße Folge für das Ziel des Lebens zu halten, war die Ursache des meisten Elends, das die Menschheit heimgesucht hat.

---

1 Ein Verein junger Studenten des Ashrams.

*Was verstehen sie denn überhaupt unter „Glück"!*

Ja. Jeder denkt, es sei sein persönliches kleines Glück, und das macht die ganze Misere aus.

Sie sagten: *„to be happy"* [glücklich zu sein]: *„Is the aim of life to be happy?"* [Ist es das Ziel des Lebens, glücklich zu sein?] ... UNGE-HEUERLICH! Denn genau das hat alles entstellt, das ist die Ursache von allem. „Ich bin glücklich, wenn ich jemanden töte – deshalb töte ich jemanden". *(Mutter lacht)*

*Ja, immer stellt man die kleine Person ins Zentrum.*

Ja, immer, immer.

*(Schweigen)*

Was bringst du? Nichts?... Da sind die letzten Zitate von Sri Aurobindo, hast du sie?

*Über die vier Phasen des Schmerzes?*

421 – Es gibt vier Phasen des Schmerzes, die Gott uns auferlegt hat: wenn es allein Schmerz ist; wenn es ein Schmerz ist, der Vergnügen bereitet; wenn der Schmerz ein Vergnügen ist; und wenn er nur eine heftige Form von Wonne ist.

*Du antwortest:*

„Wenn Sri Aurobindo von emotionalem Schmerz spricht, was auch immer der sei, so kann ich aus Erfahrung sagen, daß die vier Phasen, von denen er spricht, vier Bewußtseinszuständen entsprechen, die aus der inneren Entwicklung und dem Grad der Vereinigung des individuellen Bewußtseins mit dem göttlichen Bewußtsein resultieren. Wenn die Vereinigung vollkommen ist, gibt es nur noch diese „heftige Form von Wonne".
Wenn es sich um einen vom Körper ertragenen physischen Schmerz handelt, so folgt die Erfahrung keiner so klar definierten Reihenfolge, um so mehr als die Vereinigung mit dem Göttlichen den Schmerz fast immer zum Verschwinden bringt."

Ja, das ist meine Erfahrung – das hatte ich dir erzählt.
Ich weiß nicht, ob er wirklich von einem physischen Schmerz sprach ... Wie sagt er?

*„... A fierce form of delight." [Eine heftige Form von Wonne.]*

Diese Erfahrung hatte ich 1912 (oder 1913) in Paris. Damals war ich besorgt um jemanden, der von einer Reise zurückkehrte und zu

einer bestimmten Stunde ankommen sollte. Aber diese Stunde ging
vorüber, und die Person kam nicht. In diesem Augenblick empfand
ich eine gewisse Beklemmung, ich fragte mich, was passiert war. Und
diese Beklemmung wurde plötzlich ... Ich war mir bereits meines psychischen Wesens bewußt (das ist schon lange her), und diese Beklemmung wurde plötzlich so unglaublich intensiv, *(Geste einer Explosion)*
wie ein Feuerwerk – eine Wonne! Deshalb weiß ich, was er mit *„a fierce
form of delight"* meint. Aber dies war rein psychologisch, nicht physisch
... 1912 oder 1913.

Physisch ... Die ganze physische Erfahrung des Körpers besagt
jetzt, daß es genügt, wenn er sich ... rückhaltlos und vollkommen der
göttlichen Gegenwart hingibt, und der Schmerz – egal was für einer –
verschwindet.

Das habe ich dir vor einigen Tagen schon gesagt.

Dabei ist es keineswegs so, daß sich der Schmerz in etwas anderes
verwandelt: er verschwindet. Vom physischen Standpunkt aus gesehen
ist das wichtiger, denn mit dem Schmerz verschwindet auch die URSA-
CHE des Schmerzes. Das heißt, daß die entstandene Störung aufgelöst
wird, sie existiert nicht mehr. Deshalb glaube ich nicht, daß Sri Aurobindo hier von physischen Dingen spricht, denn im Physischen sind die
Erfahrungen anders.

Die psychologischen oder inneren Dinge, selbst die Empfindungen
(Empfindungen, die die Ereignisse betreffen, nicht jene, die den Kör-
per betreffen) haben eine Fluidität, sie sind von völlig anderer Art.
Die Dinge des Körpers haben eine Art von ... (wie soll ich sagen?)
Stabilität oder konkreter Starrheit, ich weiß nicht. Wenn man zum
Beispiel irgendwo Schmerzen hat (nehmen wir an, im Herz oder in den
Lungen oder ...) dann entspricht das irgend etwas im Innern, etwas,
das passiert ist, einer Störung, und der Schmerz (wenn man ruht)
entspricht dem, was man die „Situation" der Zellen nennen könnte,
und wenn der Schmerz verschwindet, bedeutet das, daß die Zellen
wieder in Ordnung sind – also nicht, daß die Störung weitergeht und
man sie nur nicht mehr fühlt, so ist es nicht. Folglich ändert sich hier
nicht die Empfindung sondern die materielle TATSACHE. Und dies finde
ich viel wunderbarer: der Kontakt mit der wahren Kraft bringt die
Dinge wieder in Ordnung.

*Dennoch hat man gewöhnlich den Eindruck, daß es für die
physischen Dinge etwas Zeit braucht ...*

Aber das liegt daran, daß die Zellen nicht gewohnt sind, sich zu
unterwerfen, sich hinzugeben. Ich habe festgestellt, wenn die Zellen
bewußt sind und sich hingeben, kann es wirklich sehr schnell gehen.

Das kann natürlich auch von der Art der Störung abhängen; vermutlich braucht ein gebrochener Knochen Zeit, um zu heilen.

Ich hatte mir diesen kleinen Knochen gebrochen *(Mutter deutet auf den kleinen Finger ihrer linken Hand)*. Sri Aurobindo war da, ich habe es niemandem außer ihm gesagt (insbesondere keinem Arzt). Ich habe den Finger nicht eingebunden, ich habe nichts unternommen, ich hielt ihn lediglich gerade. Da war sogar ein Augenblick, wo ich das Zusammenwachsen spürte (eine kleine Verdickung war entstanden, wie es immer geschieht), aber auch dies verschwand. Das dauerte ... ich erinnere mich nicht mehr genau (es ist lange her, er war noch da). Ich achtete einfach darauf, meinen Finger nicht zu bewegen (es war die linke Hand), und es wuchs zusammen, ohne Verband, ohne etwas, einfach so und sogar relativ schnell, und es hinterließ KEINERLEI Spuren.

Es war gebrochen, aber die Bruchstelle war nicht verschoben. Ich spürte den Bruch – einen Monat später war es vorbei (ich weiß nicht mehr nach wieviel Tagen). Und ein Knochenbruch ist selbstverständlich etwas sehr Konkretes.

Ich weiß nicht, ob dies bei dem jetzigen Zustand des Körpers nicht noch viel schneller gehen würde. Ich weiß es nicht. Jetzt ist es jedenfalls eine vollkommen bewußte und ich könnte fast sagen „methodische" Arbeit, die dem Körper auferlegt worden ist, damit ein Teil nach dem anderen und alle Teile und alle Gruppen von Zellen ... das wahre Leben lernen.

*(Schweigen)*

Aber da ist noch etwas ... In dem, was er schreibt und was er mir sagte, schien Sri Aurobindo die ständige Gegenwart des Anandas als ein Zeichen der Transformation zu betrachten ... Und das war eines der Dinge, über die ich mit ihm sprach: Das Wesen, das sich in diesem Körper manifestierte und später der Körper selbst (denn schon, als ich ganz klein war, hatte der Körper versucht, sich dem inneren Wesen unterzuordnen und nicht unabhängig zu bleiben), auch im Körper selbst herrschte nie das Verlangen, nicht einmal die Absicht, im Ananda zu leben. Der Körper war von klein auf sozusagen dazu gebaut ... (man könnte es so ausdrücken:) „Der Wille, das zu tun, was getan werden muß" – das zu sein, was er sein sollte, und es tun. Als er ganz klein war, war ihm der Zweck der Unterwerfung nicht bewußt, aber sobald er ihn kannte, war es für ihn definitiv ... Der erste Kontakt war (wie ich dir sagte) die göttliche Gegenwart im psychischen Wesen, und sobald dies eine Tatsache geworden war – eine offenkundige Tatsache: da gab es keine Diskussion mehr, die Erfahrung war absolut überzeugend –, von dieser Minute an wurde der Körper nur noch von einem

Gedanken beherrscht (nicht einmal von einem Gedanken, sondern von einem Willen): nur das zu sein, was DAS wollte … Jetzt gibt es für ihn überhaupt keine Diskussion mehr: er ist so *(Geste mit geöffneten Händen)*, einfach aufmerksam und begierig, das zu tun, was das Göttliche von ihm verlangt, und er versucht mehr und mehr, keinen Unterschied zu fühlen – das beginnt jetzt (es gelingt noch nicht überall). In vielen Teilen des Körpers herrscht nur noch EINES vor: nicht etwas, das will, und etwas, das gehorcht, nein, nur EINE Schwingung. Das beginnt jetzt. Aber er erwartet nicht, daß dies in einem Wonnegefühl oder einem Ananda oder durch sonst etwas zum Ausdruck kommt … Im Grunde ist es ihm gleichgültig. Er ist vollkommen desinteressiert geboren und geformt worden.

Ich habe das Sri Aurobindo gesagt. *(Lachend)* Er schaute mich nur an und sagte: „Es gibt keine zwei wie dich auf Erden!" *(Mutter lacht)* Denn er sagte, die Menschen können das Verlangen, glücklich zu sein, zwar überwinden (nicht „glücklich sein", denn das will nichts heißen), jedenfalls das Verlangen nach Zufriedenheit, nach Ananda, aber der nächste Schritt besteht darin, daß dies spontan, ja, mühelos geschieht.

Darin liegt überhaupt kein Verdienst, denn es war ganz natürlich.

Was die anfängliche Frage betrifft (*„Ist es das Ziel des Lebens, glücklich zu sein?"*), ist die Sache für den Körper deshalb völlig klar. Wenn man ihm sagte: „Du bist auf die Welt gekommen, um glücklich zu sein …" *(Mutter schaut erstaunt drein)*, würde er das nicht verstehen.

*<br>* *

*(Kurz darauf bittet Mutter Satprem, ein Zitat von Sri Aurobindo für die Aprilbotschaft zu finden. Folgendes wurde vorgeschlagen:)*

There is nothing that can be set down as impossible in the chances of the future, and the urge in Nature always creates its own means.[1]

Das ist interessant … Genau dies ist die Bewußtseinsänderung, die sich in den Zellen des Körpers vollzogen hat. Man sagt ihnen „die Natur wird ihre Mittel finden", das ist ihnen völlig gleichgültig – sie haben den Eindruck, daß es DIREKT das Göttliche ist, das … die Materie durchknetet. Eben das nenne ich den „Machtwechsel": die Macht der Natur wird durch die direkte göttliche Macht ersetzt. Und die Zellen

---

1 Es gibt nichts, was in den Chancen für die Zukunft als unmöglich erklärt werden kann, denn der Drang in der Natur schafft immer seine eigenen Mittel.

haben überhaupt nicht mehr dieses ... (wie soll ich sagen? Ich finde das entsprechende Wort nicht) *reliance.*

*Vertrauen?*

Es ist nicht genau Vertrauen, sondern „sich verlassen". Sie verlassen sich nicht mehr auf die Natur, um die Dinge zu tun, sondern sie haben die Überzeugung, den Glauben und sogar eine (fragmentarische) Erfahrung des direkten Einflusses des Göttlichen.

Solange die Natur die Dinge tut, braucht das Zeit – sie braucht Zeit.

*(Schweigen)*

Gibt es sonst noch etwas?

Whatever the way may be, you must accept it wholly and put your will into it; with a divided and wavering will you cannot hope for success in anything, neither in life nor in yoga.[1]

Das ist sehr nützlich, ja, sehr nützlich! Die meisten Menschen sind so *(schwankende Geste).*
Hast du noch andere?

To know the highest Truth and to be in harmony with it is the condition of right being; to express it in all what we are, experience and do is the condition of right living.[2]

Ach, das ist sehr gut. Das werden wir nehmen. Das ist für alle gut.

*

* *

*(Daraufhin widmet sich Mutter der Übersetzung dieses Textes und sucht lange nach einem Wort, um „right" zu übersetzen. Satprem liest verschiedene unbefriedigende Übersetzungen aus dem Wörterbuch vor.)*

Die französische Sprache ist sehr literarisch und sehr mental, oder nicht?

*Ja, sie ist sehr starr.*

Ja, starr.

---

1 Wie auch immer der Weg sein mag, du mußt ihn vollkommen akzeptieren und deinen ganzen Willen hineinlegen – mit einem geteilten und schwankenden Willen kann man nie auf Erfolg hoffen, weder im Leben noch im Yoga.
2 Die höchste Wahrheit zu kennen und mit ihr in Einklang zu stehen, ist die Voraussetzung wahren Seins; sie in allem, was wir sind, tun und erfahren, auszudrücken, ist die Voraussetzung wahren Lebens.

Die Frage stellt sich, welches die Sprache von Auroville sein wird.

Ich habe den Eindruck, daß es eine Sprache sein wird, die ... *(lachend)* Die Kinder werden das Vorbild sein: sie lernen mehrere Sprachen und bilden Sätze mit den Worten aller Sprachen, und ... das ist sehr buntgemischt. Der kleine A.F. spricht tamil, italienisch, französisch und englisch. Er ist drei Jahre alt. Und natürlich *(lachend)* kommt dabei ein Mischmasch heraus.

So etwas in der Art.

Wie bei den Amerikanern. Sie haben eine Sprache ... die Engländer behaupten, die Amerikaner hätten die Sprache vollkommen verdorben, aber die Amerikaner behaupten, so sei sie lebendiger.

Dieser kleine A.F. ist lieb ... Er ist sehr lustig. Vorgestern hatte seine Mutter Geburtstag, deshalb empfing ich sie. Er war sehr gekränkt, weil er nicht mitkommen durfte. Und er sagte: „Ich werde Mutter sehen – morgen werde ich Mutter sehen." So sagte er gestern den ganzen Morgen lang zu allen: „Ich werde zu Mutter gehen, ich werde Mutter sehen ..." Er kam hierher – Z sagte mir: er wartet im Flur. Ich sagte: „Hol ihn rein!" *(Lachend)* Sie ging ihn holen, er sagte: „Oh, jetzt brauche ich Mutter nicht mehr zu sehen!" *(Lachen)* ... Wahrscheinlich hatte er die Kraft in der Atmosphäre gefühlt.

So gab man ihm eine Blume, und er ging wieder.

Ich glaube, daß diese Kinder eine viel größere innere Sensibilität haben – viel größer. Einige Kinder (ungefähr im Alter von 2, 3, 4 Jahren) ... Da ist ein Kleiner, der mit seinen Eltern kam, sie hatten ihn mit zu mir gebracht. Ich hatte ihn nicht besonders beachtet (ich fand den Kleinen lieb, das war alles). Nachdem er weggegangen war, sagte er: „Ich gehe nicht mehr von hier fort. Ich möchte Mutter sehen, ich gehe nicht mehr von hier fort". Und er verlangte: „Ich möchte Mutter jeden Tag sehen." ... Er kam zurück, setzte sich hin (alle Familienangehörigen kamen der Reihe nach zu mir, um eine Blume zu empfangen, usw.) und blieb ruhig zu meinen Füßen sitzen. Er rührte sich nicht und war vollkommen zufrieden. Das Merkwürdige ist, daß ich sie nicht einmal besonders beachte, überhaupt nicht.

Da war einer, der mir vor ein paar Tagen Blumen brachte. Ich gab ihm eine Rose, worauf er zu den andern Familienangehörigen ging: er wollte ihnen ihren Blumenstrauß wegnehmen, um ihn mir zu geben ... Er kam zurück, setzte sich hin und betrachtete sehr lange seine Rose, dann kam er und gab sie mir wie etwas ... ja, wirklich: „Sie ist das Beste, was ich habe, deshalb gebe ich sie dir!" *(Mutter lacht)*

Ich gab sie ihm zurück.

Sie haben bereits ein gewisses Etwas mehr.

*(Schweigen)*

Leute, die Esperanto sprechen, haben mir einen offiziellen Brief geschrieben, wieviele sie sind (es sind sehr viele) und um mir ihren Wunsch mitzuteilen, daß ihr Esperanto die Sprache Aurovilles werde ... Es gibt viele, die es sprechen, viele. Überall glaube ich. Vor zwei oder drei Tagen habe ich diesen Brief erhalten.

> *Aber es genügt doch, wenn man die Sprache Aurovilles ganz spontan entstehen läßt.*

Ja, natürlich! Ach, man darf sich nicht einmischen.

Momentan schreibe ich die Geburtsurkunden auf französisch ... Und wenn es irgendwann eine zentrale Organisation geben wird (wie ein Rathaus oder was weiß ich – egal was), wenn Pässe ausgestellt werden, wird man Weltbürger sein ... Zuerst werden sie dann überall sagen: „Die sind ein wenig verrückt", und in hundert Jahren ... wird das ganz natürlich sein. Ich erinnere mich noch an den Anfang des Jahrhunderts (dieses Jahrhunderts, noch bevor du geboren warst) und jetzt ... welch UNGEHEURE Veränderung!

> *(Satprem erhebt sich, um fortzugehen,*
> *und legt seine Stirn auf Mutters Schoß,*
> *während sie seine Hände nimmt)*

Heute morgen hatte ich während zwei oder drei Stunden eine merkwürdige Erfahrung (der Körper). Er hatte die Erfahrung, daß jeder ... (wie soll ich sagen? Keine Person, sondern wie ein individualisiertes Agglomerat) jedes Agglomerat hat eine ihm eigene wesentliche Art (nicht wie es jetzt ist, sondern so, wie ES IST oder sein sollte), seine Art, den Höchsten oder das Göttliche zu verstehen und zu manifestieren, und dies macht seine Individualität, seine besondere Art aus. Alle Arten zusammen geben recht und schlecht das gesamte Göttliche wieder – aber jede Art muß verstehen, daß sie nur EINE Art ist und daß alle anderen Arten genauso wahr sind wie sie. Aber es war der Körper, der dies verstand. Er fühlte dies sehr deutlich, mehrere Stunden lang. EINE Art ... Das war so amüsant! Denn *(lachend)* er sagte: „Ja, ja, ja, ich bin die Art, die will, daß ALLES harmonisch sei." Er wiederholte das mehrmals: „Ich bin die Art, die will, daß ALLES harmonisch sei ..." Und er verstand, es störte ihn überhaupt nicht, daß es Millionen und Milliarden anderer Arten gibt: dies aber war SEINE Art.

Alles, alles, alles muß ganz harmonisch sein – Harmonie, Harmonie, Harmonie. Etwas ... (Worte sind sehr trocken und leer), etwas – eine Schwingung, die er gut kennt – eine Schwingung, die für ihn ...

die manifestierte Verbindung von Liebe und Harmonie darstellt. Aber „Liebe" ist klein, und „Harmonie" ist klein. Die beiden zusammen (mit noch etwas anderem) machen seine Seinsweise im Universum aus.

Das war sehr amüsant. Wirklich amüsant.

Er versteht das sehr gut: daß alle das gleiche Recht haben zu existieren, und alles zusammen muß ... Alles zusammen ist kaum fähig, DAS auszudrücken, was auszudrücken ist.

Das war der Körper – es war nicht mental. Merkwürdig, er hat einen Sinn für Realität, der weder mental noch vital noch emotional ist, nichts von alledem. Etwas anderes, etwas sehr Konkretes.

Merkwürdig.

Und er war sehr zufrieden. Er sagt: „Ja, das ist es!" Als hätte ihm der Herr sein Geheimnis verraten. Er sagte: „Jetzt weiß ich, daß es das ist." Und jeder einzelne ... alle diese Milliarden ... all das. Aber sie wissen es nicht. *(Mutter lacht)*

Er ist amüsant. Das war eine amüsante Erfahrung.

Harmonie, Liebe. Aber ... es ist nicht das, was die Menschen in diese Worte hineinlegen – das ist es nicht.

*(Schweigen)*

Das war nach der Lektüre dieser *Aphorismen*: dies beschäftigt ihn sehr.

*Wie sollte meine Seinsweise sein?*

Ach! Du mußt sie finden. Nur so ist es amüsant.

Ich glaube, ich weiß es, aber das ist nicht mehr der Körper *(Mutter deutet nach oben)*.

Nein ... man muß sie finden. *(Mutter lacht)*

*April*

## 1. April 1970

T stellte mir eine Frage in bezug auf den Tod ihres Bruders, N.J.[1]
Wie es scheint, wußte er schon einige Monate vorher, daß er sterben
würde, und er sagte: „Aber ich werde im Ashram wiederkommen."
Dann sah ihn seine Schwester. Ich sagte ihr: „Ich weiß, daß ich ihn,
als er starb, zu einer Ruhestätte geleitete – vermutlich ist er nun von
dort zurückgekehrt." Nachdem sie mit mir darüber gesprochen hatte,
konzentrierte ich mich ein wenig, und eines Nachts sah ich ihn: er war
zurückgekehrt, und zwar im Körper eines zwei oder drei Jahre alten
Kindes. Aber ich sah ihn nicht hier – ich weiß nicht, wo er ist.

*(Schweigen)*

Gestern las ich einen sehr merkwürdigen *Aphorismus*. Ich weiß
nicht, wann er ihn geschrieben hat … Ich notierte darunter lediglich:
„Nichts zu sagen."
Ich weiß nicht, es ist seltsam … Ein *Aphorismus*, in dem er sagt:
„Die Natur genießen, wie man den Körper einer Frau genießt"! *(Mutter
lacht)*

> 428 – Was nützt es, die Natur zu bewundern oder anzubeten wie
> eine Kraft, eine Präsenz oder eine Göttin? Und was nützt es,
> sie auf ästhetische oder künstlerische Weise zu schätzen? Das
> Geheimnis ist, sie mit der Seele zu genießen, so wie man eine
> Frau mit dem Körper genießt.

Hast du meine Antwort gesehen?

*Ja: „Nichts zu sagen."*

Nichts zu sagen, ja.
Da ist noch einer, in dem er sagt: „Ich wußte nicht, wen ich mehr
liebte, Kali oder Krishna …" (ich zitiere nicht genau) „… Und dann
habe ich gemerkt, daß Kali zu lieben, bedeutete, mich selbst zu lieben,
während Krishna zu lieben, bedeutete, mich selbst und auch noch
jemand anderen zu lieben …"

> 427 – Eine Zeitlang wußte ich nicht, wen ich mehr liebte, Krishna
> oder Kali. Als ich Kali liebte, liebte ich mich selbst, als ich aber
> Krishna liebte, liebte ich einen anderen und zugleich mich selbst.
> So begann ich Krishna noch mehr zu lieben als Kali.

---

1 Ein junger Lehrer, der vor einigen Jahren gestorben war.

Was soll das genau heißen? Ich verstehe es nicht ... Er schreibt, als ob er sich mehr mit Kali als mit Krishna identifizierte. Dennoch (das hat er mir bestätigt) war etwas von Krishna in ihm.

Deshalb wollte ich wissen, ob all dies zur gleichen Zeit geschrieben wurde oder in Abständen von einigen Jahren?

*Nolini scheint zu sagen, es sei am Anfang gewesen.*

Ja, es war am Anfang.

*Zu einer Zeit, als er alle seine Briefe mit Kali unterzeichnete.*

Ach! Es gab eine Zeit, wo er mit Kali unterzeichnete ...

*Damals unterzeichnete er seine Briefe immer mit Kali: die Briefe an Motilal[1], zum Beispiel.*

Ach! Das habe ich nie gesehen. Das wußte ich nicht.
Dann war das zu jener Zeit.

*(Schweigen)*

Das war bestimmt lange, bevor ich kam[2].

*(Schweigen)*

Habe ich dir von der Vision erzählt, die ich damals hatte?... Ich hatte viele, aber da war eine ... Das war, als der Krieg erklärt worden war: zwischen dem Augenblick, als der Erste Weltkrieg ausgebrochen war, und meiner Abreise. Das war eine ziemlich lange Zeitspanne: der Krieg brach im August aus, und ich bin im darauffolgenden Februar abgereist. Als ich mich während dieser Zeit eines Tages in Meditation befand, sah ich Kali zur Tür hereinkommen – die nackte vitale Kali, mit einer Girlande von Schädeln am Hals – und sie trat tanzend ein. Sie blieb in einiger Entfernung vor mir stehen und sagte mir ... ich entsinne mich nicht mehr genau ihrer Worte: „Paris wird eingenommen ..." oder „Paris wird eingenommen werden" oder „Paris ist zerstört" (etwas in der Art), jedenfalls marschierten die Deutschen auf Paris zu. In dem Augenblick sah ich die Mutter – die Mutter, das heißt ... (wie nennen sie sie?) Maha ...

*Mahashakti.*

---

1  Ein Schüler aus Chandernagore, mit dem Sri Aurobindo in den Jahren 1912 – 1920 korrespondierte.
2  Im Jahre 1914.

Riesig!... Weißt du, Kali war von menschlicher Größe, aber die Mahashakti war riesig (sie reichte bis zur Decke). Sie erschien hinten und blieb dort stehen und sagte: „Nein" – einfach so *(in einem absolut ruhigen Ton)*. Ja, und ich *(lachend)* ... Zu jener Zeit gab es kein Radio, man erhielt die Nachrichten per Telegramm, und so erfuhren wir, daß die Deutschen auf Paris zumarschierten, und in diesem Augenblick (das heißt, an dem Tag, als ich die Vision hatte) gerieten sie ohne Grund in Panik und machten kehrt ... Es geschah im selben Moment ... Sie marschierten auf Paris zu, da trat Kali ein und sagte: „Paris ist eingenommen worden." Und da kam die Mutter *(Mutter senkt souverän ihre Hand):* „Nein" ... Das war wirklich sehr beeindruckend, denn ich saß einfach so da und schaute. Und es geschah vor meinen Augen.

Ich erzählte es Sri Aurobindo. Er sagte nichts. Damals las er immer die Nachrichten, und später am Nachmittag sagt er mir: „Es gibt Neuigkeiten ..." Es scheint, daß sie plötzlich von Panik ergriffen wurden, sie haben sich gesagt: „Das ist nicht möglich" (niemand stellte sich ihnen entgegen, der Weg war offen, alles war frei), sie sagten sich: „Das muß eine Falle sein." Und ... *(lachend)* so machten sie sich aus dem Staub. Sie machten kehrt ... Das war wirklich interessant.

*(Schweigen)*

Ich habe von Sri Aurobindo nie etwas über diese Dinge gehört [über Kali und Krishna]. Ich weiß, daß er etwas von Krishna hatte – ich sah es, und er hat es mir bestätigt. Eines Tages fühlte er sogar Krishna IN sich, und so ... (damals hatte er sich noch nicht zurückgezogen, er empfing noch alle: es war die Zeit, als er Pavitra und die anderen sah[1]), da rief er alle Leute zusammen[2] und setzte sich auf die Veranda dieses Hauses [oberhalb des Eingangs zum Ashram], er setzte sich dort hin und bat mich, neben ihm Platz zu nehmen, dann ließ er alle anderen kommen und sagte: „Ich habe die Entscheidung getroffen, mich von allen Aktivitäten zurückzuziehen, und sie wird eure Mutter sein, die euch ..." Er hat mich offiziell eingesetzt. Daraufhin zog er sich in sein Zimmer zurück. Und ich arbeitete dort, wo heute die „Prosperität" ist ... In dem Augenblick fühlte er, daß Krishna in ihm war – deshalb zog er sich zurück.

*Hätte er nicht seine Aktivitäten mit der Präsenz von Krishna fortführen können?*

Ich weiß es nicht.

---

1 Die Zeit der *Abendgespräche,* zwischen 1923 und 1926.
2 Am 24. November 1926.

Ich weiß es nicht ... Um die Wahrheit zu sagen, habe ich ihm diese Frage nie gestellt. Ich habe ihn nie etwas gefragt, sondern hörte nur zu.

*(langes Schweigen)*

Damals fastete ich einmal zehn Tage lang, um zu sehen.

*(Mutter verharrt in einer langen Kontemplation)*

Ich verbringe fast ganze Nächte auf diese Weise: ich schlafe nicht, und ... sie vergehen so schnell ... Manchmal habe ich Visionen.

*(Mutter versinkt erneut in Kontemplation)*

## 4. April 1970

Heute vor sechzig Jahren kam Sri Aurobindo in Pondicherry an ...

*(Schweigen)*

Zeigt man dir weiterhin die *Aphorismen*?... Ich erinnere mich nicht, diese Dinge vorher gelesen zu haben ... Weißt du, er wollte mit aller Macht die Regeln und Konventionen brechen.[1]

Ich hatte sehr stark den Eindruck, daß dies in Europa zur Haltung führte, die man jetzt sieht: diese Mischung aus Sex und Yoga und all das ... Diese Art von Aphorismus war damals wohl unerläßlich, aber jetzt habe ich den Eindruck, daß man dieses Stadium überschritten hat oder jedenfalls dabei ist, es zu überschreiten.

*(Schweigen)*

Hast du nichts?... Keine Fragen, nichts zu sagen?

*Ich hab einen Brief von G. Wenn du willst, lese ich ihn dir vor ... Er schreibt folgendes:*

---

1 Wir wissen nicht, um welchen Aphorismus es sich genau handelt, aber vielleicht um folgenden: 446 – „„Irrtümer, Lügen, Fehltritte!" schreien sie. Wie strahlend und schön sind Deine Irrtümer, o Herr! Deine Lügen retten der Wahrheit das Leben, durch Deine Fehltritte vervollkommnet sich die Welt."

*„Mutter, die Schwierigkeiten mit meiner Gesundheit [schwere Herzanfälle] haben mich dazu geführt, viele versteckte Elemente im Körper zu entdecken: die Liebe von Mutter, die Gnade und Mutters eigene Gegenwart in mir ... Mein Körper scheint nicht mehr den alten Glaubenslehren ausgeliefert zu sein. So wächst das Vertrauen in meinen Körper von Tag zu Tag, und ich fühle und sehe deutlich, daß der Körper alle Schwierigkeiten zurückweisen kann, indem er mit Mutters Liebe und Gnade in Kontakt kommt. Eines Tages bat ich Mutter innerlich, diese Anfälle nicht mehr zu erlauben, die mich hin und wieder in einen ohnmachtsähnlichen Zustand versetzten, und, Mutter, seit ungefähr zehn Tagen sind sie nie mehr zurückgekommen!..."*

*(Mutter verharrt im Schweigen)*

*Ja, er sagte mir, daß er sehr erstaunt war zu entdecken, daß die „Gesetze" praktisch nicht mehr gültig waren – die sogenannten Gesetze waren verschwunden.*

*(Schweigen)*

Diese ganze Zeit – seit Wochen – ist es Tag und Nacht, als wollte man mir zeigen, was im Körper noch alles vermischt geblieben ist: alte Einflüsse, alte Schwingungen, alte ... und dies zusammen mit der neuen Art. Wenn die neue Art rein und unvermischt ist, dann macht sich im Bewußtsein des Körpers ... *(Mutter macht eine erstaunte Miene)* ein Entzücken über etwas bemerkbar, das immer noch unmöglich erscheint.

Dies verdeutlicht die Distanz zwischen dem, was ist, und dem, was zu sein hat ...

Aber es gibt Augenblicke, wo tatsächlich alle Auswirkungen der alten Seinsweise plötzlich wie ausgelöscht zu sein scheinen – doch das hält nicht lange an.

*(langes Schweigen)*

*Du sagtest einmal, daß du Sri Aurobindo supramental auf seinem Bett liegen sahst[1] ...*

Ja, ja.

*War da ein „zusätzliches" Element oder etwas, das es jetzt nicht oder noch nicht gibt?*

---

1 *Agenda* Bd. 2 vom 15. Juli 1961, S. 266.

Da war eine Leuchtkraft. Die Substanz war ... nicht strahlend, aber ... Ich kann nicht sagen „phosphoreszierend", denn es war eine goldene Farbe, aber so ähnlich: eine Art goldener Schimmer ging vom Körper aus.

*Aber ich wollte wissen (ich, der nichts sieht), ob es ein Element gab, das es jetzt nicht oder noch nicht gibt oder was?*

Ich hatte den Eindruck ... Ja, ich könnte sagen, daß die Verhältnisse innerhalb der Zusammensetzung der Materie nicht die gleichen waren.

Das ist etwas, was ich mich oft in bezug auf die Knochen gefragt habe: Wie wird dies sein?

Offensichtlich wird es eine Geschmeidigkeit, eine Flexibilität und eine Anpassungsfähigkeit geben, die für unseren Körper, so wie er jetzt ist, unmöglich sind. Solange dieses starre Skelett darin steckt, wie könnte das je geschmeidig sein?

*Aber war es so in Sri Aurobindo?*

Ich SAH ihn so – ich habe ihn nicht berührt.

Er leuchtete, und man hatte den Eindruck einer Geschmeidigkeit.

Nur ist er jetzt nicht mehr physisch. Im Subtilphysischen ist es bereits so; aber dort gibt es keine Knochen.

Schwierig ist der Übergang zwischen den beiden Zuständen.

*(langes Schweigen)*

Im Grunde geht es darum, eine Beständigkeit ohne Starrheit zu erreichen.

Bevor man sich eine neue Spezies vorstellte, meinte man, Festigkeit sei stets auch mit Tod und Auflösung verbunden; man konnte sich nicht vorstellen, wie etwas dauerhaft auf der Erde existieren könnte, ohne starr zu sein ... Man kann nicht behaupten, es sei unmöglich, denn alles ist möglich, aber ... das bedingt etwas völlig anderes in der Zusammensetzung der Materie. Du hast mir einmal gesagt, du stellest dir vor, daß man sich je nach Belieben sichtbar oder unsichtbar machen könne – aber das würde eine sehr große Plastizität erfordern.

*(Mutter schüttelt mehrmals den Kopf
und versenkt sich nach innen)*

Und ...

*(Mutter schüttelt wieder den Kopf und vertieft sich nach innen)*

Davon sind wir weit entfernt.

*(sehr langes Schweigen)*

Und du, hast du nicht irgendein Zeichen?... Nur mental, oder?
Der Körper ist völlig unfähig, etwas zu sagen.

*Mir scheint, daß dieser subtile Körper, der bereits supramental oder supramentalisiert ist, sich materialisieren könnte, indem er sich ...*

Aber wie? Ja, wie?

*Indem er sich des materiellen Körpers als Träger bedient.*

*(Mutter verharrt lange in Schweigen)*

*Wenn, wie du sagst, nirgendwo mehr eine „Mischung" vorhanden wäre, könnte die Verschmelzung stattfinden.*

Vielleicht.
Wenn ich mich so konzentriere, fühlt der Körper ... (wie soll ich sagen?) ... das Wort Beklemmung ist viel zu stark, aber er hat den Eindruck, er befinde sich an der Schwelle des ... Unbekannten – des Unbekannten ... etwas. Ein sehr merkwürdiges Gefühl.
Er hat wirklich fast ständig ein sehr ... (zumindest merkwürdiges) Gefühl, nicht mehr das zu sein und auch noch nicht DAS zu sein.

*(Schweigen)*

Unsagbar.
Das ist so seltsam, da ist überhaupt keine Angst, kein heftiges Gefühl, nur etwas ... Ja, man könnte es nur als eine Art neue Schwingung bezeichnen. Es ist so neu, daß ... man kann nicht von Beklemmung reden, aber es ist ... das Unbekannte. Das Mysterium des Unbekannten. Und es hat nichts Mentales an sich, es liegt nur am Gefühl der Schwingung.
Und dies wird konstant. Jetzt herrscht das Bewußtsein, daß es nur eine Lösung für den Körper gibt, und zwar ... eine totale Hingabe – total. Und in dieser Hingabe merkt er, daß diese Schwingung nicht eine des Zerfalls ist, sondern etwas ... was?... das Unbekannte, das völlig Unbekannte – neu, unbekannt.
Manchmal wird er von Panik erfaßt. Er kann nicht behaupten, er würde sehr leiden, ich kann dies nicht als einen Schmerz bezeichnen. Etwas ... ganz Außergewöhnliches. Die einzige Lösung für ihn ist, ... ins göttliche Bewußtsein zu tauchen. Dann geht alles gut.
Aber er weiß, daß es nicht das ist *(der Zerfall)*. Es ist einfach etwas, das er nicht kennt. Eine Weile glaubte er, es seien gewisse Einflüsse

oder gewisse Aktionen oder gewisse ... und dann erkannte er, daß es gar nicht das ist. Es hängt nicht von Einflüssen ab, es hängt nicht von Ereignissen ab, es hängt nicht von Handlungen ab, es hängt nicht von ... Es ist ... etwas.

Da ist sein einziges Heilmittel, sich sozusagen in das Göttliche zu schmiegen: mag kommen was will.

*Ja, das „andere Etwas" muß dermaßen anders sein, daß es dem Körper wie ein Tod erscheint.*

Jedenfalls ist es gleichbedeutend damit. Das ist es.

Aber *(lächelnd)* ... er verwechselt es nicht. Er WEISS, daß es nicht das ist, was die Menschen Tod nennen.

*(Schweigen)*

Es ist jedenfalls ein merkwürdiges Leben.

*Ja, ein merkwürdiges Abenteuer.*

Oh, ja! *(Mutter lacht)* Oh!... Und alles andere als die rein materiellen Dinge – alle psychologischen, emotionalen Dinge –, all dies erscheint so kindisch!... „Oh, ihr macht so viel Lärm um nichts! Wenn ihr erst einmal wißt, daß es HIER ist ..." *(Mutter deutet auf den Körper)* Ja.

Ja *(lachend)*, ich glaube, dies ist wirklich das große Abenteuer.

Gut.

Der Körper verbringt Stunden damit, zu wiederholen ... nicht mit Worten, sondern mit ganzer Kraft zu wollen *(Mutter macht eine Faust)*: „Nur noch Du sein, nur noch Du sein, nicht mehr existieren, nur Du sein ..." Er ist ganz intensiv so ... oh!

Und er weiß sehr wohl, daß dieses „Du" nicht der Höchste ist, aber für ihn ist es derzeit der Höchste.

Wir werden sehen! *(Mutter lacht)*

*(Schweigen)*

Und alles, alles wird so, ALLES. Die Veränderung des Schlafes vollzog sich noch am leichtesten, aber die ganze Arbeit, alles, was ich tue – das Sprechen ist sehr schwierig geworden, sehr schwierig ... meine Stimme kommt nicht mehr durch, es ist, als ob jemand anders spräche, verstehst du?

Wieviel Uhr ist es?

*Viertel nach elf.*

In einiger Zeit werde ich gewisse Dinge sagen können, aber ... Hörst du mich, wenn ich spreche?

*Ja, ja, liebe Mutter, sehr gut!*

*(Schweigen
Mutter stöhnt)*

Später ... Später.

*(Mutter nimmt Satprems Hände)*

Bald werde ich eine gefährliche Ansteckung verbreiten! *(Mutter lacht)*

## 8. April 1970

*(Leider bewahrte Satprem die Tonbandaufnahme des folgenden Gesprächs nicht auf. Vielleicht spürte er zu sehr die scheinbare Negativität von Mutters Schwierigkeiten, obwohl auch diese Negativität Teil der Erfahrung war ... Zu Beginn des Gesprächs schreibt Mutter einen Text ins Reine, der vervielfältigt werden soll.)*

Seit zwei Tagen ist mein Sehvermögen viel schwächer geworden.

*(Schweigen)*

Da ist eine Schwierigkeit: Allmählich kann ich nicht mehr essen, deshalb ... wird es schwierig.

*Liegt das am Bewußtsein oder am Körper?*

Es ist ... ich weiß nicht. Ich weiß nicht, was los ist.

*(Schweigen)*

Der Körper scheint sich in einem Zwischenstadium zu befinden ... *(Geste zwischen zwei Welten)*. Natürlich hat er noch alle seine alten Gewohnheiten, so ergibt sich ... etwas Merkwürdiges. Doch das Bewußtsein ist klarer, als es je war ... Das Bewußtsein dessen, was in den Menschen vorgeht ... Aber das Sprechen ist schwierig, sehr schwierig, und das Sehvermögen ist ... *(Mutter schüttelt den Kopf)*

*(langes Schweigen)*

143

Ich weiß nicht.

*(langes Schweigen)*

Wirklich ein sehr seltsamer Zustand. Sehr seltsam.

Weißt du, die ganze Basis – vom Automatismus bis zu allem, was man aus Gewohnheit tut (ja, es gibt eine Menge Dinge, die man automatisch tut) –, all das ist ... weg. Und so wird es ... schwierig.

*(Schweigen)*

Das ist es: vor allem das Essen, denn schon sehr lange (seit vielen Jahren) besteht keinerlei Interesse mehr an der Nahrung, überhaupt nicht. Sie wird lediglich eingenommen ... mit einer gewissen Kenntnis darüber, was notwendig ist, aber das ist alles. Doch jetzt ist es ... fast schwierig zu schlucken. Vor allem das: sehr schwierig zu schlucken.

*(Mutter versinkt in Kontemplation)*

Auch das Atmen ist schwierig. Der Atem ist ... kurz.

*(Schweigen)*

Was wird geschehen? Ich weiß es nicht. *(Mutter lacht)*

*Aber man hat den Eindruck, daß die Kraft immer massiver wird.*

Ja, ja. Oh, und manchmal ... Hör zu, gestern sah ich einen Jungen, der sich quergestellt hatte (er lebt in Auroville). Er revoltierte, er wollte nichts mehr tun. Nun ... Ich bat ihn zu kommen ... Jeden Dienstag kommen sie zu viert von Auroville. Er kam mit ihnen. Er trat ein: verschlossen, blockiert. Ich habe gar nichts gesagt, ihn nur angeschaut, einfach angeschaut ... *(Geste)*. Nach ein paar Minuten, brrt! war alles geschmolzen. Und er brachte es mit Worten zum Ausdruck.

Ich sagte nichts, kein Wort, einfach ...

Solche Dinge geschehen ständig, ständig. Es ist merkwürdig, der Körper dient als Vermittler *(Geste einer Ausstrahlung durch den Körper)*, einfach so.

*(Schweigen)*

Aber ich bin ständig außer Atem ... Ich glaube nicht, daß irgend etwas erkrankt ist. Ich habe nicht den Eindruck. Im Gegenteil, ich habe den Eindruck, daß einige Dinge eher besser wurden (nichts Aufsehenerregendes, aber gewisse Dinge arrangieren sich). Doch es gibt zwei Schwierigkeiten: die eine betrifft das Atmen – der Atem ist kurz, sehr kurz –, und die andere das Essen ... trinken kann ich noch.

Ich weiß nicht.

Ich möchte nicht in einen Zustand kommen, wo man mich bittet, einen Arzt zu sehen, denn die können es nicht verstehen ...

Hab ich dir schon Blumen gegeben?

## 11. April 1970

*(In bezug auf einen Text von Sri Aurobindo über den Unterschied zwischen den okkulten Kräften und der supramentalen Verwirklichung.)*

„Die physische Natur bezeichnet nicht allein den Körper, der Ausdruck beinhaltet die Umwandlung des ganzen physischen Mentals, Vitals, der materiellen Natur – nicht indem ihnen Siddhis aufgezwungen werden, sondern indem eine neue physische Natur geschaffen wird, die als Behausung des supramentalen Wesens in einer neuen Evolution dienen soll. Mir ist nicht bekannt, daß dies durch einen hathayogischen oder anderen Vorgang vollbracht worden wäre. Mentale oder vitale okkulte Kraft können nur Siddhis der höheren Ebene in das individuelle Leben bringen – wie jener Sannyasin, der unbeschadet jedes Gift zu sich nehmen konnte, aber am Ende doch an Gift starb, als er einmal vergaß, die Bedingungen für die Siddhi einzuhalten. Die ins Auge gefaßte Funktion der supramentalen Kraft ist nicht ein Einfluß auf das Physische, um ihm anomale Fähigkeiten zu geben, vielmehr ein Zugang und eine Durchdringung, wobei es vollständig in ein supramentalisiertes Physisches verwandelt wird. Ich entnahm den Gedanken nicht dem Veda oder der Upanischade und weiß nicht, ob sich dort etwas Derartiges findet. Was ich hinsichtlich des Supramentals empfing, war ein unmittelbares, nicht hergeleitetes Wissen, das mir gegeben wurde; erst später fand ich gewisse bestätigende Offenbarungen in der Upanischade und im Veda."[1]

11.9.1936
*On Himself,* XXVI.112

---

1 (auf deutsch: *Über sich selbst,* Verlag Hinder + Deelmann, Gladenbach)

Was genau sagt er, was geschehen wird?

*„ … The working of the supramental power … is not an influence on the physical giving it abnormal faculties …"* [Das Wirken der supramentalen Kraft besteht nicht darin, das Physische zu beeinflussen, um ihm übernormale Fähigkeiten zu verleihen …]

Nein, ganz und gar nicht!

*„But an entrance and permeation …"* [sondern eine Durchdringung]

Ach, ja!

*„… changing it wholly into a supramentalised physical"* [um es vollständig in eine supramentalisierte Physis zu verwandeln].

*(Schweigen)*

Das Störende in meinem Fall (ich weiß nicht, ob alle Fälle ähnlich sind) ist, daß … Im gewöhnlichen Leben besitzt der Körper eine Art stabile Basis, dank derer er sich nicht unbehaglich fühlt und einfach weitermacht, während man mit etwas anderem beschäftigt sein kann: man beachtet seine Existenz nicht, und … er bedarf keiner ständigen Beachtung, um in einem „positiven" Zustand zu bleiben. Im gewöhnlichen Leben kümmert man sich normalerweise nur sehr wenig um seinen Körper: er ist ein automatisch funktionierendes Instrument. Aber unter den gegenwärtigen Umständen [von Mutter] fühlt sich der Körper, sobald seine Aufmerksamkeit nicht auf das Göttliche gerichtet ist und sobald er sich nicht auf das Göttliche stützt, SEHR elend. Das ist es … Wenn er äußerlich nichts tut, ist er konzentriert; auch wenn ich Leute sehe, ist er konzentriert – das geht alles sehr gut. Aber sobald er nicht mehr AKTIV konzentriert ist, fühlt er sich vollkommen elend. Und dann wird es schrecklich.

Fast die ganze Nacht verbringt er in einer konzentrierten Ruhe im Göttlichen, und das ist sehr gut, aber manchmal gleitet er noch in etwas, das dem Schlaf ähnelt, und dann fühlt er sich so elend! Schrecklich …

Ich weiß nicht, ob das nur seine Eigenart ist, aber die Atmosphäre *(Mutter tastet die Luft um sich herum ab)* ist voll von den absurdesten Suggestionen … Und all dies verschwindet nur, wenn er sich AKTIV konzentriert. Die meiste Zeit ist er so, aber dennoch gibt es Augenblicke … Zum Beispiel während des Essens ist es sehr schwierig. Jeder Bissen muß gleichsam bewußt als Opfergabe an das Göttliche und im vollen Bewußtsein des Göttlichen aufgenommen werden. Sonst geht es überhaupt nicht: ich kann nicht essen, ich kann nicht schlucken.

Ich weiß nicht, ob nur mein Körper so ist oder ob das allen so ergehen wird … Natürlich ist er sich sehr bewußt, daß dies eine Übergangsphase ist, aber … Es ist sehr schwierig.

*(langes Schweigen)*

Von Zeit zu Zeit erscheint für einige Sekunden etwas … vielleicht ein „Muster" dessen, was sein sollte, was sein wird – wann, weiß ich nicht –, aber das bleibt nur einige Sekunden lang. Etwas Wunderbares, aber …

*(langes Schweigen)*

Das Sprechen ist sehr schwierig geworden … (ich meine den materiellen Vorgang des Sprechens).
Wie sind deine Nächte?… Unverändert?

*Ja … ich weiß nicht. Sie sind völlig unbewußt.*

Aber du schläfst?

*Ich habe den Eindruck, daß der Schlaf sehr leicht ist: Das geringste Geräusch weckt mich sofort auf.*

*(Mutter versinkt in Kontemplation)*

Das ist sehr schwierig zu erklären: ein sehr merkwürdiger Eindruck … Als stünde man … am Rande – aber am Rande von was? Ich weiß es nicht … Etwas *(Mutter schüttelt den Kopf).*

*(Mutter versinkt erneut in Kontemplation bis zum Ende des Gesprächs)*

Das könnte die ganze Zeit andauern, verstehst du: es gibt keinen Grund, daß sich das ändern sollte. Es ist die ganze Zeit so.
Wie spät ist es?

*Zwanzig nach elf.*

Wenn du mich zum Sprechen bringen willst, mußt du Fragen mitbringen, sonst ist es nicht möglich.

*Du meinst, ich sollte mit Fragen ankommen?*

Wenn du willst!

147

*Ich habe den Eindruck, wenn man so vor dir sitzt, daß ... [Mutter lacht] ... alles schmilzt.*

Ja. Wenn dir das genügt ...

Es ist eine merkwürdige Situation. Das Wesen ist überhaupt nicht auf sich selbst gerichtet: da ist nichts, es verhält sich so *(Mutter streckt ihre Hände in die Unendlichkeit).* Es bleibt einfach so. Man könnte es so sagen: Es empfängt Kräfte, behält sie aber nicht für sich selbst, sie dringen kaum ein [in Mutter], sondern es geht ständig so ... *(Geste eines immerwährenden Flusses, der durch Mutter hindurchfließt und sich ausbreitet).* Ständig. Wenn man mit mir spricht, dann entsteht ein Punkt *(Mutter zwickt einen Punkt im Raum),* ein Konzentrationspunkt für einen Augenblick; sonst ist es ständig so *(gleiche Geste eines unaufhörlichen Fließens),* ständig. Es geht immerfort so *(gleiche Geste nach „außen").* Er fühlt – der Körper fühlt die Kräfte kommen, aber ... er fühlt nicht einmal, wie sie vorbeifließen und daß er sie weitergibt, überhaupt nicht, er ist so *(gleiche Geste einer Verbreitung).* Es geht hindurch ... man weiß nicht durch was ... sehr inexistent. Wenn aber auch nur ein Anflug von Selbstbewußtsein oder etwas Derartiges ins Spiel kommt, dann wird es überaus unangenehm, ein Unbehagen ...

Ich habe bemerkt, daß es in der Gegenwart empfänglicher Menschen ... Ich sehe ja viele Leute, und bei empfänglichen Menschen fängt es an zu fließen, fließen, fließen ... und sonst nichts: keine Gedanken, keine ... nicht einmal eine Empfindung. Und das Merkwürdige ist: Sobald sich der Körper seiner selbst bewußt wird ... (er leidet nicht, es ist kein Schmerz), aber es ist etwas ... ein unaussprechliches Unbehagen.

*(Mutter hält Satprems Hände lange und schaut ihn an)*

Sag mir eines ... Hattest du das Gefühl zu empfangen oder zu geben?

*Ich fühlte mich erfüllt.*

Ach, gut ... Dann ist es richtig. Das ist mein Idealzustand. In dem Augenblick ist es ganz ausgezeichnet. So geht es gut.

Ja, ich glaube, das ist es: ich habe nicht den Eindruck, daß [ich existiere] ... es ist grenzenlos, das ist das Merkwürdige. Dies *(Mutter deutet auf ihren Körper)* ist völlig künstlich.

So ist es gut, kein ...

Mein Kind ...

*Ja, es ist ...*

*(Mutter lacht)*

... *das Göttliche ist da.*

(Mutter lacht sehr)

... Und es ist eigenartig, ich habe überhaupt nicht den Eindruck, daß es von einem bestimmten Ort kommt. Es ist im Gegenteil eine Konzentration – eine Konzentration hier, wie ... *(lachend)*, als ob man eine Weite durch ein Loch hindurchzwängen wollte! *(Mutter deutet einen engen Kreis an)* Verstehst du ... Und dennoch ist es nicht begrenzt, nur ... diese Bewegung *(Geste eines Fließens durch Mutter hindurch)*. Und dies richtet sich ... [auf die Person, auf die Welt]. Es ist ausgerichtet.

Das ist der Idealzustand. *(Mutter lacht)*

## 15. April 1970

Ein immer stärker werdender Druck scheint zu wirken, und alle Schwierigkeiten treten hervor *(Geste eines Aufsteigens von unten)*. Die Leute streiten sich, die ..., oh!

Nicht nur hier, sondern im ganzen Land. Und man berichtet mir, daß es auf der ganzen Welt so geht.

Weißt du, wie ein Druck ... *(Geste einer unerbittlichen Herabkunft)*, infolgedessen wird alles aufgewühlt.

(Mutters Stimme ist heiser)

Ein Dutzend Briefe jeden Tag – Leute, die um Hilfe flehen ... Alles wird schwierig.

*Wahrscheinlich muß es noch schwieriger werden.*

Es scheint so ... Doch es ist ... kurz vor dem Zusammenbruch.

*Zwischen Rußland und Amerika herrscht, wie man sagt, ein „Gleichgewicht des Schreckens".*

Fürchterlich.

(Mutter vertieft sich)

Ich bin unfähig zu sprechen. Ich könnte höchstens eine Frage beantworten, aber ich kann nicht sprechen.

*Was läßt sich tun?*

Tun?

  *(Mutter versinkt von neuem bis zum Ende des Gesprächs)*

Das könnte ewig so weitergehen.

*Jedesmal, wenn ich versuche, mir oder dir eine Frage zu stellen, habe ich den Eindruck, als sei alles nichtssagend – es schmilzt.*

Ja, so ist es.

*Es genügt, so zu sein [Geste geöffneter Hände].*

          *(Mutter lacht)*

*So geht es einem ausgezeichnet …*

Ja.

*Aber man hat den Eindruck, daß nichts anderes zu tun bleibt.*

    *(Mutter lächelt und versenkt sich nach innen)*

Ich glaube, es wäre besser, wenn du Fragen mitbringst … Es fällt mir zwar schwer zu sprechen, aber ich kann es noch.

## 18. April 1970

  *(Mutters Stimme scheint immer schwächer zu werden. Dieses Gespräch enthält vielleicht den Schlüssel zu allem.)*

Nun, hast du heute Fragen mitgebracht?

*Ja, liebe Mutter, auch sie [auf Sujata deutend] hat welche.*

Fang du an; danach kann sie sprechen.

*Ich weiß nicht, ob es eine „Frage" ist, aber … Ich verstehe die Funktionsweise des Subtilphysischen oder die Beziehung zwischen dem Subtilphysischen und dem materiellen Physischen nicht ganz. Zum Beispiel sagst du, daß Sri Aurobindo sich im Subtilphysischen aufhält und daß er daran arbeitet, die neue Welt vorzubereiten ...*

Ja.

*Und auch wir arbeiten durch einen Teil unseres Wesens nachts oft dort, um das vorzubereiten ... was kommen wird. Aber wie?*

Hör zu, deine Frage kommt gerade richtig. Letzte Nacht erlebte ich zum ersten Mal – es ist wirklich das erste Mal – eine ganze Geschichte (die ich dir erzählen werde). Es war kein Traum, ich schlief nicht, und ich war vollkommen überzeugt, daß es sich um etwas handelte, das im selben Augenblick hier geschah (vielleicht nicht in dieser Form, aber doch auf ähnliche Weise), und dann stellte ich fest, daß hier nichts geschehen war (jedenfalls gab es äußerlich keinerlei Anzeichen) ... Es widerstrebt mir aber, irgendwelche Namen zu nennen. Nun, ich werde keine Namen nennen, das hat keine Bedeutung. Jedenfalls waren da Namen, Personen, absolut GENAU wie hier.

Ich erinnere mich nicht mehr, wie es anfing, aber ich war sehr krank, ernsthaft krank, und mein Körper schlief nicht, war aber auch nicht wach (dies ist jetzt ein ziemlich normaler Zustand für mich: ich bin völlig vertieft in ein Bewußtsein, das ich für das Bewußtsein des Subtilphysischen halte; zumindest war es letzte Nacht so). Ich war also sehr krank, und ich wußte, daß es nicht dieser Körper hier war (aber es war das Bewußtsein dieses Körpers). Das ganze spielte sich in einer Familie des Ashrams ab, und der Vater holte Hilfe – er war auf der Suche nach dem Arzt. (Alle Einzelheiten waren so präzise!...) Unterdessen sagte sich der Körper: „So bin ich also mit dieser Person identifiziert, denn sie (das heißt mich) pflegt er ja. Und weil ich mit dieser Person identifiziert bin, muß ich das Notwendige in ihr bewirken." So konzentrierte ich mich, rief die Kräfte des Herrn und heilte diesen Körper. All dies bis ins kleinste Detail. Das dauerte zwei Stunden. Gleichzeitig sah ich Leute, die an der Sache überaus interessiert waren und zuschauten *(Mutter machte erstaunte Augen)* und zu verstehen versuchten, was vor sich ging. Das heißt, es geschah in einer Welt, die ganz und gar wie die materielle Welt erschien, wo man aber bewußt war.

Ich erzähle nicht alle Einzelheiten, aber mein Körper FÜHLTE den Kampf der Krankheit. Und gleichzeitig wußte er, daß es nicht sein Körper war. So war das. Ein sehr komplexes und sehr präzises Bewußtsein mit einer großen Kraft. All dies geschah gleichzeitig: ich schlief nicht.

Heute morgen erwartete ich eine Meldung, daß etwas sehr Ernstes in dieser Familie passiert sei (drei Personen in dieser Familie sind krank: drei Frauen), daß einer der dreien etwas zugestoßen sei. Aber nichts war passiert ... Dennoch war es eine TATSACHE, schließlich wurde es ja bei ganz klarem Bewußtsein in allen Einzelheiten erlebt – im Subtilphysischen. Aber ... der Körper fühlte sich wirklich sehr krank. Gleichzeitig wußte er, daß es die Krankheit einer anderen Person war. Er nahm die erforderliche Haltung ein und sagte: „Dies geschieht, damit ich die richtige Haltung für diese Person einnehme." All das geschah vollkommen bewußt. Er nahm die entsprechende Haltung ein und blieb zwei Stunden lang so.

Da gibt es nur eine Möglichkeit: All das geschah ja während der Nacht, und diese Leute schliefen also und merkten nichts davon ... Verstehst du, mein Körper hat den Eindruck, daß er jemandem das Leben gerettet hat.

*Ja, man hat dir deshalb keinen Vorfall berichtet, weil du den Unfall verhindert hast.*

Das Ende kenne ich nicht. Ich bin „erwacht" und in das gewöhnliche Bewußtsein zurückgekehrt. Dann mußte ich aufstehen, und ... es war eher eine Erleichterung für den Körper, denn er hatte gelitten. Danach litt er nicht mehr. Aber dies lag daran, daß die Arbeit nun getan war.

*Ja, im Physischen war deshalb nichts passiert, weil du die Sache im Subtilphysischen abgewendet hast.*

Das ist möglich. Aber es ist ... Noch nie zuvor habe ich so vollständig im Subtilphysischen gelebt – bei vollem Bewußtsein, OHNE ZU SCHLAFEN (ich lag nur auf meinem Bett), zwei Stunden lang. Die Dinge waren genauso real, genauso präzise wie hier ... Und derselbe Wille: kein anderer Wille, sondern der gleiche, der göttliche Wille, der durch das Psychische in diesem Körper wirkt, hier wie dort ohne Unterschied. Das heißt, ob ich nun im Subtilphysischen oder im materiell Physischen bin, in beiden wirkt derselbe Wille, derselbe psychische Wille – genau DERSELBE und auf dieselbe Weise. Deshalb ... kann ich den Unterschied nicht beschreiben. Es gibt einen Unterschied ... einen sehr feinen Unterschied, man hat nicht den Eindruck von etwas Starkem oder Schwerem. Diese Vereinigung der beiden, des Subtilphysischen mit dem materiellen Physischen, findet die ganze Zeit statt – Tag und Nacht, Tag und Nacht. Die Arbeit besteht darin ... Man könnte fast sagen, daß man versucht, das eine durch das andere zu ersetzen.

Und weißt du, die Gesichter, die Mienen, die Gesten, die Bewegungen und Worte waren so präzis – genauso präzise wie hier. Dies scheint eine Antwort zu sein ... denn ich hatte gefragt ... Ich glaube, es war gestern: wenn ich so dasitze – wie neulich mit dir –, dann verschmelzen die beiden Welten *(Mutter schiebt die Finger ihrer rechten Hand zwischen die der linken)*, man kann keinen Unterschied spüren. Und ich fragte Sri Aurobindo, ob die Dinge ebenso präzise und genau sind, und er antwortete: Ja, aber ich müsse die entsprechende Erfahrung selber machen. Und letzte Nacht hatte ich diese Erfahrung auf eine ganz unerwartete Weise – gegen drei Uhr morgens (zwischen zwei und drei).

Danach sah ich heute morgen eine Person dieser Familie, die es hätte betreffen können – sie erwähnte nichts, sprach von nichts ... Folglich hatte es für sie vielleicht im Schlaf begonnen, und die Aktion [von Mutter] hatte genügt, um sie zu heilen, ohne daß sie sich dessen bewußt war. Das ist möglich.

Verstehst du, es handelt sich um ein gewisses Bewußtsein, das sagt: „Mein Körper leidet", und es war nicht mein Körper, sondern der von jemand anderem. Er sagte: „Ich leide, aber ich weiß, daß nicht ich es bin – es ist das Leiden einer Person aus dieser Familie (und ich habe nicht herauszufinden versucht, welche), und zwar damit ich das tue, was ich für mich selbst tun würde", und ich tat es – zwei Stunden lang.

Dies war das erste Mal. Etwas ähnliches geschieht jede Nacht, aber nur flüchtig, es kommt für eine Einzelheit, einen Augenblick, und die übrige Zeit befinde ich mich in einem vollkommenen Frieden. Dies war das erste Mal, daß ich eine solche Aktion durchführte. Und ich fühlte mich dabei so krank, daß ich mich fragte (während es andauerte), ob dies physische Spuren in mir hinterlassen würde. Als ich spürte, daß ich aufstehen sollte, dachte ich deshalb, daß auch das gewollt war. Ich stand auf und stellte fest: da war nichts.

Aber dies weist darauf hin (mehr und mehr, Tag für Tag, eine Erfahrung nach der anderen), wie sehr das Eingreifen dieses Willens (den wir den göttlichen Willen nennen) durch das Psychische (oder sogar direkt, das kommt auf den Fall an), wie ... allmächtig dies ist. Es hängt einzig davon ab ... Dieser Wille wirkt immer auf eine vollkommene Harmonie hin – ja, eine vollkommene Harmonie, so wie wir sie uns vorstellen können; diese Vorstellung schließt gleichzeitig das Wissen ein, daß auch dies fortschreitend sein wird: sobald diese Harmonie manifestiert worden ist, wird die Arbeit für eine weitere Vollkommenheit beginnen, die sich uns im Augenblick noch entzieht. Es weiß auch dies.

Mehr und mehr ist es ist eine Art ... keine wirkliche Verschmelzung [des Subtilphysischen mit dem materiellen Physischen], sondern ... (wie soll ich sagen?) Damit alles zusammenhält, besteht weiterhin

diese Seinsweise des materiellen Bewußtseins (des physischen materiellen Bewußtseins), aber es findet darin eine Durchdringung statt
(es ist wirklich eine Durchdringung), die das andere nicht verdrängt,
die aber ... vermutlich auf Dauer das andere transformieren wird. Es
verdrängt das andere [das materielle Bewußtsein] nicht, beherrscht es
aber – mitunter herrscht auch noch das andere vor; und dann, je nachdem ... verändert es sogar die äußeren Umstände (das ist schwierig zu
erklären).

*Es verändert die äußeren Umstände?*

Ja.

*Sieh an!...*

Die äußeren Umstände. Diese Durchdringung soll bestimmt zur
Ersetzung des einen durch das andere führen (das liegt aber wahrscheinlich noch in weiter Ferne). Dieses Subtilphysische arbeitet daran
... *(Mutter macht eine Geste, eine Wand abzunützen)*, das andere zu
ersetzen, aber nicht durch eine Beseitigung sondern durch Transformation. Und man sieht (da man beide gleichzeitig wahrnimmt, sieht
man es deutlich): dies bedeutet eine ungeheure Arbeit.

Das überwindet die Starrheit (unser Physisches ist nicht nur starr:
es ist brüchig), es hebt diese Brüchigkeit auf: Da, wo es sonst bricht,
biegt es sich, verstehst du? Da, wo das Alte zerbröckelt, fließt es, es
wird *(Mutter vollführt eine runde Geste)* ... Das ist sehr merkwürdig.
Schwierig zu erklären.

Ich habe mich gefragt: „Aber wie? Wie wird ...?[1]" Dank dieser
Erfahrungen sehe ich es. Nur, weißt du, es bedeutet eine gigantische
Arbeit ...

Der Körper [von Mutter] wurde gewiß aus irgendeinem Grund als
Erfahrungsfeld ausgewählt, vermutlich aufgrund der Anpassungsfähigkeit der Substanz (ich weiß es nicht). Vielleicht gibt es einen Grund,
aber Tatsache ist jedenfalls, daß er ausgewählt wurde, um die Erfahrung zu machen. Denn die Erfahrung ist im Gang: es fängt beim
Subtilsten an, und man sieht, daß es allmählich ... *(Geste einer zunehmenden Herabkunft in die Materie)*. Vor Monaten fing es beim Subtilsten an, um dann nach und nach, SEHR langsam und in zunehmendem
Maße in einen materielleren Bereich hinabzudringen. Letzte Nacht
war es wirklich bemerkenswert ... Man hätte nicht sagen können:
„Dies ist das Subtilphysische, und das ist das materielle Physische." Es
war ... *(Mutter schiebt die Finger ihrer rechten Hand zwischen die der*

---

1 Mutter will zweifellos sagen: Wie wird der Übergang vor sich gehen?

*linken)* erstaunlicherweise war das eine im anderen. Man hat nicht den Eindruck von ZWEI Dingen, und doch sind sie ganz verschieden – es ist eher eine andere Funktionsweise als ein Unterschied (ich weiß nicht, wie ich sagen soll), eine Funktionsweise, die ausschließlich dem Bewußtsein entstammt. Es ist ein Bewußtseinsphänomen.

Während der Erfahrung der letzten Nacht war alles auf einmal zugegen: der Körper fühlte, agierte, war bewußt, beobachtete, entschied – alles zusammen. Da war sogar ... Ich weiß nicht, ich „sah" Sri Aurobindo nicht, spürte aber seine Gegenwart (das geschieht oft: manchmal sehe ich ihn, und er spricht nicht, manchmal sehe ich ihn nicht, und ich höre ihn, er spricht zu mir – es sind nicht die gleichen Gesetze), aber er machte mich darauf aufmerksam, oder vielmehr, ich stellte fest, daß, obwohl der Körper sehr litt (die Lage war kritisch), keine Spur von Angst im Körper war. Da sagte er mir: „Nur weil er fähig ist, keine Angst zu haben, kannst du dies tun."

Die Abwesenheit von Angst ist wirklich das Resultat dieses langjährigen Yogas – seit einem halben Jahrhundert.

Er war so *(Geste geöffneter Hände)*, er bot sein Leid dar, die ganze Zeit auf diese Weise.

*(Schweigen)*

Nach dieser Nacht habe ich allen Grund zu denken, daß die Arbeit äußerst aktiv ist.

> *Wie verlaufen die Dinge denn im globalen Maßstab? Du sagst zum Beispiel, daß Sri Aurobindo, du und viele andere von uns im Subtilphysischen arbeiten, um die neue Welt vorzubereiten. Wie vollzieht sich die Durchdringung dieses Subtilphysischen?*

Genau so.

*Auf die gleiche Weise?*

Exakt – DAS ist es, das ist die Arbeit: die Durchdringung.

*Aber findet das auch weltweit statt?*

Ja.

*In allen?*

Ja. Oh, ich erhalte Briefe von Leuten mit verblüffenden Erfahrungen, die überhaupt nicht im Verhältnis zu ihrer Intelligenz oder ihrer Entwicklung stehen – verblüffende Erfahrungen. Sie sind selbst erstaunt. Sehr unterschiedliche Erfahrungen, die ich aber alle kenne. Ich weiß, daß es Erfahrungen im Subtilphysischen sind. Leute, die ich kenne oder auch nicht, schreiben mir (sie kommen z.B., weil sie dein Buch gelesen haben oder von Sri Aurobindo gehört haben oder ...), und sie beschreiben es so, wie ich es selbst beschreiben würde, das heißt, mit dem ganzen Wissen. Dabei wissen sie äußerlich nichts. Das ist ganz erstaunlich, oh!...

*Ja. Und wenn man in diesem subtilphysischen Bewußtsein ist, verändern sich die Gesetze – man kann das materielle Gesetz verändern, wenn man sich in diesem Bewußtsein befindet.*

Ja, dort funktioniert es überhaupt nicht auf dieselbe Weise.

*Ich will sagen, daß ...*

Mein Kind, große Sorgfalt wurde darauf verwendet, diese Sache nicht zu mentalisieren, was wahrscheinlich sehr nützlich ist.

Das Bewußtsein ist SEHR aktiv – ein vollkommen waches Bewußtsein bis in die KLEINSTEN Dinge –, aber eine mentale Beschreibung ... *(Mutter schüttelt den Kopf).* Von Zeit zu Zeit stelle ich mir aus alter Gewohnheit eine solche mentale Frage, und immer erhalte ich die gleiche Antwort: Man darf nicht mentalisieren.

Sonst fällt man sofort in die alte Art zurück.

*Ich will sagen: ein- oder zweimal hatte ich eine so intensive Wahrnehmung, daß es fast schon einer Erfahrung gleichkommt, auch wenn es nur mental ist, daß in einem gewissen Bewußtseinszustand alle physischen Gesetze einstürzen ...*

Ja, ja.

*Sie hatten wirklich keine Macht.*

Ja, das stimmt vollkommen. Sie machen keinen Sinn.

*Genau: keinen Sinn.*

Sie machen keinen Sinn. So sehr ... Ich erinnere mich an ein Detail von letzter Nacht: plötzlich sah ich eine gewisse Funktionsweise, und ich sagte mir: „Ach, wenn man das wüßte, WIEVIELE DINGE – wieviele Ängste, wieviele Umstände, wieviele ... würden zerfallen, hätten einfach keinen Sinn mehr!" Es war ... das, was wir für „Naturgesetze", für „unabwendbare" Dinge halten, war absurd, eine Absurdität.

*Ja, ich empfand dies wie etwas ganz Dünnes, wie einen hauchdünnen Film, etwas, das keinen ... Diese so großartigen Gesetze waren etwas sehr Fadenscheiniges.*

Ja.

*Als ob man sie wegblasen könnte.*

Ja, das stimmt. Ja. Mit dem wahren Bewußtsein fällt das in sich zusammen.

*(Schweigen)*

Mehrmals sagten mir Leute, sie fühlten sich einem unabwendbaren Gesetz gegenüberstehen: „Da ist dies und das, und folglich ist es unabwendbar." Dazu lautet die Antwort immer gleich: WENN IHR ES SO WOLLT! Ihr entscheidet, ob es unabwendbar ist.

*(Schweigen)*

Heute morgen, als ich merkte, daß es keine Spuren hinterlassen hat (der Körper fühlte sich danach eher besser als sonst), war er dennoch etwas erstaunt und sagte sich ...

*(Mutter wird plötzlich unterbrochen)*

Ach, es sollte nicht ausgesprochen werden ...
Das war eine außergewöhnliche Erfahrung.
Es läuft auf folgendes hinaus: „Ja, die Welt ist für dich noch so, weil du sie so WILLST; wenn du sie nicht mehr so willst, wird sie auf die wahre Weise sein." Folglich ... Aber dieses „Du willst es" ist keine Idee des kleinen Egos, das will, nein, damit hat das nichts zu tun.
Wahrscheinlich ist es eine ... Es gilt, eine POSITION zu ändern – eine Position des Bewußtseins muß verändert werden.

*(langes Schweigen)*

Aber ich hatte die klare Erkenntnis, daß das, dessen ich mir letzte Nacht bewußt war, Dinge sind, die ständig geschehen, ich bin mir ihrer nur nicht bewußt, weil ... um die Fülle des Bewußtseins nicht noch weiter zu belasten. Bereits jetzt schon ist die Flut von Dingen, deren ich mir gleichzeitig bewußt bin, von einem gewöhnlichen Standpunkt aus betrachtet, für ein gewöhnliches menschliches Wesen, ungeheuerlich ... All dies findet mühelos statt, ohne Anstrengung, ohne Schwierigkeit, NATÜRLICH, aber da ist noch viel mehr, das sich bewußt abspielt und nicht in das Bewußtseinszentrum weitergegeben wird, damit ... damit es nicht zu viel wird.
Außerdem ist da noch das bekannte Phänomen, daß sich das Zeitgefühl entsprechend der Konzentration des Bewußtseins verändert. Dies geschieht fortwährend, ständig. Man läßt mich die gleichen Umstände, die gleichen kleinen alltäglichen Ereignisse mit dem gewöhnlichen Bewußtsein empfinden und außerdem noch mit drei oder vier

verschiedenen Arten von Bewußtsein, wobei sich der Wert der Zeit jedesmal verändert. Dies variiert von einer unendlich langen Zeit bis zu ... einer Sekunde. Auf diese Weise wird die Unwirklichkeit der Zeit, so wie wir sie hier wahrnehmen, demonstriert – und zwar jeden Tag, ständig.

Da ist eine Kraft am Werk ... Ich habe den Eindruck, daß es sich um eine Kraft handelt, weil sie durch den Willen agiert (aber sie ist tiefer, wahrer und höher als der Wille – ich weiß nicht, wie man das ausdrücken kann). Wenn „man" zum Beispiel nicht will, daß ich etwas sage, dann, anstatt mir durch das Mental zu vermitteln: „Nichts sagen – du darfst nichts sagen", kann ich einfach nicht sprechen ... Und alle möglichen Dinge dieser Art. Eine direkte Funktionsweise.

Dem Körper wird beigebracht, wie er ... zu sein hat. Seine Art zu essen hat sich völlig verändert. Und mit dem Sprechen ist es genauso: völlig verändert.

In manchen Augenblicken spürt der Körper eine so große Kraft, daß er den Eindruck hat, er könnte ... (er fühlt, er sieht deutlich: die Hände sind stark), eine Kraft ... eine Kraft von einer anderen Qualität, aber viel mächtiger als vorher. In anderen Augenblicken kann er sich nicht einmal mehr auf den Beinen halten, und der Grund hierfür ist nicht ... Er gehorcht nicht mehr denselben Gesetzen, die uns auf den Beinen halten. Deshalb ... Und all dies geschieht am selben Tag!...

*(Schweigen)*

Ach! *(Mutter wendet sich an Sujata)* Stell deine Frage!

*Liebe Mutter, gibt es eine „Mutter der Unwissenheit"?*

Was meinst du mit einer Mutter der Unwissenheit?

*Ich hatte einen Traum, in dem ich einer Person begegnet zu sein schien, welche die Mutter der Unwissenheit war.*

Das ist möglich ... Das ist möglich, oh ja! Mein Kind, ALLES ist möglich und nicht nur möglich: alles IST. Aber nicht alles befindet sich auf der Erde. Verstehst du, es gibt viele Welten, viele Regionen – es gibt kein einziges Ding, das unmöglich wäre oder das es nicht gäbe: Die Tatsache, daß es möglich ist, bedeutet, daß es irgendwo existiert.

Logischerweise muß es also auch irgendwo eine Mutter der Unwissenheit geben.

*(Satprem fragt Sujata:) Was tat die Mutter der Unwissenheit denn?*

*(Sujata:) In meinem Traum?... Ich hatte einen langen Traum, und am Ende bin ich ihr begegnet; ich sollte weitergehen und sagte ihr: ich muß zum Licht gehen, zur Mutter des Lichts.*

*(Satprem:) Und dann?*

*(Sujata:) Dann hörte der Traum auf.*

*(Mutter hat es nicht gehört)*

Du bist ihr begegnet – sie sprach mit dir?

*Ja, Mutter, sie sprach zu mir.*

Und was hast du ihr gesagt?

*(Satprem:) Daß sie zur Mutter des Lichts gehen wollte.*

Ach! *(lachend)* Dann verschwand sie.

*(Sujata:) Aber sie war da, als ob ...*

Als hätte sie alles zu bestimmen.

*Ja, Mutter, als hätte sie alles zu bestimmen.*

Das ist es.

Was sind das wohl für Regionen?... Es gibt eine Unzahl von Regionen. Es gibt unvorstellbare Dinge. Aber dies, wo liegt es? Ich weiß es nicht.

Es muß in einer Zwischenregion, in einem Bereich des materiellsten Physischen, Vitals und Mentals liegen. Da gibt es alles, was du dir nur vorstellen kannst, man sieht die außergewöhnlichsten Dinge. Und so ist es auch. Das ist merkwürdig, denn man hat dort eine Macht: ein einziger Tropfen Wahrheit hat eine ungeheure Macht in diesen Welten. Mit einer einzigen Bewegung kannst du eine Menge Dinge ändern. Nur, wißt ihr, man ruft sie auch auf diese Weise hervor: Die gegenteilige Bewegung, die Bewegung der Unwissenheit (alle Bewegungen der Unwissenheit der Welt) erschaffen ständig Dinge. Das heißt, sie werden geformt oder aktiviert oder zum Handeln veranlaßt ... Doch dies ist eine Realität, die ... Zunächst ist es eine unbeständige Realität. Im Grunde gibt es wenige Formen – Formen und Gedanken –, die eine ewige Realität haben: all das *(Mutter macht eine Geste ständiger Umgestaltung)* bewegt, verändert sich ständig.

Ich erinnere mich, als ich das erste Mal (das ist sehr lange her, vor sechzig Jahren ... vor mehr als sechzig Jahren), als ich fragte: „Aber warum stirbt man? Warum lebt man, nur um zu sterben? – Das ist doch idiotisch!" Damals erklärte man mir, daß alles, was uns als „Form" erscheint, nur ... *(gleiche Geste einer ständigen Bewegung)*. Das liegt an unserem beschränkten ... starren Bewußtsein, das uns all dies wie ein „ungeheures" Phänomen erscheinen läßt: man ist klein und wird groß, um sich am Ende aufzulösen. Aber alles ist so *(gleiche Geste)*, alles ist so! Es gibt sehr wenige Dinge – äußerst wenige –, die ewig sind. Sie sind von anderer Qualität. Das erfährt man als erstes, wenn man das berührt, was ewig ist: es besitzt eine andere Schwingungsart ... Und der Wille, dies hier *(Mutter deutet auf den Körper)* unbegrenzt fortdauern zu lassen, wo es doch aus lauter vollkommen falschen Bewegungen besteht – falsche Bewegungen und ständig in Bewegung, ständig im Wandel, ständig *(gleiche Geste)* ... Wie Sri Aurobindo sagte: „Wollt ihr euren Körper und eure Umwelt so fortdauern lassen, wie sie sind?" – Nein danke! *(Mutter lacht)* Fortdauern bedeutet ja, bewußt zu werden, vollkommen bewußt in der ewigen Welt.

*(Schweigen)*

Sri Aurobindo wußte das alles ... Hast du die letzten *Aphorismen* gesehen?

*Über das Lachen?*

*(Satprem liest)*

478 – Ein Gott, der nicht lächeln kann, hätte unmöglich dieses humorvolle Universum erschaffen können.

*(Mutter lacht)*

476 – Wann wird die Welt sich dem Vorbild des Himmels gemäß ändern? – Wenn alle Menschen zu Knaben und Mädchen werden und im Garten des Paradieses zusammen mit Gott spielen, der sich als Krishna und Kali offenbart, der fröhlichste Knabe und das stärkste Mädchen aus der Menge. Das semitische Eden war recht gut, aber Adam und Eva waren zu erwachsen, und selbst ihr Gott war zu alt, zu streng und zu würdevoll ...

Oh! ... *(Mutter lacht)*

... um dem Angebot der Schlange zu widerstehen.

Das ist wirklich großartig!

*(Schweigen)*

*(Sich an Sujata wendend)* Wenn du sie das nächste Mal siehst, sag ihr: „Bald wird deine Zeit vorüber sein ...“

*(Sujata:) Ich hab ihr einfach gesagt: „O Mutter der Unwissenheit, zur Mutter des Lichts will ich gehen.“*

Das genügte! *(Mutter lacht)*

## 22. April 1970

Hast du mir heute Fragen mitgebracht?

*(Lachend) Nein.*

Und du?

*(Schweigen)*

Äußerlich: kranke Menschen, Schwierigkeiten, Komplikationen ... Sehr schwierig ... Sehr schwierig ... Es nimmt fast die Form eines verbissenen Wütens an.

Nur die *Aphorismen* von Sri Aurobindo werden immer lustiger. Hast du sie mitgebracht?

*(Satprem liest)*

483 – Die Sünde ist eine List und eine Verkleidung Krishnas, um sich vor den Blicken der Tugendhaften zu verstecken. O Phari-säer, erblicke Gott im Sünder, sündige in dir selbst, um dein Herz zu läutern, und umarme deinen Bruder!

„Sündige in deinem Herzen“, das scheint ... Ist das nicht ein Scherz? Ist es das Wort „sündigen“ oder „fischen“?

*Es ist „sinning“ [sündigen].*

Im Französischen ist das schwierig zu unterscheiden.[1]

*Da ist noch ein so schöner:*

---

1 sündigen = *pécher*; fischen = *pêcher*.

161

482 – Mein Geliebter nahm mir mein Sündengewand ab ...

Oh, ja, das ist vortrefflich! Und als er ihm sein Tugendgewand wegnahm ...

> ... und ich ließ es mit Freuden fallen; dann zupfte er an meinem
> Tugendgewand, doch ich fühlte mich beschämt und erschreckt
> und versuchte ihn daran zu hindern. Erst als er es mir mit Gewalt
> entriß, sah ich, wie sehr mir meine Seele verhüllt gewesen war.

Ach, das ist wirklich vortrefflich!

Aber T [eine Schülerin, die Mutter „Fragen" über die *Aphorismen*
stellt] schickt mir vier oder fünf Aphorismen auf einmal, ohne dazwischen Platz zu lassen, um jeden zu beantworten ... So kommentiere
ich immer nur den letzten.

Es wäre gut zu sagen: „Lassen wir unser Tugendgewand fallen, um
bereit für die Wahrheit zu sein."

Dies ist eines der Dinge, die ständig geschehen (schon sehr lange).
Seit langem ist der Körper frei von dieser Illusion von Sünde und
Tugend. Das erscheint ihm vollkommen ... lächerlich!

Im Kontakt mit den Menschen ... Meistens weiß ich wenig über die
Menschen, die ich sehe, deshalb sehe ich sie unvoreingenommen – so,
wie sie sind. Und NACHHER frage ich, oder man erzählt mir Dinge und
... *(lachend)* ich stelle fest, daß sich meistens ein Kontakt anknüpft
(wenn ich sie sehe, entsteht ein Kontakt, eine Empfänglichkeit), und
zwar oft gerade mit denen, die von den anderen am meisten verachtet
werden ... und die sich nach außen hin wirklich wie Rüpel verhalten.
Erst kürzlich hatte ich wieder eine solche Erfahrung.

Zu den Dingen, deren Schwingung am schwierigsten zu ertragen
ist, gehört offensichtlich die moralische Entrüstung. Weißt du, die
Leute erzählen mir, was geschieht (jeder erzählt mir eine Geschichte),
und die Schwingungen, die am schwierigsten zu ertragen sind, sind
die der moralischen Entrüstung, diese verursachen ... *(Geste eines
unangenehmen Knirschens).*

Eines muß ich allerdings dazu sagen: Wenn die Menschen zu
mir kommen (jene, die ich nicht kenne – ich meine nicht die, die ich
jeden Tag sehe), bei all diesen Besuchern kommt stets ihr Bestes zum
Ausdruck. Mehrmals hatte ich einen Kontakt mit Menschen und den
Eindruck, daß da etwas zu machen sei, sie waren empfänglich – und
danach verhalten sich diese Menschen schlecht und schaffen Unordnung oder stören die anderen sehr. Aber wenn sie vor mir stehen, sind
sie nicht dieselben. Und sie fühlen es, sie fühlen, daß etwas anderes
aktiv wird. Aber das ist die Präsenz, die ... sie zwingt. Dann gehen sie

weg [von Mutter] und benehmen sich sehr schlecht, sie streiten sich, sie ... Das ist sehr schwierig.

Ich sehe die Leute aus Auroville (einmal die Woche), um an dieser Substanz zu arbeiten, und das ist wirklich interessant (Leute, die ich nicht kenne: jedesmal bringt man mir zwei oder drei neue – einige bleiben, und die andern wechseln sich ab). Ich sagte: „Jene, die ein Bad der Stille wollen, können abwechselnd kommen, und es wird kein Wort gesprochen." Das ist wirklich interessant. Manche führen sich dort wie regelrechte Flegel auf ... Trotzdem fühlen sie, daß sie hier etwas Besseres sind als dort. Allerdings müßten die anderen große Geduld aufbringen ...

*(Schweigen)*

Was möchtest du fragen oder sagen?... Du mußt nicht „fragen": erzähl mir etwas!

*Wie kann man einen bewußten Kontakt mit dem Subtilphysi-schen herstellen?*

Das, mein Kind, weiß ich nicht, weil ich das nie willkürlich tat. *(Mutter lacht)* Es kam von allein.

Jetzt ist es ganz merkwürdig, in manchen Augenblicken sind beide da, und dann ... Zum Glück schweige ich (ich spreche nur mit dir), denn sonst würde man bestimmt sagen: „Mutter spinnt!" *(Lachen)*

Zum Beispiel gibt es eine Region (eine Zeitlang war ich ausschließlich dort – vor einigen Monaten, ich erinnere mich nicht mehr, vielleicht vor etwas längerer Zeit, vor einem Jahr), eine Region, wo es viele Natur-szenen gibt: Felder, Gärten und ... Aber alles befindet sich hinter Netzen – verschiedenfarbigen Netzen ... Und das hat einen Sinn. Alles, alles befindet sich hinter Netzen, man ist sozusagen ... als ob man sich in Netzen bewegte. Aber es ist nicht ein einziges Netz: das Netz hängt in seiner Form und Farbe von dem ab, was dahinter ist. Und dies ist ... das Kommunikationsmittel. Verstehst du, zum Glück sage ich nichts, denn sonst würde man sagen, ich spinne. Mit offenen Augen, am hellichten Tag, stell dir vor! Da sehe ich zum Beispiel mein Zimmer (ich befinde mich hier und sehe Leute), und gleichzeitig sehe ich eine Landschaft oder etwas anderes, und alles verändert und bewegt sich ... mit einem solchen Netz zwischen mir und der Landschaft ... Das Netz scheint das zu sein ... (wie?), was dieses Subtilphysische vom gewöhnlichen Physischen trennt. Und was repräsentiert dieses Netz? Ich weiß es nicht ... Weißt du, da gibt es überhaupt keine Mentalisierung, keine Erklärung, keinen Gedanken, keine Überlegung, all dies ist definitiv aus dem Weg geräumt worden. Und gerade deshalb sehe ich ...

Auch das Empfinden ist nicht mehr das gleiche. Unsere physische Art zu fühlen ist nicht mehr vorhanden, sie ist anders ... Es ist eher eine Frage der Nähe oder der Kommunikationslosigkeit, der Gleichgültigkeit; aber die Dinge, die der gleichgültigen Welt angehören, kommen nicht zum Vorschein, wenn die doppelte Vision aktiv ist.

*(Schweigen)*

Die Nächte sind sehr merkwürdig. Doch gerade, weil all das nicht mentalisiert ist, gibt es kaum Möglichkeiten, es zu beschreiben oder zu erklären ... Doch dieses Subtilphysische vermittelt auf ganz konkrete Weise das Gefühl, die Empfindung oder die Wahrnehmung (ich weiß nicht, wie man das nennen soll) der göttlichen Gegenwart – der göttlichen Gegenwart in allen Dingen, überall. Und deshalb ist der Körper ... man könnte sagen teils so, teils so *(schwankende Geste zwischen zwei Welten)* ... Das fragte ich mich heute morgen (der Körper fragte sich): Wie und warum kommt es trotz dieser fast ständigen göttlichen Wahrnehmung (denn dieses Bewußtsein etabliert sich immer mehr, das sagte ich schon), wieso spürt er immer noch diese Qual? – Er lebt in einer fast ständigen Qual. Was bedeutet diese Qual?... Dafür gibt es weder eine Erklärung noch ... In dem Augenblick, als er sich dies fragte, kam etwas von dieser so humorvollen Art von Sri Aurobindo, als sei er es selbst (aber nicht sichtbar), und sagte mir: „Schau genau hin: Hinter dieser Qual liegt die reine Freude." Und heute morgen, als ich auf meinem Bett saß und im Begriff war aufzustehen, da überkam mich diese Art von ... ich kann nicht sagen Schmerz, sondern ... eher ein Unwohlsein (ich weiß nicht), beim Gedanken an den ganzen vor mir liegenden Tag (nicht der „Gedanke": sozusagen die Last des bevorstehenden Tages), und genau in dem Augenblick, als ich dieses Unwohlsein spürte (ich mußte mich anstrengen, um aufzustehen und meine Arbeit zu beginnen), war gleichzeitig etwas, das im Hintergrund lachte, ganz weit im Hintergrund, und es sagte: Aber was soll das!... Es war in einer Glückseligkeit. Woraufhin der Körper sich sehr bemühte, seinen gesunden Menschenverstand beizubehalten (dies ist Teil seines Aufbaus) und nicht den Verstand zu verlieren ... Man hat den Eindruck, man sei ... weißt du, genau an der Grenze: eine winzige Bewegung und ... *(Geste der Auflösung)*.

Bisher hatte er stets genügend gesunden Menschenverstand und einen Sinn fürs Praktische – all dies scheint zu zerbröseln ... Was die Lage rettet, ist ... Ich SEHE – ich weiß nicht, wie ich es erklären soll – ich sehe, daß dies die Reaktion der Leute ist, denn natürlich haben die Leute, die damit konfrontiert sind, ganz und gar den Eindruck, man sei verrückt, also sage ich mir: „Was macht das schon aus! Was kann das schon ausmachen, was sie von mir denken – wer auch immer, mir ist das völlig egal." Dem Körper ist es vollkommen egal (und im restlichen Wesen ist dies sowieso ein Kinderspiel). Da zeigen sich in meiner Erinnerung gewisse Gesichtsausdrücke von Sri Aurobindo mit seinem Lächeln angesichts der ach so vernünftigen Verhaltensweisen ... und die Lächerlichkeit dieser vernünftigen Verhaltensweisen wird offensichtlich. Darin lebe ich ständig.

Und die beiden Dinge liegen so dicht beieinander *(Mutter preßt ihre Handflächen eng aneinander)* ... ich weiß nicht, wie ich sagen soll: in einer bestimmten Haltung (aber es ist keine künstlich gewollte Haltung, sondern spontan) fühlt man sich VOLLKOMMEN wohl, alles ist friedlich und normal, und angesichts derselben Tatsache existiert direkt daneben ... nicht einmal daneben: weder darin noch ... (wie soll ich sagen?) gleichzeitig besteht eine leichte Beklemmung. Und diese Beklemmung ist ständig vorhanden – vielleicht ist das die Beklemmung einer alten Seinsweise, die stirbt, ich weiß es nicht, aber dies ergibt eine eigenartige Situation.

Doch alles wird einfach, wenn jemand da ist, der empfänglich ist, das heißt jemand, der ohne Gedanken kommt, ohne ... der einfach wie ein Schwamm ist und absorbiert. Dann wird die Präsenz ganz konkret spürbar. Die Dinge sind genau gleich, aber die Präsenz wird ganz konkret ... nicht nur spürbar: sie zwingt sich geradezu auf, und so entsteht ein Stillstand, eine Stabilisierung – und alles wird vollkommen.

Das hängt sehr davon ab ... ich will sagen: NOCH hängt es von der Empfänglichkeit der Menschen ab ... In den letzten Tagen hatte ich den Eindruck ... (wie soll ich sagen?) etwas wie eine Wahrnehmung, die Wahrnehmung einer UNGEHEUREN Kraft. Diese Kraft schien fähig zu sein, einen Toten wiederauferstehen zu lassen. Eine ungeheure Kraft, die sich des Körpers bedient – ohne bewußte Identifikation, aber ganz natürlich, ohne ... als gäbe es keinen Widerstand. Dies ist ein natürlicher Zustand, und es ist weder dies noch das noch jenes, sondern ... ALLES *(Geste einer unermeßlichen Bewegung)*, das den Umständen entsprechend handelt.

Gewöhnlich sage ich nichts – dies ist das erste Mal, denn es gibt immer noch eine Art Erinnerung an das, was vorher war, mit dem Bewußtsein, daß eine unverblümte Beschreibung dieser Dinge ... Ich weiß nicht, welchen Eindruck das auf die Menschen machen würde ... Dem Körper ist dies egal, aber da ist etwas, das wacht – ich sehe dieses „Etwas" wie eine Person (die ich übrigens nicht kenne), die über meinen Körper und über die Umstände wacht und mich von gewissen Dingen abhält ... damit es nicht zu Katastrophen kommt.

165

Es ist eine unpersönliche Person; es besteht keine persönliche Verbindung zu ihr, aber sie hat die Aufgabe, über das Wohlbefinden dieses Körpers zu wachen, vor allem hinsichtlich seiner Beziehungen zu den anderen, denn er selbst hat ein Stadium erreicht, wo … ihm das völlig gleichgültig ist.

Merkwürdige Dinge. Manche Leute sind sehr wohlgesinnt, ja, man könnte sogar sagen, voller Zuneigung und Aufmerksamkeit, und … ich weiß nicht, ich kann es nicht erklären … gewisse Dinge müssen so bleiben, wie sie sind, und nichts darf diese Leute stören, doch der Körper kümmert sich überhaupt nicht darum. Das bewußte, aktive Wesen ist ausschließlich dem höchsten Bewußtsein zugewandt, einzig damit beschäftigt, das zu tun, was dieses Bewußtsein will, während andere (mehrere oder einer) dafür zu sorgen haben, daß die Dinge im gegenwärtigen Übergangsstadium verständlich sind.[1]

*(Schweigen)*

Was die Menschen betrifft, wenn man mir von einem Umstand berichtet oder wenn mir jemand (sei es direkt oder durch eine andere Person) von einer Schwierigkeit erzählt, so kommt die klare Vision dessen, was zu tun ist, und dies entspricht überhaupt keinem Gedanken, nichts (wenn ich es einmal gesagt habe, dann erinnere ich mich im allgemeinen nicht einmal mehr an das, was ich gesagt habe). Und ganz praktisch: dies muß man tun, jenes darf man nicht tun.

Das gewöhnliche Leben, die gewöhnliche Art und Weise, erscheint wie auf einen Bildschirm projiziert (es ist überhaupt nicht innen, sondern …), und ständig zeigt sich die Unordnung des gewöhnlichen Lebens als substanzlos, aber wahrnehmbar. Wann immer noch etwas da ist, das dem gegenüber offen ist, dann ist die Folge ein Unwohlsein, sehr unangenehme Dinge – das wird immer unwirklicher und kann mich nicht mehr berühren … Aber man kann nie wissen.

Würde man es in allen Einzelheiten beschreiben, so wäre dies absolut das Leben … [eines Verrückten]. Glücklicherweise mache ich noch den Anschein, im Besitz meines gesunden Menschenverstands zu sein *(Lachen)*.

Aber ich spreche nicht von alledem.

---

1 Siebzehn Jahre früher, am 20. Mai 1953, hatte Mutter während eines Gesprächs mit allen auf dem Sportplatz des Ashrams versammelten Schülern diese Frage gestellt: „Kann ein Körper sich verändern, ohne daß sich etwas in seiner Umgebung verändert? Wie wäre euer Verhältnis zu den anderen Dingen, wenn ihr euch so sehr verändert habt? Auch zu anderen Wesen?… Es scheint notwendig zu sein, daß sich eine ganze Reihe von Dingen verändert, zumindest in einem gewissen relativen Ausmaß, damit man weiterexistieren könnte …" Darin liegt vielleicht das ganze Problem.

*(Genau in diesem Augenblick drängte sich Satprem sehr stark folgender Gedanke auf, den er Mutter beinahe mitgeteilt hätte: „Wenn der Raupe plötzlich die Sicht des Menschen gegeben wäre, dann würde das natürlich ihre ganze Logik auf den Kopf stellen.")*

*(langes Schweigen)*

*(Zu Sujata)* Und du, hast du mir etwas zu sagen?

*Sehr oft, wenn ich nachher[1] vor dir sitze, fühle ich ...*

Ich höre nicht.

*Wenn Satprem gegangen ist, mache ich meinen „Pranam"; dann scheint mir, daß unter deinem Blick mein wahres inneres Wesen nach vorn kommt.*

Ja.

*Und merkwürdigerweise fühle ich eine Kraft von ... kennst du den Ganges, die Göttin des Ganges? Ich fühle eine Verwandtschaft mit ihr.*

Mit dem Fluß?

*Mit dieser Göttin.*

Sieh an! Merkwürdig.

*(Schweigen)*

Das bedeutet die Kraft der vitalen Anpassungsfähigkeit, diese Identifikation [mit dem Ganges] ... Und wahrscheinlich gibt es Familien derartiger Wesen.

*(Mutter geht in sich)*

Verleiht dir das ein besonderes Gefühl, wenn du das hast? Fühlst du etwas Besonderes?

*Im Augenblick ist es, als sei ich sehr nach innen gekehrt, und gleichzeitig kommt das innere Wesen hervor: beides zugleich.*

Ja.

*(Mutter geht von neuem in sich)*

---

1  Im allgemeinen bleibt Sujata noch einige Augenblicke mit Mutter allein, nachdem Satprem gegangen ist.

## 29. April 1970

*(Seit dem Darshan am 24. April hatte Mutter mehrere Herzanfälle.*
*Am vorigen Samstag konnte Satprem sie nicht sehen.)*

Der Tag des Darshans wurde für die Übertragung des Herzens gewählt. Ich dachte, ich könnte nicht hinaus auf den Balkon gehen. Aber ich bin trotzdem gegangen. Und dann am nächsten Morgen ... *(Mutter war sehr angegriffen)* Und es ist noch nicht vorbei.
Interessant.
Nichts Erfreuliches zu berichten.
Und du, hast du Fragen?

*Ich frage mich: Wenn diese Übertragung im einen oder anderen Teil des Wesens stattfindet, verändert sich dann nicht nur das Bewußtsein sondern auch etwas in der Substanz?*

Das vollzieht sich beinahe in der Funktionsweise.

*
* *

*(Daraufhin ordnet Mutter alte Papiere und findet Satprems Briefe*
*aus Ceylon, aus jener Zeit, als er ein Sannyasin wurde. Diese*
*Briefe sind nach Mutters Weggang wieder verschwunden.)*

Ich hatte mehrere solcher Papiere, die verschwunden sind, seitdem ich hier heraufgezogen bin [ins Obergeschoß des Ashramgebäudes]: eine Geburtsurkunde ... Ich weiß nicht, ob die Papiere in Frankreich verbrannt wurden (einige Rathäuser verbrannten während des Krieges ihre Papiere). Es war im 9. Arrondissement.
Ich glaube, das Haus existiert nicht mehr. Es war am Boulevard Haussmann Nummer 60 oder 61[1] im 9. Arrondissement.

*(Schweigen)*

Den Leuten in Auroville wird man irgend etwas geben müssen, das ihre Identität nachweist. Ja, denn es ist schon vorgekommen, daß Leute sich auf den Grundstücken von Auroville niederließen, ohne irgend jemanden um Erlaubnis zu fragen, und so findet man sich plötzlich in Gesellschaft eines Herrn oder einer ganzen Familie ... Das wird dann unangenehm. Denn die Grundstücke liegen weit verstreut.

*(Schweigen,*
*Mutter bittet um ein Glas Wasser)*

---

1 Die richtige Adresse war Boulevard Haussmann 62.

Ich habe einen solchen Durst! Die ganze Zeit einen schrecklichen Durst ... Da ist etwas im Hals ... Ich sagte dir schon, daß dies die schwierige Stelle ist – sie bleibt es. Dies hat mir viel Ärger bereitet.

*(Schweigen)*

*
* *

Es gibt Dinge ... Wirklich interessante Dinge.

Merkwürdig, man könnte sagen, daß es viele Wunder gibt, das heißt Dinge, die allen Gewohnheiten widersprechen. Sie verstecken sich, sie verschleiern sich – doch ich sehe sie.

In der Nacht vom Darshan zum darauffolgenden Tag fand man Rishabhchand[1] ... Vor fast einem Jahr bat er mich, gehen zu dürfen (sehr ernsthaft: er litt sehr, er fühlte sich sehr elend). Da tat ich, was ich immer tue: ich präsentierte die Bitte dem Höchsten Herrn und sagte es Ihm ... Doch daraufhin ist er nicht gegangen. Er erholte sich, und eine Zeitlang ging es ihm viel besser. Aber sein Wille zu gehen war geblieben. Am Tag des Darshans (ich denke, er hat mich gesehen, ich weiß es nicht) verschwand er aus seinem Zimmer, und später fand man seinen Körper halb auf dem Ufer, halb im Wasser liegend. Da dies ein öffentlicher Ort war, verlangte die Polizei eine Autopsie: es fand sich kein Tropfen Wasser in seinem Magen, das heißt, daß er nicht ertrunken war. Ich habe den Körper nicht gesehen, so bin ich nicht absolut sicher, was geschah, doch eines ist sicher, und zwar daß er seinen Körper verlassen hat, und noch etwas ist sicher: daß er sich nicht selber umgebracht hat ... Er ist vor vier Uhr morgens hinausgegangen (man kennt die genaue Zeit nicht – in der Nacht). Um vier Uhr morgens hat man festgestellt, daß er weg war. Niemand hatte ihn hinausgehen hören. Und er war tot, das ist offensichtlich, und er hat sich nicht selbst umgebracht. Was ist also passiert?... Er hatte eine Beule am Kopf: er war gestürzt.

*Es war wie ein Loch im Schädel. Er muß gestürzt und gegen einen Felsen gestoßen sein.*

Gibt es dort denn Felsen?

*Ja, Mutter, vor der Brennerei schichten sie gerade Tonnen von Felsbrocken auf.*

---

1 Ein sehr treuer älterer Schüler, dessen Körper man an der Küste auffand. Dies ist die Folge einer Serie, die mit Bharatidi, dann Amrita und Pavitra begann ... Rishabhchand war der Autor von *Sri Aurobindo – His Life Unique*.

Ach, es war vor der Brennerei.

*Man weiß es nicht, denn man hat ihn etwas weiter weg auf dem Sand gefunden. Aber sein Gesicht war verletzt.*

Jedenfalls ist er nicht ertrunken, dessen bin ich mir sicher. Angeblich handelt es sich um einen „Unfall", das heißt, er ist gegangen ... Weißt du, er hatte mich wirklich angefleht zu gehen, und er ist hinausgegangen – er wurde dahin geführt, wo es sein mußte.

*Leider verbreiten einige Leute idiotische Gerüchte über ihn.*

Ach! Was sagt man denn?

*Nun, daß er Selbstmord begangen habe.*

Aber das ist nicht wahr!

*Da sind zum Beispiel Leute wie C, die mit ihrem unwissenden guten Willen sagen: „Nun ja, manche Yogis erleiden am Ende ihres Lebens solche Rückfälle ..." Das ist idiotisch!*

Ja. Man hat es mir gesagt – so hat man mir seinen Tod mitgeteilt. Man berichtete mir, Rishabhchand habe „Selbstmord" begangen. Die Antwort in mir war ein kategorisches NEIN ... Ich sagte es nicht, sondern wartete ab, denn sonst hätte man ... Ich habe nichts gesagt und wartete ab. Daraufhin teilte man mir mit, daß die Polizei den Körper untersuchen wolle, und danach berichtete man mir: „Ja, die Polizei hat herausgefunden, daß sich kein Tropfen Wasser in seinem Magen befand." Folglich hat er sich nicht ins Wasser gestürzt. Und das war das einzige, was er hätte tun können.

*Aber, Mutter, das geht so weit, daß man in der Gymnastikgruppe die kleine Astha [neun Jahre alt] ansprach und ihr sagte: „Schämst du dich nicht? Dein Großvater hat sich umgebracht ..."*

Oh!...

*Und im Ashram sagen die Leute ... Sie sind dumm. Und allen voran C ... All das ist so idiotisch.*

Ich habe sie getröstet, die Kleine (denn die Familie ist gekommen), und Munnu [die ältere Enkelin] hat mich gefragt ... nein, sie hat mich nichts gefragt, aber die Frage lag in ihren Augen, so habe ich ihr gesagt: „Es geht gut, mein Kind, beunruhige dich nicht." Da fragte sie mich, und ich sagte: „Alles ist gut, er hat sich nicht umgebracht." – Dessen bin ich mir sicher.

Aber ich finde ... alles war auf eine so wunderbare Weise geführt worden. Es war ... (wie soll ich sagen?) Um mich verständlich auszudrücken: ich habe gebetet, daß „man" ihm, wenn irgend möglich, beim Übergang helfe. Und genau dies geschah (aber ich hatte schon zuvor darum gebetet).

Es geschah genau zur richtigen Stunde.

Er hatte seine Arbeit beendet. Als er mich das erste Mal darum bat zu gehen, hatte er das *Leben mit Sri Aurobindo* noch nicht fertig geschrieben, aber nun hatte er es abgeschlossen – er hatte nichts mehr zu sagen.

*Auch hatte er dich ja gesehen.*

Er hatte mich am Darshantag gesehen. Er wählte keinen anderen Tag.

*(Sujata:) Ist er [nach seinem Ableben] zu dir gekommen?*

Nicht als Form. Ich hatte den Eindruck ... Genau als er fortging, hatte ich eine merkwürdige Vision (ich wußte von nichts, ich lag im Bett – ich schlief aber nicht). Ich war jemand (hinterher dachte ich, daß er es war, daß ich mit ihm zusammen war – ich sage „ich", denn so hatte es sich in dieser Nacht gezeigt, aber ich wußte, daß nicht ich es war: es war jemand anders). Der Herr hatte mir eine Verabredung auf einem Berggipfel gegeben; so bin ich hingegangen, aber ich wollte nicht, daß die anderen es wußten ... (ich unterbreche hier, um dir etwas zu sagen: es war Nacht, und es war genau in dem Augenblick, als das geschah, das heißt, als es physisch, materiell geschah, ich wußte es aber nicht). Und so stieg ich auf den Gipfel des Berges, doch ... ich konnte den Herrn nicht sehen. Ich sagte mir: „Wie kommt das? Er ist da, und ich kann Ihn nicht sehen? Er versteckt sich gut." Und schließlich: „Jetzt ist es Zeit, ich kann Ihn nicht mehr sehen ..." Und ich stieg wieder hinunter – ich begegnete Leuten, und ich wollte nicht, daß die Leute mich aufhielten; dann gab es Schwierigkeiten, ich sah Leute, und ich hatte den Eindruck, daß diese Leute, der Berg, daß alles ... in die Ferne rückte, immer ferner, immer ferner[1]. Und dann war es Zeit für mich aufzustehen, das heißt halb fünf.

Diese Vision hat mich sehr beschäftigt. Ich fragte mich: „Was kann das bedeuten? Jemand, mit dem der Herr eine Verabredung getroffen hatte und der Ihn nicht hatte sehen können ..." Einige Stunden später brachte man mir die Nachricht. Man teilte es mir mit der gewohnten Rohheit mit: „Rishabhchand hat sich letzte Nacht umgebracht."

---

1 Das mußte der Augenblick gewesen sein, als Rishabhchand seinen Körper verließ.

– „Was?" Daraufhin erklärte man mir: „Der Hausangestellte war gekommen, war eingetreten, und Rishabhchand war nicht da. Niemand hat ihn hinausgehen sehen. Schließlich fand ihn der Hausangestellte ertrunken am Meeresufer ..." Ich sagte nichts, aber ich spürte ganz deutlich: DAS IST NICHT WAHR. Später – viel später – erzählte man mir die Geschichte von der Polizei und daß er halb im Wasser, halb am Ufer gelegen und am Kopf verletzt gewesen sei. Da verstand ich. Ich verstand, daß der Herr sich mit ihm verabredet hatte ... *(Mutter macht eine Geste, Rishabhchand bei der Hand zu nehmen)*, Er hat ihn aus dem Haus geführt. Aber in seinem Bewußtsein (mein „Traum" war wohl in dem Augenblick zu Ende, als er physisch das Bewußtsein verlor), in seinem PHYSISCHEN Bewußtsein sah er Ihn nicht. Da wurde es mir klar.

Ich fand das so wunderbar! Denn die Erfahrungen, die ich jetzt mache ... Noch nie hatte ich so präzise und konkrete Erfahrungen, denn es sind die Erfahrungen des Körpers. Als ich am Morgen nach dieser Erfahrung aufstand, fragte ich mich: „Was ist denn das?..." Und ich wußte, daß nicht ich es war, aber ich konnte nicht wissen, um wen es sich handelte. „Der Herr hat mir eine Verabredung gegeben, und ich bin zu dieser Verabredung gegangen, und ich konnte Ihn nicht sehen ..." – Sein Körper ist gegangen, und er hat Ihn gesehen.

Das ist so interessant! Ich habe das niemandem erzählt, ich sage es nur dir.

Ich fand das ... Weißt du, als ich den materiellen Beweis hatte, daß es wahr war, daß er sich nicht ertränkt hatte, daß er durch einen Unfall starb – aber es war ein Unfall, der kein Unfall war: er war an der Hand geführt worden, „man" führte ihn zu der Stelle, wo er hinfiel.

Das ist eine wunderbare Sache.

Der Herr hatte ihm eine Verabredung gegeben, er stand auf – mit dem Gefühl, daß es der Herr war, der ihn rief –, er ging hinaus und stieß mit dem Kopf an den Felsen. Der Herr hat ihn geführt ... das ist doch schön, oder?

Und da ich mit seinem physischen Bewußtsein identifiziert war, empfand ich die Besorgnis, die er empfunden haben muß: „Der Herr hat sich mit mir verabredet, aber ich kann Ihn nicht sehen ..." Und er wollte nicht, daß man ihn sah: „Man darf mich nicht sehen, man darf mich nicht sehen ..."

Und (das habe ich niemandem gesagt) am Tag des Darshans gab ich die Meditation um zehn Uhr, liegend. Ich meditierte, lag aber ausgestreckt, weil ... Der Arzt war gekommen, und *(lachend)* er war etwas erschrocken, er sagte: „Oh, das Herz ist sehr schwach!" Und der Puls war ganz unregelmäßig. Der Arzt sagte mir also: „Sie müssen sich hinlegen und dürfen sich nicht mehr bewegen." So legte ich mich hin und gab die Meditation liegend. Aber nach der Meditation ... brr! folgten einige sehr schwierige Stunden. Ich fragte mich: „Warum gerade heute, wo ich auf den Balkon hinausgehen muß?" Und da hieß es: „Aber du wirst gehen. Du wirst gehen." Und in dem Augenblick, wo ich hinausgehen sollte, war der Angriff so heftig, daß sich meine Sicht verschleierte, und ich wußte weder, ob ich stand, noch wo ich war (nicht gerade glänzend). Ich ging auf den Balkon: ich blieb zehn Minuten dort – und ich wußte es nicht einmal! Ich wußte nicht einmal, daß ich zehn Minuten lang dort stehenblieb, ich dachte, ich sei gegangen und gleich wieder zurückgekehrt.

Auch das ist wunderbar ...

Aber ich weiß, daß das Leben dieses Körpers ... (wie soll ich sagen?) ja, das Leben dieses Körpers ist ein Wunder. Das heißt, wäre es nicht das, was es ist und wie es ist, auf diese Weise arrangiert, so wäre jeder andere tot ... Aber wenn du wüßtest *(lächelnd)*, wie das wird ... Der Körper ist bewußt (man verheimlicht es ihm nicht: man erzählt ihm keine Witze, man läßt ihn die Dinge so sehen, wie sie sind), und so sagt er sich: „Aber im Grunde würde es vor allem für die anderen einen Unterschied ausmachen. Für mich selbst ..." Nur die anderen befinden sich noch in dieser Art Illusion des Todes, wenn der Körper verschwindet; und selbst das hier [Mutters Körper] weiß nicht mehr so recht, was wahr ist ... Für ihn müßte doch eigentlich die Materie die Wahrheit sein – selbst dort ist er sich nicht ganz sicher *(lachend)*, was das eigentlich ist. Da ist die andere Art zu sehen, zu fühlen und zu SEIN – eine andere Art zu sein. Und der Körper fragt sich allmählich ... Er weiß, daß die alte Seinsweise nicht mehr zutrifft, aber er fragt sich, wie es sein wird, das heißt, welche Art von Wahrnehmung, welche Beziehung zu den Dingen sich einstellen wird: „Wie wird sich die Beziehung des neuen Bewußtseins mit dem alten Bewußtsein derer, die noch Menschen sein werden, gestalten?..." Alle diese Dinge werden so bleiben, wie sie sind, aber es wird eine neue Art geben, sie wahrzunehmen, eine Beziehung ... Dies kommt ... es ist merkwürdig, das kommt wie ein Hauch, und dann verschwindet es wieder. Wie ein Hauch einer anderen Art zu sehen, einer anderen Art zu fühlen, einer anderen Art zu hören. Es ist etwas, das sich nähert und sich dann wieder verhüllt. Aber in der äußeren Erscheinung [des Körpers von Mutter] ... in seiner äußeren Erscheinung ist es ... *(Mutter macht eine chaotische Geste)*. Trotzdem bin ich ganz offensichtlich nicht krank, aber in manchen Augenblicken ist es ... sehr schwierig. Sehr schwierig. Und mehrmals erlebte ich die beiden [Arten] gleichzeitig ... *(Lachend)* Der Körper sagt sich: „Ach, wenn man wüßte, wie du bist, würde man dich für völlig verrückt halten!" *(Mutter lacht)* Und er lacht.

Er hat keine Angst ...

Er leidet; er leidet mitunter auf eine Weise, die sehr ... ein sonderbarer Schmerz. Ein sehr sonderbarer Schmerz. Und wie wunderbar alles zusammentrifft! Gerade im richtigen Augenblick stieß ich auf all das, was Sri Aurobindo in den *Aphorismen* über die Unwirklichkeit des Schmerzes schrieb.[1] Da sagte ich mir: „Das paßt ja wunderbar!" Es kam genau im richtigen Augenblick, um meinem Körper zu sagen: „Mach dir keine Sorgen!..." Die Dualität [Schmerz, Wonne] ist so konkret ... Mein Körper stöhnt – stöhnt wirklich, als ob er schrecklich leiden würde –, und gleichzeitig sagt er sich: „Ach, das ist also die Glückseligkeit!" Verstehst du, die beiden sind so ... *(verschmolzene Geste)*

Es hängt von etwas Winzigem ab, das einem Willensakt gleicht (aber das ist es nicht). Ich weiß wirklich nicht ... Es ist etwas Neues.

Der Körper stöhnt, und er sagt sich, daß er leidet, und da ist ein kleines Etwas (aber ich weiß nicht genau, was es ist; es ähnelt eher einem Willensakt, aber das trifft es nicht), wodurch es kein Schmerz mehr ist – es ist ganz und gar nicht das, was wir als „Glückseligkeit" bezeichnen – wir wissen nicht, was es ist ... Es ist etwas anderes. Es ist etwas anderes. Außergewöhnlich. Neu, ganz neu – ganz neu. Und dann ist all das wie verschwommen, ungenau; es ist wie ... etwas, das sich im Nebel abspielt, das nicht mehr dies und auch noch nicht jenes ist.

*(Schweigen)*

Es ist nicht mehr ... es ist offensichtlich nicht mehr das körperliche Bewußtsein, so wie es war: die Beziehungen sind nicht die gleichen, die Art zu hören, die Art zu sprechen ... (das Sprechen fällt sehr schwer, es erfordert eine große Anstrengung). Aber noch ist es nicht ... ach, wir sind auf dem Weg zu etwas, aber noch sind wir nicht angekommen.

*(langes Schweigen)*

---

1 Am 23. April erhielt Mutter den Aphorismus 494: „Ich hatte die Gewohnheit, den Schmerz zu hassen und zu vermeiden; ich war gekränkt, daß er mir zugefügt wurde. Aber nun entdecke ich: Wenn ich nicht so gelitten hätte, würde ich jetzt nicht diese in meinem Mental, in meinem Herzen und in meinem Körper geschmiedete und vollendete Fähigkeit für eine unendliche und unbeschränkt sensible Wonne besitzen. Gott rechtfertigt sich am Ende, selbst wenn Er sich unter der Maske des Gewalttätigen und Tyrannen versteckte." Mutter hatte diesen Aphorismus folgendermaßen kommentiert: „Die gleiche Lektion will der Höchste Herr dem Körper erteilen, den Er im Begriff ist zu transformieren." Dann erhielt Mutter am 28. April den Aphorismus 500: „Der Schmerz befähigt uns, die ganze Kraft des Meisters der Wonne zu empfangen; er befähigt uns auch, das andere Spiel des Meisters der Macht zu ertragen. Der Schmerz ist der Schlüssel, der die Pforten der Kraft öffnet; er ist der große Weg, der zur Stadt der Glückseligkeit führt."

Die Gegenwart der Gnade ist etwas absolut Wunderbares. Denn so wie ich sehe, die Erfahrung, so wie sie ist ... Wäre mir nicht gleichzeitig der wahre Sinn dessen, was geschieht, zu erkennen gegeben, wäre es eine Qual ohne Ende – es ist der Tod der alten Art.

Natürlich gibt es die ganze yogische Vorbereitung, aber der Körper ist ... Weißt du, es ist ein ständiges Wunder! Das wäre nicht eine Minute lang auszuhalten; und es dauert und dauert und dauert und dauert ...

Es fing genau am Tag des Darshans an.

Ein- oder zweimal wurde dem Körper angeboten, in seinen vorherigen Zustand zurückzukehren – er hat es abgelehnt. Er sagte: „Nein, entweder DAS, oder ich gehe."

Deshalb dauert es und dauert es ... Wieviele Tage sind seit dem Darshan vergangen? – 24, 25, 26 ... Heute ist?

*Der 29. – sechs Tage.*

Mir kam es nicht so lange vor. Auch das ist ein Wunder: ich glaubte, es seien nur drei Tage.

*(langes Schweigen,*
*dann betrachtet Mutter etwas mit einem Lächeln*
*und schüttelt mehrmals den Kopf)*

Es ist ... VIEL wunderbarer, als wir uns vorstellen können – alles, alles ...

*(langes Schweigen)*

Es ist schwierig, das genau zu sagen. Wir glauben, diese äußere Erscheinung *(Mutter deutet auf den Körper)* ... für das gewöhnliche Bewußtsein scheint dies das Wichtigste zu sein. Natürlich wird es sich als letztes verändern, und für das gewöhnliche Bewußtsein ändert es sich als letztes, weil es das Wichtigste ist: dies wäre das sicherste Zeichen. Aber so ist es ganz und gar nicht!

Die Veränderung IM BEWUSSTSEIN – die bereits stattgefunden hat – ist das Wichtigste. Alles andere sind die Folgen. Aber hier in dieser materiellen Welt erscheinen sie uns als das Wichtigste, weil hier ... alles umgekehrt ist. Ich weiß nicht, wie ich das erklären soll.

Wenn für uns der Körper sichtlich etwas anderes geworden ist, werden wir sagen: „Ach, jetzt ist die Sache getan." Das stimmt nicht: die Sache ist BEREITS GETAN. Das [der Körper] ist ein sekundäres Resultat.

Wieviel Uhr ist es?

*Elf Uhr dreißig.*

Ach!... Ist der Arzt schon da?

*Ja.*

Oh!...

*Mai*

## 2. Mai 1970

Ich habe etwas für dich ... *(Mutter deutet auf eine Notiz)*
Vor zwei oder drei Tagen kam dies mit großer Dringlichkeit in
bezug auf eine Geschichte: In Auroville werden in „Aspiration" Ver-
sammlungen abgehalten. Ich glaube, es sind Meditationen oder etwas
in der Art, ich weiß nicht genau. Einer von ihnen hatte dabei ein
Foto von mir aufgestellt. Daraufhin eilte ein anderer in sein Zimmer
und kam mit einem Kreuz zurück, und er sagte: „Wenn ihr ein Foto
von Mutter aufstellt, dann stelle ich ein Kreuz auf." Man hat mir das
erzählt, weil derjenige, der das Kreuz aufstellte, mich mit den anderen
besucht hatte (einmal die Woche kommen sie zu viert oder fünft).
Zuerst hatte man mir nichts gesagt. Er kam und setzte sich ... Ich
fand, daß er etwas inquisitorisch aussah (ich wußte gar nichts), und als
sie gegangen waren, fragte ich, wer er sei. Daraufhin sagte man mir, er
sei katholisch, und man erzählte mir die Geschichte.[1]
Danach folgte eine ganze Serie von Dingen. Aber man muß dazusagen, daß dort buchstäblich eine Invasion stattfindet (an verschiedenen
Orten in Auroville), denn es wird nicht bewacht, da gibt es freie Grundstücke; besonders im Zentrum haben sich einige Leute niedergelassen,
und es kommen ständig mehr hinzu, ohne um Erlaubnis zu fragen.
Man hat schon überlegt, ob man nicht kleine „Abzeichen" anfertigen
sollte für jene, die wirklich Aurovillianer sind *(Mutter weist auf ein
Muster)*. Seit mehreren Tagen diskutiert man dies: für das erste Jahr
hätten sie eine Art Ausweis, und wenn im ersten Jahr alles gut geht,
gibt man ihnen ein Abzeichen.
Aber mir ist dies hier gekommen *(Mutter deutet auf ihre Notizen)*. Es
ist nicht fertig ... *(Sujata macht sich daran, die Lampe zu holen, damit
Mutter lesen kann)* Ich brauche kein Licht, ich sehe sowieso nicht mehr
genug.

*(Satprem liest vor)*

„Auroville ist für jene bestimmt, die im wesentlichen ein religi-
öses Leben leben wollen, die aber auf jede Form von Religion
verzichten, sei sie alt, modern, neu oder zukünftig..."[2]

*Liebe Mutter, entschuldige bitte, aber warum schreibst du nicht
„spirituell" statt „religiös"?*

Ich bin mir noch nicht sicher.

---

1 Siehe Mutters Notiz am 21. Oktober 1970, S. 350.
2 Beim nächsten Mal korrigierte Mutter die Formulierung „jede Form von Religion"
   und schrieb stattdessen „alle Religionen".

*Das hatte eine komische Wirkung auf mich.*

Ja, das hab ich gemerkt ... Es ist vielleicht besser, „spirituell" zu sagen. Ich werde sehen.

„... Die Erkenntnis der Wahrheit kann nur experimentell sein. Niemand darf über das Göttliche sprechen, solange er nicht selber die Erfahrung des Göttlichen hat ..."

Das ist der wichtige Punkt.

„... Erkennt das Göttliche, dann könnt ihr darüber sprechen..."

Verstehst du, man kann „spirituell" sagen, aber ...

„Das objektive Studium der Religionen wird Teil eines geschichtlichen Studiums der Entwicklung des menschlichen Bewußtseins sein ..."

Ich stufe die Religionen niedriger ein: in den mentalen Bereich.

*Ja, genau!*

In den mentalen Bereich, als „Lehrgegenstand".

*Vor zwei Tagen kam mir dies wie eine Erfahrung: Die Religion ist Teil der mentalen Welt.*

Genau. Sie ist eine Mentalisierung, ein Versuch der Mentalisierung dessen ..., was weit über das Mental hinausreicht.

„... Die Religionen sind Teil der Geschichte der Menschheit, und als solche werden sie in Auroville studiert; nicht als Glaubenslehren, denen man folgen oder nicht folgen soll, sondern als Entwicklungsprozeß des menschlichen Bewußtseins, der den Menschen zu seiner höheren Verwirklichung führen soll."

*Nun dann, das „Programm" ... (Mutter lacht)*

PROGRAMM
Die experimentelle Erforschung der
Höchsten Wahrheit.
Ein göttliches Leben
aber
KEINE RELIGIONEN

Das ist gut!

*Oh, sehr gut! ... Mich hat nur das Wort „religiös" gestört.*

Dann werden wir es weglassen.

*Denn du sagst ja selbst: „Keine Religionen."*

Ich gebrauchte „religiös" in einem anderen Sinn, aber das wird immer zu Mißverständnissen führen.

*Es hat einen so falschen Sinn angenommen.*

Ja. Ich werde es dir erklären: ich wollte nicht das Wort „spirituell" benutzen, weil es im Französischen einen anderen Sinn hat, außerdem lehnen die Leute, die ein „spirituelles" Leben führen, die Materie ab, wir aber wollen die Materie nicht ablehnen. Deshalb wäre es falsch. Ich gebe zu, „religiös" ist kein gutes Wort, denn sofort ... Ich wählte „religiös" im Sinne eines „Lebens, das sich im wesentlichen mit der Entdeckung oder der Suche nach dem Göttlichen beschäftigt." Im Französischen gibt es kein Wort dafür, und es ist nicht „spirituell".

*Göttlich?*

Es muß ein Wort gefunden werden – man kann es so ausdrücken:

„Auroville ist für jene bestimmt, die ein göttliches Leben führen wollen ..."

*Ja, „ein im wesentlichen göttliches Leben". „Göttlich" ist weit, liebe Mutter.*

*(Schweigen)*

Ist das alles?... Da waren so viele Dinge; ich habe nicht alles notiert ... Ich glaube, es war vorgestern: Der ganze Tag verlief in dieser Erfahrung, und ich hatte den Eindruck der Offenbarung von Aurovilles wahrem Ziel und daß es DAS war, was gesagt werden mußte, und daß DAS die Auswahl der Aurovillianer bestimmen wird. Die wahren Aurovillianer sind jene, die das Göttliche erforschen und entdecken wollen. Aber eben nicht durch mystische Methoden sondern im Leben.

Das sollte auch noch gesagt werden.

*(Mutter schreibt)*

„Unser Suchen wird kein Suchen mit mystischen Mitteln sein: wir wollen das Göttliche im Leben finden."[1]

*(Mutter beendet ihre Notiz und streicht sich über die Augen)*

---

1 Später fügte Mutter noch den folgenden Satz hinzu: „Und dank dieser Entdekkung kann das Leben tatsächlich transformiert werden."

Das ist sehr merkwürdig: In dem Maße, wie ... Nun, es läßt sich auf zwei Arten ausdrücken. Die eine lautet: In dem Maße, wie das natürliche Seh- und Hörvermögen schwindet, wächst das andere. Aber ich glaube, es ist viel wahrer, es auf die andere Art zu sagen: In dem Maße, wie das höhere Hör- und Sehvermögen ... (wie werden wir es nennen?)

*Wahr? Oder auf jeden Fall „höher".*

Höher. Nehmen wir „höher", denn „wahrer" – vielleicht ist es nicht die höchste Wahrheit ... In dem Maße, wie das höhere Hör- und Sehvermögen sich entwickelt, schwindet das materielle Seh- und Hörvermögen.

Alle Ausdrucksweisen erscheinen mir ... nicht ganz zutreffend.

Ich mache zum Beispiel die Erfahrung, daß mit bestimmten Personen oder bei einer bestimmten Beschäftigung eine Betonung ... sagen wir der „nächsten Art" eintritt: die nächste Art zu sehen, die nächste Art zu hören; aber jedes Eindringen der alten Art vermindert sofort die Wahrnehmung. Das heißt, das normale Sehvermögen liegt wie hinter einem Schleier, der immer dichter wird. Wenn die Umstände, die Menschen oder die Arbeit es mir gestatten, vollständiger in das neue Bewußtsein einzutreten, wird die Wahrnehmung immer klarer.

Der Körper hat dies jetzt verstanden. Er beunruhigt sich nicht über das Nachlassen des Seh- oder Hörvermögens, und ihm wird klar: Je mehr die gewöhnliche Art schwindet, desto mehr nimmt die andere zu – vorausgesetzt, ich mache keine Anstrengung, die alte zu behalten. Wenn ich mich gehen lasse, ist es ganz natürlich so.

Jede Anstrengung, die alte Art beizubehalten ... ruft ein fast nicht auszuhaltendes Unbehagen hervor. Eine vertrauensvolle Akzeptanz der Umstände hingegen bringt eine Art ... ich weiß nicht, man kann es nicht „Wohlbefinden" nennen ... eher einen vertrauensvollen Frieden mit sich.

Aber jetzt ist es nicht mehr nur das Seh- und das Hörvermögen sondern alles. Das Sprechen wird immer schwieriger ... Essen ist sehr schwierig: es wechselt zwischen einem Vorgang, der unbemerkt und mühelos abläuft, und einem Kampf gegen eine GROSSE Schwierigkeit. Und erst jetzt, weil ich es sagen will, beobachte ich das und versuche es auszudrücken, ansonsten gibt es keine mentalen Aktivitäten.

Diese Dinge drängten sich mir auf.

*(Mutter geht in sich)*

Sollen wir diesen Notizen über Auroville einen Titel geben?... Zum Beispiel: „Aurovilles Position gegenüber den Religionen"?

Wir könnten es so formulieren: „Wir wollen die Wahrheit" ... Ich verwende dieses Wort, weil niemand es wagen würde, zu behaupten: Wir wollen nicht die Wahrheit. *(Lachen)*

Für die meisten Menschen ist es so: Was WIR wollen, ist die Wahrheit. *(Lachen)*

Ich habe R das „Programm von Auroville" gezeigt, *(lachend)* die Haare stiegen ihm zu Berge: „Aber ... das können die Leute noch nicht akzeptieren." – Oh je ...

Die Aurovillianer sollten die Wahrheit wollen, WAS AUCH IMMER SIE SEI ... Sie bezeichnen als Wahrheit, was sie wollen. Stattdessen sollten sie die Wahrheit wollen, was auch immer sie sei.

*(Mutter schreibt ihre letzte Notiz über Auroville)*

Wir wollen die Wahrheit

Die meisten Menschen bezeichnen das, was sie wollen, als die Wahrheit.

Die Aurovillianer müssen die Wahrheit wollen, was auch immer sie sei.

Ich schreibe Wahrheit groß. *(Mutter lacht)* Denn eigentlich heißt es: „Wir wollen DAS GÖTTLICHE." Doch das würde sofort Diskussionen auslösen. Deshalb ist es besser, „Wahrheit" zu sagen.

## 6. Mai 1970

*(Mutter geht es wieder nicht gut. Sie hat Schwierigkeiten zu sprechen und ist ganz außer Atem.)*

Es geht nicht.

Ich kann nicht mehr essen und ...

Wenn ich liege, geht es nicht, aber wenn ich in Konzentration versunken bin, geht es. Wenn du so bleiben möchtest ...

*(Kontemplation)*

## 9. Mai 1970

*(Mutters physischer Zustand war in den letzten Tagen ernst.)*

Hast du den *Aphorismus* von gestern erhalten?

*Nein, man hat ihn mir nicht gegeben.*

Ach?... Er lautete so ... *(Mutter versucht sich zu erinnern)* „Die merkwürdigste Erfahrung der Seele ..." Ich weiß es nicht mehr.

*Ja, es ist dieser:*

507 – Die merkwürdigste Erfahrung der Seele ist die: Wenn die Seele aufhört, sich über das Bild und die Bedrohung von Schwierigkeiten zu beunruhigen, wird sie feststellen, daß die Schwierigkeiten selbst nirgendwo in unserer Umgebung existieren. Dann hören wir hinter diesen unwirklichen Wolken Gott über uns lachen.

Gestern schrieb ich folgendes dazu (ich erinnere mich nicht mehr an die genauen Worte): „Und wenn Du DAS BILD transformieren willst, damit es Dir ähnlich sei, was geschieht dann?"[1] Etwas in der Art. Und letzte Nacht bekam ich die Antwort ... Zwei Aktivitäten im Subtilphysischen.

Oh, ich werde dir die erste sagen *(lachend):* ich tötete jemanden aus allernächster Nähe!...

*Ach!*

Die zweite war mehr persönlich. Da verstand ich: Der Körper selbst, das Bewußtsein selbst (das physische Bewußtsein) ist voller Unwahrheiten, voller Illusionen und vorgefaßter Meinungen, und wenn das weg ist, kann sich der Herr darin manifestieren.

Das war ... es war ERLEBT, und es war eine überwältigende Verwirklichung, mein Kind!

---

1 „Herr, und wenn Du willst, daß das Bild sich in Deine Ähnlichkeit verändert, was tust Du?" Am nächsten Morgen schrieb die Person, der Mutter diese Antwort geschickt hatte, folgendes: *„Ich habe nicht verstanden, was du gestern geschrieben hast."* Mutter antwortete erneut (am 9.): „Das, was Sri Aurobindo „das Bild" nennt, ist der physische Körper. Deshalb habe ich den Herrn gefragt, was Er tat, als Er den physischen Körper transformieren wollte, und in der letzten Nacht hat Er mir geantwortet und mir zwei Visionen gegeben. Bei der einen ging es um die Befreiung des körperlichen Bewußtseins von allen Konventionen den Tod betreffend; und in der anderen hat Er mir gezeigt, wie der supramentale Körper sein wird. Du siehst also, es war gut, daß ich Ihn fragte!"

Dem Körper geht es noch nicht besonders gut – es gibt noch viel zu tun, aber ... Ich hatte den Eindruck, das Schlimmste überwunden zu haben.

Es war einfach wunderbar!

Eine bloße Bewegung *(Geste einer leichten Umkehrung oder eines Kippens)* und ... Ich fühlte mich wirklich miserabel (vom rein physischen Standpunkt aus: Übelkeit und alles, was man sich nur vorstellen kann, STÄNDIG), und dann macht es so *(gleiche Geste einer leichten Umkehrung):* eine Glückseligkeit ... IM KÖRPER.

Die Erfahrung der Freiheit hatte man stets im Bewußtsein (auf der vitalen und mentalen Ebene usw.), und sobald man sie einmal hat, ist es getan, man ist frei ... doch der Körper blieb zurück: elend, er litt schrecklich (es war nicht heftig, sondern noch schlimmer: ständig), und nun einfach das *(gleiche Geste):* Glückseligkeit.

Ich habe Mühe, dies zu bewahren, denn alle Kontakte bringen das alte Bewußtsein zurück – ich kenne keine Menschen, die sich in diesem Zustand befinden. Solange ich sehr ruhig bin ...

Es war nicht wie letzte Nacht, es war nicht so vollständig, so total, aber dennoch bleibt die Erinnerung, und ich habe den Eindruck, daß der Körper sich jetzt auf dem richtigen Weg befindet. Er war dabei, das zu tun, was alle tun: sich aufzulösen, sich zu zersetzen. Das scheint jetzt aufgehört zu haben. Aber es ist noch nicht DAS, es ist nur ... Doch das war wunderbar.

Die gewöhnliche Sehkraft ist weg, das gewöhnliche Hörvermögen ist weg; die Fähigkeit zu arbeiten *(Geste des Schreibens):* weg. All das kann nur auf die wahre Art zurückkehren, wenn ... Aber ich hatte den BEWEIS, daß ALLES WUNDERBAR zurückkehren kann. Bleibt zu wissen, ob ...

Ich habe verstanden – der Körper hat verstanden, er hat die Erfahrung gemacht. Was wird danach kommen? Wir werden sehen.

Das wollte ich dir sagen.

DARUM geht es, und der Körper ist fähig. Als ich gestern diesen *Aphorismus* las, sagte ich zu Sri Aurobindo: „Du hast gesagt, daß auch der Körper sich verändern wird; im Aphorismus ist er „das Bild", dessen man sich entledigt, wenn man zur Wahrheit zurückkehrt; doch du hast gesagt, daß die eigentliche Wahrheit in der Änderung HIER sein wird ..." – *I challenged, yes.* [Ich forderte ihn heraus.] Und ich bekam die Antwort auf diese Weise. Zwei ... man könnte es zwei „Träume" nennen, aber ich träume nicht mehr. Es waren zwei außergewöhnliche Aktivitäten im Subtilphysischen *(lachend).*

*Wen hast du denn getötet?*

Ich weiß es nicht. Es war jemand, den ich sogar sehr gern hatte *(Mutter lacht)*. Ich weiß nicht einmal, ob ich wußte, wer es war. Und es gab keinen Grund. Ich glaube, ich tötete ihn mit einem Schuß aus einer Pistole (das spielte überhaupt keine Rolle, die Person schien nicht unglücklich darüber zu sein), es ging um die GESTE, der AKT war von Bedeutung ... Ich war voller Zuneigung und Zärtlichkeit für die Person, und dann tötete ich sie. Ich kenne diese Person nicht. Aber es war ein junger Mann – vielleicht war es eine Symbolfigur, ich weiß es nicht. Und auf das alte Bewußtsein machte dies den Eindruck ... Ich wußte, daß es Nacht war und daß dies eine Aktivität der Nacht war (VOLL bewußt), und ich sagte mir sogar *(lachend)*: „So etwas würde ich jedenfalls im Wachzustand nicht tun." Da hörte ich deutlich Sri Aurobindos Stimme, der mir antwortete: „Das ist nicht nötig." *(Mutter lacht)* Diese ganze Geschichte hätte überaus komisch sein können.

*(Ein Schüler betritt das Zimmer,*
*um das Tonbandgerät in Ordnung zu bringen)*

Was ist los?

*Man bringt den Apparat in Ordnung – wir haben Probleme damit.*

Ach!... *(lachend)* Vielleicht will er nicht, daß es aufgenommen wird ... Das macht nichts, mir ist das völlig egal.

*(Schweigen)*

Wie soll ich das erklären?... Ich verfügte über die gleiche Objektivität wie im Wachzustand: ich war vollkommen wach, ich schlief nicht, es war kein Traum. Ich sah die Tatsache objektiv und machte mir darüber Gedanken – ein völlig neues Bewußtsein.

Jetzt weiß ich, was dieses Bewußtsein ist, das kann ich mit Bestimmtheit sagen (der Körper spricht, er weiß es mit Bestimmtheit – gestern fragte er). Und seine Haltung ist so: „Ich weiß jetzt, daß Du entscheidest, ob ... ob ich fähig bin, es zu erlangen, oder ob es mir nur gezeigt wird." Wir werden sehen ...

Etwas wird sich materiell ändern müssen, und zwar das Bewußtsein dieses Körpers. Etwas muß sich ändern ... Kann es sich ändern? Ich weiß es nicht. Etwas im Aufbau muß sich ändern – ist das machbar? Ich weiß es nicht.

*(Schweigen)*

Für das gewöhnliche Bewußtsein hat es den Anschein einer anderen Schwingungsweise – das ist es nicht ... Offensichtlich ist es das

BEWUSSTSEIN, aber ... Etwas muß sich in der Schwingung ändern, damit das Bewußtsein sich OHNE ENTSTELLUNGEN manifestieren kann.

Denn die Entstellungen verursachen dieses ganze Elend, das dem Körper jetzt so schrecklich erscheint. Wenn das verschwindet, dann transformiert es sich: es wird zu einer Glückseligkeit ... all das hierdrin [im Körper] – kein Gedanke, nicht einmal ... man könnte sagen: keine Empfindung vom vitalen Standpunkt aus – einzig die Art von Empfindungen, die es hier [im Körper] gibt.

Was hat der Herr für das Weitere entschieden? Ich weiß es nicht ... Der Körper weiß es nicht.

*(Mutter geht in Kontemplation)*

Es gibt zwei Aktivitäten. Die andere kann ich nicht erzählen, weil sie nicht verwendet werden kann. Aber sie verlief ungefähr so: ich ging nackt umher, aber ABSICHTLICH nackt von hier bis da *(Geste zwischen dem Brustkorb und den Knien)*; da *(oberhalb)* waren vielleicht Kleider. Und ich zeigte mich einigen Personen ABSICHTLICH, und bei mir war jemand, der immer die gleiche Person ist, und zwar die physische Mutter. Sie ist das Bild oder das Symbol der physischen Mutter. Sie war bei mir. Außer auf den entblößten Teilen trug ich[1] ... Ach ja, und dieser Teil, den ich zeigte, war geschlechtslos, das heißt weder Mann noch Frau: da war nichts; und es war von einer Farbe ... ein wenig wie die Farbe von Auroville *(orange)*, aber vibrierend, das heißt ... nicht leuchtend, aber mit einer Art Schimmer. Und dann zog sich die Mutter einen großen Umhang über, der wie ein großer Schleier in dieser Farbe über ihrem ganzen Wesen lag, und sie sagte mir: „Siehst du, ich trage ihn, weil ich ihn akzeptiert habe – um dir zu sagen, daß ich ihn akzeptiert habe."

Das war der zweite „Traum".

Auch der übrige Teil meines Körpers war mit diesem Tuch bedeckt ... kein Tuch: etwas wie dieser Umhang. Aber das [Mutters Nacktheit] war ABSICHTLICH; verstehst du, es war ein Zeichen von GROSSER Bedeutung. Ich weiß nicht, wer diese beiden Personen waren [denen Mutter ihren Körper zeigte], aber sie schienen Männer zu sein. Ich weiß nicht, wer sie sind (in der Nacht kannte ich sie sehr gut, aber jetzt, wo ich wach bin, weiß ich nicht, wer sie sind). Es geschah, um ihnen zu sagen: „Seht, SO IST ES." Sie nahmen dies auch sehr wissenschaftlich zur Kenntnis.

---

1 Außer an dieser Stelle trug Mutter einen „Umhang", von dem sie später sprechen wird.

Diese Natur ... sie war ein wenig größer als mein Körper ... Vor vielen Jahren sah ich diese Person jedesmal, wenn ich die Natur sah. Seit Jahren repräsentiert sie für mich die Natur; und das ist keine „Verwandtschaft", sondern als sei meine Mutter meine Schwester oder meine Schwester meine Mutter (die Dinge sind nicht so scharf abgegrenzt, diese Worte ergeben keinen Sinn). Sie ist groß, eine schöne Frau, sehr schlicht, sehr einfach und sehr machtvoll, und mit mir ist sie wie ein kleines Kind. Sie begleitete mich und sagte mir: „Sieh, ich habe dein Kleid angezogen, um dir zu zeigen, daß es akzeptiert worden ist." Es hatte die gleiche Farbe wie die Haut [des entblößten Teils von Mutters Körper], das Kleid ähnelte einer Haut und hatte genau die gleiche Farbe. Auch strahlte sie ein wenig, wie „effloreszierend"[1]. Die Haut war „effloreszierend". Und ich war geschlechtslos, weder Mann noch Frau. Es war eine Form, die unserem Körper glich (Mutter zeichnet eine schlanke Silhouette in die Luft), aber geschlechtslos: die beiden Beine kamen einfach zusammen.

Das war schön.

Die beiden „Träume" veranschaulichten natürlich die beiden großen Schwierigkeiten des menschlichen Bewußtseins [den Tod und die Sexualität] – sie sind beide überwunden worden und existieren nicht mehr. All diese menschlichen Gefühle (des Grauens, der Angst ...), all dies war vollkommen inexistent, alles war reine Wonne ... Der erste „Traum" spiegelte, wie ich sagte, eine intensive Liebe wieder, der zweite eine Würde, weißt du.

Das ist interessant.

Der Tod war der erste, und danach kam der andere.

Es war das wahre Bewußtsein.

Mein KÖRPER erlebte dies – weder das Psychische noch die höheren Wesen (all diese Ebenen sind mir schon seit sehr langer Zeit geläufig). Es war der KÖRPER, der Körper selbst, HIER.

Und das verlieh ihm einen solchen Frieden!...

Dies sind die beiden Dinge, die gemeistert werden müssen. Das, was wir als Tod bezeichnen, ist ... das existiert nicht mehr. Ja, zum ersten „Traum" muß ich noch hinzufügen, daß ich ihn tötete, aber er bewegte sich trotzdem! Obwohl ich ihn aus nächster Nähe getötet hatte, bewegte er sich noch ... Ich glaube, ich tötete ihn mit einer Pistole (aber es machte keinen Lärm, und es entstand kein ...), und er konnte sich noch sehr gut bewegen. Und er war mir überhaupt nicht

---

1 Mutter wollte wahrscheinlich „phosphoreszierend" sagen, aber „effloreszierend" vermittelt den besonderen Sinn.

böse ... Dies war wie ein Bild der Unwirklichkeit und Falschheit all dieser Geschichten.

Der zweite ... Ich hatte mich immer gefragt: „Wie ist der supramentale Körper? Ich würde ihn gerne sehen ..." Nun sah ich meinen Körper so, wie er sein wird. Das ist gut *(lachend)*, sehr gut ... Es ist ein Körper ... nicht sehr anders, aber viel subtiler ... etwas so Verfeinertes! Und er hatte nichts von diesen gröberen Bewegungen an sich. Keine der gewöhnlichen menschlichen Bewegungen können darin existieren: die beiden Zustände sind unvereinbar; wenn der eine vorhanden ist, kann es den anderen nicht geben. Und es ist DAS. Das Alte muß ... vorbei und abgeklärt sein – daß nichts davon bleibt, das ... Nur die göttliche Wonne.

*(Schweigen)*

Ich sehe die Natur noch ... Ihre Haare ... ich weiß nicht, sie haben nicht die Farbe unserer Haare, sondern irgendwie alle Farben auf einmal; und sie ist immer so frisiert, wie ich es bin *(Mutter zeigt ihren Haarknoten hinten am Kopf)*. Und stets diese Haare, die nicht ... ich weiß nicht, es sind alle Farben auf einmal. Ein langes, ruhiges Gesicht ... Sie hat kein Alter: weder jung noch alt. Und eine außergewöhnliche Kraft im Gesicht.

*(Schweigen)*

Das ist die MATERIELLE Natur, die physische Natur, die materielle physische Natur, und sie sagte: „Ich habe dieses Kleid angezogen ... Ich habe DEIN Kleid angezogen, um dir zu zeigen, daß ich es angenommen habe."

Das bedeutet, daß die materielle Natur die neue Schöpfung angenommen hat.

## 13. Mai 1970

R fragte mich, was wir unter Religion verstehen ...

*(Mutter zeigt Satprem einen Brief)*

*Liebe Mutter, der Begriff Religion ist meistens mit der Suche nach Gott verknüpft. Ist er nur unter diesem Aspekt zu verstehen? Gibt es heute nicht auch andere Formen von Religionen?*

Ich hatte etwas geschrieben, BEVOR ich diese Frage erhielt. Es kam auf englisch:

*(Mutter reicht Satprem eine Notiz)*

Wir bezeichnen als „Religion" jede Anschauung der Welt oder des Universums, die sich als eine alleingültige Wahrheit präsentiert, an die man unbedingt zu glauben hat – meistens, weil man von dieser Wahrheit annimmt, daß sie einer Offenbarung entstammt.
Die meisten Religionen beteuern die Existenz eines Gottes und bestimmen die Regeln, die befolgt werden müssen, um Ihm zu gehorchen, aber es gibt auch Religionen ohne Gott – z.B. die sozialpolitischen Organisationen, die im Namen eines Ideals oder des Staates das gleiche Recht auf Gehorsam beanspruchen. Der Mensch hat das Recht, seine Suche nach Wahrheit frei zu verfolgen und sich ihr frei und auf seinen eigenen Wegen zu nähern. Aber jeder muß wissen, daß seine Entdeckung nur für ihn gut ist und niemand anderem aufgezwungen werden darf.

Und dann dies:

In Auroville gehört niemandem etwas persönlich. Alles ist gemeinsamer Besitz.

Das Sprechen fällt mir schwer ...

*
* *

Hast du eine Frage?

*Ja, mehrere Dinge ... Eigentlich zwei. Auf der mentalen oder vitalen Ebene bestehen Verbindungsmöglichkeiten: man hat einen entsprechenden mentalen bzw. vitalen Körper, und diesen Körper kann man entwickeln. Wie aber kann man das*

190

*Subtilphysische entwickeln, wie kann man bewußt mit ihm in Verbindung kommen?*

*(nach einem langen Schweigen)*

Ich selber habe es nicht absichtlich getan, deshalb weiß ich es nicht. Eigentlich bin ich Sri Aurobindo GEFOLGT, denn bevor er seinen Körper verlassen hatte, erinnere ich mich nicht, viel mit dem Subtilphysischen zu tun gehabt zu haben – vielleicht bestand eine Verbindung, aber sie war mir nicht sonderlich aufgefallen. Erst seitdem er dort ist und ich ihm dort täglich begegne ...

*Hat man denn einen Körper, der dieser Welt entspricht?... Haben wir Menschen einen jener Welt entsprechenden Körper?*

Einige besitzen im Subtilphysischen einen Körper – ja, gewiß!

*Aber nicht alle?*

Bei manchen ist das ... irgendwie unbestimmt und verschwommen, aber es gibt welche, die einen haben – ich glaube, daß man sogar im Laufe eines einzigen Lebens sein Subtilphysisches entwickeln kann.

*Ja, genau das würde ich gern wissen: Wie erreicht man das?*

Wie man das macht? Das weiß ich nicht, weil es bei mir ganz spontan kam.

Aber es ist sehr ähnlich [der materiellen Welt] ... Nur gelten dort scheinbar nicht die gleichen Gesetze der ... Wie nennt man das, was sie als die Folge der Anziehungskraft der Erde bezeichnen?

*Schwerkraft.*

Ja, dort scheinen nicht die gleichen Gesetze der Schwerkraft zu gelten, denn man kann sich nach Belieben fortbewegen *(Mutter deutet mit dem Finger einen Sprung von einem Punkt zu einem anderen an)*. Man braucht weder zu laufen noch ... *(gleiche Geste)*. Das Bewußtsein und der Wille haben dort eine viel größere Kraft als im materiellen Physischen.

Dort herrscht eine größere Fluidität, aber dennoch findet man gewisse Dinge wieder: man trifft sie beim nächsten Mal mit Veränderungen wieder an. Die Dinge haben also ein Eigenleben unabhängig von unserem Willen.

*(langes Schweigen,*
*ein Pfau läßt sich auf Mutters Terrasse nieder)*

Ich bin nicht sehr nützlich. *(Mutter lacht)* Ich selbst muß dort noch alles lernen.

*Offensichtlich hängt es weder vom Mental noch vom Vital ab ...*

*(Mutter schüttelt den Kopf)*

*Aber hängt es vom Psychischen oder von einer Aspiration des Körpers ab?*

Ich habe den Eindruck (eher einen Eindruck als eine Gewißheit), daß es einen subtileren Teil gibt (da, wo sich Sri Aurobindo aufhält: *Mutter hebt ein wenig ihre rechte Hand)*, der von oben abhängt, das heißt vom höheren Bewußtsein und vom Psychischen; und dann gibt es einen Teil, der sich im Körper zu formen versucht *(Geste einer Verbindung zwischen den beiden oder einer Herabkunft des einen in das andere)*, das heißt eine Seinsweise der Zellen, die der Beginn eines neuen Körpers wäre. Aber das ist ... wenn das kommt, entsteht ein sonderbares Gefühl. Der Körper selbst hat den Eindruck ... zu sterben – etwas, von dem er nicht weiß, was es ist. Und es ist ziemlich schmerzhaft. Nur in einem Zustand intensiven Glaubens kann man das ertragen. Als ob das eine in etwas anderes verwandelt würde ... Als ob das, was ist, versuchen wollte, in etwas anderes umgewandelt zu werden. Aber das ist ... schmerzhaft. Man muß sich wirklich in einem Zustand sehr intensiven Glaubens befinden, um das durchzustehen. Es äußert sich durch etwas ganz Neues, das einem Unbehagen ähnelt.

Dies ist jetzt ein fast ständiger Zustand meines Körpers. Es gibt nur SEHR SELTENE Augenblicke, in denen plötzlich: „Ah!..." *(Geste eines Entzückens)* Wenn diese Augenblicke kommen, ist es wunderbar. Aber das ist sehr selten ... Manchmal vergeht ein ganzer Tag ohne einen solchen Augenblick. Dieser Zustand machte sich häufiger tagsüber bemerkbar, aber jetzt fängt er auch nachts an. Letzte Nacht verbrachte ich einen großen Teil auf diese Weise [in diesem „Unbehagen"], und ich konnte nur Ruhe finden, weil mein ganzer Körper so war *(Geste der Hingabe)* und dem Herrn sagte: „Dein Wille, Herr, Dein Wille, Dein Wille..."

*(Schweigen)*

Und dann das Seh- und Hörvermögen: in manchen Augenblicken scheint es fast vollkommen zu erlöschen; in anderen Momenten wird es äußerst klar – sehr klar. Ohne erkennbaren Grund. Manchmal sehe ich die Dinge ganz genau, und manchmal erscheint alles wie durch einen Schleier.

Für das Hörvermögen ist es das gleiche: manchmal höre ich sehr genau; manchmal höre ich gar nichts mehr.

*Das muß an der Wahrheit dessen liegen, was du siehst oder hörst.*

Vielleicht, aber es hängt vor allem davon ab ... Ja, vielleicht hast du recht. Aber es hängt auch vom Zustand des Körpers selbst ab.

*(langes Schweigen)*

Hattest du noch etwas anderes?

*Ja, die andere Frage betraf genau diesen Punkt: Wie wird diese „nächste Art" zu sehen und zu hören sein?*

Ja ...

*(nach einem langen Schweigen)*

Soviel weiß ich: dies hängt AUSSCHLIESSLICH vom Bewußtsein ab, das heißt, wie weit es erwacht ist.

Meistens beginnt es mit diesem Unbehagen, von dem ich sprach; dann gibt sich der Körper sofort hin – gibt sich hin, als wollte er sagen (er sagt es nicht mit Worten): „Falls dies der Tod ist, dann gut, Dein Wille geschehe!" Eine totale Hingabe. Und manchmal, wenn die Hingabe ... wenn sie mehr oder weniger gelungen ist (ich weiß nicht), dann kommt eine Klarheit, ein Verständnis, eine Offensichtlichkeit von allem – ein wirklich außergewöhnlicher Zustand. Aber das ist nicht von Dauer. Die geringste Kleinigkeit stört.

*(langes Schweigen)*

Ich weiß ... Der Körper fühlt, wenn er sich nur VOLLKOMMEN hingeben könnte – nicht mehr unabhängig existieren würde, keine persönliche Anstrengung mehr machen würde, keinen persönlichen Willen mehr hätte – in dem Maße, wie er das fertigbrächte, ginge alles gut. Aber das bedeutet eine Spannung und eine Erschöpfung, die absolut uner-träglich werden ... Im allgemeinen führt gerade diese Erschöpfung wegen der Angespanntheit des Lebens zum Tod. Auch letzte Nacht kam das wieder ... Es wird so stark, daß ich mich ... Ich war so *(Geste der Hingabe)*, und der Körper gab sich hin, um ... (wie soll ich sagen?) man kann nicht sagen, um zu „verschwinden", aber es ist so *(Geste einer Verschmelzung und Hingabe)*. Ich lag auf dem Bett wie ... Ich kann nicht sagen „bereit zu sterben", denn da war keinerlei Wille zu sterben oder nicht zu sterben, doch ohne jeglichen Widerstand. Und was geschah? Ich weiß es nicht, die Stunden verstrichen, und dann wachte ich auf – ich „schlief" nicht, und dennoch war es so etwas wie Schlaf.

Letzte Nacht.

Am Morgen war es nicht schwieriger als sonst – es war auch nicht viel leichter, aber jedenfalls nicht schwieriger als sonst.

Wenn der Körper es schafft, nicht an sich selbst zu denken … (ich weiß nicht, wie ich das erklären soll, denn es ist kein „Denken") nicht seiner selbst bewußt zu sein, dann geht es besser.

*(Schweigen)*

Ich habe den Eindruck, daß hier unten *(Mutter deutet auf ihren Körper)* etwas ausgearbeitet wird, und auch dort geschieht eine Arbeit *(Geste ein wenig oberhalb mit der rechten Hand und darunter mit der linken, beide Hände parallel zueinander, mit einem Leerraum dazwischen).* Und zwischen den beiden … ist es noch nicht. Was wird nun zwischen den beiden geschehen?… Dies *(die obere Hand)* ist das Subtilphysische, und das *(die untere Hand)* ist das materielle Physische, und zwischen den beiden herrscht eine Verwirrung … oder etwas, das noch nicht bereit ist, oder …

*(langes Schweigen)*

Hattest du noch etwas anderes?… Und du *(zu Sujata)*, hast du nichts?

*Am Freitag morgen sah ich dich: Du hattest mich gerufen, dann zeigtest du auf die Wand und sagtest mir: „Schau, diese beiden Bilder werden wirklich werden."*

Und dann?

*Da begann ich die Wände sauber zu wischen, damit es ohne Schwierigkeiten geschehen könne.*

Sieh an!…

*(Mutter lächelt)*

Und ist etwas zum Vorschein gekommen?

*(Sujata:) Es waren zwei Bilder.*

*(Satprem zu Mutter:) Danach erwähntest du diese beiden Visionen, die du hattest: das Bild des Todes (du tötetest jemanden aus nächster Nähe) und das andere von deinem supramentalen Körper.*

War das am gleichen Tag?

*Sujatas „Traum" war am Morgen davor.*

Ach!

*(Mutter tritt in eine Kontemplation ein)*

Da war um dich herum einer dieser ... wie ein Hindu-Tempel, aber klein ... du kennst doch die Hindu-Tempel. Einfach so ...

*(Schweigen)*

## 16. Mai 1970

*(Mutter hat eine sehr heisere Stimme.)*

Keine Stimme ... Aber das macht nichts ... Hörst du mich?... Wenn du Fragen hast, kannst du sie stellen.

*Man hat den Eindruck, daß es knirscht und schwierig ist.*

Ja.

*(lange Kontemplation)*

So könnte ich den ganzen Tag lang verharren.
Das Essen ist ein Problem geworden ...

*(Schweigen)*

*Manchmal erhascht man einen kleinen Schimmer der Heldenhaftigkeit, die erforderlich ist, um die Arbeit zu tun, die du machst ...*

*(Mutter lacht)* Der Körper ist ziemlich ausdauernd, ich kann mich nicht beklagen.
Wenn es eine Gewißheit gäbe, wenn Sri Aurobindo zum Beispiel sagen würde: „Dies, das und jenes ist so", dann wäre es sehr leicht. Aber das Schwierige ist ... Weißt du, man ist umgeben von Leuten, die einen für krank halten und einen wie eine Kranke behandeln, obwohl man weiß, daß man nicht krank ist; aber alles, alles wird zerschlagen ... gestört.

Von Zeit zu Zeit – aber selten – stellt sich plötzlich eine Glückseligkeit ein. Das bleibt nur einige Sekunden. Vielleicht will man mir auf
diese Weise sagen: „Dies ist das Ziel" ... Doch ich bin umgeben von
Leuten, die überzeugt sind, daß ich sehr schnell dem Ende zugehe,
und deshalb ist dieser arme Körper so *(schwankende Geste)*. Er sorgt
sich nicht darum, aber er hat keine Gewißheit, wie das enden wird.
So bleibt ihm nichts anderes übrig, als ruhig zu bleiben, Vertrauen zu
haben und ... durchzuhalten.

*(langes Schweigen)*

*Neulich hatte ich einen seltsamen Traum.*

Ach?

*Vorgestern sah ich dich früh morgens. Du warst „außerhalb",
und es war, als gingen wir zusammen auf einer Straße. Irgendwo
außerhalb. Da fragtest du mich: „Warum stellst du mir denn
keine Fragen über die äußere Welt?" Dann fingst du an, über
China zu sprechen, und wenn ich richtig verstanden habe, sagtest du, daß China alles hinwegfegen würde ...*

Bah!

*Ich weiß nicht, was das bedeutet. Aber es war außerhalb. Und
zum Beispiel ein Detail: ich zeichnete auf, was du sagtest, und
in der Ferne sah ich den alten Apparat, den wir benutzten, als
du noch unten wohntest. Ich weiß nicht, ob dieses Detail etwas
bedeutet ... Wir gingen nebeneinander auf einer Straße.*

*(Schweigen)*

*Du sprachst auch von Afrika, von Madagaskar ... Jedenfalls
sagtest du mir (wenn ich richtig verstanden habe): China wird
alles hinwegfegen.*

Oh je ... Das ist nicht amüsant!

*(Schweigen)*

Hier haben alle große Angst vor China; viele Leute wollen deshalb
sogar Atombomben bauen. In dieser Besorgnis haben sie mich gefragt
(die Regierung hat mich gefragt): „Was sollen wir tun?..." – Ich bin die
letzte Person, die man so etwas fragen sollte!
Das ist natürlich ein Abschreckungsmittel, aber ... China hat welche, Rußland hat welche, Frankreich hat welche *(Mutter verdeckt ihre
Augen bei der Erwähnung von Frankreich)*, furchtbar!...

Ich weiß nicht, ob es China oder Amerika ist: eine einzige ihrer Bomben könnte ganz Paris zerstören.

*Ja, bestimmt!*

(Mutter streicht mit der Hand über ihre Stirn,
langes Schweigen)

Hast du etwas anderes?

(Sujata steckt Satprem einen Zettel zu)

*Sujata stellt eine Frage. Sie sagt: Wenn Indien das Göttliche rufen würde, wäre das nicht ein wirkungsvolleres Mittel, um China zu stoppen?*

Unbestreitbar! *(Mutter lacht)* Unbestreitbar.
Sie haben keinen Glauben.

(Mutter tritt in eine Kontemplation ein)

## 20. Mai 1970

(In den letzten Tagen hatte Mutter eine leichte Entzündung am linken Auge, sowie einen Zahnabszeß – Satprem hatte ebenfalls eine Zahnentzündung.)

Nach dem Auge, der Zahn ... Ein Ding nach dem anderen. Nun ...
Das geht einfach so weiter ...

(Schweigen)

Hast du die Broschüre [über Auroville und die Religionen] gesehen? Sie ist gut ... Ich habe sie in Auroville verteilen lassen. Die Leute von „Auromodèle" kommen abwechselnd am Dienstagnachmittag (jeden Dienstag kommen fünf oder sechs), ich gab sie ihnen gestern.

*Ich sehe auch einige; sie besuchen mich nacheinander.*

Ach?

*Ja, man hat den Eindruck, daß sie ein wenig aufwachen.*

Ja, allmählich rühren sie sich ein wenig.

*Einige sind sehr nett.*

Was erzählen sie dir? Es würde mich amüsieren, das zu erfahren.

*Die meisten haben Probleme mit dem Handeln, oder eher der Tatenlosigkeit.*

Ja.

*Probleme in ihren Beziehungen untereinander und so weiter. So versuche ich ... Ich sage ihnen, was mir gerade einfällt. Ich versuche, ihnen die große Sache, die dahinter steht, begreiflich zu machen.*

Ja, das tut ihnen gut. Sie brauchen eine Führung.

*Da war sogar einer, der mich fragte, ob ich nach Auroville kommen könnte ...*

*(Mutter lacht)*

*Ich sagte ihnen: Nein, es ist völlig nutzlos, Reden zu halten – allen, die spontan kommen wollen, kann ich rein persönlich etwas sagen, aber nicht kollektiv.*

*(Mutter nickt)*

*Darum bete ich oft: zu wissen, was ich den Leuten sagen soll.*

Ja.

*(Schweigen)*

In Delhi ist ein neuer französischer Botschafter im Amt. Sein Vorgänger war ... oh, er war schrecklich – fürchterlich engstirnig. Nun hat man einen neuen entsandt, und Maurice Schumann[1] schrieb ihm einen Brief, in dem er ihm mitteilte, daß er sich besonders für den Ashram interessiere und um Informationen bat – dieses Individuum ist nicht einmal hierhergekommen. Er hat geschrieben *(lachend)*, er habe keine Zeit gehabt zu kommen, er habe aber Informationen bei D[2]

---

1 Der französische Außenminister, der im September 1947 nach Pondicherry gekommen war, weil er sich für die Äußerungen des damaligen Gouverneurs François Baron interessierte. Er war Sri Aurobindo und Mutter begegnet und hatte vorgeschlagen, ein französisch-indisches Kulturinstitut unter der Leitung von Sri Aurobindo zu gründen.
2 Der französische Konsul in Pondicherry, der den Ashram ausgesprochen verabscheut.

eingeholt (ich erfuhr das, weil Schumann dies Baron berichtete, der den Brief an A weiterschickte). D hat ihm geantwortet ... Du kannst dir wohl denken, was das sein kann.

Im Konsulat gab man der schlechten Reaktion einiger Dorfbewohner viel Gewicht. Sie behaupteten sogar, die Dorfbewohner hätten die Aurovillianer mit Steinen beworfen ... Natürlich konnten sie [die Leute vom Konsulat] damit nur ein Durcheinander auslösen, wo doch im Gegenteil alles gut zu gehen scheint.

*R [der Architekt von Auroville] wollte mich heute abend sehen.*

Ach! Warum wohl?

*Nur so. Ich weiß es nicht. Einfach, um Kontakt aufzunehmen.*

R ... in ihm tut sich etwas! *(Mutter lacht sehr)* Er ist hin- und hergerissen zwischen dem alten Menschen, der voller Bindungen dort drüben ist, und dem neuen Leben, dem neuen Bewußtsein, das interessant wird.

*(langes Schweigen)*

Da waren noch einige interessante Sachen von Sri Aurobindo – hast du sie?

*(Satprem liest die letzten Aphorismen,
die Mutter kommentiert hat)*

517 – Solange du nicht gelernt hast, mit Gott zu ringen ...

*(Mutter lacht aus ganzem Herzen)*

... wie ein Kämpfer mit seinem Kameraden, wird dir die Kraft deiner Seele für immer verborgen bleiben.

516 – O Narr deiner Schwäche, verhülle nicht das Gesicht Gottes mit dem Schleier der Ehrfurcht, nähere dich ihm nicht in flehender Schwäche! Schau! Du wirst auf Seinem Gesicht nicht die Feierlichkeit des Königs oder des Richters sehen, sondern das Lächeln des Geliebten.

Ich erinnere mich nicht mehr ... Aber danach kommt noch etwas, oder?...

*Nicht danach, sondern davor:*

515 – Wer auch nur ein geringes Gutes für die menschlichen Wesen getan hat, wird, auch wenn er der schlimmste Sünder ist,

von Gott akzeptiert in der Reihe derer, die Ihn lieben und Ihm dienen. Er wird das Antlitz des Ewigen sehen.

*Und du antwortest:*

„Sri Aurobindo war immer bemüht, seine Schüler und Leser von allen Vorurteilen und der ganzen konventionellen Moralauffassung zu befreien."

Es ist wunderbar: All dies wird gar nicht mehr von meinem aktiven Bewußtsein geschrieben – diese Texte erscheinen mir jetzt völlig fremd ... Vorgestern schrieb ich etwas, und beim Schreiben sagte ich mir: „Ach, das würde Satprem interessieren." Auch an den Text erinnere ich mich überhaupt nicht mehr.
Merkwürdig.
Ich bin so *(reglose Geste zur Stirn),* dann nehme ich plötzlich meinen Bleistift und schreibe. Ich sehe es erst beim Schreiben, und gleich darauf ist es vorbei.

*(Mutter sucht das Heft von Sh. neben ihr)*

In dieses schreibe ich jeden zweiten Tag. Nur nimmt er alles mit, deshalb weiß ich nicht. Das hier ist das letzte. Du wirst mir sagen, ob man es versteht.

*Er fragt: „Existiert im kosmischen Bewußtsein keine Empfindung des Schmerzes mehr?" ... Du antwortest:*

„Gewiß existiert der Schmerz im kosmischen Bewußtsein ..."

Das kosmische Bewußtsein ist das universelle Bewußtsein, das MATERIELLE Bewußtsein; dort existiert der Schmerz. Ich weiß es, denn dies ist ein Bewußtsein, das ich ständig habe, so weiß ich, daß der Schmerz existiert.
Erst später:

„Im Höchsten Göttlichen Bewußtsein existiert der Schmerz nicht. Das heißt, das Wesen der Empfindung verändert sich, und die Gegensätze verschwinden und werden durch etwas ersetzt, das in unserer Sprache undefinierbar ist."

Ist das klar?

*Ja, ja, sehr klar!*

Es gibt viele solche Dinge [in den Heften von Sh.], aber ich weiß nicht, was er damit macht ... Du könntest ihn ja fragen ...

*(Schweigen)*

Ach! *(Mutter reibt sich das linke Auge)* Es war besser ... Ist es jetzt wieder rot geworden?

*Nein, ich sehe nichts, liebe Mutter.*

Es brennt ...

Oh, weißt du, innen ist es so *(Geste eines Kampfes)*. Ganz und gar der Eindruck einer Lüge, die gegen die Wahrheit ankämpft (ein sehr konkreter Eindruck).

Von Zeit zu Zeit kommt eine kleine Erfahrung ... drei, vier Sekunden: einfach wundervoll, unvorstellbar, und dann hopp! nichts mehr ... Ein wahres Schlachtfeld.

*Folgen wir deiner Erfahrung ein wenig?... Oder was müßte man tun, um der Bewegung besser folgen zu können?*

*(nach einem Schweigen)*

Letztes Mal hatte ich den Eindruck, daß du sehr gut folgst. Und ich habe den Eindruck *(auf Sujata deutend)*, daß auch sie gut folgt. Einige fangen an, Erfahrungen zu haben. Manche haben welche, wissen es aber nicht. *(Mutter lacht)* Es hat eine Wirkung. Ich kann mich nicht beklagen: es hat eine Wirkung.

Die größte Schwierigkeit stammt immer vom Mental, weil es auf seine Art verstehen will. Das ist die Schwierigkeit ... Einige würden viel schneller vorankommen, wenn sie das nicht hätten. Sie haben den Eindruck, wenn sie es nicht mental verstehen, haben sie es nicht verstanden.

*Ja, das kann ich sehr gut verstehen.*

Oh, ich glaube, du gehst schnell voran.

*Aber die Substanz ... Das ist es doch, wie ... [sie ändern]?*

Ach ... Nicht einmal der Körper ... [weiß es]. Ich sagte dir schon: Von Zeit zu Zeit, einige wenige Male am Tag oder in der Nacht kommt für einige Sekunden ... *(Mutter öffnet entzückt die Augen)*, und dann paff! weg.

Der Körper macht sich keine Sorgen, aber da ist ein Druck von außen [von Seiten der Menschen]: „Wird er sich verändern, oder ist all dies bloß eine Vorbereitung für eine zukünftige Existenz?..." Er selbst fragt sich das nicht: die anderen fragen es sich. Außerdem üben all die gewöhnlichen dummen Gedanken einen Druck aus ...

*Ja.*

Aber mir ist das egal, es stört mich nicht besonders. Ich bin daran gewöhnt. Es stört das Bewußtsein nicht, aber manchmal bereitet es Schwierigkeiten.

Der Körper verbringt keine sehr angenehme Zeit, aber letztlich beklagt er sich nicht. Manchmal ist er plötzlich entzückt zu sehen, wie ... wie wunderbar sich die Dinge für ihn fügen. Und eine Minute danach fühlt er es nicht mehr. Das ist die Hauptschwierigkeit.

Diese Behinderungen *(Mutter berührt ihre Wange)* scheinen noch sehr real – eine Sekunde lang sind sie es nicht mehr, aber sie verschwinden nicht wirklich (vermutlich, weil es nicht lange genug dauert).

*(Schweigen)*

*Wenn man nur genau wüßte, was einen auf die eine oder andere Seite kippen läßt ...*

Ja.

Offensichtlich wird versucht, dies den Körper zu lehren, und plötzlich befindet er sich ... außerhalb aller Gewohnheiten, aller Aktionen, Reaktionen, Folgen usw.; und da ist es dann so *(Mutter öffnet entzückt die Augen)*, und dann verschwindet es wieder.

Für das materielle Bewußtsein ist dies so neu, daß man sich jedesmal fühlt, als stünde man ... kurz vor einer Verwirrung – einer Störung des BEWUSSTSEINS, denn das Mental hat glücklicherweise nichts damit zu tun; das ist eine wunderbare Hilfe, die mir zuteil wurde. Aber das Bewußtsein erlebt eine Minute der Bestürzung.

Denn schon immer war eine Art gesunder Menschenverstand in meinem Wesen verwurzelt, der jede Einbildung ablehnt. Deshalb akzeptiert das Bewußtsein die Dinge erst, wenn sie ganz konkret sind – sonst könnte man zu leicht anfangen, sich Hirngespinste auszudenken und zu ... Nein: ganz PRAKTISCH und konkret.

*Aber ist dieser praktische Sinn ein Hindernis?*

Oh, keineswegs! Für mich ist er eine Garantie.

Nein, ich sehe nur zu deutlich, daß viele Leute aus einer kleinen Erfahrung eine ganze mentale Konstruktion fabrizieren *(Geste wie das Einrollen eines großen Knäuels)*, und dann ... Weißt du, sobald sich das Mental einmischt ...

*(Schweigen)*

*Ich habe mich mehrmals gefragt, was geschähe, wenn einer Raupe durch beschleunigte Evolution plötzlich Menschenaugen gegeben würden ...*

Genau!

*Das wäre bestürzend.*

Ja, das ist es.

*Hier muß es ein wenig ähnlich sein.*

Ja, das ist es!... Der Körper ist vernünftig genug, um ... Er WEISS, daß er nicht krank ist – er weiß, daß es keine Krankheit, sondern ein Transformationsversuch ist ... Und vom psychologischen Standpunkt aus ist dies wichtig und hilft sehr, aber ... da sind diese jahrhunderte-alten Gewohnheiten.

*(Mutter geht in Meditation)*

Die Atmosphäre ist sehr gut ... Ich schaute gerade, es war wunderbar. Deine Atmosphäre ist sehr gut. Sehr gut. Und das Mental ist sehr friedlich, fast ganz still.

Sehr angenehm! *(Mutter lacht)*

Ja, du könntest Sh. [den Mann mit den Heften] bitten, daß er dir alles, was nicht rein persönlich ist, gibt. Manche Texte sind völlig unbedeutend, aber von Zeit zu Zeit kommt eine interessante Antwort.

*Ich werde ihn fragen.*

*(Satprem legt seinen Kopf auf Mutters Schoß)*

Der Körper, das Bewußtsein des Körpers ist dabei, sich sehr schnell zu verändern. Und seine Haltung wird ganz anders, er universalisiert sich gut; er hat nicht mehr ... *(Mutter berührt ihre Hände, um die Abtrennung des Körpers anzudeuten)*, das wird immer geringer und ... unwirklich.

## 23. Mai 1970

*(Satprem übergibt Mutter seine Rente.
Dann nimmt Mutter das Gespräch auf:)*

Es ist eine Zeit der Entdeckungen ... überall!... Als hätte etwas solange Druck gemacht, bis die Dinge nichts mehr vortäuschen können – alles muß sich so zeigen, wie es ist. *(Lachend)* Das sind Entdeckungen!

Wenn man beide Seiten anhört, ergibt sich natürlich eine fast widersprüchliche Geschichte, aber ... Man weiß nicht, wo die Wirklichkeit ist.

Nicht nur hier [im Ashram] sondern im ganzen Land. Man erzählt mir alles Elend und bittet mich, einzugreifen (natürlich nicht äußerlich).

Es ist ein Mischmasch ...

*(Schweigen)*

Hast du die letzten *Aphorismen* von Sri Aurobindo gesehen?... Er rät uns, unsere Moralauffassungen gänzlich abzuwerfen.

*(Satprem liest vor)*

520 – Der alten semitischen Überlieferung zufolge wurden unsere Vorfahren verjagt, weil sie von der Frucht des Baumes von Gut und Böse kosteten. Hätten sie sofort vom Baum des ewigen Lebens gekostet, wären sie den unmittelbaren Folgen entronnen; aber der Plan Gottes für die Menschheit wäre durchkreuzt worden. Sein Zorn ist unser ewiger Vorteil.

*Und du sagst:*

„Sri Aurobindo will verständlich machen, wie die Einschränkungen unserer Schau uns daran hindern, die Göttliche Weisheit wahrzunehmen."

*(Mutter lacht)* Das habe ich gestern geschrieben.

Einige Leute machten ernsthafte Nachforschungen, um den geographischen Ort des irdischen Paradieses zu finden. Sie fanden etwas und erzählten es mir, aber ich erinnere mich nicht mehr, wo.

Théon sagte, daß die Schlange die Evolution darstelle.

*(Schweigen)*

Hast du keine Fragen?

*Ich habe R [den Architekten von Auroville] getroffen. Ich sah ihn zweimal.*

Ach! Und was sagte er dir?

*Es ist interessant. Zunächst fand ich ihn sehr verändert.*

*(Mutter stimmt zu)*

*Er ist ein anderer Mensch. Und ich fand ihn nahe, nicht distanziert. Ich hatte den Eindruck, daß er mir ganz nah war.*

*(Mutter nickt)*

*Und er war überaus interessiert an diesem neuen Bewußtsein. Er sagte: „Ich hätte gern die Erfahrung dieses neuen Bewußtseins. Was muß ich dafür tun?... Alle spirituellen Geschichten behaupten: Man darf dies nicht tun, man darf jenes nicht tun, man muß dies tun, man muß meditieren und ..."*

Nein.

*Ich versuchte ihm zu erklären, daß dieses neue Bewußtsein eben nicht so ist.*

Ja. Mit mir hat er darüber nicht gesprochen.

*Das läßt ihm keine Ruhe: „Was muß man tun, um die Erfahrung des neuen Bewußtseins zu erlangen?"*

Man muß ihm helfen.

*Ich hatte den Eindruck, als stehe er ganz dicht am Rande von etwas.*

Ja.

*Was muß man tun, um das neue Bewußtsein zu erfahren?*

Du könntest ihm helfen.

*Ich habe versucht, ihm etwas zu sagen; ich weiß nicht, ob ich ...*

Mich fragt er nichts.

*Trotzdem sagte er mir: „Oh, ich sehe Mutter jeden Morgen, und das ist mein Sauerstoff."*

Ja, wir sprechen über das, was dort [in Auroville] vor sich geht, und da sage ich ihm ganz offen, was ich sehe und verstehe – das schon ... Aber ich will sagen, daß er mit mir gar nicht über sich selbst spricht.

*Er ist hin- und hergerissen zwischen seinen Bindungen in Frankreich und ... Aber ich fühle, daß er dicht vor etwas steht.*

Oh, ja!

*Er muß noch eine Weile durchhalten.*

Du kannst ihm sehr helfen.

*Ich versuchte ihm klar zu machen, daß dieses neue Bewußtsein keine spirituelle Gymnastik, keine großen Konzentrationen und Meditationen und Tapasya [Disziplin] oder irgendwelche besonderen Tugenden erfordert ...*

Nein.

*Es erfordert einfach Vertrauen in etwas anderes, eine Art kindliches Vertrauen und einen Drang nach etwas anderem.*

Ja, das ist es.

*Er hatte vor allem Angst, daß dies eine weitere „spirituelle Disziplin" verlangt.*

Nein, nein! Überhaupt nicht.
Die Leute fallen immer in diese alte Gewohnheit. Sogar in Auroville: Meditationen! Ich kann ihnen aber auch nicht sagen: „Das nützt nichts!" *(Mutter lacht)*

*Er war berührt und beruhigt über das, was ich ihm sagte. Nur weiß er nicht, wie er vorgehen soll.*

Du kannst ihm Dinge sagen, die ihm weiterhelfen.
Es ist ein gutes Zeichen, daß er dich sehen wollte.

*(langes Schweigen)*

Hast du nichts zu fragen?

*Es wäre interessant, wenn du ihnen sagen würdest, wie man es konkret anstellen soll, um das neue Bewußtsein zu erfahren.*

Das ist ja das Erstaunliche! Alle anderen Verwirklichungen habe ich erarbeitet, ich folgte Disziplinen ... Dies hingegen kam so *(Geste einer plötzlichen Herabkunft)*, ohne daß ich etwas suchte, mühelos, ohne ...
Erst hinterher achtete ich darauf.

Was kann ich ihnen also sagen?

*Äußert es sich durch eine größere Genauigkeit in den Handlungen oder in dem, was zu tun ist oder ...?*

Nein ... Ich habe festgestellt, daß das Sehvermögen, die Reaktion, das heißt die Sichtweise und vor allem das Verständnis völlig anders war. Noch jetzt beobachte ich Tag für Tag: Alle alten Dinge meines Körpers sind völlig weg. Wenn ich jetzt zum Beispiel Texte von Sri Aurobindo lese, verstehe ich sie auf eine ganz andere Art; und so sage ich mir, daß Sri Aurobindo sicher ebenfalls Kontakt zu diesem neuen Bewußtsein hatte ... Der Unterschied besteht jedoch darin, daß es sehr konkret ist. Zum Beispiel schreibt mir jemand von der Regierung (Indira oder N.S.): „Da ist dies und das, was sollen wir tun?" Vorher hätte ich gesagt: „Keine Ahnung." Doch jetzt sehe ich alles ganz deutlich und sage ihnen: „Das ist so und so." Ohne auch nur eine Minute lang darüber nachzudenken: dieses Bewußtsein sieht die Dinge.

Nur kann ich das nicht als Hinweis weitergeben, denn ich glaube nicht, daß es für alle gleich ist.

*Selbstverständlich muß man vorher genügend abgeklärt sein.*

Ja.

*Sonst läuft man Gefahr, zu ...*

Das ist sehr gefährlich, ich sage den Leuten das nie. Sonst könnten sie alle ihre Impulse für Offenbarungen halten.

*(Schweigen)*

*Das Vertrauen ist vermutlich ein großer Schlüssel, oder?*

Bei mir spielt sich die ganze Arbeit im Körper ab. Er ist ... tagein, tagaus ist er im Zustand eines ständigen Rufens ... Alles, alles wird dem Göttlichen dargebracht – die ganze Zeit, die ganze Zeit, ständig ... alles: auch die geringfügigsten Dinge.

*(Schweigen)*

Das kann ich niemandem sagen und niemanden fragen, denn ... wenn ich zu all diesen Leuten – wie R zum Beispiel – vom „Göttlichen" spreche, ist das für sie eine Null, es bedeutet ihnen nichts.

*Ich sage ihnen „das andere Etwas".*

Das ist viel besser. Deshalb sage ich dir, daß du ihm viel besser helfen kannst als ich.

*Ach! [Lachen] … Auf alle Fälle hast du ihn schon ziemlich verändert.*

(Mutter lacht)

*Mich auch!*

(langes Schweigen)

*Liebe Mutter, ich habe das Gefühl, daß ich ziemlich bald ein neues Buch in Angriff nehmen sollte …*

Ja?

*Das wird …*

Die Fortsetzung.

*Ja, die Fortsetzung, der „nächste Schritt", die nächste Etappe[1].*

(Mutter nickt)

*Mit einem ganz anderen Ansatz.*

(Schweigen)

Das Land scheint auseinanderzufallen, deshalb hat man mich dort [in Delhi] gefragt, was zu tun sei. Ich antwortete, daß diese Hundertjahrfeier [von Sri Aurobindo] ABSICHTLICH jetzt ansteht. Bestimmt passiert dies gerade jetzt, weil das die EINZIGE Rettung für das Land ist, das EINZIGE, was es vereinen kann: daß es sich das Ideal Sri Aurobindos zueigen macht – er hatte einen Plan, er sah sehr genau, wie das Land organisiert sein muß, er hat es mir gesagt; wenn man seine Bücher sehr sorgfältig studiert, sieht man es. Ich sagte ihnen, daß man im GANZEN Land Studiengruppen, Bibliotheken, Konferenzen usw. organisieren sollte, damit das ganze Land Sri Aurobindos Gedanken und Absicht kennenlernt. Die Hundertjahrfeier ist dafür eine ausgezeichnete Gelegenheit. Sie haben mich gefragt: „Was tun, um aus diesem Chaos herauszukommen?…" Auf meinen Rat hin versuchte Indira, sich mit qualifizierten Leuten zu umgeben. (Sie ließ mich wissen, daß sie die Parteienfrage beiseite gelegt habe und fähige Leute um sich sammeln wolle …) Die Schwierigkeit ist aber, integre Leute zu finden. Man muß sie erziehen – sie haben nicht einmal eine VORSTELLUNG, wie man sein kann! Dann sagte ich: „Man muß schon jetzt anfangen, diese

---

1 *La Genèse du Surhomme* [„Auf dem Wege zum Übermenschen", auf deutsch später erschienen als „Der Sonnenweg"].

Hundertjahrfeier zu organisieren, damit es bis zu seinem hundertsten Geburtsjahr das ganze Land umfaßt ..." In dem, was er geschrieben hat, können sie alles finden, was sie brauchen, um das Land zu organisieren – weitaus besser, als ich es ihnen sagen könnte, denn er kannte das Land und seine mentale Einstellung und all dies sehr viel besser als ich.

Die Menschen brauchen Anlässe, um Dinge zu tun. So scheint dies wunderbar und ABSICHTLICH vorbereitet worden zu sein.

*(langes Schweigen)*

Ist das alles?

*Wäre es nicht gut, daß ich deine ganze Agenda noch einmal durchlese, bevor ich das neue Buch schreibe?*

Meine Agenda?

*Ja.*

Was steht denn da drin?

*(Lachen) ... Der ganze Vorgang.*

*(Mutter lacht)* Du kannst es durchlesen, wenn du willst!

*(Schweigen)*

Tag für Tag, fast Stunde für Stunde, bemerkt der Körper sein Unwissen, seine Dummheit ... ständig. Und er sieht dies auf eine völlig andere Weise, außerhalb aller Moralvorstellungen und natürlich außerhalb aller vorgefaßten Meinungen – das wurde vollkommen hinweggefegt. Oh, du kannst dir gar nicht vorstellen, wie dankbar mein Körper ist, daß man ihn vom Mental befreit hat ... Er hat sich ein eigenes Mental gebildet, das überhaupt nicht auf die gewöhnliche Weise funktioniert, sondern eine Art Vision ist, eine Vision ... mit Augen da oben. Und ... *(lachend)* es wäre erschreckend, wenn es nicht so komisch wäre! *(Mutter lacht sehr)*

Das einzige ist, daß in jeder Sekunde ... *(Mutter öffnet ihre Hände in einer Geste der Darbietung mit einem glückseligen Lächeln)* alles, was sich noch getrennt fühlt, oh, sich in ein Bestreben stürzt, ein wenig anpassungsfähiger zu sein.

*(Schweigen)*

Hier ist er im Begriff zu lernen, daß ... Weißt du, das ganze Leben basiert auf dieser alten Gewohnheit der Gegensätzlichkeit zwischen Gut und Schlecht – was Gutes oder Schlechtes bewirkt –, aber das ist

vollkommen hinweggefegt worden, und nun ist er dabei zu lernen ...
Nimm als Beispiel eine kleine Empfindung, die kommt (das passiert
ständig, aber ich muß unter hundert Dingen eines auswählen, um es
auszudrücken): wie kann diese Empfindung wahr werden? Und das ist
wirklich interessant.

Doch das ist unaussprechlich. Sobald man es in Worte faßt, nimmt
es enorme Ausmaße an.

Der Körper hat keinen Hang zur Literatur, er mag keine Phrasen,
und sobald etwas gesagt sein will, oh, dies kommt ihm vor ... wie leere
Worte.

Kannst du mir sagen, wie spät es ist?

*Fünf nach elf.*

Wir haben noch etwas Zeit. Möchtest du, daß wir einfach still bleiben?

*(Meditation)*

Das könnte ewig so weitergehen!

### 27. Mai 1970

Ich glaube, daß der Druck dieses Bewußtseins wirkt, aber eine
Menge Leute streiten sich in den Abteilungen und vor allem in der
Druckerei. Deshalb habe ich etwas geschrieben:

*(Mutter überreicht eine Notiz)*

„Ihr scheint zu vergessen, daß ihr durch die Tatsache, daß ihr im
Ashram lebt, weder für Euch selbst noch für einen Arbeitgeber
arbeitet, sondern für das Göttliche. Euer Leben soll dem Göttlichen Werk geweiht sein und darf nicht von kleinen menschlichen
Erwägungen bestimmt werden."

*Möchtest du das veröffentlichen oder ans Anschlagbrett hängen?*

Das wäre vielleicht zu öffentlich ...

Man könnte ... Das gilt vor allem der Druckerei, deshalb wäre es amüsant, ihnen dies zu geben ... *(lachend)* und sie zu bitten, das auf kleinen Karten zu drucken.

*(Schweigen)*

Abgesehen davon habe ich nichts ... „Träume" – keine Träume: die nächtlichen Aktivitäten sind sehr klar, sehr interessant geworden, aber manchmal ist es ein symbolischer Traum. Und das ist so konkret und real ... Früher hatte ich nie solche Träume. Das ist sehr lehrreich.

Aber da ist ein Phänomen. Es ist eine Welt (diese symbolische Welt), in der es keinen Unterschied zwischen den Lebenden und den Toten gibt. Ich meine damit, es gab nicht einmal einen spürbaren Unterschied. Letzte Nacht zum Beispiel war ich dort in eine Tätigkeit verwickelt; Amrita war da [der verstorbene Schatzmeister des Ashrams], zusammen mit einigen lebenden Personen. Er war genau wie alle anderen. Er wirkte nur ein wenig ... *(müde und apathische Geste)*, aber das mußte an seinem Wesen liegen: keine Lust einzugreifen.

Die Erfahrung symbolisierte Tätigkeiten in bezug auf das Geld. In diesem Fall war es Nahrung statt Geld, aber es ging ganz offensichtlich um die Handhabung des Geldes: die verschiedenen Haltungen der Menschen, der Empfang und die Verwendung usw., mit sehr interessanten und genauen Einzelheiten (interessant vom Standpunkt des Handelns aus gesehen: was getan wird und wie es getan wird).

*Befindet sich dieser Ort, wo die Lebenden mit den Toten zusammen sind, im Subtilphysischen?*

Ja.

*Wird die Entwicklung im Sinne einer Materialisierung des Subtilphysischen verlaufen?*

Nein. Das kann sich nicht materialisieren, das wäre unmöglich ... Ich glaube, das Subtilphysische stellt eine Handlungsmöglichkeit dar, das heißt, es gehorcht dem Willen klarer und machtvoller. Es scheint empfänglicher zu sein. Es ist anpassungsfähiger und auch ausdrucksvoller. Aber materialisiert würde das wie ein reines Chaos aussehen.

Dies scheint der symbolische Ort des physischen Lebens zu sein. Zum Beispiel kann man dort auf kleinem Raum eine sehr ausgedehnte Aktion unternehmen, die weit in die Ferne reicht ... In aneinandergrenzenden Zimmern befanden sich z.B. Leute, die sehr weit weg voneinander wohnten, im Norden Indiens oder in einem anderen Land oder ... Sie waren in verschiedenen Zimmern, doch ich konnte von einem Zimmer ins andere gehen. Es glich ... *(Mutter macht eine*

*Geste, die eine Konzentration oder ein eingegrenztes Feld andeutet).* Die Tätigkeiten dort haben nicht die gleiche konkrete Realität, sie sind symbolischer Art.

Zum Beispiel wurde das Geld durch eine gewisse Nahrung symbolisiert – tatsächlich waren es Spargeln, aber keine Spargeln, wie wir sie hier haben, sondern so große *(ungefähr 50 cm)* –, und man konnte darüber verfügen, sie nehmen und anrichten, als ob man Speisen anrichtete, und man nahm sie nicht in den Mund (all dies ist symbolisch).

*Das, was sich hier von dort manifestieren würde, wäre also nicht jene Welt sondern eher ihr spezieller Bewußtseinszustand?*

Vielleicht, ja ... Der gegenwärtige Versuch besteht darin, einen stärkeren und direkteren Einfluß auf die rein materiellen Umstände zu erlangen ... Ja, das ist es: Der Einfluß des Subtilphysischen hat eine Wirkung in der materiellen Welt, sogar unter den wirkenden Gesetzen der materiellen Welt.

Dies spielte sich inmitten von vielen anderen Dingen ab (es hielt lange an, und es war eine sehr komplexe Angelegenheit), aber als Beispiel inmitten von anderen Dingen ging es um die heute noch spürbaren Folgen gewisser Dinge, die Amrita tat, als er hier war und sich um das Geld kümmerte. Aber ich sprach mit ihm und ordnete die Dinge so an, als sei er noch anwesend und nicht bereits gegangen.

*(langes Schweigen)*

Hast du nichts zu fragen?

*Ja, vor ein paar Tagen fragte ich dich, wie man Zugang zum Subtilphysischen bekommen könne. Nach dem, was du jetzt sagst, erreicht man diese Welt in gewisser Weise durch Aktivitäten der Arbeit ... Ist es eine Welt der Arbeit[1]?*

In dieser einen Erfahrung: ja. Ich müßte aber erst weitere verschiedene Dinge sehen, um eine Regel aufstellen zu können – ich weiß nicht. Letzte Nacht war es so, das ist alles, was ich sagen kann.

Vielleicht werde ich nach einiger Zeit etwas sagen können, aber erst muß ich Vergleiche zwischen verschiedenen Dingen anstellen können.

*(Schweigen)*

Verstehst du, das sind ganz kleine Dinge, die als Symbolik amüsant sind. Zum Beispiel diese Nahrung, die wie Spargeln aussah, aber keine

---

1 Satprem wollte sagen, daß jene Welt eine Welt der Arbeit und nicht der Kontemplation oder der Betrachtung zu sein scheint.

Spargeln war – sie kamen in großen Mengen, und ich verteilte sie, aß aber nie selber etwas davon: ich gab sie den anderen. Sie aßen: jene, die das Geld ausgaben, es benutzten und der Meinung waren, daß dieses Geld ihnen gehörte, aßen davon ... Und es gab Dinge, die nicht sehr appetitlich aussahen, und andere schienen köstlich zu sein. *(Mutter lacht)*

*(langes Schweigen)*

Hast du noch etwas?

*Es geht um etwas Praktisches. In einer Agenda sprachst du vor einiger Zeit [am 3. Januar] vom Übermental und vom Supramental, und ich habe den Eindruck, daß du ein- oder zweimal das eine Wort anstelle des anderen verwendet hast. Aber ich möchte ganz sicher sein ... [Satprem holt den Text hervor] Am Anfang sprichst du von einer neuen Art der Wahrnehmung, die alle Sinnesorgane vereint: eine Art totaler Wahrnehmung, die das Hör-, das Sehvermögen usw. verbindet. Und du sagst:*

All dies ist sicher das Bewußtsein, das Sri Aurobindo ... [hier sagtest du das „Übermental", aber ich glaube, es ist das Supramental] ... das Supramental nannte, das Wesen, das nach dem Mensch kommen wird ...

Ja, es ist das „Supramental".

... Wie wird es sein? Ich habe es noch nicht gesehen ... Den Übermenschen, das Übergangswesen habe ich gesehen, aber man fühlt doch recht deutlich, daß es noch ein Übergangswesen ist. Wie wird dieses Wesen sein, das nach dem Menschen kommt?... Ich weiß es nicht ...

Seitdem hatte ich eine Vision, in der ich meinen eigenen Körper sah[1].

*Aber war das dein supramentaler oder dein übermenschlicher Körper?*

Oh, nein! Er war nicht übermenschlich.

*Er war supramental?*

Ja, er war ganz und gar nicht übermenschlich ... Und ich sehe keine Möglichkeit, wie dies *(Mutter zwickt die Haut ihrer Hände)* sich

---

1 Siehe Gespräch vom 9. Mai, S. 184

in DAS verwandeln könnte. Dazwischen muß es etwas anderes geben. Das heißt, daß ich nicht sehe, wie das *(Mutter deutet auf ihren Körper)* materiell zu dem werden kann, was ich sah.

Aber sah ich in jener Nacht nicht zwei Dinge?

*Ja, du hast jemanden getötet.*

Ach, ja ... und der übrigens nicht starb! *(Mutter lacht)*

*Das war, um die Lüge der Illusion des Todes zu veranschaulichen. Und die andere Vision verdeutlichte die Geschlechtslosigkeit.*

Ja.

*Dann fährst du fort [Satprem nimmt den Text wieder auf], und da ist auch eine Zweideutigkeit:*

Wie wird dieses Wesen sein, das auf den Menschen folgen wird?... Ich weiß es nicht. Denn wir sind noch viel zu menschlich. Sobald wir eine Form des Höchsten Bewußtseins, des Höchsten Wesens usw. sehen – den Höchsten –, neigen wir dazu, ihm eine menschenähnliche Form zu geben, doch das ist nur unsere alte Gewohnheit ... Ich habe dieses Wesen gesehen ...

*Sprichst du hier vom supramentalen Wesen oder vom Übergangswesen zwischen dem Menschen und dem Supramental?... Du sagst:*

Ich habe dieses Wesen gesehen – vor vielen Jahren –, es war offensichtlich eine viel harmonischere Form als die menschliche Form ...

Das weiß ich nicht, denn es war vorher: bevor ich Sri Aurobindo kannte. Ich sah es ... Ich glaube, das war in Tlemcen. Damals kannte ich die Begriffe „Übermensch" und „Supramental" usw. noch nicht, ich gebrauchte diese Worte nicht. Deshalb weiß ich es nicht ... Man sollte es mit etwas Unbestimmtem umschreiben ...

*Das Übergangswesen?*

Ich weiß nicht.

*Das nächste oder zukünftige Wesen?*

Ja: „dieses zukünftige Wesen".

Ich habe dieses zukünftige Wesen vor vielen Jahren gesehen. Es war offensichtlich eine viel harmonischere und ausdrucksvollere Form als die menschliche, aber es ähnelte ihr, es war noch eine menschliche Form, d.h. ein Kopf und Arme und Beine usw. ... Wird es das sein? Ich weiß es nicht. Zwangsläufig wird es als Übergangswesen in Erscheinung treten. Es gab alle diese Arten von Affen, die als Übergangswesen zwischen dem Tier und dem Menschen dienten ... Aber die Leichtigkeit, die Unverwundbarkeit, die Fähigkeit, sich beliebig an jeden gewünschten Ort zu begeben und eine Leuchtkraft nach Belieben, all das ist klar ...

*Willst du damit sagen, daß dies Teil des Supramentals ist?*

Ja, ja.

Und auch die Bekleidung nach Belieben: keine fremde, hinzugefügte Form, sondern die Substanz selbst nimmt gewisse Formen an.

Ja, das ist sehr wichtig, denn das habe ich EINDEUTIG gesehen. Die Substanz selbst nimmt mal die Form eines Kleidungsstücks, mal ... *(bewegliche Geste)*

*(Schweigen)*

*Der Unterschied zwischen Mensch und Übermensch wird also mehr ein Unterschied des Bewußtseins als ein materieller Unterschied sein?*

*(nach einem Schweigen)*

Was die Form betrifft, scheint es so zu sein, aber ist das wegen unseres Unvermögens?
Natürlich gibt es das Beispiel des Übergangs vom Affen zum Menschen. Wenn zwischen diesem Wesen und dem Menschen ein ebensolcher Unterschied besteht ...

*Das wäre schon nicht schlecht!*

Das wäre schon sehr viel.

*Aber man kann sich vorstellen, daß ein höheres Bewußtsein diese materielle Substanz „verschönert", harmonischer gestaltet ...*

Ja.

*Aber der Schritt danach ist schwerer verständlicher.*

Ja.

Der große Unterschied wird in der Funktion der Organe und der Notwendigkeit der Organe liegen. Ein Wesen, das keine Lungen, kein Herz mehr benötigt ... Dies würde einen ungeheuren Unterschied ausmachen.

*Ja, dies scheint nur als Materialisierung möglich zu sein – nicht durch eine allmähliche Evolution.*

*(Mutter nickt)*

Ich weiß überhaupt nichts.

*Das einzige, was man sich in näherer Zukunft vorstellen könnte, wäre, daß die Menschen sich von reiner Luft ernähren könnten, so wie es Tiere gibt, die sich von Wasser ernähren. Gewisse Yogis ernährten sich nur von Luft.*

Gibt es Tiere, die sich nur von Wasser ernähren?

*Ich meine Tiere, die im Wasser leben.*

Ja, sie leben im Wasser, aber sie nehmen Nahrung auf.

*Nur Plankton: winzige Partikel, die sich im Wasser befinden ... Es gab Yogis, die sich von reiner Luft ernähren konnten. Die alten Texte berichten von dieser Luftnahrung.*

Das wäre sehr praktisch.

Aber ihre äußere Erscheinung kann nicht dieselbe bleiben.

*Jedenfalls würde dies schon viele Probleme beseitigen ... Das wäre durchaus vorstellbar.*

Womit würde dies geformt? *(Mutter deutet auf die Substanz des Körpers)* Die anfängliche Bildung ... Man kann sich vorstellen, daß die Abnutzung aufgehoben wäre und der Körper unbegrenzt weiterbestehen könnte mit einer Erneuerung seiner Vitalität – das schon, aber wie kommt die anfängliche Bildung zustande?

*Ja, die Materie, die Substanz.*

Genau!

*(langes Schweigen)*

Ich weiß nicht, wie sich rein wissenschaftlich gesehen das Kind in der Mutter bildet ... In unserem System wird die Nahrung fast entmaterialisiert, um verwertet zu werden – ist es bei der Entstehung des Kindes das gleiche?

*Ja, die gleiche Nahrung dient dem Kind.*

Ja, aber in der gleichen entmaterialisierten Form?

*In der gleichen Form.*

Wird sie durch das Blut übermittelt?

*Es wird durch das Blut der Mutter ernährt. Eigentlich ist die Nabelschnur die Verbindung der Nahrungsübertragung.*

Ach, nur das ... Deshalb ist dieser Prozeß eines „Materiell-Werdens" und „Entmaterialisiert-Werdens" eigentlich unnötig ... Wenn man die Nährstoffe direkt bekommen könnte ...

*Ja, ja.*

Aber woraus bestehen sie rein wissenschaftlich, chemisch betrachtet?

*Es sind Moleküle und Atome. Verschiedene Verbindungen von Molekülen und Atomen[1].*

Die uns aber nicht materiell erscheinen?

*Sie sind materiell in dem Sinne, daß sie beobachtbar sind.*

Sie sind beobachtbar?

*Ja, man kann sie messen.*

*(nach einem Schweigen)*

Das heißt, zur Zeit bedarf die Bildung dieser Atome noch des Umwegs der Materialisierung und der darauffolgenden Entmaterialisierung, um ... [assimilierbar zu werden]. Die Dichte der Materie ist nur ein Schein. Diesen Punkt verstehe ich nicht vom rein wissenschaftlichen Standpunkt aus.

*Ja, wenn du zum Beispiel eine Karotte oder eine Kartoffel zu dir nimmst, ist das meiste davon unnützer Abfall, und nur die Essenz der Sache wird verwertet.*

---

1 Es erübrigt sich, darauf hinzuweisen, daß Satprem auf wissenschaftlichem Gebiet völlig unwissend ist.

Ja, wenn man diese Essenz direkt aufnehmen könnte, gäbe es folglich keinen Abfall mehr, und es wäre nicht nötig, die Nahrung zu entmaterialisieren und wieder zu materialisieren ... Man hat ja bereits die Vitamine entdeckt, sozusagen eine Form ... (wie soll ich sagen?)

*Konzentriert?*

Konzentriert – aber das, was wir als „konzentriert" bezeichnen, ist etwas, das immer materieller wird, während dies nicht materiell ist ... Man sagt: „Du mußt feste Nahrung essen, weil du so gebaut bist"; aber drehe das Problem einmal um: Wenn du keine feste Nahrung zu dir nähmest, dann wäre dieser Körperbau unnötig! *(Lachen)* Dann bräuchte man keinen Magen usw. ... Was könnte dies ersetzen?

*Man müßte die vitalen Energien direkt aufnehmen können.*

Ja, das ist es.

*Nichts Materielles, sondern im Vital.*

Aber diese Dinge werden jetzt entdeckt, denn man kann sich schon von Vitaminen und solchen Sachen ernähren.

*Ja, aber die Vitamine stellen noch einen materiellen Prozeß dar. Er wird sehr konzentriert, basiert aber immer noch auf etwas Materiellem.*

Doch dies könnte eine Übergangslösung sein.

*Aber das andere wäre wirklich das Absorbieren eines anderen Grads von Energie – wie du es damals durch das Einatmen des Dufts der Blüten machtest, oder wie es Madame Théon tat, als sie sich ich weiß nicht mehr welche Frucht auf die Brust legte.*

Eine Pampelmuse ... Das habe ich selber gesehen, außerordentlich! Sie legte die Frucht auf die Brust, und nach einiger Zeit war sie völlig ausgetrocknet. Sie legte sie einfach dahin und ließ sie mehrere Stunden dort, und als sie sie wegnahm, war sie völlig ausgesaugt, da war nichts mehr.

*Ich habe mir schon öfter gesagt, daß es dir doch möglich sein sollte, dich von Luft zu ernähren.*

Ach, nein – die Luft ist eklig! Sie ist voll vom Atem all der Menschen. Das ist das Eklige daran. Man bräuchte ... etwas anderes.
Ich hatte folgende Erfahrung: Als ich in den Bergen war, brauchte ich fast nichts zu essen. Ich fühlte, wie die Luft mich ernährte – aber nicht hier. Hier ist es ekelhaft.

Das erschwert die Dinge.

Man könnte sich „Nahrungsballons" vorstellen. *(Lachen)*

*Schüsseln voll frischer Luft …*

Oder als Übergangslösung ein System, um die Luft zu reinigen; statt der Lungen etwas, das die Luft reinigt, so wie man die Nahrung reinigt.

Ach, wieviel Uhr ist es?

## 30. Mai 1970

*(Mutter scheint sehr nach innen gekehrt zu sein.)*

Ich erinnere mich gar nicht mehr an dieses Buch [*Gedanken und Aphorismen*]. Hast du die letzten gesehen?

*(Satprem liest vor)*

529 – Das uneingeschränkte Mitgefühl ist die edelste Charaktereigenschaft; keinem lebenden Wesen auch nur das geringste Leid zuzufügen, ist die höchste aller menschlichen Tugenden; aber Gott praktiziert weder das eine noch das andere. Ist deshalb der Mensch edler und besser als der Allesliebende?

528 – Das menschliche Erbarmen entstammt der Unwissenheit und der Schwäche, es ist der Sklave emotioneller Eindrücke. Das göttliche Mitgefühl versteht, unterscheidet und rettet.

*Du antwortest:*

„Die göttliche Absicht zu verstehen und an ihrer Vollendung zu arbeiten – ist dies nicht das sicherste Mittel, der Menschheit zu helfen?"

Ich frage mich immer, wann er das geschrieben hat …

*Wie es scheint, war es am Anfang.*

Er war noch … *(Geste zwischen zwei Welten)*.

Irgendwo hat er Pavitra gesagt, er habe seine Auffassung des Universums viermal revidiert.[1]

*Hast du die deine seither auch geändert?*

Ja, und er auch.

*Du meinst, er hat sie „dort oben" geändert?*

*(Mutter lacht,
langes Schweigen)*

Hast du dies gesehen? *(Mutter zeigt den gedruckten Text ihrer Notiz über die Streitereien im Ashram.)* Das galt besonders den Leuten von der Druckerei; deshalb gab ich ihnen dies zum Drucken, ich fand das amüsant ... Aber natürlich hat jeder geglaubt, es sei für den Nachbarn bestimmt, nicht für ihn selbst!

Hast du etwas?

*Um die „göttliche Absicht", von der du dort sprichst, zu verstehen, hat man den Eindruck, daß, wenn man sich beim Versuch zu verstehen nach oben wendet, man immer eine Art unveränderliche Neutralität antrifft ...*

*(Mutter tritt in eine Kontemplation ein)*

*(Mit einem Kopfzeichen fragt Mutter Satprem, ob er etwas zu sagen habe. Ebenfalls mit einem Kopfzeichen fragt Satprem Mutter, ob sie etwas zu sagen habe. Lachen.)*

*(Mutter zieht sich wieder in sich zurück)*

Nichts zu sagen? Nichts zu fragen? Nichts zu lesen?...

*Kommen wir voran?*

*(Mutter zieht sich wieder in sich zurück)*

*(Auf englisch:)* Dies kann ewig so weitergehen ... Es ist so: Der Eindruck, sich in einem Strom von Kraft zu befinden, der fließt und sich ausbreitet, fließt und sich ausbreitet *(Geste einer stetigen Herabkunft auf Mutter und eines Ausstrahlens vom Kopf)* ... ewig.

---

1 Siehe *Gespräche mit Pavitra* vom 11. Januar 1926: „Im spirituellen Leben muß man immer bereit sein, jedes System und alle Konstruktionen zu verwerfen. Eine gegebene Form ist nützlich, dann wird sie schädlich. In meinem spirituellen Leben habe ich seit meinem 40. Lebensjahr drei- oder viermal das System, zu dem ich gelangt war, vollkommen bloßgelegt und demontiert."

*(Mutter zieht sich wieder in sich selbst zurück)*

Wieviel Uhr ist es?

*Fünf vor elf, liebe Mutter.*

Wenn es dich nicht langweilt so zu sein ...

*Aber hör mal! Das tut so gut!*

Ja, dann ...

*(Mutter zieht sich wieder in sich selbst zurück)*

*Juni*

## 3. Juni 1970

Gestern begannen wir mit einer Arbeit für Auroville: Man will den Leuten in „Aspiration" klarmachen, worum es für die Aurovillianer geht – warum sie hier sind und was sie wollen. Denn es scheint … im Grunde haben sie gar keine Ahnung. Jeder ist mit bestimmten Erwartungen gekommen, aber all das ist nicht koordiniert und nicht klar. Deshalb bat mich R, die wesentlichen Dinge klar auszudrücken. Mir schien es besser, dies gemeinsam mit den Leuten zu tun, um zu sehen, was sie wollen, und damit sie sich Mühe geben, es herauszufinden. Sonst … So fingen wir gestern damit an *(Mutter holt ein Stück Papier hervor)*.

Gestern fragte ich C[1]: „Warum lebt man eigentlich in Auroville? Warum wurde Auroville gegründet?" Daraufhin gab er mir den ersten Abschnitt:

UM EIN WAHRER AUROVILLIANER ZU SEIN

1) Der Wille, sich gänzlich dem Göttlichen zu weihen.

Das sagte er. Ich fand das gut.
Nachdem ich innerlich gehorcht hatte, fügte ich hinzu:

2) Der Aurovillianer will nicht der Sklave seiner Begierden sein.

Die Idee ist die: „Wir kommen nach Auroville, um den sozialen und moralischen Regeln zu entkommen, die überall künstlich angewendet werden, aber nicht, um in der zügellosen Befriedigung aller Begierden zu leben, sondern um uns über die Begierden hinaus in ein wahreres Bewußtsein zu erheben." Etwas in der Art … Es scheint, daß sie das sehr nötig haben! *(Mutter lacht)* Das müßte man also hinzufügen.

Man könnte ein ganzes Programm aufstellen, das wäre recht interessant.

*Ja, aber solange die Leute nicht ein wenig hinter die Oberfläche gehen, nützt alles Reden nichts.*

Genau das muß man ihnen sagen!

*Dann ist die erste Notwendigkeit, daß sie ein wenig tiefer in sich hineingehen. Wenn du ihnen vom „Göttlichen" erzählst, bedeutet das in ihrem oberflächlichen Bewußtsein sonst rein gar nichts.*

---

1 Ein Bewohner von „Aspiration".

Ja ... Für diesen Jungen hat es eine Bedeutung, aber für die meisten anderen ...

*Für die meisten ergibt es überhaupt keinen Sinn.*

Man müßte also sagen: „Die erste Voraussetzung ist die innere Entdeckung ..."

*Im Idealfall wäre der erste Schritt das Verlangen nach etwas anderem, als es die gegenwärtigen irdischen und menschlichen Bedingungen sind.*

Selbstverständlich.

*Und um dahin zu gelangen, ist die erste Voraussetzung, in seine eigene innere Tiefe hinabzusteigen, um zu erkennen, was man hinter der äußeren, ererbten, sozialen, kulturellen Erscheinung IST – was man wirklich ist. Von da an gewinnen die Dinge einen Sinn, aber vorher machen sie keinen Sinn. Vorher finden sie ihren Sinn lediglich in den Moralauffassungen, in den Religionen, in der Philosophie – das macht keinen Sinn.*

Also schreiben wir *(Mutter schreibt:)* „Die erste wesentliche Voraussetzung ..."

*Es ist mehr als eine Voraussetzung: es ist eine Notwendigkeit.*

1) Die erste Notwendigkeit ist die innere Entdeckung, um zu wissen, was man wirklich ist hinter der sozialen, moralischen, kulturellen äußeren Erscheinung ...

*Auch die der Rasse.*

Oh, ja!

*... des Erbguts.*

Dann muß man ihnen auch sagen, daß es eine Entdeckung zu machen GILT, denn viele wissen das überhaupt nicht. *(Mutter schreibt:)*

Im Zentrum existiert ein freies, weites, wissendes Wesen, das unserer Entdeckung harrt und das zum wirkenden Zentrum unseres Wesens und unseres Lebens in Auroville werden muß.

Und danach könnten wir dies schreiben *(Mutter deutet auf den ursprünglichen ersten Abschnitt über die Widmung an das Göttliche),* oder nehmen wir etwas anderes?... Mir scheint, das ist eher eine Erfüllung, etwas, das am Schluß kommt.

*(langes Schweigen)*

Man sollte sie auch lehren, sich von der Vorstellung eines persönlichen Besitzes zu befreien ... Nicht wahr, alles gehört dem Göttlichen; das Göttliche verleiht dem Menschen ein Zentrum (das Zentrum der Individualität) und bietet ihm damit die Möglichkeit, eine gewisse Anzahl von Dingen persönlich zu verwenden, wobei er sie alle auf diese Weise auffassen muß: als Dinge, die ihm vom Göttlichen GELIEHEN wurden. Das Göttliche ist ewig, *everlasting* würde man auf englisch sagen, und so wie Er das individuelle Zentrum erschafft, steht eine gewisse Anzahl von Dingen für SEINE Arbeit zur Verfügung, und dies sind GELIEHENE Dinge. Das ist eine sehr präzise Tatsache: man besitzt sie nur für eine gewisse Zeit.

Dies, um das Gefühl des persönlichen Besitzes zu entwurzeln.

*(Schweigen)*

Das wäre interessant: „Die Beschreibung des Bürgers der Stadt von morgen."

*Der zweite Abschnitt handelt über die Begierden und der dritte über den persönlichen Besitz.*

Die einzig wahre Möglichkeit, um die Begierden zu überwinden, ist die Hingabe seiner selbst an das Göttliche, und man muß das, was Es einem gibt, als die einzig notwendigen Dinge akzeptieren. Aber das ist schon sehr fortgeschritten.

*Am Anfang sagtest du, daß die Aurovillianer gekommen sind, um allen moralischen Konventionen usw. zu entkommen, daß dies aber kein Freibrief zur Zügellosigkeit ist ...*

Richtig. *(Mutter schreibt:)*

2) Man lebt in Auroville, um frei zu sein von moralischen und sozialen Konventionen; aber diese Freiheit darf keine erneute Versklavung an das Ego, an seine Begierden und Ambitionen sein.

Ist das alles? Das reicht für heute!

*Wenn du das mit dem anderen Abschnitt verknüpfen willst, könnte man etwas in der Art hinzufügen: Die Begierden sind die größte Verfremdung der inneren Entdeckung.*

Oh, ja! *(Mutter schreibt:)*

Die Befriedigung der Begierden versperrt den Weg zur inneren Entdeckung, die nur im Frieden einer vollkommenen Selbstlosigkeit erlangt werden kann.

*Da fällt mir noch ein Wort ein, Mutter: nicht nur der Friede, auch die Transparenz.*

Ja. *(Mutter schreibt:)*

... im Frieden und in der Transparenz einer vollkommenen Selbstlosigkeit.

Das wird etwas Interessantes werden!

*Dies ist die Basis. Und dann kommt der dritte Abschnitt. Du hattest gesagt: „Der Aurovillianer muß sich von der Vorstellung eines persönlichen Besitzes befreien."*

Aber das ist keine „Vorstellung", sondern ein „Gefühl". *(Mutter schreibt:)*

3) Der Aurovillianer muß sich vom Gefühl eines persönlichen Besitzes befreien.
Für unseren Weg in der materiellen Welt wird uns das, was für unser Leben und unser Handeln notwendig ist, zur Verfügung gestellt ...

*Du sagst nicht durch wen?*

*(Mutter lacht)* Nein. Durch den Alles-Besitzenden!

... entsprechend dem Platz, den wir einnehmen werden.

*Da könnte man hinzufügen: Je mehr wir in Kontakt mit unserem inneren Wesen sind, desto präzisere Mittel werden uns gegeben.*

Ja, das ist gut. *(Mutter schreibt:)*

Je mehr wir in BEWUSSTEM Kontakt mit unserem inneren Wesen stehen, desto präzisere Mittel werden uns gegeben.

Das wird interessant werden.

*Dies gibt ihnen die Grundlage.*

Oh, daraus könnte man wirklich etwas Interessantes machen.

*
* *

*(Kurz darauf sucht Mutter inmitten einer unvorstellbaren*
*Ansammlung von Schachteln, Papieren und Gegenständen ihre*
*alten* Savitri-*Hefte:)*

Als ich noch ein Kind war (ungefähr zwölf Jahre alt), wußte ich
nichts von spirituellen Dingen – meine Familie lebte in einer rein
materialistischen Atmosphäre. Aber einmal sah ich etwas im Traum:
ein Wesen kam auf mich zu – eine Frau – und sagte mir: „Du wirst
immer alles, was du benötigst, in Fülle haben." Es war die Natur, die
materielle Natur, dasselbe Wesen, das ich später so oft sah. Und das
ist vollkommen wahr! *(Mutter zeigt lachend auf das Durcheinander um
sie herum)* Später, als ich Théon traf, erklärte er mir das; aber damals
wußte ich überhaupt nichts. Dies war kein Hirngespinst, es kam so,
ohne daß ich irgend etwas darüber wußte: „Du wirst immer alles, was
du benötigst, in Fülle haben." *(Mutter lacht)* Das stimmt.

## 6. Juni 1970

*(Satprem liest Mutter einen Brief vor, den er von F erhalten*
*hatte, einer Schülerin aus Mutters Umgebung, die sehr erpicht*
*darauf war, sich in diese Gespräche einzumischen, insbesondere*
*unter dem Vorwand,* Savitri *zu übersetzen. Die Intrigen ringsum*
*machten sich bemerkbar.)*

*Dies würde den ganzen Charakter unserer Begegnungen verän-*
*dern ... Glaubst du nicht auch?*

Ich persönlich lege keinen Wert darauf. *(Mutter scheint erleichtert*
*zu sein)*
Ich glaube, es ist besser, wenn sie nicht kommt.

*

* *

*Wäre es nicht gut, wenn du den Rest des „Programms für Auro-*
*ville" mit den Leuten von Auroville machen würdest, nachdem*
*du es mit ihnen begonnen hattest?...*

229

Ich ließ sie reden, um zu sehen, was sie sagen würden …

Sie sind fast alle schrecklich faul, deshalb möchte ich ihnen sagen, daß manuelle Arbeit …

*(Mutter schreibt:)*

4) Die Arbeit, sogar manuelle Arbeit, ist unerläßlich für die innere Entdeckung. Wenn man nicht arbeitet und sein Bewußtsein in die Materie einbringt, wird diese sich nie entwickeln. Das Bewußtsein mittels des Körpers ein wenig Materie organisieren zu lassen, ist sehr gut. Ordnung um sich herum zu machen, hilft Ordnung in sich selbst herstellen.

Und noch etwas:

Man soll sein Leben nicht nach äußeren und künstlichen Regeln organisieren, sondern gemäß einem organisierten inneren Bewußtsein. Beläßt man das Leben, ohne ihm die Beherrschung des höheren Bewußtseins aufzuerlegen, wird es nämlich unstet und ausdruckslos. Das wäre Zeitverschwendung in dem Sinne, daß die Materie ohne bewußte Nutzung bleibt.

\*
\* \*

Hast du den *Aphorismus* gesehen?

*(Satprem liest vor:)*

534 – Die Ablehnung der Lüge durch das Mental auf der Suche nach Wahrheit ist eine der Hauptursachen seiner Unfähigkeit, die beständige, runde und vollkommene Wahrheit zu erlangen. Die Bemühung des göttlichen Mentals ist nicht die, der Lüge zu entkommen, sondern die Wahrheit zu erfassen, die sich hinter dem noch so grotesken und ungereimten Irrtum verbarg.

*(Mutter kommentiert:)* Sri Aurobindo bezeichnet „das göttliche Mental" als Vorbild der mentalen Funktion, die gänzlich und vollkommen dem Göttlichen hingegeben ist und nur unter der göttlichen Inspiration arbeitet.

Wenn ein menschliches Wesen nur noch durch und für das Göttliche existiert, wird sein Mental zwangsläufig ein göttliches Mental.

\*
\* \*

*(Danach geht Mutter zur Lektüre von* Savitri *über: das Ende der Debatte mit dem Tod:)*

Ist das eine Rede dieses Herrn?

*(Lachend:) Ja, es ist das Ende.*

Das Ende seiner Rede?

Einer von uns beiden sollte schreiben ... Wenn es einfacher ist, daß ich schreibe, so werde ich schreiben.

*Es ist immer besser, deine Schrift zu haben! Aber wenn es dich ermüdet, notiere ich es gerne.*

Oh, es „ermüdet" mich nicht! Meine Schrift ist einfach nicht mehr gut. Sie ist nicht mehr das, was sie sein sollte – ermüdend, nein. Also schreiben wir:

*(Mutter schreibt ihre französische Übersetzung der folgenden Zeilen)*

*If thou art Spirit and Nature is thy robe,*
*Cast off thy garb and be thy naked self*
*Immutable in its undying truth,*
*Alone for ever in the mute Alone.*
*Turn then to God, for him leave all behind;*
*Forgetting love, forgetting Satyavan,*
*Annul thyself in his immobile peace.*
*O soul, drown in his still beatitude.*
*For thou must die to thyself to reach God's height:*
*I, Death, am the gate of immortality.*[1]

Das ist gewiß! Du mußt dir selbst sterben, um ... „die Höhe Gottes zu erreichen"? ...

*„Um die göttlichen Höhen zu erreichen"?*

Nein, man muß dem Tod das Wort „Gott" in den Mund legen.

---

1 Wenn du Geist bist, und die Natur nur dein Gewand,
Dann wirf doch dieses Kleid von dir und sei dein nacktes Selbst,
das unveränderlich in seiner unsterblichen Wahrheit ist,
und bleib allein für immer in dem stummen All-Einen.
Wende dich dann Gott zu, laß alles für ihn hinter dir!
Vergiß die Liebe und vergiß Satyavan!
Löse dich selber auf in seinem unbewegten Frieden!
O Seele, sinke tief hinein in seine stille Seligkeit!
Denn du mußt dir selbst sterben ...
(Deutsche Übersetzung: Verlag Hinder + Deelmann, Gladenbach, 1985, S. 661)

Denn du mußt dir selbst sterben, um die Höhe Gottes zu erreichen.
Und ich, der Tod, ich bin ...

... das Glück?

Und ich, der Tod, ich bin die Pforte zur Unsterblichkeit.

*Savitri*, X.4, S. 647

Er ist *clever!*
Jedesmal, wenn man es wieder liest, ist es neu.
Das ist ein sehr interessantes Phänomen. Jedesmal, wenn ich es
lese, habe ich den Eindruck, es zum ersten Mal zu lesen, wirklich.
Nicht, daß ich es anders verstehe, sondern es ist ganz neu: als hätte ich
es noch nie gelesen. Seltsam. Dies ist jetzt mindestens das vierte Mal,
daß ich es lese.
Und wirklich alles ist darin enthalten. Alle die Dinge, die ich in
letzter Zeit entdeckt habe und die wirklich wie Offenbarungen waren,
sind darin. Ich hatte sie nicht gesehen. Merkwürdig.
Das erste Mal, als ich es las, war es eine Offenbarung, es ergab
einen Sinn von Anfang bis zum Ende, und ich hatte den Eindruck, es
verstanden zu haben (und ich hatte tatsächlich etwas verstanden). Als
ich es das zweite Mal las, sagte ich mir: „Aber das ist nicht derselbe
Text, den ich vorher gelesen habe!" Und es hatte wieder einen Zusam-
menhalt und bildete ein Ganzes – ich hatte etwas anderes verstanden.
Als ich es dann in letzter Zeit wieder las, sagte ich mir bei jedem
Abschnitt: „Wie neu das ist! Und wie viele Dinge darin vorkommen, die
ich in der Zwischenzeit selber gefunden habe!" Auch heute ist es noch
so: als läse ich es zum ersten Mal. Und es bringt mich in Kontakt mit
Dingen, die ich gerade selber entdecke.
Es ist ein Zauberbuch! *(Mutter lacht)*
Wir werden auf diese Weise weitermachen.

**10. Juni 1970**

Alle Nerven sind gestört ...
Ich bin zu nichts nütze, aber wenn du willst, können wir *Savitri* übersetzen.

*Wir können auch ruhig bleiben ... das würde dir guttun. Ich bin sehr glücklich, einfach so zu sein.*

Hast du die letzten *Aphorismen* erhalten?

*Ja, es ist das Ende der Aphorismen, es endet gut.*

*(Satprem liest vor)*

540 – Kannst du Gott in jenem sehen, der dich quält und dich tötet, auch im Augenblick deines Todes oder in der Stunde deiner Qual? Kannst du Ihn in dem sehen, den du im Begriffe bist zu töten – ihn sogar sehen und lieben, während du tötest? Dann hast du die höchste Weisheit berührt. Wie kann derjenige Krishna erreichen, der nie Kali verehrte?

*Du antwortest:*

„Alles ist das Göttliche, und allein das Göttliche existiert."

*(Mutter tritt in eine Kontemplation ein)*

**13. Juni 1970**

Wir müssen unser „Programm" für Auroville abschließen ... Auroville soll die Ankunft der neuen Spezies vorbereiten.

*(Mutter schreibt:)*

5) Die ganze Erde muß sich auf die Ankunft der neuen Spezies vorbereiten, und Auroville möchte bewußt daran arbeiten, diese Ankunft zu beschleunigen.

6) Schritt für Schritt wird uns geoffenbart, was diese neue Spezies zu sein hat, und in der Zwischenzeit ist es das beste, uns vollkommen dem Göttlichen zu widmen.

Das genügt ... Fortsetzung folgt.

*
* *

*(Mutter läßt ihre Assistentin Vasudha rufen und macht sich mit Sujatas Hilfe ans Ordnen von alten Papieren. Dabei entdeckt sie ein Schriftstück von 1967 mit dem Titel „Anweisungen im Falle eines kataleptischen Trancezustandes": „Man muß den Körper in Frieden lassen ... usw." Sie gibt Vasudha eine Kopie.)*

*
* *

Paolo will mir ein Zimmer einrichten, darin wird es Schränke geben, in denen man viele Dinge einordnen könnte.
Alle Sachen über Auroville werde ich dir geben.

*Liebe Mutter, ich hätte ein wichtiges Problem mit dir zu besprechen, wenn du Zeit hast. Es betrifft mein Buch,* Der Sannyasin. *Etwas ist geschehen, und ich weiß nicht, ob es ein Zeichen der Gnade oder ein Hindernis ist.*

*(Mutter lacht)*

*Du weißt, daß wir dieses Buch P.L. gegeben hatten [dem Schüler aus dem Vatikan], damit er es einem Verleger gibt, den er in Paris kennt: Robert Laffont. Denn ich wollte nicht, daß es meinem bisherigen Verleger, mit dem ich ziemlichen Ärger hatte, in die Hände fällt ... Bevor P.L. aber zu Robert Laffont ging, suchte er den alten Verleger auf, um einen Vertrag für die spanische Übersetzung des* Abenteuer des Bewußtseins *zu unterzeichnen. Und nun hör, was geschah. P.L. schrieb mir: „Zunächst machte er mir große Schwierigkeiten. Ich sagte ihm, ich suche keineswegs eine besondere Gunst, ich sei bereit, ihm die Rechte sofort zu bezahlen und den Vertrag zu unterzeichnen. Auf einmal fragte er mich: „Aber warum interessieren Sie sich überhaupt für die Probleme und Lehren Indiens?" Ich antwortete ihm: „Die Kirchen stecken in der Krise; und wenn das Schiff sinkt, ist es zwecklos, darüber zu diskutieren, ob man nach rechts oder nach links springen soll.“ Da erwachte plötzlich der Funke der Freundschaft, und er sagte mir, er sei protestantisch, sein Schwiegervater sei ein sehr bedeutender Pastor in Paris, der in den Vatikan eingeladen worden sei, um eine Begegnung der Katholiken und Protestanten zu organisieren. Daraufhin unterzeichneten wir den Vertrag. Ich sagte ihm, daß ich für ganz Südamerika große Hoffnungen in dieses Buch lege. Er sagte mir, daß sich auch in Frankreich Satprems Sri Aurobindo sehr gut verkaufe, daß aber ein gewisses Mißverständnis zwischen Ihnen bestünde. Beim Weggehen sagte ich ihm, daß ich jetzt Laffont, einen anderen Verleger, aufsuchen werde, da ich Ihr letztes Werk* Der Sannyasin *bei mir habe. Und ich zeigte es ihm. Kaum hatte er es gesehen, flehte er mich an, ihm dessen Veröffentlichung nicht vorzuenthalten, nicht zu Laffont zu gehen, sondern ihm das Buch zu überlassen, denn er wolle es sofort lesen. Ich sagte ihm, ich müsse mir das überlegen ...“*

Das bedeutet: ja.

*Es bedeutet „ja“? [Satprem verzieht das Gesicht]*

Er ist bekehrt worden! Das ist interessant. Oh, sehr interessant! ... Das will etwas heißen.[1]

P.L. ist ein sehr guter Übermittler der Kraft, oh!... Das wußte ich.

Dieses Gefühl hatte ich schon zwei- oder dreimal bei ihm ... Wie soll ich das erklären?... Die Macht, die am Werk ist, ist überall verbreitet *(universelle Geste)*, und schon zwei- oder dreimal (vielleicht sogar noch öfter) sah ich P.L. als ... ich FÜHLE ihn wie ein Instrument, das die Strahlen bündelt – die Strahlen der Kraft – und sie mit einer unglaublichen Kraft lenkt, um Resultate zu erzielen. Er ist wie ein ... ich weiß nicht, ich habe den Eindruck eines Maschinengewehrs. Wirklich wie ein Maschinengewehr, das die Kraft sammelt *(Geste, den Lauf eines Maschinengewehrs andeutend)* und bumm! sie abfeuert. Und zwar MATERIELL. Er hat eine ungeheure Kraft ... Ja, wie ein Kanonenschuß, ich weiß nicht, etwas, das die Widerstände auf eine außerordentliche Weise überwindet. Und sie müssen es dort unten [im Vatikan] fühlen, diese Leute sind sehr empfindsam. Sie müssen bemerkt haben, daß

---

1 Dieser Verleger lehnte den *Sannyasin* schließlich aus „kommerziellen“ Gründen doch ab. Er wird aber trotzdem seine Meinung ändern, denn zwei Jahre später beschloß er ganz „unerwartet“, das Gesamtwerk von Sri Aurobindo zu veröffentlichen, was er seit Jahren abgelehnt hatte. Demnach hatte Mutter seinen Gesinnungswandel schon zwei Jahre zuvor erkannt.

er eine ungeheure Tatkraft besitzt – sie wollen ihn nicht verlieren, deshalb antworten sie ihm nicht.[1]

Es ist wie die Fähigkeit einer Ausrichtung *(Geste einer konzentrierten Kanalisierung der Kraft)*, etwas, das die Macht hat, die Widerstände hinwegzufegen.

Das ist der Grund, warum man ihn davon abhielt, den Papst zu begleiten[2], denn zusammen hätten die beiden etwas zustandegebracht.

Früher nannte man einen Mann, der diese Fähigkeiten besaß, ein „Instrument Gottes". Diesen Eindruck macht er auf mich: ein Instrument Gottes. Eine Macht, welche die Kraft bündelt und konzentriert – so wird das zu etwas Ungeheurem.

Ich bin sehr froh darüber – sag ihm das!

### 17. Juni 1970

*(Mutter hört sich einige Auszüge aus Sri Aurobindos Texten für die August-Ausgabe des* Bulletins *an:)*

„Wenn das Supramental die Erde mit genügender Kraft berührt, um sich im irdischen Bewußtsein zu verwurzeln, wird die asurische Maya mit Gewißheit keine Chance auf Erfolg oder Weiterbestehen haben."

18.10.1934
*On Himself, XXVI.472*

Ausgezeichnet ... Das ist wunderbar!

*Die „asurische Maya" – ist das die ganze derzeitige Lüge?*

Ja. Man fühlt zur Zeit ... *(Geste eines Kampfes)*. Es ist wirklich ein außergewöhnlicher Augenblick ... aber nicht gerade angenehm! Alles sträubt sich, so sehr es nur kann.

*(Satprem liest einen anderen Text)*

---

1 Aufgrund der Intrigen des Vatikans reichte P.L. dem Papst schließlich seine Kündigung ein. Man antwortete ihm nie.
2 1969 in Genf, anläßlich der „Begegnung" mit den evangelischen Kirchen. Intrigen hatten P.L. davon abgehalten, den Papst dorthin zu begleiten.

„Alle diese braven Leute klagen und wundern sich, daß sie und andere brave Leute auf unerklärliche Weise von solch sinnlosem Leiden und Unglück heimgesucht werden. Aber werden sie wirklich von einer äußeren Macht oder durch ein mechanisches Gesetz des Karmas angegriffen? Könnte es nicht sein, daß die Seele selbst – nicht das äußere Mental, sondern der innere Geist – diese Prüfungen akzeptiert und gewählt hat als Teil ihrer Entwicklung, um so die notwendigen Erfahrungen mit größerer Schnelligkeit zu machen ...“

Das ist wunderbar – es ist genau das, was gerade geschieht!

„... und ihren Weg durchzuhauen, sei es auch auf die Gefahr hin und um den Preis eines größeren Schadens für das äußere Leben und den Körper? Sind für die wachsende Seele, für den Geist in unserem Inneren die Schwierigkeiten, die Hindernisse, die Angriffe nicht Möglichkeiten, um zu wachsen, um die eigene Kraft zu verstärken, um die Erfahrung zu erweitern und sich im spirituellen Sieg zu üben? Vielleicht ist dies das Arrangement der Dinge und nicht die Aufrechnung von Belohnungen oder eines strafenden Unglücks.“

*Letters on Yoga, XXII*, S. 449f

Über diese beiden Texte (ich weiß nicht, ob es noch andere gibt) könnte man als Titel schreiben: „Sri Aurobindos Prophezeiung“ oder „Sri Aurobindo sagte prophetisch“.

Außerordentlich!

Das ist wunderbar – ganz, als ob er jetzt sprechen würde *(Mutter nimmt den Ton von Sri Aurobindo an): All these good people ... (Mutter lacht)*

*(ein weiterer Text:)*

„Die Wege des Göttlichen sind nicht wie die des menschlichen Mentals und folgen nicht unseren Mustern, und es ist unmöglich, sie zu beurteilen oder zu bestimmen, was Er tun oder nicht tun soll, denn das Göttliche weiß besser, als wir es wissen können. Wenn wir das Göttliche überhaupt anerkennen, dann scheinen mir sowohl Vernunft als auch Bhakti einig zu sein in der Forderung nach vorbehaltlosem Glauben und Hingabe.“

*Letters on Yoga, XXIII*, S. 596

Oh, das ist fabelhaft! *(Mutter wiederholt in einem Ton voller Humor): The ways of the Divine are not like those of the human mind or according to our patterns ...*

*(weitere Texte:)*

„Frei zu sein von allen Vorlieben und freudig alles, was vom Göttlichen Willen kommt, anzunehmen, ist keinem menschlichen Wesen von Anfang an möglich. Zunächst sollte man die ständige Idee haben, daß das, was das Göttliche will, immer das Beste ist, auch wenn das Mental dies nicht sieht…"

Es ist genau, als würde er auf alles antworten, was die Leute jetzt sagen.

„… und mit Resignation akzeptieren, was man noch nicht mit Freude akzeptieren kann, um so zu einer ruhigen Gelassenheit zu gelangen, die nicht ins Wanken gerät, selbst wenn an der Oberfläche Bewegungen einer momentanen Reaktion auf die äußeren Geschehnisse auftreten. Wenn das einmal fest verankert ist, mag der Rest kommen."

*Ibid.* XXIII. S. 597

Wirklich interessant, genau das, was wir brauchen.

*(Schweigen)*

*Du sagst schon lange nichts mehr …*

*(Schweigen)*

Ich lebe in einem ständigen Erstaunen. In jeder Minute kommt genau das, was notwendig ist: die Umstände, die Reaktionen … alles, alles, alles. Eine ständige Vision, wie wunderbar alles in der Welt organisiert ist.

Und das, was er hier sagt: Wie die Dinge organisiert sind, damit man schneller vorankommt, um einem die besten Bedingungen zum Fortschritt zu geben – das ist wunderbar. Und immer kommt etwas, um genau auf jene Stelle Druck auszuüben *(Geste mit dem Daumen)*, wo noch eine Schwäche, ein Unverständnis vorhanden ist … immer.

Das ist ganz wunderbar.

*(Mutter tritt in eine Kontemplation ein)*

Über eine lange Zeitspanne hinweg hat das Physische das abwesende Mental und Vital ersetzt, und sie wurden durch etwas ersetzt, das nicht das gleiche ist wie zuvor, und es ist sehr interessant, aber die Arbeit muß erst abgeschlossen sein [um darüber zu sprechen]. Und es ist eine lange Arbeit.

## 20. Juni 1970

*Ich wollte dir sagen, daß ich seit einiger Zeit Probleme mit meinem Körper habe ...*

Ach?

*Etwas ist nicht in Ordnung.*

Was ist passiert?

*Ich weiß nicht ... Ich habe den Eindruck, daß mich etwas bedroht.*

Seit wann?

*Ungefähr seit einem Monat.*

Was tut dir denn weh?

*Eine Funktion ist gestört. Ich habe das Gefühl, etwas ist blokkiert oder ... nun, ich weiß nicht, was es ist.*

*(nach einem Schweigen)*

Die Kraft der Transformation arbeitet sehr stark, und vielen Leuten ergeht es so; die Funktionen sind nicht mehr, was man als „normal" bezeichnen könnte, d.h. sie verändern ihre Arbeitsweise, deshalb ist der erste Eindruck immer der einer Störung. Aber wenn man dem Körper diese Art ruhige Geduld einflößen kann, so daß er sich nicht beunruhigt, dann geht es nach einiger Zeit wieder gut ... Zum Beispiel die Verdauung: an einem Tag kann man nicht mehr verdauen, deshalb glaubt man ... Wenn man jedoch SEHR RUHIG bleibt, einfach so, ohne sich zu beunruhigen – vor allem, ohne sich zu beunruhigen –, dann sieht man, wie es langsam einer anderen Bewegung folgt, und dann geht es ... Aber auf eine völlig neue Weise.

So SOLLTE es sein, aber ich kann es nicht wissen. So sollte es jedenfalls sein.

*Ich muß mich ständig gegen alle möglichen Suggestionen wehren.*

Ach! Das ist es, genau das verursacht die Störung.
Suggestionen welcher Art?

*Diese Art Krankheit, die man im allgemeinen hat.*

*(Mutter verzieht das Gesicht,*
*lange Konzentration)*

Eines weiß ich: das Bewußtsein arbeitet in dir sehr stark, aber ...
Fühlst du es nicht?

*Oh, ja. Ich fühle diese Kraft* IMMER.

Ja, aber ich will sagen: sehr materiell. Es ist ein Unterschied, ob
sie zum Beispiel im Mental oder auch im Vital arbeitet oder aber im
Körper.

*Meine letzten Erfahrungen in den Krankenhäusern haben eine*
*schreckliche Spur in mir hinterlassen.*

Ach!

*Das hat etwas in mir hinterlassen, das vorher nicht da war.*

Das ist es also.

*(lange Konzentration)*

Ruhst du dich tagsüber aus?

*Ja, nach dem Mittagessen.*

Um wieviel Uhr?

*Gegen Viertel nach eins.*

Wir werden es versuchen.
Aber jetzt gerade hast du keine Schmerzen?

*Nein, nein, im Augenblick nicht. Ich glaube, daß vor allem diese*
*Suggestionen hinweggefegt werden müssen.*

Ja, das ist es, vor allem das.
Wenn du im Körper – IM Körper – eine VOLLSTÄNDIGE Hingabe her-
stellen könntest, das heißt, daß er sich NUR auf das Eingreifen des
Höchsten verläßt, daß der KÖRPER Ihm sagt: „Hier *(Mutter öffnet die*
*Hände)*, hier ..." dem Höchsten, mit dem Wissen, daß Er da ist, daß er
in der Atmosphäre, in den Zellen, in allem ist und ... *(Geste mit geöff-*
*neten Händen)*, und das ist alles. Das ist sehr wirksam. Denn ich weiß
... Mein Körper hat viele Schwierigkeiten, und dies ist sein einziges
Heilmittel. Er kennt kein anderes. Und es ist das einzige, das effektiv
wirkt *(gleiche Geste, die Hände geöffnet, die Augen geschlossen)*.
Wenn man lernt, dies zu tun, dann verschwinden sogar die Schmerzen in wenigen Minuten.

Versuch es!
Vor allem darf man nicht denken und sich an Dinge erinnern ... das ist sehr schlecht.

\*
\* \*

*(Danach geht Mutter zur Übersetzung von* Savitri *über: Savitris Antwort an den Tod.)*

Doch Savitri gab dem Sophisten-Gott zur Antwort:
„Willst du noch einmal das Licht herbeirufen, um die Wahrheit zu blenden,
das Wissen zur Beute in der Falle der Unwissenheit machen
und jenes Wort zum Spieß, um meine lebendige Seele damit zu töten?
Man kann die Seele nicht töten.
O König, biete deine Gnadengaben müden Geistern an ...

*(Mutter lächelt)*

und solchen Herzen, die die Wunden der Zeit nicht ertragen können,
laß jene, die gebunden sind an Körper und Mental,
diese Fesseln wegreißen und in die weiße Ruhe entfliehen
und eine Zuflucht sich erflehen vor dem Spiele Gottes.
Gewiß sind deine Gnadengaben groß, da du ja Er bist ..."[1]

*Savitri,* Buch X, Canto 4, S. 661

---

1 *But Savitri answered to the sophist God:*
*"Once more wilt thou call Light to blind Truth's eyes,*
*Make Knowledge a catch of the snare of Ignorance*
*And the Word a dart to slay my living soul?*
*Offer, O King, thy boons to tired spirits*
*And hearts that could not bear the wounds of Time,*
*Let those who were tied to body and to mind,*
*Tear off those bonds and flee into white calm*
*Crying for a refuge from the play of God.*
*Surely thy boons are great since thou art He!..."*
(Savitri, X.4, S. 647)

## 27. Juni 1970

*(Mutter hat ein geschwollenes Gesicht wegen eines Zahnabszesses.)*

*Wir bräuchten noch „Notizen" für die August-Ausgabe des Bulletins.*

Du hast doch welche! *(Lachen)*

*Es gibt zwar einiges, aber du hast schon lange nicht mehr gesprochen...*

*(langes Schweigen)*

*Ich habe mich ein- oder zweimal gefragt, ob es wohl an mir liegt, daß du nicht sprichst?*

Nein!

*Etwas in meiner Haltung oder ...?*

Nein, nein, mein Kind! Nein, das ist es nicht.
Das ist es nicht.
Wenn das der Fall wäre, könnte ich mit jemand anderem sprechen – doch es ist für alle das gleiche.
Etwas geschieht – es ist nicht, als geschähe nichts, aber ...

*(sehr langes Schweigen, Mutter stöhnt)*

Die Formulierungen erfordern ein Minimum an Mentalisierung, doch genau das ist sehr schwierig, denn der Körper macht alle möglichen Erfahrungen und lernt Dinge. Sobald es sich jedoch auszudrücken versucht, sagt er: „Nein, das ist nicht wahr, so ist es nicht" ... *(Mutter zeichnet kleine Quadrate wie Schachteln)*. Es ist, als ob man geometrische Zeichnungen mit dem Leben machen wollte; das ist sein Eindruck.

Ansonsten ist es unmöglich, dies auszudrücken, denn es ist vielfältig, komplex, und wenn man es nicht in einer Erklärung darlegt, ... läßt es sich nicht einmal beschreiben. Und sobald man es in einer Erklärung veranschaulichen will, ist es nicht mehr wahr.

Die ganzen letzten Tage ging das Bewußtsein durch diese Erfahrung, daß eine winzige Verlagerung (wie soll ich sagen?), eine winzige Veränderung in der Haltung, die sich nicht einmal beschreiben läßt, dazu führt, daß man im einen Fall in der göttlichen Glückseligkeit ist, und während die Dinge genau dieselben sind, wird es im anderen Fall fast zur Folter. Und so geht es ständig. In bestimmten Augenblicken könnte der Körper vor Schmerz aufschreien, und … eine winzig kleine, fast unmerkliche Änderung, und schon wird es eine Glückseligkeit – es wird … dieses andere, diese außergewöhnliche Allgegenwärtigkeit des Göttlichen. Und so geht der Körper ständig vom einen zum anderen über, eine Art Gymnastik, ein Kampf des Bewußtseins zwischen diesen beiden Zuständen.

Und es wird äußerst heftig; in gewissen Sekunden, wo der Körper sagt: „Ach, jetzt habe ich aber genug, mir reichts!…", kommt manchmal, paff! *(Geste einer Umkehrung)*

Deshalb ist es unmöglich, etwas zu sagen. Alles, was man sagt, ist nicht mehr wahr.

Alle Schwingungen des Leidens *(Mutter berührt ihre geschwollene Wange)* werden unterstützt und irgendwie aufrechterhalten von der Masse des allgemeinen menschliches Bewußtseins – das ist es. Und der andere Zustand wird unterstützt von … etwas, das nicht einzugreifen scheint, sondern einfach so verharrt *(unwandelbare Geste)*, im Gegensatz zu dieser menschlichen Masse, die sich Ausdruck verschafft … Es ist einfach unmöglich, all dies zu sagen.

Und ständig ist da dieser unwandelbare Friede – ein höchster Friede: mehr als irgendein Friede, den man fühlen kann –, und gleichzeitig weiß man (man kann nicht sagen, daß man es „fühlt", aber man weiß), daß es sich um eine so rapide Transformationsbewegung handelt, daß sie materiell gar nicht wahrnehmbar ist. Beides besteht gleichzeitig, und der Körper wechselt vom einen zum anderen über, und … manchmal ist er fast gleichzeitig in beiden. *(Mutter schüttelt den Kopf über die Unmöglichkeit, sich auszudrücken)*

Für die gewöhnliche Sicht der Dinge – des Lebens, so wie es ist, im Vergleich zum Göttlichen – entsteht der Eindruck eines allgemeinen Wahnsinns, ohne einen spürbaren Unterschied zwischen dem, was die Menschen verrückt nennen, und dem, was sie vernünftig nennen. Es ist komisch, welchen Unterschied die Menschen daraus machen. Man ist versucht, ihnen zu sagen: Aber ihr seid ALLE so, nur in unterschiedlichen Abstufungen. Folglich …

All das ist eine WELT gleichzeitiger Wahrnehmungen, deshalb ist es wirklich unmöglich, darüber zu sprechen.

Hier ist nichts *(Mutter berührt ihren Kopf)*, es geht nicht hierdurch. Es ist etwas, das keine präzise Form hat und eine ZAHLLOSE Erfahrung gleichzeitig erlebt, während die Ausdrucksfähigkeit noch so geblieben ist, wie sie war, das heißt unfähig.

*(Schweigen)*

Bei allen Geschehnissen kommt jetzt gleichzeitig die Erklärung („Erklärung" ist nicht das genaue Wort, aber nun ...), die Erklärung des gewöhnlichen menschlichen Bewußtseins (mit „gewöhnlich" meine ich nicht ordinär: ich meine das menschliche Bewußtsein) und außerdem die Erklärung, wie sie Sri Aurobindo im erleuchteten Mental gibt, und die göttliche Wahrnehmung. Alle drei gleichzeitig, für die gleiche Sache – wie soll man das beschreiben?

Und so ist es ständig, die ganze Zeit. Und dies *(Mutter deutet auf ihren Körper)* ist nicht imstande, es auszudrücken – es ist nicht der Augenblick, die Dinge auszudrücken.

Sogar wenn ich schreiben will, ist es genau so. Da versuche ich, so viel als möglich mit unseren idiotischen Ausdrucksformen zu erfassen – und ich lege so vieles hinein, das sich durch Worte gar nicht ausdrükken läßt –, wenn man mir dann das, was ich geschrieben habe, wieder vorliest, möchte ich immer sagen: „Ihr macht euch über mich lustig, ihr habt alles weggelassen!..."

*Juli*

## 1. Juli 1970

*(Satprem liest Mutter das vorhergehende Gespräch vom 27. Juni*
*vor – „eine winzige Verschiebung des Bewußtseins". Mutter wollte*
*diesen Text für die „Notizen auf dem Weg" verwenden.)*

Ist das alles? Mehr habe ich nicht gesagt?... Ich hatte den Eindruck,
etwas Interessantes gesagt zu haben ... Dies ist nicht sehr interessant.

*Doch, da steckt viel drin!*

Da ist immer so viel MEHR als das, was sich lesen läßt.

Ich hatte wirklich den Eindruck, etwas gesagt zu haben, und jetzt
erscheint es mir wie nichts.

*Laut vorgelesen kommt nicht so viel rüber, aber wenn man es*
*für sich selbst liest und ein wenig mehr eindringt, fühlt man*
*deutlich ...*

Ja, DU. Aber auf einen, der so wie du liest, kommen tausend, die rein
oberflächlich lesen.

*Nicht alle!*

Nun ... das macht nichts.

\*
\* \*

*Etwas später*

Ich hatte eine Erfahrung, die mir interessant erschien, weil es das
erste Mal war. Gestern oder vorgestern war R hier, sie kniete genau
vor mir, und ich sah ihr psychisches Wesen, das sie überragte *(unge-*
*fähr um 20 cm)*. Dies war das erste Mal. Ihr physisches Wesen war
klein, und ihr psychisches Wesen so groß. Es war ein geschlechtsloses
Wesen: weder Mann noch Frau. Möglicherweise ist es immer so, ich
weiß es nicht, aber in diesem Fall bemerkte ich es sehr deutlich. Da
sagte ich mir: „Das PSYCHISCHE Wesen wird sich materialisieren und
zum supramentalen Wesen werden!"
Ich sah, daß es so war. Es hatte gewisse Besonderheiten, aber sie
waren nicht sehr ausgeprägt, und es war eindeutig ein Wesen, das
weder Mann noch Frau war und Merkmale beider vereinte. Es war
größer als sie und überragte sie überall um etwa so viel *(Geste von*
*ca. 20 cm über den physischen Körper hinaus)*. Es hatte diese Farbe
... würde sie sehr materiell, wäre es die Farbe Aurovilles [orange].

Etwas gedämpfter, wie hinter einem Schleier, und nicht von absoluter Präzision, aber es war diese Farbe. Es hatte auch Haare, aber ... Es war anders.

Ein andermal werde ich es vielleicht genauer sehen.

Dies interessierte mich sehr, denn es war, als sagte mir dieses Wesen: „Du suchst die ganze Zeit, wie das supramentale Wesen sein wird – hier ist es!" Und es war da – ihr psychisches Wesen.

Jetzt verstehe ich. Ich verstehe: Das psychische Wesen materialisiert sich ... und dies gibt der Evolution eine Kontinuität.

Diese Schöpfung erweckt ganz den Eindruck, als geschähe nichts willkürlich, als stecke eine Art göttliche Logik dahinter, die nicht unserer menschlichen Logik entspricht, sondern ihr sehr überlegen ist. Diese Logik existiert jedoch, und sie war völlig befriedigt, als ich das sah.

Seltsamerweise war R auch da, als ich diese Erfahrung des supramentalen Lichtes hatte, das in mich drang, ohne einen Schatten zu werfen[1]. R hat etwas in der Art, ich weiß nicht ... Und diesmal ist es wirklich interessant. Es war ganz ruhig da und sagte mir: „Du suchst immer ... Hier ist es!"

Damit verstand ich, warum das Mental und das Vital dieses Körpers weggeschickt wurden und das psychische Wesen dablieb (natürlich dirigierte es schon vorher alle Bewegungen, somit war es nichts Neues, aber nun gab es keine Schwierigkeiten mehr: alle diese Komplikationen, die vom Vital und Mental herrühren, die ihre Eindrücke, ihre Tendenzen hinzufügen, waren verschwunden). Da verstand ich: „Ach! So ist das: Dieses psychische Wesen soll zum supramentalen Wesen werden."

Ich hatte mich nie darum gekümmert, zu wissen, wie es aussehen würde. Und als ich das sah, verstand ich. Ich sehe es immer noch, die Erinnerung ist geblieben: seine Haare waren fast rot, seltsam (aber nicht wie die roten Haare bei Menschen). Und so ein Ausdruck! Ein so feiner und leicht ironischer Ausdruck ... oh, außerordentlich!

Verstehst du, meine Augen waren offen, es war eine fast materielle Sicht.

So versteht man. Plötzlich sind alle Fragen verschwunden, alles ist sehr klar und einfach geworden.

*(Schweigen)*

Und das Psychische ist genau das, was überlebt. Wenn sich das materialisiert, bedeutet dies die Aufhebung des Todes. Aber „Aufhebung" ...

---

1 Siehe *Agenda* Bd. 10 vom 16. April 1969 und vom 3. Juni 1969.

nur das, was nicht der Wahrheit entspricht, verschwindet: alles, was sich nicht im Bildnis des Psychischen transformieren und Teil des Psychischen werden kann.

Das ist wirklich interessant.

*<br>* *

Haben wir Zeit, *Savitri* zu übersetzen?

*Ja, liebe Mutter. In den letzten Zeilen sagt Savitri:*

Laß jene, die gebunden sind an Körper und Mental,
diese Fesseln wegreißen und in die weiße Ruhe entfliehen.

Hier spricht Savitri?

*Ja, der Tod hatte ihr gesagt, daß man seinen Körper verlassen müsse, um die Höhen Gottes zu finden ...*

*(Mutter setzt die Übersetzung fort)*

Doch wie soll ich in dem endlosen Frieden Ruhe suchen,
die ich der mächtigen Mutter gewalttätige Kraft behause
und ihre Schau hierher gewandt habe, um diese rätselhafte Welt zu lesen,
ihren Willen gemildert habe in der Glut der Weisheitssonne
und dem flammenden Schweigen ihres Liebesherzens?
Gewiß, die Welt ist ein spirituelles Paradox,
erfunden von einem Bedürfnis im Unsichtbaren,
nur eine armselige Übertragung in die Sinne des Geschöpfes
von Jenem, das für immer weit hinausragt über Sprache und Idee,
nur ein Symbol dessen, das man niemals symbolisieren kann,
eine fehlerhaft ausgesprochene Sprache, falsch geschrieben, doch wahr.[1]

*Savitri*, Buch X, Canto 4, S. 661f.

---

1 *But how shall I seek rest in endless peace*
*Who house the mighty Mother's violent force,*
*Her vision turned to read the enigmaed world,*
*Her will tempered in the blaze of Wisdom's sun*
*And the flaming silence of her heart of love?*
*The world is a spiritual paradox*
*Invented by a need in the Unseen,*
*A poor translation to the creature's sense*
*Of That which for ever exceeds idea and speech,*
*A symbol of what can never be symbolised,*
*A language mispronounced, misspelt, yet true.*
(Savitri, X.4, S. 647-8)

Gibt es noch mehr?

*Ja, es geht weiter.*

## 4. Juli 1970

*Ich habe mich gefragt, ob wir nicht das, was du letztes Mal sag-*
*test, zu den „Notizen" hinzufügen könnten: über das psychische*
*Wesen, das zum supramentalen Wesen werden wird.*

Was meinst denn du?

*Ich halte das für wichtig.*

Gewiß!
Aber welche Auswirkung wird das haben ... Ich fürchte, daß alle auf
einmal ein psychisches Wesen haben werden! *(allgemeines Gelächter)*

*Mutter, du bist einzigartig!*

*(Mutter lacht)* Aber das macht nichts!... Das ist gut ... Es wird einen
Aufruhr auslösen.

*
* *

*(Dann hört sich Mutter die Lektüre einiger Texte von Sri*
*Aurobindo für die August-Ausgabe des* Bulletins *an:)*

Die Auffassung des Göttlichen als eine allmächtige außenste-
hende Macht, welche die Welt „geschaffen" hat und sie wie ein
absoluter und willkürlicher Monarch regiert – die christliche
oder semitische Auffassung – war niemals die meine; sie wider-
spricht zu sehr meiner Sicht und Erfahrung in dreißig Jahren
der Sadhana. Genau gegen diese Auffassung richtet sich der
atheistische Einwand – der Atheismus in Europa war eine seichte
und recht kindische Reaktion gegen eine seichte und kindische
exoterische Religiosität und ihre unzulänglichen populären und
grob dogmatischen Auffassungen. Wenn ich vom göttlichen Willen spreche, meine ich etwas anderes – etwas, das hier in eine

evolutionäre Welt der Unwissenheit herabgestiegen ist und im Hintergrund der Dinge stehend mit seinem Licht Druck auf die Dunkelheit ausübt, die Dinge unter den gegenwärtigen Bedingungen der Welt der Unwissenheit so gut wie möglich steuert und diese schließlich zum Herabstieg einer größeren Macht des Göttlichen führt – keine durch die Gesetze der gegenwärtigen Welt bedingte und zurückgehaltene Allmacht, sondern in voller Aktion, und deshalb bringt sie das Reich des Lichtes, des Friedens, der Harmonie, der Freude und des Ananda, denn diese sind die göttliche Natur. Die göttliche Gnade ist da, in jedem Augenblick bereit zu handeln, aber sie manifestiert sich in dem Maße, wie man aus dem Gesetz der Unwissenheit in das Gesetz des Lichtes wächst, und sie ist nicht als willkürliche Laune bestimmt, wie wundersam auch oft ihr Eingreifen erscheinen mag, sondern als eine Hilfe zum Wachstum und ein Licht, das führt und schließlich befreit. Nehmen wir die Tatsachen der Welt, so wie sie sind, und die Tatsachen spiritueller Erfahrung als Ganzes – und keines von beiden kann geleugnet oder vernachlässigt werden –, dann sehe ich nicht, welch anderes Göttliche bestehen kann. Dieses Göttliche mag uns oft durch Dunkelheit führen, denn die Dunkelheit ist in uns und um uns, doch es führt uns zum Licht und nirgendwoanders hin.

*Letters on Yoga,* XXII.174

Man kann nicht sagen, ob der Sieg nahe bevorsteht oder nicht – man muß den Prozeß der Sadhana stetig weiterverfolgen, ohne an Nahes oder Fernes zu denken, und sich auf sein Ziel konzentrieren, ohne zu jubilieren, wenn es nahe zu sein scheint, oder sich entmutigen zu lassen, wenn es noch fern zu liegen scheint.

23. Juni 1936

Im Leben bieten sich allerlei Dinge an. Man kann nicht alles annehmen mit dem Gedanken, daß es vom Göttlichen gesandt ist. Eine Wahl muß getroffen werden, und jede falsche Wahl hat ihre Folgen.

*Letters on Yoga,* XXII.475

Ach, es ist gut, dies zu sagen!
(*Zu Sujata:*) Kannst du mir dies abtippen? Ich will es Nava geben.

Das Leben und der Verstand des Menschen sind weder in Harmonie mit der Natur wie die Tiere, noch mit dem Geist – sie sind gestört, unzusammenhängend, im Widerspruch zu sich selbst, ohne Harmonie und Ausgeglichenheit. Wir können sie als krank ansehen, wenn nicht gar als Krankheit.

*Letters on Yoga*, XXII.499

\*
\* \*

*Etwas später*

Keine Fragen?... Und Sujata?...

*(Satprem:) Ich habe etwas in mir beobachtet ... Neulich sagtest du mir zum Beispiel, daß die Kraft aktiv in meinem Körper arbeite, und du fragtest mich: „Spürst du das denn nicht?" Ich habe den Eindruck, ständig in einem sehr soliden und starken Bewußtsein der Kraft zu leben, und dies scheint alle meine Wahrnehmungen zu verschleiern: alles wird gewissermaßen davon absorbiert oder sozusagen darin konzentriert. Dadurch spüre ich nichts anderes mehr.*

Ich auch! *(Mutter lacht)* Genau das habe ich auch beobachtet.

*Vorhin sprachen wir über das Psychische; ich kann nichts über das Psychische sagen, auch nichts über materielle oder vitale Dinge, denn sobald ich eine Sekunde innehalte, ist da dieses geballte Bewußt-sein ...*

Ja, ja ...

*... Und ich weiß nichts anderes mehr.*

Genauso wie hier [bei Mutter].
Als ich diese Erfahrung des Psychischen hatte [mit R], fragte ich mich: „Wo ist denn mein Psychisches?..." Es ist ständig aktiv, mit allem vermischt, und es spricht – wenn die Leute Fragen stellen, antworte ich nur mit dem Psychischen ... Aber ich habe nicht die „Empfindung" seiner Gegenwart.
Ich glaube, dies ist der Zustand, wenn die Identifikation vollzogen ist: dann ist es kein abgetrenntes Wesen mehr.

*Ja, ich habe mich gefragt: Ist da etwas, das meine Wahrnehmung verschleiert?*

Nein. Ich glaube, das ist so, wenn die Identifikation mit dem physischen Bewußtsein vollzogen ist. Denn für mich war es immer so: sobald die Vereinigung vollzogen war, gab es nichts anderes mehr, kein „psychisches Wesen und den Rest" ... Allein dieses existierte.

*Dennoch habe ich nicht den Eindruck, soweit zu sein ... Nun, eigentlich weiß ich nicht, wo ich stehe ... Denn sobald ich ein klein wenig innehalte, ist es mächtig, präsent, solide und ...*

Ja, ja.

*Und dann existiert allein „das".*

Ja, genau – nur das existiert.

Je mehr sich die Identifikation mit dem wahren Wesen vollzieht, desto weniger hat man das Gefühl zu existieren, jemand zu sein.

*Ja.*

Der Körper selbst ist so weit gekommen, und es fällt ihm sehr schwer, eine separate Existenz für sich zu empfinden *(lachend)*, und das Seltsamste ist, daß er sich nur existieren fühlt *(Mutter berührt ihre Wange)*, wenn er leidet. Zum Beispiel habe ich ständig Zahnschmerzen, hier *(Mutter deutet auf den Mund und die Kehle)*, wie ich dir sagte, in diesem Bereich, und nur das gibt mir den Eindruck, „mein Körper" zu sein. Er fühlt sich nicht als abgetrennt. Deshalb glaube ich, dies ist der natürliche Zustand ... und Bestandteil der normalen Entwicklung.

Der Eindruck, auf gewisse Weise zu „fühlen", auf gewisse Weise zu „denken", all das ist völlig verschwunden: manchmal erhält man Hinweise – z.B. wie diese oder jene Person fühlt oder reagiert –, aber nur, wenn eine Arbeit zu verrichten ist; dann kommt es als Hinweis, doch dies ist etwas, das dort geschieht *(nach außen weisende Geste in einem gewissen Abstand)*, nicht innen.

Ich habe mehrmals geschaut, und immer hatte ich den Eindruck, daß es gut geht (ich will sagen für dich), daß der Fortschritt sehr gut ist. Du bist auf dem Weg. Es geht gut. Ich sehe eine große Veränderung ... Nur ein kleiner Winkel, vielleicht im spekulativen Mental, hat noch seine ihm eigene Haltung: es liegt ziemlich hoch im Mental (kein gewöhnliches Mental), ein Mental ... *(Geste nach oben)* Aber das ist nichts.

*(Schweigen)*

Das ist wirklich sonderbar, denn ich könnte wirklich sagen: Nur dieser Teil *(von der Wange bis zum Kinn)* ist sich bewußt, wie die Leute sind, was von ihnen ausgeht, und hat noch „persönliche" Reaktionen.

Das heißt, wenn die Atmosphäre getrübt ist, entsteht eine Störung in diesem Teil, er ist den äußeren Störungen ausgesetzt – dies scheint der einzige Teil zu sein. Alles übrige ist ... gleichsam ständig in das Göttliche getaucht, und alles geht automatisch zum Göttlichen. Der göttliche Wille *(Geste eines Herabstiegs und einer Ausbreitung durch Mutter)* geht hindurch und veranlaßt mein Handeln: automatisch. In manchen Momenten ruft der Körper aus irgendeinem Grund (das Mantra, das ich dir sagte), und dies bewirkt ... *(Geste einer Ausdehnung)* plötzlich treten alle Zellen in eine Glückseligkeit ein – die nur eine Minute anhält (nicht einmal eine Minute: einige Sekunden), doch allein die Tatsache, es auszusprechen, führt zur Glückseligkeit. Nachher nimmt alles wieder seinen Lauf *(Geste des normalen Rhythmus)*.

Das ist sehr interessant.

Neulich sagtest du mir, daß etwas in deinem Körper nicht stimme – ich glaube, an den Stellen, die noch nicht auf dem Weg zur Transformation sind, entsteht eine Intensivierung oder eine Konzentration der Schwierigkeit: an diesen Stellen wird man kranker.

Das einzig Mögliche ist ... *(Mutter öffnet die Hände)* der Friede einer totalen Hingabe *(absolut reglose, weite, unwandelbare Geste):* komme was mag. Dann geht es gut.

Ich habe folgendes bemerkt: Wenn man an der Stelle, wo etwas nicht stimmt, diesen Frieden herstellen kann – einen totalen Frieden, den Frieden einer vollkommenen Hingabe: alle Besorgnis, alles Bestreben aufgeben, alles in der Weise *(dieselbe reglose, unwandelbare Geste)* –, dann hilft dies, die Ordnung herbeizuführen.

*(Mutter nimmt Satprems Hände)*

Es geht gut.

Für die Leute, die das nicht wissen, trügt der Schein allerdings: Sie fühlen sich kranken, sie werden angegriffen, Dinge dieser Art. Dann verstehen sie nicht mehr.

*(langes Schweigen)*

Ich hatte folgende Erfahrung unzählige Male: Wenn der Körper diese Haltung einnehmen kann (vollkommen, jenseits der Aspiration nach Vereinigung oder Transformation: so – *dieselbe ausgeglichene Geste),* dann ist es fast wie ein Wunder – augenblicklich. Aber mit einer falschen Bewegung kommt alles zurück. Es ist nicht dauerhaft verankert – was ist nötig, um dies zu erreichen? Ich weiß es nicht ... Wahrscheinlich darf nirgendwo mehr die Möglichkeit einer falschen Bewegung bestehen. Aber das ist schwierig ...

Man atmet, ißt ... alles ist das Göttliche.

Wenn ich im Detail erzählte, was geschieht, ist es absolut wunderbar. Zum Beispiel während des Essens: Wenn der Körper seine wahre Haltung und die Wahrnehmung der göttlichen Gegenwart in allem beibehält, natürlich auch in allem, was er zu sich nimmt, und es automatisch mit dieser Haltung aufnimmt und keinerlei Widerspruch besteht, dann verläuft alles ohne jegliche Schwierigkeit. Wenn die Haltung sich aber „verschlechtert" (in welcher Form auch immer), kann es sogar bis zum Verschlucken gehen *(Geste eines Erstickens)*, einfach so, innerhalb einiger Sekunden.

Offensichtlich sind wir in einer Übergangsphase, aber wie lange wird das dauern? Ich weiß es nicht … Die Harmonie der Funktionsweise wird … wunderbar – wunderbar. Nur ist es nicht automatisch, es hängt noch von der Haltung ab. Es ist nicht etwas, das sich behauptet: es ist noch bedingt.

(langes Schweigen)

*Liebe Mutter, bei Sujata tritt ein seltsames Phänomen auf: ganz plötzlich wird sie ohnmächtig.*

Ach!

*Sie fällt auf den Boden … grundlos, einfach so, plötzlich ist der Kontakt unterbrochen, und sie fällt hin.*

(nach einer langen Konzentration)

Das ist ärgerlich, denn beim Fallen könnte sie sich verletzen.

*Es geschah zweimal, als ich da war, so konnte ich sie auffangen. Woran kann das wohl liegen?*

Hat sie irgendeine Vorahnung?

*Nein, sie fällt ganz plötzlich hin. Aber ich habe bemerkt, daß es am Ende des Morgens geschah, nachdem sie lange im Stehen gearbeitet hatte. Das kommt hinzu.*

Materiell liegt es daran, daß nicht genug Blut zum Gehirn fließt … Ich fürchte, sie ißt nicht genug.

*Ja, das denke ich auch. Sie ernährt sich nicht richtig.*

Gibt es nichts, was du gerne essen möchtest?

(Sujata schüttelt den Kopf)

## 8. Juli 1970

*(Mutter wirkt müde. Ihr Gesicht ist immer noch geschwollen.)*

Schwierige Augenblicke ...

*(lange Kontemplation während der ganzen Gesprächszeit)*

Hast du nichts zu fragen?... Und Sujata?

*Weißt du, liebe Mutter, es ist sehr seltsam, in drei aufeinander-*
*folgenden Nächten träumte ich von dir im Zusammenhang mit*
*dem Essen.*

Du gabst mir etwas zu essen?

*Ja, entweder suchte ich Nahrung oder bereitete sie zu.*

Wie hast du mich denn ernährt? ... Gabst du mir etwas zu essen?
Oder gar wie einem Baby!

*Nein, das erste Mal lagst du, und du hattest Durst – viele Leute*
*waren da, aber niemand tat etwas ...*

*(Mutter nickt)*

*Und ich schickte jemanden los, um dir Granatapfelsaft[1] zu*
*holen ...*

*(Mutter lacht und versinkt wieder in Meditation)*

## 11. Juli 1970

*Jemand schickte mir einen Brief über die Transformation des*
*Körpers. Interessiert dich das?*

Hören wir uns das an!...

---

1 Der Granatapfelbaum ist das Symbol der göttlichen Liebe; Mutter nannte die
Frucht des Baumes „die Liebe, die sich auf Erden ausbreitet".

*Es scheint, daß ein tamilischer Yogi [Swami Ramalingam] aus dieser Gegend, der um 1850 lebte, Erfahrungen hatte, die er in einem Gedicht beschrieb und die recht ähnlich erscheinen ... Erfahrungen über die Transformation des Skeletts, der Knochen usw. Ein Tamile schickte mir diesen Brief mit der Bitte, dir diese Frage zu stellen.*

Gut.

*„Könnte Mutter wohl Licht auf die Natur und das Ausmaß der Transformation werfen, der sich dieser Swami in den letzten Jahren seines Lebens unterzog? Oft erklärte der Swami die Transformation und Unsterblichkeit seines eigenen Körpers durch die Macht der „Arut Perun Joti", des weiten unendlichen Lichts der Gnade des Göttlichen. 1870 prophezeite er, daß das höchste Göttliche bald kommen werde, um die direkte Herrschaft des Lichts der Gnade zu etablieren (das der Swami „Licht der Wahrheit" nannte), und daß eine neue Rasse von Wesen auftauchen werde, die die Krankheiten, das Altern und den Tod besiegen werde ..."*

Das ist interessant.

*Hier ist der Originaltext dieses Weisen, übersetzt aus dem Tamil:*

*Auszug von „Joti Agaval"*
*(Gedicht von Swami Ramalingam, Verse 725 bis 740)*

*„O meine einzige Liebe, die sich aus meinem Herzen ergoß und es so erfüllte, daß es mein Leben erblühen ließ. O mein einziger Herr der Liebe, der sich mir total gegeben und mich durch das Licht der Gnade verwandelt hat. Diese Liebe ist in mich eingedrungen, hat sich mit meinem Herzen vereinigt und meinen Körper in einen goldenen Körper verwandelt. Die Haut ist geschmeidig geworden; die Nervenströme schwingen durch meinen Körper mit einer Pause zwischen jeder Schwingung; die Knochen sind jetzt biegsam und von plastischer Natur; die Muskeln sind entspannt und wirklich gelöst; das Blut hat sich innen kondensiert; der Samen hat sich in einem einzigen Tropfen konzentriert und in der Brust eingeschlossen; die Blätter des Gehirns haben sich entfaltet und ausgebreitet[1]; Amrita [der*

---

1 In der klassischen Erfahrung Indiens werden die Bewußtseinszentren oder Chakras als „Lotusblüten" dargestellt, deren Blätter sich öffnen oder schließen.

Nektar der Unsterblichkeit] quillt in Sturzbächen durch den Körper und erfüllt ihn; die Stirn ist strahlend und transpiriert; das Gesicht ist leuchtend und hell; der Atem ist voller Friede und wird kühl und erfrischend; das innere Lächeln erstrahlt; die Haare stehen auf; Freudentränen fließen bis zu den Füßen; der Mund schwingt mit einem leidenschaftlichen Anruf [zum Göttlichen]; die Ohren läuten mit einem gedämpften musikalischen Ton; der Körper ist kühl geworden; die Brust ist glatt und dehnt sich aus; die Hände falten sich [wie zum Gebet]; die Beine drehen sich oder kreisen; das Mental schmilzt sanft; die Intelligenz füllt sich mit Licht; der Wille ist voller Freude und Harmonie; die Individualität hat sich überall geweitet; das Herz ist erblüht in einer Empfindung der Universalität und kann physisch die Welt fühlen; der Körper der Erkenntnis ist ganz glückselig geworden; selbst der spirituelle Egoismus der Sinne ist verschwunden: die Sinne [tattva] sind völlig durch die Wahrheit [satva] ersetzt worden; das Prinzip der Wahrheit oder die Substanz der Wahrheit herrschen jetzt allein vor; das Gebundensein an Sinnesobjekte oder weltliche Dinge ist aufgelöst; einzig die Aspiration und der Wille zur grenzenlosen Gnade wächst und intensiviert sich."[1]

Wie lange hat er in diesem Zustand gelebt?

*Offenbar geschah dies am Ende seines Lebens und dauerte einige Jahre, denke ich ... Aber er sagte, er werde wiederkommen.*[2]

1870?

*Ja, er wurde 1823 geboren und starb 1874.*

Er starb zwei Jahre nach Sri Aurobindos Geburt.

*(langes Schweigen)*

Was sagte er über die Beine? Das verstand ich nicht.

*Er sagte, alle Knochen seien biegsam geworden ... „Der Körper ist kühl geworden; die Brust ist glatt und beweglich; die Hände wie zum Gebet gefaltet; die Beine drehen sich oder kreisen ..."*

---

1 Der Originaltext in Tamil wurde in schlechtes Englisch übersetzt und gibt wahrscheinlich nur einen sehr annähernden Einblick in die Erfahrung.
2 In dem Brief hieß es: „Der Swami dematerialisierte seinen Körper im Januar oder Februar 1874, das Versprechen zurücklassend, er werde wiederkommen, wenn das Gottesreich des weiten Lichts der Gnade beginne."

*Das heißt wahrscheinlich, daß die Beine sich in jede Richtung drehen können, die Knochen wurden biegsam.*

(langes Schweigen)

Wieviele solche Erfahrungen wurden wohl schon von Leuten gemacht, die niemand um sich hatten, der sie aufschreiben konnte ...

*Du hast dich oft hinsichtlich des Skeletts gefragt; du sagtest: Wie ist das möglich?*

Ja.

*Hier sagt er, daß es plastisch und geschmeidig wird.*

Wie hält er sich denn aufrecht?

*Durch diese „Verdichtung" ... Vielleicht durch die Kondensation des Blutes, von der er spricht?*

Was ist das denn?

*Ich weiß nicht ... Eine Sache, die Sri Aurobindo oft beschreibt (zum Beispiel in der* Supramentalen Manifestation*), hörte ich dich nie erwähnen, und zwar die Transformation der Organe durch die „Chakras": die Energie der Bewußtseinszentren. Du sprichst fast nie von den Chakras oder der Rolle der Chakras ... Denn man könnte sich zum Beispiel vorstellen, daß diese Energiezentren dem Körper ein ausreichendes Gerüst verleihen, um ihn aufrecht zu halten.*

(nach einem langen Schweigen)

Diesen Aufstieg der „Kundalini" erlebte ich in Paris – bevor ich nach Indien kam. Ich hatte Vivekanandas Bücher darüber gelesen ... Als die Kraft aufstieg, trat sie an dieser Stelle aus dem Kopf aus *(Geste zur Schädeldecke)*; die klassische Erfahrung wurde nie so beschrieben. Sie trat aus, und das Bewußtsein verankerte sich dort *(Geste ungefähr 20 cm über dem Kopf)*. Als ich hierher kam, erzählte ich das Sri Aurobindo, und er sagte mir, daß es bei ihm auch so gewesen sei, wohingegen man nach der „Lehre" in den Texten so nicht leben könne: man stirbt! Daraufhin ... *(lachend)* sagte er mir: „Hier sind also zwei, die nicht daran gestorben sind!"

Und das Bewußtsein ist dort geblieben *(Geste darüber)*, es kam nicht wieder herab; es ist immer noch dort.

*Ich fühle es auch häufig dort. Ich weiß nicht, ob das eine Illusion ist, aber ich fühle es viel häufiger dort als darunter.*

Ja. Oh, aber das muß sich weitergeben lassen.

Hier, knapp über dem Kopf *(die gleiche Geste, ungefähr 20 cm über dem Kopf)* auf diese Weise.

Wenn ich etwas wissen möchte, ist es immer gleich: alles hält inne, und ich lausche dort *(Geste nach oben)*.

*(Schweigen)*

Als ich von hier zurückkreiste[1]... Eines geschah absichtlich: alle Energien des letzten Zentrums [an der Wurzel der Wirbelsäule] wurden hier hinaufgezogen [zum Herzen].

Aber ich spürte weitere Zentren UNTERHALB der Füße: ein Zentrum unterhalb der Füße[2], eines bei den Knien und eines hier [an der Wurzel der Wirbelsäule], und all dies *(Geste, alle Energien nach oben zu ziehen)* wurde so hochgezogen und kam hierhin [zum Herzen].

Spricht Sri Aurobindo von dieser Transformation des Unterbewußten, das bewußt wird?

*Ja, liebe Mutter, er spricht davon.*

Das geschah, als diese Energien hierhin gezogen wurden: dies war das Ergebnis.

*(langes Schweigen)*

Nachdem ich hierher gekommen war, kümmerte ich mich nicht mehr um den Körper: ich kümmerte mich nur noch um die Arbeit; aber bevor ich definitiv hierher kam, besonders in der Zeit zwischen meinem ersten Besuch hier und meiner endgültigen Rückkehr ... (Ich kam 1920 definitiv zurück; mein erster Besuch war 1914, und ich reiste 1915 wieder ab, glaube ich. Von 1916 bis 1920 war ich in Japan.) Zwischen 1915 und 1920 hatte ich all diese Erfahrungen [Kundalini usw.] – in Frankreich und in Japan.

*(Mutter tritt in Kontemplation)*

*Aber liebe Mutter, ich würde gern verstehen, warum du, seitdem du dich zur körperlichen Transformation in dieses Zimmer zurückgezogen hast, nie von der Rolle der „Chakras" gesprochen*

---

1 Von Pondicherry nach Frankreich.
2 In *Grundlagen des Yoga* schreibt Sri Aurobindo: „Das *Muladhara* [das Zentrum an der Wurzel der Wirbelsäule] ist das Zentrum des eigentlichen physischen Bewußtseins. Alles, was sich im Körper darunter befindet, ist das reine Physische, das zunehmend unbewußter wird, je weiter man hinabsteigt. Doch der wahre Sitz des Unterbewußten liegt unterhalb des Körpers, ebenso wie der wahre Sitz des höheren Bewußtseins oder Überbewußtseins oberhalb des Körpers liegt." (S. 202)

*hast, während Sri Aurobindo ihnen in der* Supramentalen Transformation *eine entscheidende Bedeutung für die Transformation des Körpers beizumessen scheint. Er spricht oft davon, als seien sie ein Schlüsselelement.*

(nach einem Schweigen)

Ich bin mir vor allem des Bewußtseins hier oben bewußt *(über den Kopf weisende Geste)*, das bleibt unerschütterlich. Hier *(Geste zur Stirn)*: leer. Wenn es sich zu bewegen beginnt, ist das sehr unangenehm, aber gewöhnlich rührt es sich gar nicht – eines Tages regte es sich für einige Minuten, und das war äußerst unangenehm. Es ist so *(Geste wie ein unbewegter Balken)*, weiß: wie ein weißes Papier ... Dies *(Geste zur Kehle und zum Mund)* ist die Verbindung zu den Leuten, und das ist ÄUSSERST unangenehm, wirklich äußerst unangenehm (ich kann es nicht anders sagen), und materiell drückt sich das durch den Verfall der Zähne aus ... Sehr unangenehm. Hier *(Geste zum Herzen)* ... Ich sagte es dir: alle Energien, angefangen von unter den Füßen *(Geste, alles nach oben zu ziehen)*, all das war dorthin aufgestiegen. Hier [beim Herzen] ist es wie eine strahlende Sonne, ständig. Eine strahlende Sonne, und dort arbeite ich; von dort geht die Arbeit aus ... Aber alle Energien der unteren Zentren *(Geste zur der Wurzel der Wirbelsäule)* sind gleichsam zum Herzen aufgestiegen.

All dies ist so natürlich *(Geste zum Herzen und oberhalb des Kopfes)*, daß ich es nicht einmal mehr beobachte: dies ist meine Seinsweise.

Doch das Bewußtsein ist nicht im Körper zentriert, und der Körper erweckt den Eindruck ... fast wie ein Übertragungsrohr!

*Liebe Mutter, da ist noch ein letzter Punkt, der Verfasser des Briefs stellte eine Frage: Er möchte wissen, ob dieses weite „Grace-Light" [Gnaden-Licht] oder „Truth-Light" [Wahrheits-Licht], von dem der Swami spricht, das Supramentale Licht ist.*

Welches Licht?

*Dieses weite „Grace-Light".*

Grace-Light ... Oh, das gefiel mir sehr in seinem Brief ... Grace-Light. Genau dies führt die Arbeit aus, weißt du: die Arbeit, die durch den Körper ausgeführt wird. Das ist genau wie ein „Grace-Light". Das gefiel mir sehr. Genauso ist es.

Dieses Licht hat verschiedene Abstufungen, und in seiner materiellsten Form ist es ... Das muß die supramentale Kraft sein, denn es ist leicht golden-rosa (du kennst dieses Licht), aber sehr blaß. Eine weitere Stufe *(Geste einer höheren Stufe)* ist milchig-weiß, opak – sie ist sehr kräftig. Eine andere *(noch weiter oben)* ist weiß ... ein transparentes Licht. Bei dieser geschieht etwas Seltsames: ein Tropfen davon auf die feindlichen Kräfte genügt, und sie lösen sich auf. Sie schmelzen einfach dahin *(Geste, andeutend, daß es vor dem bloßen Auge geschieht)*. Ich habe dies Sri Aurobindo erzählt, und er bestätigte mir das vollkommen. Das ist im wesentlichen die Gnade in ihrem höchsten Zustand ... *(Geste nach ganz oben)*. Dieses Licht ist farblos, transparent, und ich habe selber diese Erfahrung gemacht (deshalb erwähne ich es): richtet man dieses Licht auf ein feindliches Wesen, so löst es sich augenblicklich auf. Das ist außerordentlich ... Und in seiner „wohlwollenden" Form (das heißt, die Gnade, die hilft und heilt) ist es milchig-weiß. Wenn ich eine völlig materielle Aktion benötige (aber das ist neu – seitdem dieses neue Bewußtsein gekommen ist), also in seiner physischen Aktion, im Physischen, ist es leicht gefärbt: leuchtend golden mit etwas Rosa darin, aber nicht wirklich rosa ... *(Mutter nimmt eine Hibiskusblüte in die Hand)*. So etwa.

*Wie die Blume von Auroville?*

Wie die Blume von Auroville. Aber ich habe dies ABSICHTLICH als die Blume von Auroville gewählt, eben aus diesem Grund. Ich habe den Eindruck, daß dies die supramentale Farbe ist: wenn ich supramentale Wesen sehe, haben sie nicht ganz diese Farbe ... Physisch ist es nicht wie eine Blume, sondern eher wie eine Hautfarbe. Aber es ähnelt dem *(Mutter deutet auf die Blume)*.

*(Schweigen)*

Ja, dieser Mann stand sicher damit in Beziehung. Ich habe das sofort gespürt, als du mir den Brief vorlasest.

*Ja, man hat diesen Eindruck ... Wahrscheinlich muß es im Laufe der Zeit solche individuellen Erfahrungen gegeben haben.*

Oh ja, sicher. Sicherlich. Es muß sie auch jetzt noch geben, wir wissen es nur nicht.

*Aber der Unterschied ist jetzt, daß es eine kollektive Erfahrung ist.*

Ja.

*Darin besteht der Unterschied.*

*(langes Schweigen)*

Ein Phänomen wird sehr ausgeprägt: Unter denselben Umständen und sogar bei derselben Bewußtseinshaltung findet eine Umkehrung statt *(Mutter neigt ihre Hand zur einen oder anderen Seite)*, ich kann das nicht beschreiben ... Im einen Fall, d.h. für das gewöhnliche menschliche Bewußtsein (nicht „gewöhnlich" aber für das gegenwärtige Bewußtsein) bedeutet es ein fast unerträgliches Leiden; und während alles IDENTISCH GLEICH bleibt, wird es mit dieser kleinen Umkehrung (die ich nicht beschreiben kann ... man könnte vielleicht sagen: „durch den Kontakt mit dem Göttlichen"), aber bei gleichbleibenden Umständen (es ist ein Bewußtseinsphänomen), zu einer wunderbaren Glückseligkeit – verstehst du, die physischen Dinge bleiben IDENTISCH ... Das erlebe ich ständig. Unglücklicherweise ... *(lachend)* hält die schmerzliche Seite länger an. Wenn ich ruhig und unbewegt bleiben kann, kommt natürlich die andere.

Sogar diese Zahnschmerzen und all das, was für das materielle Bewußtsein in äußerer Hinsicht sehr real ist, selbst das ist dann nicht mehr ... Wenn das Bewußtsein wahr wird, hat es nicht mehr dieselbe Beschaffenheit – ich kann das nicht erklären. Es muß sich also um das handeln, was wir in unserem gewöhnlichen Bewußtsein eine „Heilung" nennen würden, aber es ist keine Heilung: es verändert die Beschaffenheit.

Dies ist die primäre Arbeit, und diese Arbeit absorbiert mich völlig (deshalb habe ich nichts zu sagen) ... Es gibt keine Ideen, keine Gefühle und fast keine Empfindungen mehr, es ist ... mal so, mal so *(dieselbe Geste eines Umschwenkens von der einen Seite zur anderen)*, diese Art Verschiebung, die so EXTREM andersartig ist, sich aber in einer totalen Reglosigkeit vollzieht.

In diesem wahren Bewußtsein hat die Materie nicht ... die Materie scheint etwas zu verlieren, oder etwas verwandelt sich ... Ich weiß es nicht ... Wird das auf eine dauerhafte Weise eintreten, oder ist es ein Übergang? Ich weiß es nicht. Ich will sagen: Wird der supramentale Körper nicht ... Es besteht jedenfalls kein Unterschied zwischen der Materie des Menschen und der des Tieres, oder?

*Nein, liebe Mutter.*

*(Schweigen)*

Wenn man schaut, kommt man immer zum selben Schluß: Wir wissen nichts.

Doch da ist dieses Bewußtsein ... Plötzlich, wenn man NICHT MEHR IST, wenn nur noch Das existiert, dieses Bewußtsein, das da ist *(Geste um den Kopf herum)*, eine leicht goldenes Bewußtsein, dann hat man

WIRKLICH den Eindruck einer Allmacht und … Hier wissen wir NICHTS, rein gar nichts, wir können nichts erklären. All dies sind … ich nenne es mentale Einbildungen.

Wenn man mir jetzt eine Frage stellt, antwortet nichts, und dann plötzlich kommt die Antwort *(Geste eines Herabstiegs)* in Worten, aber wenn ich nicht sehr aufpasse, prrt! bleibt nichts, und ich kann die Worte nicht wiederfinden … Lediglich die Worte – das Bewußtsein der Antwort ist da *(Geste über dem Kopf)*, es rührt sich nicht, dieses Bewußtsein ist immer da, aber die Materialisierung ist von sehr flüchtiger Natur.

## 18. Juli 1970

*(Mutter beginnt mit der Übersetzung zweier Texte von Sri Aurobindo für das nächste Bulletin.)*

„Es ist sehr viel leichter für den Sadhak [Schüler], sich durch seinen Glauben an die Mutter seiner Krankheiten zu entledigen, als es für die Mutter ist, sie fernzuhalten, denn die Mutter mußte sich gerade durch die Beschaffenheit ihrer Arbeit mit den Sadhaks identifizieren, alle ihre Schwierigkeiten ertragen und alles Gift ihrer Naturen in sich selbst aufnehmen …“

Wie liebenswert! *(Mutter lacht)*

„… und darüber hinaus alle Schwierigkeiten der irdischen Natur auf sich nehmen, sogar die Möglichkeit des Todes und der Krankheit, um sie zu besiegen. Hätte sie das nicht getan, wäre kein einziger Sadhak fähig gewesen, diesen Yoga zu praktizieren.“

*(Mutter nickt)*

„… Das Göttliche muß sich in Menschlichkeit kleiden, …“

„Sich in Menschlichkeit kleiden“ … das ist gut!

„… damit das menschliche Wesen sich bis zum Göttlichen erheben kann. Dies ist eine einfache Wahrheit …“

*(Mutter lacht)*

„... aber niemand im Ashram scheint verstehen zu können, daß das Göttliche dies tun kann und trotzdem anders als sie, d.h. das Göttliche bleiben kann."

8. Mai 1933
*The Mother, XXV.317*

*Da ist noch ein Text, der mit einer Frage beginnt:*

*„Die Leute des Ashrams glauben, daß Mutter ihre Schwierigkeiten und Krankheiten auf sich nimmt und infolgedessen manchmal leiden muß. Aber auf diese Weise würde ein eigentlicher Angriff sehr vieler Sadhaks auf sie einprasseln. Mir kommt die Idee, einige dieser Schwierigkeiten und Krankheiten auf mich selbst zu neh-men, um auf angenehme Weise mit ihr leiden zu können?"*

*(Mutter lacht hellauf)* Auf angenehme Weise!... mit einem Fragezei-chen.

*Sri Aurobindo antwortet:*

„Angenehm?... Das wäre alles andere als angenehm, weder für euch noch für uns.
Dies ist eine allzu simple Art, die Dinge zu sehen. Um ihre Arbeit auszuführen, mußte Mutter alle Sadhaks in ihr persönliches Wesen und ihr Bewußtsein aufnehmen; aufgrund der Tatsache, daß sie persönlich aufgenommen wurden (nicht nur unpersön-lich), konnten sich alle Störungen und alle Schwierigkeiten, die in ihnen sind, einschließlich Krankheiten, auf Mutter werfen – auf eine Weise, die nicht möglich gewesen wäre, wenn sie nicht auf den Schutz der Trennung verzichtet hätte. Nicht nur die Krank-heiten der anderen können sich durch Attacken auf ihren Körper ausdrücken (diese kann sie gewöhnlich zurückweisen, sobald sie weiß, aus welcher Richtung und weshalb sie kommen), aber auch die inneren Schwierigkeiten der Sadhaks – ihre Revolten, ihre Wutanfälle und ihr Haß gegen sie – könnten eine ebensolche oder noch schlimmere Wirkung haben ..."

Das gilt immer noch ... Bei manchen Leuten spüre ich sofort, sobald sie kommen, ein Unwohlsein, oder ich beginne zu husten, oder ... Wenn ich schaue, sehe ich warum. Wenn ich die Ursache sehe, kann ich die Sache auf Distanz halten. Das ist seltsam.

„Das ist die einzige Gefahr für sie (denn die inneren Schwierig-keiten sind leicht zu überwinden) ..."

Das ist so wahr! Da genügt ein Lächeln.

265

„... aber die Materie und der Körper sind die schwachen Punkte oder der kritische Punkt in unserem Yoga, denn dieser Bereich wurde noch nie durch die spirituelle Macht erobert; die alten Yoga-Disziplinen ließen ihn beiseite oder benutzten eine sekundäre mentale und vitale Kraft, um die Schwierigkeiten zu meistern, keine volle spirituelle Kraft. Das ist der Grund, weshalb ich nach einer ernsthaften Krankheit, hervorgerufen durch die schrecklich schlechten Bedingungen in der Atmosphäre des Ashrams, ..."

*(Mutter lacht)*

„... auf Mutters teilweisen Rückzug bestehen mußte, um den konkretesten Teil des auf sie ausgeübten Druckes zu verringern. Natürlich wird die volle Eroberung des Physischen die Dinge revolutionieren, aber im Moment ist es noch ein Kampf."

31.3.1934
*Ibid.,* XXV.317

Es ist erstaunlich, wie wahr das bleibt, was er da sagt.

*Ist diese Revolution noch weit entfernt, oder steht sie nahe bevor?*

Leider ... *(Mutter lacht)*

\*
\* \*

*Etwas später*

Mir wurde gesagt, daß du jemanden getroffen hast ... *(Mutter versucht sich an den Namen zu erinnern)* Jemanden, der dich häufig besucht, den ich nicht kenne.

*Ich sehe viele!*

Es scheint so!... Wie kommt es dazu?

*Ich frage mich auch, was ich tun soll.*

Wann siehst du sie?

*Sie haben einen Trick gefunden: ich gehe aus ...*

*(Mutter lacht sehr)* Das ist es!
Du verläßt dein Haus ...

*Am Abend gegen 5 Uhr 30 gehe ich hinaus, um etwas frische Luft zu schnappen. Zuerst gehe ich zum Samadhi – beim Samadhi fangen sie mich ab und begleiten mich; dann kommen sie bis zum Strand und bleiben bei mir, bis ich heimkehre ... Ich sehe allerlei Leute. Viele ...*

Sind interessante Leute darunter?

*Ja. Ich lasse sie gewähren, weil ich darin einen Nutzen sehe.*[1]

Oh, nützlich ist es gewiß, aber es darf dich nicht ermüden. Denn, weißt du, sie ... (Geste eines Verschlungenwerdens)

*Ja, es ist anstrengend, das stimmt.*

Sie finden es völlig natürlich, einen völlig auszusaugen.

*Oh, das ist ermüdend.*

Bei mir ist es dasselbe mit den Leuten, die mich besuchen ... Ich mußte anfangen zu kämpfen,[2] denn sonst, wenn ich immer ja sage ... bleiben sie bis 1 Uhr mittags, und dann ... Das ist unmöglich.
Paß auf!

*Ich weiß nicht, was ich tun soll.*

Wenn es nur beim Spazierengehen ist, geht es.

*Zuhause bin ich recht unbarmherzig und schließe die Tür.*

Das wollte ich dir sagen: Laß sie nicht herein!

*Oh, manchen gelingt es trotzdem, sich einzuschleusen.*

Nein, nein, laß sie nicht herein! Denn sonst lebst du nicht mehr – du bist nur noch ein Fraß für die anderen.

*Ja, es ist anstrengend ...*

Draußen geht es – das hindert dich nicht, Luft zu schnappen –, aber drinnen: nein.

*Du wolltest etwas wissen über jemanden, den ich traf? Wen meintest du?*

Ich erinnere mich nicht mehr.

---

1 Satprem duldete dies bis 1971. Dann verschloß er plötzlich die Türen, weil man ihn als Guru zu bezeichnen begann.
2 Mutter begann die Liste der Besucher zu prüfen, anstatt alle zu akzeptieren.

*Neulich habe ich jemanden gesehen, den ich sehr interessant fand. Ein junger Mann namens L.*

Und weiter?

*Dieser Junge scheint eine Vergangenheit hinter sich zu haben, denn er hat recht erstaunliche Erfahrungen. Er scheint von innen heraus zu verstehen und sehr schnell voranzukommen.*

Ja, der muß es sein.

*Ich gebe dir ein Beispiel: Er war mit Z zusammen und fragte ihn, wie man die Silbe* OM *ausspricht (er wußte es nicht). Z sagte es ihm. Daraufhin wiederholte er nur dieses Wort, und er sagte, daß es plötzlich ganz wunderbar gewesen sei, als wären da Hunderte von Verstärkern und als sagte die ganze Materie überall* OM.

Ach, er ist empfindsam!
Ja, das ist gut.

*Ja, er ist interessant ... Er stellt mir zahllose Fragen, denn er ist dabei, all dies zu entdecken.*

Das ist interessant.

*Ja, es ist nützlich und interessant ... Es wird gut sein, wenn du ihn siehst. In Paris machte er zunächst Erfahrungen mit Drogen.*

Ach!

*Dann sagte er mir: „Aber als ich sah, daß ich die gleichen Erfahrungen ohne Drogen machen konnte, dachte ich mir, daß dies viel besser sei!" ... Er ist gut, er ist nicht verfälscht.*

*(Schweigen)*

*(Mutter reicht eine Blume)* Was ist das?

*„Die Macht der Wahrheit im Unterbewußten" ... Nicht leicht!*

*(Mutter lacht)* Die Blumen sind sehr mutig!
*(Mutter nimmt eine andere Blume)* Hier ist eine „Psychologische Vollkommenheit" ... Um die andere finden zu können [die Wahrheit im Unterbewußten].
Wir arbeiten an einem Buch über die Blumen. Es wird Farbfotos der Blumen enthalten, und dann die Bedeutung und ein Kommentar

von mir. Zu jeder Blume lassen sie mich einen Kommentar schreiben ... Das macht mir Spaß. Es wird interessant sein.

*Aber im Unterbewußtsein gibt es Dinge, die die Macht der Wiederkehr haben ...*

Und wie!

*Nicht nur das, ich habe sogar den Eindruck einer Macht IN SICH SELBST, die völlig unabhängig von allem ist – wie eine Wesenheit, die eine eigene Existenz hat.*

Ja.

*Was läßt sich dagegen tun?*

Das wird sich erst ändern, wenn sich alles ändert.
Ja, es ist eine tägliche Schlacht.

*Ja.*

## 22. Juli 1970

*(Im folgenden Gespräch zeigt sich der erste sehr lehrreiche Ansatz eines Phänomens, das bei der Entstehung aller Religionen der Welt eine Rolle spielte und das sich nach Mutters Abschied zu kristallisieren versuchte:)*

*Ich habe etwas im Zusammenhang mit dem tamilischen Swami, der eine Erfahrung der Transformation des Körpers hatte ... Erinnerst du dich? Swami Ramalingam, der diese Vision des „Grace-Light" [Gnaden-Lichts] hatte. Du hattest einige Bemerkungen gemacht, die ich der Person übermittelte, welche die Frage gestellt hatte ... Damit löste ich allerdings einen Sturm aus.*

Ach! Warum?

*Keineswegs bei diesem guten Mann (dem Schüler Ramalingams), sondern bei A[1].*

A?

*Ja. A muß von der Antwort erfahren haben und schickte mir einen Brief für dich.*

Um was zu sagen?

*Weißt du ... Auf mich macht das irgendwie den Eindruck einer mentalen Lüge.*

Warum? Stört es ihn?

*Ja, er ist sehr aufgebracht.*

Worüber? Über meine Worte?

*Jedenfalls über das, was ich gesagt habe. Er schreibt: „Mutter kann unmöglich gesagt haben..."*

Was ist das denn für eine Geschichte!... Aber warum? ... Was hat den Herrn denn so verärgert?

*Ich werde dir erst vorlesen, was ich an T (den tamilischen Schüler Ramalingams) geschrieben habe:*

*„Die Übersetzung der Erfahrungen des Swami Ramalingam wurden Mutter vorgelesen, und sie zweifelt nicht an ihrer Echtheit; ihr gefiel besonders die Art, wie der Swami dieses Licht nannte, dieses „Licht der Gnade", und sie sagte, daß es ihrer eigenen Erfahrung entspreche. Sie bemerkte, es sei sehr wahrscheinlich, daß im Laufe der Zeit und auch jetzt eine gewisse Anzahl von bekannten oder unbekannten Leuten ähnliche Erfahrungen hätten. Der einzige Unterschied bestehe darin, daß es sich jetzt anstatt einer individuellen Möglichkeit um eine kollektive Möglichkeit handle – genau dies ist die Arbeit von Sri Aurobindo und der Mutter: das supramentale Bewußtsein oder „das Licht der Gnade", wie es Swami Ramalingam nannte, als eine irdische Tatsache und eine Möglichkeit für alle auf der Erde zu verankern.*

*Satprem"*

---

1 Ein alter Schüler, Autor mehrerer Bücher über Sri Aurobindo und Leiter einer der Ashram-Zeitschriften.

Ach, so! Die Vermischung der beiden „grace-light" [Licht der Gnade] und „supramental light" [supramentales Licht] verärgerte ihn ... Ich habe nicht gesagt, daß es genau dasselbe ist. Aber das macht nichts ... Man hätte nicht *„the supramental consciousness"* [das supramentale Bewußtsein] nehmen sollen, denn sie verstehen nicht ... Das macht nichts.

*Nach dem, was du gesagt hast, hatte ich verstanden, daß dieses „Grace-Light" das supramentale Licht sei.*

Es ist EINE der Aktionen des supramentalen Lichts. Aber das spielt keine Rolle.

*A sagt nun Folgendes:*

*„Liebe Mutter,*
*im Hinblick auf gewisse Übersetzungen der Gedichte des Swami Ramalingam durch seinen Schüler T antworteten Sie diesem Schüler durch Satprem in einer Weise, die ihn dazu brachte, Ramalingams „Gnaden-Licht" auf die gleiche Stufe wie das des supramentalen Bewußtseins zu stellen."*

Ja, das hätte ich nicht getan ... Deshalb ist er aufgebracht.

*Aber siehst du, als ich dich fragte, ob im Laufe der Zeit Erfahrungen dieser Art wohl stattgefunden hätten, dachte ich an Erfahrungen von Individuen, die das supramentale Licht oder die supramentale Ebene individuell berührt hatten ...*

Eine Form der supramentalen Manifestation ... Das macht nichts. Fahre fort!

*„... Wollten Sie wirklich sagen, daß Ramalingam in DIREKTEM Kontakt mit dem Supramental war?..."*

Warum nicht!...
Fahre nur fort!

*„... und daß er damit genauso in Verbindung stand wie Sie und Sri Aurobindo?"*

Nein, das habe ich nicht gesagt!

*Eben! Das ist wirklich eine mentale Lüge, denn nirgendwo in dem Brief wurden derartige Behauptungen gemacht.*

*„... Vorahnungen und flüchtige Visionen sind von einer anderen
Ordnung; das ist das ganze Problem eines direkten, vollkommenen supramentalen Yoga in seiner ganzen Weite ..."*

Mein Gott, was sind die Leute für Idioten!

*Ja, liebe Mutter.*

Ist das alles?

*Nein.*

*„... T [Ramalingams Schüler] glaubte durch Ihre Antwort zu
verstehen, daß der einzige Unterschied zwischen Ramalingams
supramentalem Yoga und dem von Ihnen und Sri Aurobindo
darin liegt, daß der seinige sich mit einer individuellen Supramentalisierung befaßte, während Sie und Sri Aurobindo auch an
der kollektiven Supramentalisierung gearbeitet haben.*
*T ist überzeugt, daß Ramalingam bis zur vollkommenen Supra-
mentalisierung des Körper gelangt sei ..."*

Das haben wir nicht gesagt.

*„... Seiner Meinung nach bestätigen Sie dies mit Ihren Worten.*
*Ich neige dazu, seinen Standpunkt als eher phantastisch ein-
zuschätzen; es beweist mir, daß T das Werk und den Yoga Sri
Aurobindos gar nicht in ihrem richtigen Wert verstanden hat.*
*Ich glaube, daß weder die kollektive Supramentalisierung noch
die individuelle Supramentalisierung jemals zuvor versucht
worden sind, geschweige denn ihre Verwirklichung. Selbst die
vollkommene Kenntnis des Supramentals durch einen Aufstieg
zum Supramental und durch einen erhabenen Eintritt in das
Supramental ist nicht vollbracht worden. Wie können wir da
von einer praktischen Verwirklichung der vollkommenen Dyna-
mik des supramentalen Herabstiegs sprechen?*
*Jedenfalls meine ich, dies beim Studium der Schriften von Sri
Aurobindo und Ihnen verstanden zu haben. Täusche ich mich?*
*Eine Klarstellung von Ihrer Seite wäre sehr nützlich, um uns die
Dinge im wahren Licht sehen zu lassen."*

*(nach einer langen Konzentration nimmt Mutter einen Schreib-*
*block*
*und geht wieder für lange Zeit in Meditation)*

Es weigert sich zu antworten.

*(langes Schweigen)*

Lebte dieser Mann jetzt?

*Nein, um 1850. Er starb zwei Jahre nach Sri Aurobindos Geburt.
Ein Jahr vor Sri Aurobindos Geburt hatte er das Kommen einer
Inkarnation des Göttlichen und einer neuen Rasse, die „den
Tod, das Altern usw. besiegen würde", vorausgesagt.*

*(nach einem langen Schweigen
nimmt Mutter wieder den Block,
zögert und schreibt dann einen Brief an A:)*

22.7.70

A.

Leider legen Sie mir Worte in den Mund, die ich nicht gesagt
habe.

Ich habe demnach nichts auf Ihre grundlosen Schlußfolgerun-
gen zu antworten.

Laßt uns hoffen, daß wieder Friede in Ihr Mental einkehrt und
damit ein besseres Verständnis.

Mit meinen Segenswünschen

Mutter

Das ist hart.

*Als ich seinen Brief erhielt, hatte ich innerlich den Eindruck
einer mentalen Lüge.*

Ja, eine Erregtheit.

*Aber ich kann dem Schüler Ramalingams schreiben und rich-
tigstellen, was du gesagt hast.*

Ja, es ist nicht das „Supramental", sondern ein Aspekt des Supramentals oder vielmehr eine Tätigkeit des Supramentals.

*Soll ich ihm diese Richtigstellung schicken?*

Wenn er darüber redet, was man ihm sagt, ja.

*(Mutter betrachtet ihren Brief an A
und zögert, ihn abzuschicken)*

Ach, wir können ihm das geben – er wird verärgert sein.

*(Schweigen*
*Mutter wirkt müde)*

*Ich bedaure das wirklich!*

Nein, *(Mutter lacht)* das macht nichts! Das ist nicht deine Schuld, es ist A's Schuld.

*Ich weiß nicht, warum sie so in Aufregung geraten.*

Oh, ich sehe es wohl ... Alles geschieht hier *(Geste zur Stirn)*.

*Das Mental ist wirklich etwas schrecklich Kompliziertes!*

Ja, das ist so, es ist hier *(die gleiche Geste zur Stirn)*. Und wenn ich mir das anschaue, sehe ich es so deutlich!... Die menschlichen Konzepte ... immer war es dasselbe, bei allen Avataren: Wenn er nicht EINZIG und so eingeschlossen ist *(Geste wie unter einer Glocke)*, ist es nicht mehr „das"! Es stört sie ...

*Ja, genau!*

So ist es, sie sehen nicht die Kraft, die ... *(weite, alles umfassende Geste)*

Ich sehe das so deutlich! ... Diese Personifizierung ... Eine große Kraft kommt herab, um zu arbeiten, dann „bündelt sie sich" sozusagen in einer Einzelperson, um die Materie berühren zu können. Und dann *(lachend)* nehmen die Menschen Scheren, zerschneiden alles *(Geste eines kleinen Vierecks im weiten Fluß der Kraft)* und machen eine Person daraus und isolieren sie *(Geste wie unter einer Glocke)*. Das sehe ich so deutlich!

*Ja, das ist der erste Schritt zum Sektierertum und Fanatismus.*

Ja.

*(Mutter reicht Satprem eine Girlande von „Aspiration-Blüten")*

Willst du?

*Oh, ja!*

*(Satprem legt seine Stirn auf Mutters Schoß)*

Ich WEIGERE mich absolut, mich unter so etwas stecken zu lassen *(Geste, unter einer Glocke zu sein)* ... Ich möchte lieber ... ich möchte mich lieber auflösen, verstehst du.

Es muß fließend sein.

Mir scheint, die Menschen haben große Scheren und wollen immer Stücke aus dem Herrn herausschneiden.

## 25. Juli 1970

Vor Jahren schickte mir B regelmäßig ein Heft mit Fragen, und ich antwortete ihm. Dann vergaß ich es einmal. Gestern schrieb er mir nun, daß er sein Heft gern zurückhaben wollte, und ich fand es wieder. Auf eine Frage im Heft hatte ich nicht geantwortet.

Jetzt antwortete ich: Heute morgen „unterbreitete" ich diese Frage [dem Herrn], und es war, als hätte etwas nur auf diese Gelegenheit gewartet. Ich erhielt eine Antwort ... einfach, wie immer, die aber die GESAMTE Funktionsweise erklärt. Als ich das sah, war es eine solche Erleuchtung ... alles wurde so einfach! (Ich schrieb es auf, aber es hört sich nach nichts an – es klingt völlig banal.) Es setzt allen Fragen ein Ende. Absolut wunderbar!

Anstatt ihm das Heft sofort zu schicken, behielt ich es, um es dir zu zeigen, denn es sieht nach nichts aus, aber wenn es anderen dieselbe Erfahrung gibt wie mir, ist das wirklich etwas!... Ich lebte mehrere Stunden in einem Frieden, den nichts stören kann ... Es ist so einfach, so einfach!

*(Satprem liest aus dem Heft:)*

*Liebe Mutter,*
*Bestraft das Göttliche Ungerechtigkeiten? Ist es möglich, daß Er niemals jemanden straft?*

*(Mutter lacht)* Er hatte immer eine sehr kindliche Art, Fragen zu stellen. So antwortete ich:

„Nach so vielen Jahren finde ich das vergessene Heft wieder und antworte:
Das Göttliche sieht die Dinge nicht wie die Menschen ..."

(Diese Formulierung wendet sich an B.)

„... und braucht nicht zu strafen oder zu belohnen. Alle Handlungen tragen ihre Früchte und Konsequenzen in sich selbst.

275

Je nach Art der Handlung bringt sie einen näher zum Göttlichen oder entfernt einen von ihm ..."

So sieht man die ungeheure Bewegung des Universums, um sich dem Göttlichen zu nähern, und daß ALLES Teil von dem ist ... Ich würde dir gern meine Erfahrung vermitteln, ganz außerordentlich!... Einfach das.

„... und dies ist die höchste Konsequenz."

Es ist derart geschaffen und angeordnet, daß ALLES in jeder Sekunde so ist (und nun verstehe ich gewisse Bewegungen, die ich im Bewußtsein spürte und die ich mir nicht erklären konnte), automatisch und STÄNDIG, in jeder Sekunde (nur wir trennen die Zeit in Sekunden, aber es ist stetig). So führt der Weg zum Göttlichen, zur bewußten Identifikation mit dem Göttlichen, oder er entfernt sich davon. Der Körper hatte Dinge gespürt, die er nicht verstand, weil das Bewußtsein zwar in einer gewissen Verfassung war, aber manches trotzdem schlecht lief (plötzlich ein kleines Unwohlsein, ohne daß man weiß, warum): und dies ist der Grund. Das erklärt ALLES. So wird die Funktionsweise des Universums VÖLLIG erklärt.

*Das beseitigt augenblicklich alle Begriffe von Sünde, Übel ...*

ALLE menschlichen Gerüste fallen in sich zusammen. Es ist so einfach! Und dieses ganze Gedankengebäude, das die Menschen errichtet haben, um eine Erklärung zu finden, stürzt ein.

Es ist automatisch [die Funktionsweise].

Automatisch und universell. Ich habe festgestellt, daß dies nichts Vages oder Ungenaues ist: es ist absolut genau, als hätte jedes einzelne Element seine eigene Bestimmung ... An einem Tag kann man einen großen Schritt rückwärts tun und am nächsten Tag einen großen Schritt vorwärts. Das erklärt die ganze scheinbare Verwirrung in der Welt.

Oh, plötzlich fühlte ich mich so erleichtert! Als sei ein Tonnengewicht der Unwissenheit von mir gewichen.

*(Schweigen)*

Du siehst, wie die Dinge angeordnet sind: ich tat es nicht absichtlich, aber ich fand das Heft erst wieder, als ich fähig war zu verstehen. Weiß Gott, welche Antwort ich damals geschrieben hätte! Es kam genau in dem Augenblick, wo ich fähig war zu antworten. Wunderbar.

*Ja, all dies ist wirklich von einer mikroskopischen Genauigkeit.*

Ja, so ist es. Die Genauigkeit, die Exaktheit – dies ist das allgegenwärtige Höchste Bewußtsein. Es fällt einem schwer, sich dies überhaupt vorzustellen. Aber es ist offensichtlich … es springt einem in die Augen.

*(Schweigen)*

Hast du etwas zu sagen?

*Nein, aber ich wollte dir eine Frage zur Orthographie stellen.*

Oh, mein Kind, ich mache so viele Fehler, wie man sich nur vorstellen kann! *(Mutter lacht)*

*Es geht um die berühmten „Aurovillianer" …*

Ich schreibe es mit einem „l".

*Absichtlich?*

Absichtlich. *(lachend)* Das ist nicht französisch, sondern „aurovilianisch"!

*(Schweigen)*

Seit heute morgen bin ich von einer außerordentlichen Freude erfüllt – alles hat sich aufgehellt!

Amüsant ist, daß man zu wissen glaubte – man glaubte, man wüßte dies: es sieht nicht nach einer Offenbarung aus … aber man wußte es wirklich nicht! Es kam wie eine Umkehrung der Dinge.

*(Schweigen)*

Wenn man diesen Unterschied im Verständnis erklären könnte, würde das den Unterschied zwischen der mentalen Funktionsweise (selbst im höheren Mental, selbst die höchste intellektuelle Funktionsweise) und der Funktionsweise des göttlichen Bewußtseins erklären … Ich spüre es, aber … *(Mutter versucht zu erklären und gibt dann auf)*

Die mentale Funktionsweise will stets erklären – es erklärt. Die Dinge sind „Konsequenzen" (selbst bei dem Wort „Konsequenz" im Heft bin ich mir nicht sicher, ob es gut ist), es „erklärt", während das andere spontan ist. Es ist nicht das Ergebnis einer Entscheidung sondern spontan. Man könnte es fast als automatisch bezeichnen. Wir haben immer den Eindruck (unter „wir" verstehe ich die menschlichen Wesen), wenn wir an die göttliche Aktion denken, haben wir immer den Eindruck einer über-menschlichen Aktion, d.h. die erst sieht und DANN entscheidet – so ist es nicht! Es ist … ja, ein Automatismus, ich kann es nicht anders sagen.

Ich muß dazusagen, daß ich vor zwei Tagen eine Erfahrung hatte (wieder mit R, sie war anwesend): eine Erfahrung des ganzen Universums, wie die globale Schau einer Unermeßlichkeit, und dann war es auf einmal, als sei das Bewußtsein zu einem Punkt geworden, der keinen Platz einnahm, und dieser Punkt war das Ewige Bewußtsein. Das war so stark! Wie all das – dieses ganze entfaltete Universum – das Ergebnis dieses Bewußtseins war ... *(Mutter bezeichnet einen Punkt)*. Mein Bewußtsein wurde zum Ewigen Bewußtsein (für einige Sekunden vielleicht; ich glaube, es dauerte nicht einmal eine Minute, aber die Zeit hatte darin keine Bedeutung), es war das Ewige, es war Das Bewußtsein. Und diese Erfahrung hatte etwas vorbereitet [in Mutter], denn die beiden waren simultan – das eine löschte das andere nicht aus, beide waren simultan: dieser Punkt, der keinen Raum beanspruchte, aber ewig und alles war, und zugleich die Entfaltung [des Universums]. Das war eine sehr intensive Erfahrung. Danach blieb nur noch eine Verschwommenheit des „Ganzen" zurück, aber sie behielt den Eindruck einer Verschwommenheit, d.h. von etwas Ungenauem. Und seit diesem Moment hat sich etwas verändert [in Mutter]. Als heute in diesem Bewußtsein die Antwort kam, war es nicht die Kenntnis von „dem" – es war nicht das Wissen sondern die Funktionsweise. Plötzlich WURDE ich die Funktionsweise. Ich versuchte, dies so gut wie möglich in dem Heft auszudrücken ... Es war von einer allmächtigen Einfachheit – wunderbar!

Worte sind nur etwas Annäherndes. Ich mußte es in Worte fassen, um es für ihn aufzuschreiben, aber die Erfahrung war die der Funktionsweise: die universale Unermeßlichkeit, die zum göttlichen Bewußtsein zurückkehrt, und wie sie dorthin zurückkehrt – mannigfaltig, mit allen möglichen Erfahrungen, aber in einer wunderbaren Einfachheit.

*(langes Schweigen)*

Worte ...

Gleichzeitig gab mir das eine körperliche Erfahrung der universalen Bewegung der Rückkehr des Bewußtseins zum Göttlichen; und das ... eine Wahrnehmung, die überhaupt nicht mental ist: als spürten alle Zellen diese Bewegung der umfassenden Rückkehr zum Höchsten Bewußtsein.

Es muß die Bewegung des Universums zum Höchsten sein.

Mehrere Dinge trugen zu der Erfahrung bei: In Beantwortung gewisser Fragen erklärte mir Z gestern das Alter der Erde und wie sie jetzt Methoden gefunden haben, es zu messen (Dinge, die das Problem auf mentale Weise angehen). Während er sprach, fand ganz plötzlich diese Art Vereinigung statt, und ... (wie soll ich sagen?) ich spürte fast im Körper, wie die Erde zum Göttlichen Bewußtsein zurückkehrte. All das zusammen führte zu dieser Erfahrung.

*(Schweigen)*

Wenn ich früher Erfahrungen hatte (vor langer Zeit, vor Jahren), nützten sie in erster Linie dem Mental – von dort breiteten sie sich aus und wurden verwertet. Jetzt ist das ganz anders: der Körper macht die Erfahrung selber – direkt –, und dies ist SEHR VIEL WAHRER. Eine gewisse intellektuelle Einstellung legt stets eine Art Schleier oder ... ich weiß nicht ... etwas Irreales über die Wahrnehmung der Dinge – eine gewisse Einstellung. Als schaue man durch einen bestimmten Schleier hindurch oder durch ... etwas ... durch eine bestimmte Atmosphäre. Der Körper hingegen fühlt die Sache in sich selbst, er WIRD zu dem. Die Sache wird nicht mehr von außen aufgenommen *(Geste von außen nach innen)*, sondern er WIRD zu dem *(Geste eines Explodierens in alle Richtungen oder einer Ausdehnung)*. Anstatt die Erfahrung auf den Maßstab des Individuums zu reduzieren, erweitert sich das Individuum auf den Maßstab der Erfahrung.

*(Mutter tritt in Kontemplation)*

Hast du nichts zu sagen?

*Ich hatte einmal eine Art Wahrnehmung – eigentlich war es eine sehr starke Erfahrung dieser ganzen universalen Bewegung der Rückkehr, und ich hatte den Eindruck oder die Empfindung, daß alles ZUM GÖTTLICHEN ging, daß alles FÜR Das war, und daß es unmöglich war, daß darin irgend etwas „dagegen" lief oder nicht IN diesem Sinne lief, selbst wenn es dem Anschein nach „dagegen" oder „zuwider" oder „obskur" war oder ...*

Ja, ja.

*Ich hatte das Gefühl, daß alles FÜR Das war, daß nichts dagegen sein konnte – die Unmöglichkeit jeglicher gegenteiligen Bewegung darin.*

Ja, das ist, als ob ... ich weiß nicht ... als ließe das „Dagegen" sie inexistent werden, auf eine für uns unverständliche Art.
Nur aus Unverständnis sprechen wir von einem „Gegen".

*Es kam mir in dieser Form: Selbst das, was wir als „falschen Weg" bezeichnen, ist noch Teil des richtigen Wegs.*

Ja.

*Dies klingt wie ein Paradox ...*

Ja, das liegt nur an einer Begrenztheit der Sicht.

*(Schweigen)*

In der Wahrnehmung des Raumes (die einer Sache entsprechen muß) entfernen sich die Dinge nur, um eine weitere Kurve miteinzubeziehen (in dem, was ich sah, in meiner Erfahrung) ... Das Sichentfernen dient letztlich dazu, den Horizont und das Aktionsfeld zu erweitern.

*(Schweigen)*

Für mich ist besonders interessant, daß der Körper in letzter Zeit sehr mit all den Schwierigkeiten der Transformation beschäftigt war, und nun gab ihm diese Erfahrung ... ich kann nicht sagen „Freude", denn es ist unendlich höher und größer, stärker – unermeßlich –, als würden alle Zellen vor Freude tanzen. Dies ist der Eindruck.

In den letzten Tagen fragte ich mich, warum der Körper so sehr in die Schwierigkeiten der Transformation vertieft war, und ich bekam keine Antwort, außer geduldig und ruhig zu sein und mich nicht aufzuregen – wie immer. Jetzt verstehe ich!... Er kann nur in einer gewissen Atmosphäre der Wahrheit freudig sein; dann ist es, als würde sich alles vergrößern, ausdehnen – eine außerordentliche Freude, für die es in der gewöhnlichen Wahrnehmung kein Äquivalent gibt.

*(Lachend)* Es ist ein wenig so, als hätte jemand meinen Kopf genommen und ihn verdreht *(Mutter macht eine Geste, als würde ihr Kopf nach oben gewendet)*. Dort ist das Bewußtsein *(Geste nach oben)*, etwas nahm ihn so und drehte ihn zur richtigen Seite! *(Lachen)*

*(Schweigen)*

Nur die Begrenzungen rufen den Eindruck eines Übels, eines Schlechten hervor – sobald man die Begrenzungen aufhebt, verschwindet das.

## 29. Juli 1970

Geschichten, Komplikationen ...

*Könnte Nolini denn nicht etwas tun?*

Nolini will seinen Frieden haben.
Ach! Was hast du mir zu sagen?

*Ich habe einen Brief von Monsignore R [P.L.s Freund]. Interessiert dich das?... Du weißt, daß er Ende letzten Jahres kommen wollte, glaube ich, und „zufällig" wurde er immer davon abgehalten.*

Das wundert mich nicht.

*Dann mußte er sich vor kurzem einer schweren Operation unterziehen. Er hatte dir im Februar einen Brief geschrieben, den er nie abgeschickt hat, und nun gab er ihn Z[1] mit, um ihn dir zu überbringen.*

Sieh an!...
Ist er immer noch krank?

*Nein, er ist auf dem Weg der Besserung. Er ist in eine Affäre verwickelt ... Ich habe dir erzählt, daß dieser Mann Hunderte und Aberhunderte von Millionen besitzt, ein beachtliches Vermögen, das er von verschiedenen Frauen geschenkt bekam – er hat eine Macht über Frauen.*

Hat er wieder etwas erhalten?

*Ja, er bekam wieder hundert Millionen Schweizer Franken von einer Bankierswitwe.*

Dieser Mann ist schon ziemlich alt, oder?

*Ich habe sein Foto hier.*

Oh, zeig mal!

*Da ist er gerade mit der Frau, die ihm die hundert Millionen gab.*

Das ist amüsant ... *(Mutter betrachtet das Foto)* Oh, tragen sie keine Tracht mehr? Sind sie in Zivilkleidung?...

*Das hängt vom jeweiligen Anlaß ab.*

---

1 Jemand, der im Ashram wohnte und gerade von einem Europa-Besuch zurückgekehrt war.

*(Mutter schaut)* Ach, so ist das ... Sieh an! ...
Er ist wohl um die fünfzig?

*Etwas älter, glaube ich.*

*(nach einem Schweigen)*

Das ist interessant. Was schreibt er denn?

27. Februar 1970

*Mutter,*
*je länger die Wartezeit wird, um so intensiver wird mein Verlangen,*
*Sie zu sehen. Ohne Zweifel vervielfältigen sich die Hindernisse vor*
*meinen Schritten, weil unsere Begegnung eine beachtliche Wirkung*
*auf mein Leben haben wird. Ich bin betrübt, diese Abfahrt nach*
*Pondicherry immer wieder verzögert und auf später verschoben zu*
*sehen.*
*Morgen, für Ihren Geburtstag[1] werde ich mit meinen Gedanken*
*und Gebeten mitten unter Ihren Kindern sein, so glücklich, Ihnen*
*ihre wärmsten und herzlichsten Wünsche darzubringen.*
*Möge Gott Sie noch lange Jahre für die Zuneigung ihrer unzähligen*
*Freunde bewahren – die alle Ihren Rat und Ihre Gegenwart brau-*
*chen, um ihr Wesen zu reinigen und der Größe des vom Schöpfer*
*gewollten Übermenschen entgegenzuwachsen.*
*Ich möchte Ihnen, Mutter, erneut meine Bewunderung und Zunei-*
*gung ausdrücken und meinen unermeßlichen Wunsch, möglichst*
*bald in Ihrer Nähe zu sein.*

*(nach einem Schweigen)*

Arbeitet P.L. immer noch für ihn?

*Ja, seit seiner schweren Krankheit hat ihm R alle Vollmachten*
*übertragen, um dieses riesige Vermögen zu verwalten – viele*
*Millionen.*

All das wurde ihm geschenkt?

*Ja. Und nun ruht alles auf P.L.s Schultern.*

*(nach einem langen Schweigen)*

Hat Z dir gesagt, daß sie fortgehen möchte[2]?

---

1 Mutters Geburtstag ist am 21. Februar – der 28. ist das Gründungsdatum von Auroville.
2 Z steht in Verbindung mit Monsignore R und P.L.

*Ja.*

Was brachte sie zu dieser Entscheidung?

*Liebe Mutter, ich habe einen seltsamen Eindruck bei ihr ...
Zweimal fühlte ich mich veranlaßt, ihr zu sagen: „Möge die
Gnade mit Ihnen sein!", denn ich habe das Gefühl, daß nur die
Gnade sie retten kann.*

Etwas ist geschehen.

*Ja, liebe Mutter. Vor ihrer Abfahrt nach Europa erlebte sie den
Zusammenbruch all ihrer mentalen Konstruktionen ...*

Ja, das weiß ich.

*Daraufhin hat sich alles erweitert, und sie öffnete sich der
Vitalebene (dem höheren Vital), und sie sagt: „Das Göttliche ist
überall", es ist die „unermeßliche Liebe", und „alles fließt ohne
Widerstand durch mich hindurch" ... Tatsächlich fühlt man in
ihrer Gegenwart eine beachtliche vitale Kraft, die weit über sie
hinausgeht, und für sie ist es das Göttliche, das sich auf dieser
Ebene ausdrückt [Solarplexus].*

*(In einem betrübten Tonfall)* Ach ...

*Alles ist „unermeßliche Liebe", und „überall ist es dasselbe"... Ich
sagte ihr: „Aber bedeutet Sri Aurobindo denn etwas für Sie?" –
„Oh", erwiderte sie, „bloß keine Formen! Es ist überall dasselbe,
es gibt keine Formen; ich sehe Mutters Gesicht überall – alles ist
das gleiche. Es ist eine Illusion zu sagen, daß es in Pondicherry
mehr gibt als anderswo ..." Denn sie will ihre Kinder [die in der
Ashram-Schule waren] in eine Schweizer Schule schicken.*

Ja, ich weiß.

*Da fragte ich sie: „Sind die Kinder denn glücklich darüber?" –
„Oh", erwiderte sie, „dort drüben entspricht alles den Ideen von
Mutter, es ist genau dasselbe." Und sie sagte mir: „Glauben Sie
etwa, es besteht ein Unterschied zwischen dem Göttlichen hier
und dem Göttlichen dort?..." Sie ist völlig offen auf der Ebene
der vitalen Kräfte. In ihrer Nähe empfängt man eine Art vitales
Anbranden – nicht häßlich, nicht tief, aber ... Mit einem großen
Verlangen, „den anderen zu helfen", „zu handeln", „Instrument
zu sein" usw.*

Oh!...

*Sie sagt: „Es fließt ohne Widerstand durch mich hindurch."*

*(nach einem langen Schweigen)*

Das überkam sie vor ihrer Abreise [nach Europa]. Ich hatte den Eindruck (keine Gedanken: etwas wie eine höhere Wahrnehmung), daß sie vielleicht „gezogen" hatte, denn die Kraft, die durch sie hindurchging, war zu groß für sie. Das hatte ich vorher gesehen und gefühlt: bevor sie abfuhr. Aber nach ihrer Rückkehr sah ich sie, und ... es war, als hätte sie die Atmosphäre verlassen.

*Ja, sie hat sie verlassen.*

Ich hatte das Gefühl von etwas Brodelndem.

*Ja, sehr stark.*

Sehr stark, aber ... Für mich situiert sich das da *(Geste ganz nach unten)*. Es ist nichts *(Geste, als zerbröckele etwas zwischen den Fingern)*.

*Aber es hat eine Wirkung.*

Oh, ich ...

*Ihre „unermeßliche Liebe" liegt hier [im Bereich des Solarplexus]; sie sagt, daß es dort ständig poche, verstehst du.*

Ja, es ist vital ... Denn ich beobachtete ein weltliches Wimmeln.

*Ja, genau so ist es ... Als ich in ihrer Nähe war, verhielt ich mich ganz ruhig, um zu wissen, was ich ihr sagen sollte, und die Andeutung war: „Sag nichts!"*

Ja.

*„Sag nichts!" Ich sah lediglich, daß sie sich auf einem gefährlichen Weg befindet, und zweimal sagte ich ihr: „Möge die Gnade mit Ihnen sein!" Denn ich hatte den Eindruck, daß nur die Gnade sie retten kann.*

Sobald sie mir sagte, sie wolle ihre Kinder in die Schweizer Schule schicken, und daß diese Schule genau das lehre, was ich sagte ...

*Ja, es ist „dasselbe".*

Ich kenne dieses Gewirr von Lehren: das spielt sich auf Bodenniveau ab. Aber ich sagte absolut nichts, denn ... es gab nichts zu sagen.

*Ich auch nicht ... In Europa geriet sie in ein bestimmtes Milieu schwerreicher Leute: „Super-Künstler", „Super-Bankiers", eine*

*ganze gekünstelte und enttäuschte Welt, für die das „Spirituelle"*
*nur eine weitere Art Theater ist, verstehst du: plötzlich entdecken*
*sie alle eine „spirituelle Seele" in sich selbst. In diesem Milieu*
*wurde sie tätig, und dort hat sie eine große Wirkung, und des-*
*halb habe ich den Eindruck, sie will zurückkehren, um dort zu*
*arbeiten.*

Ich habe mich nur auf eines konzentriert: Hat das eine Wirkung auf
P.L.? Denn P.L. ist ganz ...

*Ja, aber P.L. hat etwas, das sich letztlich nicht täuschen läßt.*

Hoffen wir es!

*Er steht ein gutes Stück darüber.*

Gerade hast du mir diesen Brief vorgelesen ... Dieser Mann ist sehr
mental ... Er will nicht „mich" sehen, sondern er hat sich eine mentale
Konstruktion aufgebaut (aber das macht nichts, man kann durch alles
mögliche arbeiten) ... Doch da war noch etwas in dem Brief – mehr, als
ich dachte. Ich dachte immer, er sei ein sehr mentaler Mann mit einer
vitalen Anziehungskraft – vielleicht ist da noch etwas anderes ... Aber
sie lassen sich von den vitalen Formationen einnehmen. Auch bei P.L.
hatte ich immer das Gefühl, er müsse beschützt werden.
Sagte Z, wann sie fortgehen wolle?

*Ende August. Nächstes Jahr will sie, glaube ich, im Februar mit*
*Monsignore R zurückkommen.*

*(langes Schweigen)*

Als sie von ihren Absichten sprach, sagte ich ihr absolut nichts, aber
ich schaute, und mir wurde sehr deutlich gesagt: „Sie braucht diese
Erfahrung."

*Ja.*

Sie braucht diese Erfahrung.

*Das habe ich auch gefühlt. Nur ist es eine gefährliche Erfahrung.*

Oh ... es kann bedeuten, daß die Verwirklichung erst in einem
späteren Leben stattfinden wird.

*(langes Schweigen)*

Ich glaube, ich habe dir das erzählt: Als P.L. dort drüben den Skan-
dal auslöste [im Vatikan], wurde mir deutlich gesagt, dies sei „der

Beginn der Konvertierung des Christentums". Natürlich interessiert mich das sehr viel mehr als all die persönlichen Fragen ...

Aber ich sehe, daß P.L. vielleicht nur ein Vermittler ist, und R ist vielleicht ... wie soll ich sagen?

*Der Kanal.*

Ja, vielleicht: um dort drüben den Strom einzuführen.

*(Schweigen)*

Mir wurde gesagt, der Papst sei der reichste Mann der Welt.

*Ja, das stimmt.*

Der materielle Reichtum scheint dort konzentriert zu sein. Von diesem Standpunkt aus ist diese Konvertierung wichtig – vom positiven Standpunkt aus gesehen (es gibt auch einen sehr wichtigen negativen Standpunkt) ... Die Reichtümer der Erde müssen für die Transformation der Erde eingesetzt werden[1].

*(Mutter tritt in eine lange Konzentration,*
*schließt fest die Augen,*
*betrachtet etwas und geht tief in sich)*

Z macht Propaganda, um die Leute von hier fortzuführen.

*Von hier?*

Ja, ein Kind schrieb mir gestern oder vorgestern: „Z will, daß ich mit ihren Kindern in eine Schweizer Schule gehe." Und plötzlich sagte sie mir, daß sie hier nicht mehr glücklich sei. Vorher war es genau das Gegenteil ...

*Liebe Mutter, ich habe einen gewissen Einfluß auf Z, denn sie*
*kam durch mein Buch hierher, und jedesmal kommt sie zu mir,*
*als suche sie eine Billigung oder Bestätigung – sie fühlt, daß es*
*etwas Höheres gibt. Als sie zu mir kam, bewegte ich mich nicht,*
*sagte nichts, obwohl ich eine Gefahr, eine Falschheit spürte;*
*aber glaubst du, ich sollte eingreifen? Denn sie wird mir zuhören*
*...*

Ich möchte nicht, daß sie bleibt.

---

1 Erinnern wir uns an Sri Aurobindo: „Aller Reichtum der Erde gehört dem Göttlichen, und diejenigen, die ihn in Händen haben, sind Verwalter, keine Besitzer. Heute ist er bei ihnen, morgen vielleicht anderswo. Alles hängt davon ab, wie sie den ihnen anvertrauten Besitz verwalten, in welchem Geist, mit welchem Bewußtsein sie sich seiner bedienen und zu welchem Zweck." *The Mother*, XXV.12

*Du möchtest es gar nicht.*

Nein, denn sie braucht diese Erfahrung ... Aber als ich den Brief dieses Kindes erhielt, erschien mir der Fall ernster. Wenn sie Propaganda macht, um die Leute von hier wegzulocken ...

Wenn die Leute von hier fortgehen, erkennen sie auf einmal, was sie verloren haben. Solange sie hier sind, sind sie sich darüber nicht im klaren, denn unsere Erscheinung ist ... Das Vital schmückt sich nicht, weißt du, es spielt keine Komödie, so werden sie leicht getäuscht. Erst wenn sie fortgehen, erkennen sie plötzlich, was sie verloren haben. Deshalb ... Aber ich stelle mich nicht auf diesen Standpunkt, sondern es betrifft das, was wir „die Schwere des Falls" von Z nennen könnten. Als ich sah, daß sie imstande war, die Leute von hier wegzulocken ... Als mentale Verirrung ist es ernst.

*Ihre Verirrung ist die „Realisation", daß es „überall das gleiche"*
*ist, wie sie sagt, und daß die äußeren Formen – Mutter, Sri*
*Aurobindo – eine Art Illusion sind und daß in Wirklichkeit eine*
*große unpersönliche Kraft existiert, die überall* DIESELBE *ist.*

*(Mutter schüttelt den Kopf,*
*Schweigen)*

Ich glaube nicht, daß der Moment gekommen ist, in den Kampf einzutreten, verstehst du ... Die ganze Transformation des Christentums beginnt, und die ganze Welt des Westens ... Wir dürfen noch nicht in den Kampf eintreten, wir müssen das sein lassen. Wir werden sehen.

*Aber weißt du, bei Monsignore R spüre ich, daß dieser Mann*
*eine Öffnung nach oben hat. Er versteht* SEHR GUT, *was der Über-*
*mensch ist – für ihn bedeutet der Übermensch etwas. Dadurch*
*kann er berührt werden.*

Das ist möglich ... Er ist ein sehr mächtiger Mann (ich sah es, als du mir das Foto zeigtest), sehr mächtig.

*(langes lächelndes Schweigen)*

Nicht sprechen ... Nicht zu früh sprechen.

*(langes Schweigen)*

*Antwortest du etwas auf den Brief?*

*(nach einem Schweigen)*

287

Wir sollten ihm diesen Satz von Sri Aurobindo schicken – du kennst ihn: „In der Stunde Gottes ist alles möglich ..." Ich erinnere mich nicht mehr genau. Gestern abend habe ich das übersetzt ... „Nichts ist unmöglich in der Stunde Gottes ..." Ein einziger Satz. Nur das möchte ich ihm sagen. *(Satprem sucht die Stelle vergebens)*

*Liebe Mutter, wir können ihm den Satz einfach als von dir kommend schicken.*

Von „mir" hat es keinen Wert.

Es war ganz kurz: „Nichts ist unmöglich, wenn die Stunde Gottes gekommen ist ..." oder „in der Stunde Gottes"...[1] Mein Gedächtnis ... Ich erinnere mich an so viele Eindrücke, aber nicht an Worte und Sätze.

Außerdem sehe ich zu viele Leute und tue zu viele Dinge.

Nur das möchte ich ihm sagen ... Denn ich hatte gerade eine phantastische Vision ... Eine Vision ohne Form ... (wie soll ich sagen?) Eine Vision der Wiege der Zukunft ... die nicht allzu fern ist. Eine Zukunft ... ich weiß nicht.

Aber es möchte nicht ausgesprochen werden.

Nur das: Eine gewaltige Masse *(Geste)* schwebt über der Erde.

---

1 Die genaue Referenz lautet: „*All things shall change in God's transfiguring hour*" (Alles wird sich ändern in Gottes verwandelnder Stunde) *Savitri*, III.4, S. 341.

*August*

## 1. August 1970

*(Mutter gibt Satprem die Botschaft für den 15. August:)*

„Und selbst der Körper wird sich des Gottes erinnern."

*Savitri*, XI.1, S. 721

\*
\* \*

*(Dann übersetzt sie ein weiteres Zitat von Sri Aurobindo:)*

„Die Leiden, denen wir auf dem Weg begegnen, wie auch immer sie beschaffen sein mögen, sind kein zu hoher Preis für den Sieg, der errungen werden soll, und wenn wir sie im wahren Geist hinnehmen, können sie sogar zu Mitteln werden, den Sieg herbeizuführen."

*Letters on Yoga*, XXIV.1636

\*
\* \*

*Etwas später*

Wir haben einige Broschüren zusammengestellt: *On India* („Über Indien"), und fünf Karten mit Zitaten.

*(Mutter zeigt Satprem die Texte)*

*Angeblich hast du gesagt, die chinesische Bedrohung gegen Indien sei „unvermeidlich" ...*

Nein, das habe ich nicht gesagt ... Wer behauptet das?

*Diese Worte werden P.B. zugeschrieben. Du weißt, wie die Dinge entstellt werden ...*

Ja, völlig entstellt. Ich habe gesagt, es sei „ernst". Denn sie sind nicht bewußt: die Regierung ist sich der Gefahr gar nicht bewußt. Ich ließ sie warnen. Aber ich habe nicht gesagt, es sei „unvermeidlich"; ich sagte, es sei „gefährlich" – wäre es unvermeidlich, hätte ich nichts unternommen.

Du weißt, daß in Kalkutta alle Mauern mit Slogans beklebt sind: *The chairman of China is our chairman* („der Präsident Chinas ist unser Präsident"). So ist die Atmosphäre. Ein Herr, ich glaube, der Leiter der dortigen Universität[1] oder ein Beamter des Bildungsministeriums, kam hierher, um uns zu bitten, nach Bengalen zu kommen und etwas zu unternehmen – ich sah ihn. Offenbar hat er eine Heidenangst ... Er bat uns, etwas zu unternehmen. Wir sind fast offiziell dorthin berufen worden.

Die Reaktion in Orissa ist ausgezeichnet.

Aber es gibt ... Ich glaube, der Premierminister[2] oder ein Minister von Madras reiste nach Frankreich, denn dort wurde ein tamilischer Kongreß abgehalten. Er traf unseren Freund Z[3] und sagte ihm, er und die ganze Regierung in Madras seien „sehr reserviert gegenüber dem Ashram", weil wir Bengalen seien ... (ich erinnere mich nicht mehr – völlig idiotisch), und was wir sagten, „sei nicht wahr". Kurz, so idiotische Dinge, daß ich mich nicht mehr erinnern kann. Das ist die öffentliche Haltung. Er sagte: „Lieber hätten wir Fremde hier als Bengalen, dann würden wir uns sicherer fühlen." – Eben einfach dumm.

Wir sind in einer seltsamen Situation: die ganze Bewegung gegen die Regierung in Indien will nicht, daß uns von der Regierung geholfen wird; die Regierung der einen Provinz will nicht, daß wir die Freunde der anderen Provinz sind ... Um ihnen zu gefallen, müßten wir so dumm wie sie sein.

Ich weiß nicht, was P.B. sagt, aber er las mir etwas vor, das er geschrieben hatte und das gut war. Er sagte, die Gefahr sei ernst – und das stimmt ... Aber etwas war bemerkenswert: Zum Beispiel schrieben mir Jugendliche von dieser pro-chinesischen Bewegung,[4] die die Chinesen haben wollen, um mich zu fragen, ob dies gut sei und ob man so sein solle, und ... „wir werden tun, was Sie sagen". Das beweist jedenfalls, daß der Einfluß stark ist ... Es gibt Anzeichen ... Es besteht Hoffnung ... Nein, es ist nicht unvermeidlich. Es ist gefährlich, aber nicht unvermeidlich.

Untereinander verhalten sie sich schlimmer als Gauner. Solch kleinliche Streitereien, was die Arbeit wesentlich erschwert!

Aber ich habe etwas über die Tibetaner erfahren ... Die Tibetaner stehen auf unserer Seite, doch ein tibetanischer Junge kam hier an und erzählte schreckliche Dinge ... Sie waren aus ihrem Land geflüchtet und hatten sich nahe der Grenze niedergelassen (sie wohnten in Hütten nahe der Grenze, er mit seinem Vater, seiner Mutter und seinem Großvater). Ein Tibetaner kam und bat um Unterkunft. Sie nahmen

---

1 P.K. Basu, der Vizerektor der Universität Kalkutta. Er hatte Mutter im Juni einen Besuch abgestattet.
2 Karunanidhi.
3 Ein Beamter der indischen Botschaft in Paris.
4 Die „Naxaliten", eine Gruppe maoistischer Extremisten.

ihn auf und beherbergten ihn. Aber nach einer gewissen Zeit (ich weiß nicht, nach wievielen Tagen) kam eine Gruppe anderer Tibetaner, um diesen Mann zu suchen, mit der Behauptung, es sei ein Feind. Diese Tibetaner also (ich persönlich glaubte, sie seien alle „Opfer der Chinesen" – aber sie sind auch die Opfer ihrer eigenen Spaltung): sie kamen und ermordeten den Vater, die Mutter und den Großvater; sie wollten auch den Sohn töten, verfehlten ihn aber: er konnte flüchten und ist nun hier. Unglaubliche Geschichten! Sie sind alle so: sie zanken und streiten sich untereinander – wenn sie so weitermachen, werden sie offensichtlich ... sie öffnen allem die Tür.

Die einen sagen mir: „Geben Sie sich nicht mit diesem da ab, denn ..." Die anderen sagen mir: „Halten Sie nicht zu denen da, denn es sind Feinde ..." Voilà!

Unsere Antwort lautet: Wir halten zu allen.

*Man fragt sich, was Indien aus seiner politischen Kleingeisterei herausreißen könnte.*

Man muß über die Politik hinausgelangen.

Sri Aurobindo sagte ihnen schwarz auf weiß, was zu tun ist.

Ich sagte den Regierungsleuten, die mich besuchten: „Sie haben eine außergewöhnliche Chance. Sri Aurobindos Jahrhundertfeier steht bevor, dies ist eine Gelegenheit und gibt Ihnen eine Art Recht, das voranzutreiben – nützen Sie diese Gelegenheit! Sie haben zwei Jahre, um den negativen Bewegungen entgegenzuarbeiten."

Aber wir dürfen nicht offen zugeben, daß wir ihnen beistehen, denn ... das würde eine ganze andere Gruppe verärgern – wir sind mit niemandem. Wir sind nur mit Sri Aurobindo – mit niemand anderem. Alle, die kommen wollen, sind willkommen – wer es auch sei.

Dies *(Mutter zeigt auf die Broschüren)* ist Teil der Literatur, die wir austeilen, sehr gute Dinge sind darin. Ich habe nicht alles gelesen.

*Es ist eine Reihe von Fragen und Antworten über allerlei Probleme: Erziehung, Sprache usw.*

Sind es Antworten von Sri Aurobindo?

*Ich weiß nicht, es ist nicht unterschrieben. Doch ... ich sehe etwas von dir ... Nichts ist zitiert, da weiß man nicht, ob es von Sri Aurobindo, von dir oder sonst jemandem ist.*

Wir müssen die Idee aus sich heraus wirken lassen; wenn wir die Idee im Namen von jemandem darstellen, den sie nicht mögen, werden sie sich nicht darauf einlassen.

Sie wollten mich in die Situation verwickeln, doch ich lehnte ab. Ich sagte: „Nein, ich will nicht." Ich will mich auf keinen Fall dort einmischen: ich bin keine Inderin, und ich will nicht, daß sie mich nach vorn drängen und dann plötzlich eines Tages sagen: „Eine Fremde mischt sich in unsere Angelegenheiten ein." Ich will nicht, daß irgend jemand behauptet: „Mutter hat dies gesagt ... Mutter hat jenes gesagt ..." Nein, danke!

*Eine Fremde!...*

Ja, so sind sie!

*(Schweigen)*

Es ist angenehm, so zu sein ... *(Geste zum Hintergrund).* Dennoch sehe ich viele Leute, es kommen immer mehr. Ich kann nicht alle ablehnen.

Genau deshalb wollte ich Monsignore R nichts von mir schicken. Ich will auf keinen Fall, daß man sagen kann: „Oh, da ist eine Frau, die ... Mutter, die ..." – Das gibt es nicht! *(Mutter lacht)*

## 5. August 1970

*(Dieses Gespräch war das letzte vor einer schweren Prüfung, die sich erneut durch eine einmonatige „Krankheit" ausdrückte. Es sei bemerkt, daß wie durch einen Zufall, der kein Zufall war, Mutters treue Assistentin am 6. August nach Bombay abreisen mußte, um sich einer Krebsoperation zu unterziehen. Sie war das letzte Element, auf das sich Mutter in ihrer unmittelbaren physischen Umgebung verlassen konnte. Nun wird sie allein sein zwischen ihrem „Wächter" und ihrem Arzt. Gleich am 6. August bekam sie ein Fieber und eine Erkältung.)*

Die Geldreserven sind plötzlich leer – nichts mehr da! Ich erwarte Geld, aber es kommt nicht (Geld, das schon vor einem Monat fällig war). Seit langem bin ich nicht mehr in eine solche Situation geraten ... *(lachend)* Ich kann dem Schatzmeister nichts mehr geben. Wenn ich dem Schatzmeister nichts mehr geben kann, werden die Schulden sofort riesig ... Wir werden sehen.

Gibt es eine neue Entwicklung? Ich habe Z[1] nicht wieder gesehen.

*Ich auch nicht.*

Es muß Spannungen geben.

*Ja, man kann hier nicht achtlos sein.*

Ja ...

*(Mutter nimmt eine Blume in ihrer Nähe)*

Willst du das „Schweigen"? – Nein, nicht Satprem! *(Mutter lacht)* Du könntest deine Arbeit nicht mehr tun. *(Zu Sujata:)* Willst du sie?

*(Schweigen)*

Ihr Sohn hatte einen Unfall.

*Der Kleine von Z?*

Ja, er war auf seinem Fahrrad und stieß, ich weiß nicht, gegen was – nichts Schlimmes, aber er zog sich eine Schnittwunde am Bein zu.

*Das ist ein Symbol.*

Ja. Ich fand das ... ärgerlich.
Aber sie wird nicht verstehen – es sei denn, die Gnade bringt sie dazu.

*(langes Schweigen)*

Dieses Bewußtsein, das vor einem Jahr kam (inzwischen sind es anderthalb Jahre), scheint äußerst nachdrücklich und auf sehr eindeutige Weise für die Aufrichtigkeit zu arbeiten. Es duldet keine Heuchelei: man darf nicht vortäuschen, etwas zu sein, was man nicht ist. Es möchte, daß alles die WAHRE SACHE sei.

*Ja, alles wird aufgedeckt.*

Es zertrümmert alle Regeln, die nur Schein sind.
Für den Körper ist es ein ausgezeichneter Lehrer: es gibt ihm ständig Lektionen ... Ich weiß nicht, ob alle Körper so sind, aber meiner fühlt sich wie ein kleines Kind, und er WILL in der Schule sein, er will, daß man ihm zeigt, wo er sich täuscht, er will alles lernen. Er lernt ständig. Aber alles, was von außen kommt ... Das ist sehr interessant: Das Bewußtsein, das da ist *(Geste nach oben)* läßt sich durch nichts

---

1 Die Person, die den Ashram verlassen und ihre Kinder in eine Schweizer Schule bringen wollte.

beeinflussen: es beobachtet, es sieht alles, empfängt aber nicht. Der Körper empfängt noch Vibrationen: Wenn sich gewisse Leute vor mir niedersetzen, treten plötzlich Schmerzen auf, etwas geht schlecht. Aber er weiß jetzt ... (natürlich weiß er, daß er leidet), aber er nimmt es den anderen nicht übel: er tadelt nur sich selbst und nimmt es als Anzeichen für die Stellen, die noch nicht ausschließlich unter dem göttlichen Einfluß stehen. Von diesem Standpunkt aus gesehen ist das sehr interessant ... Er kennt die Diskrepanz zwischen sich selbst und dem Bewußtsein des Wesens, das sich seiner bedient; er leidet nicht darunter, aber er ist von einer solchen Demut und vollkommenen Bescheidenheit! Er ist nicht erstaunt oder beunruhigt, denn er sagt stets: „Möge Dein Wille geschehen!" Das ist ein absolutes Gesetz geworden: „Dein Wille möge geschehen; das geht mich nichts an, ich bin unfähig zu urteilen und versuche es auch nicht – möge Dein Wille geschehen!" Er verharrt so *(passive, sich hingebende Geste)*. Und wenn er „verschwindet", wenn er völlig hingegeben ist und nicht mehr separat existiert, wird die hindurchgehende Kraft ... manchmal ist sie gewaltig. Manchmal kann das beobachtende Bewußtsein sehen, daß den Möglichkeiten wirklich keine Grenzen gesetzt sind. Aber es ist noch nicht „das", bei weitem nicht ... Dies kommt wie ein Beispiel für das, was sein kann. Bis es spontan und natürlich wird ...

*(langes Schweigen)*

Was hast du mitgebracht? Nichts?

> *Ich weiß nicht, ob das richtig ist, aber ich habe den Eindruck eines gewissen Unterschiedes zwischen deiner Gegenwart mit uns, so wie sie vor mehreren Jahren war, und heute, wenn ich so sagen darf. Zum Beispiel hatte ich früher oft den Eindruck, daß du dich aktiv mit uns beschäftigtest; jetzt habe ich das Gefühl ... ich weiß nicht, ob es stimmt: daß es mehr einer Kraft überlassen ist ... die nicht unpersönlich ist, aber ...*

Einen Großteil der Tätigkeiten habe ich diesem Bewußtsein überlassen, das stimmt. Ich lasse dieses Bewußtsein aktiv arbeiten, denn ... ich merke, daß es wirklich weiß. Ansonsten ist das Gefühl der Nähe zu euch viel stärker als vorher – sehr viel stärker. Ich habe fast den Eindruck, mich in euch zu bewegen (was ich vorher nicht hatte). Aber vielleicht übte mein Bewußtsein vorher einen Druck auf das eure aus *(Geste eines Daumendruckes)*, während es das jetzt nicht mehr tun muß, denn ... es ist, als ob ich es von innen her täte.

> *Ja, wenn man in deiner Nähe ist, ist es offensichtlich, man spürt es. Man spürt, daß du in uns bist.*

Ja, so ist es.

*Ganz und gar. Aber wenn man nicht physisch hier ist, empfindet man es eher als etwas Unpersönliches. Ich weiß nicht, ob das stimmt.*

Vielleicht ist es unpersönlich geworden. Ich habe den Eindruck, daß selbst das Körperbewußtsein nur noch ein Minimum an Persönlichem aufweist. Manchmal spüre ich die Grenzen meines Körpers gar nicht mehr ... (ich kann es nicht ausdrücken ...) Ja, fast als wäre er flüssig geworden. Und ES SOLL KEINE persönliche Aktivität mehr geben. Aber innen, ja ... ich kann das nicht erklären. Es ist nicht einmal eine Person, die größer geworden wäre, um die anderen in sich aufzunehmen, sondern eine Kraft, ein Bewußtsein, das über die Dinge AUSGEBREITET ist. Ich habe nicht den Eindruck einer Begrenzung, sondern von etwas, das sogar physisch ausgebreitet ist ... Wenn jemand mit einer sehr aktiven kritischen Einstellung kommt und beobachten und urteilen will, ist es, als ob er direkt in mich einträte, verstehst du, es stört innen.

Ich denke nicht, daß die Aktion den Eindruck einer persönlichen Aktion erweckt – das ist schon seit langem vorbei (wenigstens seit Beginn dieses Jahres). Wenn mir die Leute schreiben, daß sie den Eindruck haben, „ich" hätte dies oder jenes für sie „getan", bin ich immer erstaunt. Würden sie sagen: „Die Kraft bewirkte dies", oder „das Bewußtsein tat jenes", würde mir das natürlicher erscheinen.

Das, was spricht, was beobachtet, ist ein Bewußtseinszentrum hier *(Geste darüber)*, aber natürlich ist es nicht lokalisiert: es bedient sich dieses Körpers nur, um mit dem Mund oder den Sinnen zu kommunizieren. Es ist hier *(gleiche Geste darüber)*. Und es hat nicht den Charakter einer Persönlichkeit ... Wenn mir jemand die Frage stellt: „Wie sehen Sie das?" brauche ich einen Augenblick, um die Frage zu verstehen. Ich habe nicht das Gefühl einer „Person", die „sieht".

Gewisse Erfahrungen lassen mich denken, daß das Gefühl der persönlichen Abgegrenztheit für die physische Existenz nicht unbedingt nötig ist – das muß noch gelernt werden, aber es ist nicht unerläßlich. Man hatte immer den Eindruck, daß der abgegrenzte Körper nötig war, um eigenständige Individuen zu bilden – das ist nicht nötig. Man kann ohne Abgrenzung leben, der Körper kann ohne das leben ... Spontan, d.h. seinen alten Gewohnheiten und Seinsweisen überlassen, ist dies sehr schwierig, es bewirkt eine innere Organisation, die ganz einer Störung gleicht – es ist sehr schwierig. Die Probleme stellen sich ständig für alles – ALLES –, jede Tätigkeit des Körpers wird dadurch in Frage gestellt[1]. Der Vorgang ist nicht mehr der alte, es ist nicht mehr, wie es war, aber „so wie es ist", ist es noch nicht zur spontanen Gewohnheit geworden, d.h. es ist nicht natürlich, deshalb erfordert es eine ständige Wachsamkeit des Bewußtseins – für alles, selbst um eine Mahlzeit herunterzuschlucken, verstehst du? Das erschwert das Leben – besonders, wenn ich Leute sehe. Ich empfange eine Menge Leute (vierzig, fünfzig Personen täglich). Jeder bringt etwas, das diese Art Bewußtsein, das all das funktionieren läßt, dazu zwingt, sich mit den von außen kommenden Dingen auseinanderzusetzen ... Ich sehe, daß viele Leute krank werden (sie glauben krank zu sein, oder sie scheinen eine Krankheit zu haben oder haben sie wirklich) – in meinem Körper konkretisiert sich dies durch ihre Seinsweise, die die alte ist. Für das neue physische Bewußtsein könnte dies vermieden werden, aber ... oh, das bedeutet eine solche Schwierigkeit! Durch eine Art bewußter Konzentration muß man einen Zustand, eine Seinsweise aufrechterhalten, die nicht natürlich ist nach der alten Natur und die offensichtlich die neue Seinsweise ist. Und so kann man die Krankheit vermeiden. Aber dies erfordert fast eine Herkulesarbeit.

Es ist schwierig.

Verstehst du, alle Unmöglichkeiten, alle „dies kann nicht sein, jenes kann nicht getan werden ...", all das ist hinweggefegt worden; aber es ist IM PRINZIP hinweggefegt worden, und nun muß es eine konkrete Tatsache werden.

Dies ist neu – erst seit Beginn des Jahres. Doch da ist die ganze alte Gewohnheit – man könnte sagen: eine neunzigjährige Gewohnheit. Und der Körper WEISS, daß es nur eine Gewohnheit ist.

Aber ...

*
* *

*(Mutter geht zur Übersetzung einiger Auszüge von* Savitri *über.)*

*The great World-Mother by her sacrifice*
*Has made her soul the body of our state ...*

II.99

[Die große Welten-Mutter hat durch dies ihr Opfer
die eigne Seele zu dem Körper unsres Zustandes gemacht.]

(dt. S. 109)

---

1 Durch das Fehlen von persönlichen Grenzen.

Dies ist interessant, ich hatte das nicht bemerkt: „*has made her soul...*"

*The divine intention suddenly shall be seen,*
*The end vindicate intuition's sure technique.*

II.1, S. 100

Die Absicht Gottes wird dann plötzlich sichtbar werden,
das Ziel die sichere Technik der Intuition rechtfertigen.

(dt. S. 110)

Das ist interessant ...

## 12. August 1970

Kann nicht sprechen ... *(Mutter zeigt auf ihren Mund und ihre Kehle)*

*(Meditation während der ganzen Unterredung)*

All das ...

*(Mutter nickt)*

## 22. August 1970

*(Seit dem 6. August, dem Tag, an dem Mutters Assistentin wegfuhr, um sich einer Krebsoperation zu unterziehen, befand sich Mutter in einem sehr schwierigen Gesundheitszustand. Mehrere Male konnte Satprem sie nicht sehen, und wenn er sie sah, machte sie Zeichen, daß sie nicht sprechen konnte:)*

Hast du etwas zu sagen?

299

*Ich habe angefangen, ein neues Buch zu schreiben.*

Das ist sehr gut!
Wie heißt es?

*„Die Entstehung des Übermenschen".*

*(Mutter nickt zustimmend, um sich dann lange*
*auf Satprem zu konzentrieren)*

*September*

## 2. September 1970

*(Mutters erste Worte seit fast einem Monat. Ihr linkes Auge ist sehr geschwollen. Ihre Stimme ist verschleiert. Die Schwierigkeiten sind noch nicht vorbei.)*

Kann nicht sprechen: das löst einen schrecklichen Husten aus.

*(lange Meditation)*

Kennst du einen Mann mit rötlich-dunkelblonden Haaren und einem Bart?

*???*

Nein?... Er war da *(Geste zu Satprems Seite)*
Weißt du nicht, wer es ist?... Er saß da, auf dem Boden.

*(Mutter schaut wieder)*

Du hast jetzt viele Schüler, nicht wahr?

*Ja[1]?*

*(Schweigen)*

*Ja?*

*(Schweigen)*

*Doch nicht ich!?*

*(Mutter geht wieder in sich)*

Es geht besser ... Sehr langsam.
Wenn ich mich erinnern kann, nachdem es vorbei ist, werde ich wirklich etwas Interessantes zu sagen haben. Nur weiß ich nicht, ob ich mich erinnern werde ...
Es ist die Erfahrung des Körpers, wenn er sich selbst überlassen ist[2].

*(Schweigen)*

Wir werden sehen.

---

1 Satprem hatte gehört „es sind viele Schüler da" und hatte gedacht, Mutter beziehe sich auf diesen rothaarigen Mann. Es wäre ihm nie in den Sinn gekommen, daß er Schüler haben könnte!
2 Wie 1962 und 1968.

Es kann sein, daß das Psychische „beobachtet" hat, ohne einzugreifen, und sich erinnern wird – das ist möglich.

Es ist ... nun. Es ist immer noch eine ... Das Ergebnis ist nicht sicher, das ist alles, was wir sagen können.

*(Schweigen)*

Es ist etwas Gewaltiges ... das völlig banal erscheint.

*(langes Schweigen)*

Dieser kleine Körper ist wie ein Punkt, aber er hat das Gefühl, der Ausdruck einer GEWALTIGEN Kraft zu sein, und er hat keine Fähigkeiten, keinerlei Ausdruck, nichts – und ... ziemlich erbärmlich. Und dennoch ist es ... wie die Verdichtung einer GEWALTIGEN Kraft ... Manchmal hat er sogar Schwierigkeiten, dies auszuhalten.

Alle Erfahrungen sind wie verhundertfacht ... Es fällt ihm schwer, das zu lernen.

*(Satprem legt seine Stirn auf Mutters Schoß*
*Mutter nimmt tastend Blumen in ihrer Nähe)*

Was ist das?

*(Sujata:) Ich weiß nicht, eine neue Blume, liebe Mutter*[1].

*(Mutter nickt)* Ach, ja! Ich habe den Eindruck, diese Blume steht in Verbindung mit dem, was geschieht.

*(Satprem:) Es ist eine Hibiskus: „Macht".*

Ja, es ist eine „Macht".

Ich werde dir eine geben, damit du herauszufinden versuchst, was sie bedeutet. Die andere werde ich behalten, um zu sehen, ob ich es herausfinden kann.

Voilà, meine Kinder.

*(Mutter nimmt Satprems Hände)*

Das Ende ist nicht ... Ich will sagen: das Ergebnis ist in meinem Bewußtsein noch nicht entschieden. Dies könnte ein ... Versuch sein, es könnte auch ... *(vage Geste, die sich in Zeit und Raum erstreckt)*.

Etwas Gewaltiges bereitet sich vor, aber ich weiß nicht, ob dieser Körper ... ob dieser Körper es schaffen kann. Das ist alles.

---

1 Eine doppelte Hibiskus mit einer neuen Farbe zwischen rot und rosa.

*(Mutter nimmt Sujatas Hand in ihre linke Hand
und Satprems Hand in ihre rechte)*

## 5. September 1970

*(Mutter wirkt abgespannt. Sie spricht nur mühsam,
als sei sie außer Atem.)*

Ich habe nichts zu sagen. Wenn du etwas fragen willst, kann ich ein wenig sprechen.

*(langes Schweigen,
Mutter hat einen keuchenden Atem)*

Was hast du zu sagen?

*Als du das letzte Mal von dieser langen Periode sprachst, sagtest du, das, was geschehen sei, habe gleichzeitig etwas Gewaltiges und ... fast „Banales" an sich, so einfach sei es – du sagtest: „fast banal".*

Ich erinnere mich nicht mehr.

*Es ist zugleich gewaltig und ... fast banal, so einfach ist es.*

Es gab nur ... Zum ersten Mal war das Gehirn beeinträchtigt, insofern als ich unkontrollierbare Zuckungen hatte. Ich kann sie kontrollieren, aber nur ... Das ist sehr lästig. Deshalb verbringe ich völlig schlaflose Nächte. Ich muß wach bleiben, um ... Aber etwas geschah – an dem Tag, wo du gekommen bist; welcher Tag war das?

*Mittwoch.*

Mittwoch abend lag ich so ausgestreckt, ohne zu schlafen, als ich plötzlich den Heiligen Petrus vor mir sah, und von ihm gingen Strahlen aus, die auf mich zukamen. Da verstand ich, daß sie Magie ausübten. Im ersten Augenblick war ich vollkommen ... (wie soll ich sagen?) ... wie verzweifelt – ich war mude und ... *(Mutter nimmt ihre Stirn zwischen die Hände und verharrt lange schweigend)*

Ich kann nicht sprechen, ich bin es nicht mehr gewohnt ...

Da rief ich Sri Aurobindo und sagte es ihm; er erwiderte: „Was soll dir das anhaben! Was können sie schon ausrichten? Sie können nichts tun, sie haben keine Kraft!" Das genügte. Und natürlich kam die Kraft, aber was für eine Kraft!... Unglaublich. Sie wirkte so *(zerschmetternde Geste)* auf die gesamte Welt. Ich verbrachte die Nacht in einer Art weißen Macht, die die Angriffe zurückstieß und Schläge austeilte ... Mindestens sechs Stunden einer beherrschenden Macht, wie ich sie niemals zuvor verspürt hatte ... Aber der Körper zieht daraus keinen Nutzen, das ist das Ärgerliche daran; mein Körper ist in einem Zustand ...

Das [die Erfahrung der weißen Macht] hatte ich noch nie in meinem Leben. Mindestens sechs oder sieben Stunden lang eine weiße Macht, die alles zurückwies und ... als zerschmetterte sie die Dinge ... Es ist jedoch so, als ziehe der Körper keinen Nutzen daraus. Die Zuckungen sind fast unter Kontrolle – noch ein oder zweimal am Tag. Aber das[1] ist vorbei, es war so, und dann war es vorbei. Es kam nicht wieder.

Der Körper ist sehr müde – nein, es ist keine Ermüdung: unfähig!... Nicht, daß ich versuchen würde, die Dinge zu tun, und es nicht könnte, aber es ist kein Wille vorhanden, es zu versuchen.

Dennoch sagte der Arzt, daß es vom äußeren Standpunkt aus gesehen besser wäre, etwas zu tun und zu arbeiten, zum Beispiel Fotos zu signieren, solche Dinge: eine mechanische Arbeit.

Das ... das ist abscheulich.

*Ja.*

Dies will nicht heilen *(Mutter berührt ihre Brust)*. Es geht besser, aber es heilt nicht. Ich habe immer noch denselben Husten. Es scheint, es ist eine Lungenentzündung *(Mutter deutet auf die linke Lungenspitze)*.

*(keuchendes Schweigen)*

Siehst du, ich habe Atemnot.

Ich weiß nicht ... Manchmal ist der Körper müde; das bedeutet, daß er aufhören möchte. Aber es dauert nicht an, nur im Bewußtsein ist ... Er hat immer noch sehr viel Energie – sogar Kraft; aber es ist ... ich weiß nicht, im Bewußtsein ist etwas wie eine ... Er weiß nicht, was von ihm erwartet wird: ob man von ihm die Energie erwartet, sich wieder aufzurappeln und normal zu leben, oder ob er ... ob er weggeht *(Geste eines Zerbröckelns)*. Und das ist abscheulich[2], es ist ...

---

1 Wir nehmen an, daß Mutter von der Erfahrung dieser weißen Macht spricht.
2 Diese allgemeine Auflösung.

Verstehst du, er ist des Kämpfens müde.

*(Schweigen*
*Satprem ist erschüttert)*

Um ihn herum ist eine Atmosphäre ... eine gemischte und komplexe Atmosphäre all jener, die nicht an die Möglichkeit glauben ... Er glaubt an die Möglichkeit einer Verlängerung des Lebens – aber nicht unter diesen Bedingungen – nein, so nicht, das ist absurd!
So kann man nicht fortbestehen, das ist idiotisch.
Ich sehe deutlich, daß es von den Verhältnissen abhängt, denn in manchen Fällen sehe ich fast nichts mehr, und andere Male sehe ich fast klar ... Dies *(Mutter deutet auf ihr sehr geschwollenes linkes Auge)* ist natürlich wieder ein Unfall, ein Emphysem, wie es scheint ... Diese physische Störung ist unerträglich. Die Ärzte sagen alle, es sei durchaus heilbar ... Mehr weiß ich nicht: es kann wieder völlig in Ordnung kommen. Wenn das der Fall ist, ist es gut. Aber ...
Das Bewußtsein hier oben *(über den Kopf weisende Geste)* hat sich nicht verändert, aber ... *(Mutter nimmt ihre Stirn zwischen die Hände)* die physische Übertragung ist nicht mehr sehr gut. Doch sie sagen, auch das könne wieder in Ordnung kommen.
Der Zustand ist folgender: Mal besteht ein Wille, und es gibt offensichtlich einen Fortschritt, dann wieder ist da ... etwas wie ein Überdruß vor weiteren Anstrengungen.

*(keuchendes Schweigen)*

Das ist es, ständig bin ich außer Atem.

*(Schweigen)*

Vorher konnte ich mich immer in das Schweigen und die Konzentration flüchten, doch jetzt kommt immer diese Sache[1] – das war die größte Schwierigkeit. Im Schweigen und in der Konzentration konnte ich Stunden über Stunden verbringen, aber jetzt kommen diese unkontrollierten Bewegungen ... das ist ... das betrübt mich wirklich, verstehst du?

*(Satprem fühlt, wie ihm die Tränen über das Gesicht laufen)*

Denn früher konnte ich den ganzen Tag in konzentriertem Schweigen verbringen – diese Freude wurde mir genommen.

*(Mutter nimmt einige Suppenpäckchen und reicht sie Satprem)*

_____

1 Diese unkontrollierten Bewegungen.

Ich habe große Schwierigkeiten zu essen.

*(Dann tritt sie in eine lange Meditation,*
*bald beruhigt, bald nach Atem ringend,*
*aus der sie mit einem Zucken aufschreckt[1])*

So ist es ständig.

*(Mutter wechselt die Stellung und taucht erneut ein,*
*mal keuchend, mal erleichtert,*
*schreckt wieder auf und schüttelt den Kopf,*
*fällt dann zurück in ihr Keuchen,*
*unterbrochen von kurzen Momenten der Ruhe.*
*Plötzlich richtet sie sich auf.)*

Auch schmerzen meine Beine.

*(Sujata und Satprem versuchen,*
*ihre Beine etwas zu massieren)*

Die Beine tun mir weh.

*(langes Schweigen,*
*mal erleichtert, mal sichtbar leidend,*
*dann schreckt Mutter erneut auf)*

Das ist sehr ermüdend ... Nicht wahr, zu keiner Stunde des Tages irgendeine Möglichkeit, sich wirklich auszuruhen.
Das ist es.

*(langes Schweigen)*

Wenn ich mich gehenließe, würde ich schreien.
Und Schreien erleichtert nichts, es wird nur schlimmer.

*(Schweigen, Mutter taucht ein,*
*um dann wieder aufzuschrecken)*

Schrecklich!... Weißt du ... In jener Nacht sagte ich mir: Ja, so ist die Hölle.
Schrecklich, einfach schrecklich.

---

1 Während dieser ganzen Meditation war Satprem in einem solch intensiven Gebet, und es war wie eine leuchtende Macht, fast weiß, bläulich, solide, und ständig stiegen dieselben Worte in ihm auf, als kämen sie aus diesem Licht: Wir werden siegen, wir werden siegen ...

Ich sehe nicht, warum ich da hindurch muß ... Denn so war auch der Tod keine Lösung. Das ist schrecklich.

*(Die Uhr schlägt, Satprem legt seine Stirn auf Mutters Schoß)*

Ich bin versucht zu sagen: Bete für mich!

*Ja, liebe Mutter.*

*(Mutter hat Tränen in den Augen)* Weißt du, es ist so schrecklich ... Ich möchte wirklich sagen: Bete für mich!

*Ja, liebe Mutter*[1].

*(Satprem legt seinen Kopf auf Mutters Schoß*
*und geht dann in Sri Aurobindos Zimmer)*

## 6. September 1970

*(Sujata sieht Mutter für einen kurzen Augenblick.)*

Du bist lieb ...
Es geht mir besser.

---

1 Etwas später erinnert uns Sujata an das Gedicht von Sri Aurobindo, *A God's Labour* („Eines Gottes Arbeit"): Ich grub durch der stummen Erde schreckliches Herz Und hört' ihre Schwarz-Messen-Glocke. Ich sah ihrer Todespein Quelle, Und den tiefen Grund der Hölle. ... (Deutsche Übersetzung aus *Flammenworte*, Pondicherry, 1953) Vor einiger Zeit hatte ein Schüler, dessen Visionen Beachtung verdienen, folgendes gesehen: „Mutter stieg immer weiter hinab, drang in die Erde ein, dann war sie ganz wie von einer Kohlenschicht umhüllt. Dort, wo sie war, war Licht, aber der Faden, der sie mit ihrem Ursprung verband, war sehr gespannt, ein dünner Lichtfaden, der die Kohlenschicht durchdrang. Manchmal wurde der Kontakt unterbrochen, der Faden verschwand, und Mutter war in Schwierigkeiten."

## 9. September 1970

*DIE HÖLLE*

*(Mutter scheint es etwas besser zu gehen,
aber sie ist immer noch sehr erschöpft.)*

Ich wollte dir etwas sagen, nun erinnere mich nicht mehr ...
Vielleicht kommt es wieder.

*(sehr langes Schweigen, dann deutet Mutter mit einer Geste an,
daß sie sich erinnert, und taucht wieder ein)*

Es kommt, aber es ist noch nicht genau genug.
Hast du nichts zu fragen?

*Betrifft es die Nacht, in der du in dieser Hölle warst?*

Ja. Es war ... Ich werde versuchen, es zu erklären. Du weißt, daß
man sagt, OM sei der Ton des ganzen Universums, das sich dem Höchsten zuwendet und den Höchsten anfleht – all dies zusammen ergibt
das OM. In analoger Weise hatte ich das Gefühl, der ganze Schmerz
der Welt zu sein – der ganze Schmerz der Welt (wie soll ich sagen?) auf
einmal empfunden. Ich kann es nicht ausdrücken.

Das muß es sein, denn anfangs wurde ich beherrscht, verstehst du:
Wenn es kam, war ich wie erdrückt von der Sache; während ich von
dem Moment an, wo ich es so verstand, mich über den Schmerz erheben konnte. Es geht viel besser. Aber als ich darüber sprach, war es
sehr ... es hatte sogar den Charakter einer Offenbarung. Es war sehr
präzise – präzise und konkret. Jetzt ist es nur noch eine Übersetzung.

Ich fühlte gleichzeitig einen außerordentlichen Schutz, der mich
davor bewahrte, verrückt zu werden ... Das war eine SEHR konkrete
Erfahrung, die mehrere Stunden anhielt – der Schutz eines höheren
Bewußtseins und einer Art Kraft, die die Sache beherrschte, mit der
Wahrnehmung: Wenn Das nicht da wäre, würde es ausreichen, die
meisten Leuten zum Wahnsinn zu treiben.

Aber der Körper ist sehr ... der Körper ist sehr in Mitleidenschaft
gezogen *(Mutter berührt ihr linkes Auge, ihre Stirn)*. Da gibt es ...
Fast unmöglich zu essen – das ist ein großes Problem.

*(sehr langes stöhnendes Schweigen)*

Der Eindruck eines Erdrücktwerdens ist noch nicht verschwunden.
Es ist wie etwas, das mich hindert, frei zu atmen.

Aber die Nacht nach dem Tag, als ich dich sah und dich bat *(lächelnd)*, du möchtest für mich beten ...

*Ja, liebe Mutter.*

Diese Nacht war absolut wunderbar – absolut friedlich und wunderbar. Eine Nacht, wie ich sie seit langer, langer Zeit nicht mehr hatte ... Ich dankte dir – ich weiß nicht, ob du das weißt!

*O Mutter ...*

*(Mutter lacht,*
*Satprem legt seinen Kopf auf Mutters Schoß,*
*Schweigen)*

*Aber Sri Aurobindo? Sri Aurobindo ...*

Ja.

*Was sagt er?*

*(nach einem Schweigen)*

Ich hatte ... das war schrecklich, ich hatte das Bewußtsein all dessen, was er physisch erlitt. Und das war fast am schwersten zu ertragen *(Mutters Stimme ist tränenerstickt)* ... Als ob er physisch ... Und unsere physische Unbewußtheit daneben – die Art physischer TORTUR, die er auf sich nahm[1]. Das war etwas vom Allerschwierigsten.

Die Folter, die er zu ertragen hatte und die wir so leichtfertig behandelten, als ob ... als ob er nichts spürte. Das war etwas vom Schrecklichsten.

*(sehr langes Schweigen,*
*Mutter taucht ein,*
*um dann aufzuschrecken)*

Siehst du, das ist es *(Mutter macht eine Geste des Erstickens)*: ein quälender Druck, schrecklich.

Es ist kein Gedanke, sondern ... *(gleiche Geste eines Erstickens).*

---

1 „Wir bestanden auf gefährlichen Medikamenten ...“ gesteht einer der Ärzte, die Sri Aurobindo behandelten (Nirodbaran, *I am here*). Sri Aurobindo sagte nein – einmal. Mutter sagte nein. Dann sagten sie nichts mehr. „Er wußte, daß die Medikamente von keinerlei Nutzen waren, und er lehnte sie kategorisch ab“, bemerkt einer der Ärzte, „aber da wir unverständig waren und das Gewicht der Worte nicht ermessen konnten, die er in seinem üblichen Tonfall ausgesprochen hatte, bestanden wir auf gefährlichen Medikamenten, denen wir vertrauten.“ *Ibid.* S. 20. Es sei bemerkt, daß dasselbe Phänomen sich bei Mutter wiederholen wird.

*Aber liebe Mutter, dient dieser Schmerz der Erde nicht dazu, das
Höchste Bewußtsein auch da, ganz in der Tiefe herbeizurufen?*

Ja, sicherlich. Das sage ich mir auch und versuche, das zu finden,
aber...
Etwas muß gefunden werden.

*(sehr langes Schweigen)*

Das ist es *(gleiche Geste eines Erstickens)*, und es ist immer noch
da ... An einer Stelle, hier, da herrscht ein so fürchterlicher Druck ...
Merkst du, wie schwer es mir fällt zu atmen? – Das ist es. Es ist ständig
so.

*(Schweigen)*

Es ist hier *(Mutter zieht eine Linie auf Brusthöhe)*. Und es besteht ein
Verbot zu ... *(Mutter macht eine Geste aufzusteigen und sich wieder dem
Ursprung oberhalb des Kopfes anzuschließen)* ... Als ob ich unbedingt
etwas finden müßte.

*(Schweigen[1])*

Wieviel Uhr ist es?

*Zehn nach elf, liebe Mutter.*

Hast du nichts zu sagen?

*Hat das Mantra denn keine Wirkung darauf?*

Mein Körper wiederholt das Mantra unaufhörlich. Ich glaube, er
könnte sonst gar nicht durchhalten ... ständig, ständig.

*(Schweigen)*

*Manchmal sage ich mir, daß* UNSERE *Dunkelheiten* DEIN *Hindernis sind, und wenn wir unsere eigene Finsternis besiegen
könnten ...*

Oh, natürlich wäre das leichter für mich. Aber das ... (wie soll ich
sagen?) das ist nicht meine Angelegenheit. Ich habe nicht das Recht,
dies zu fordern: ich muß die Arbeit tun ... Wie ich dir sagte, brachte
dein Gebet in jener Nacht ... du kennst das englische Wort *relief*: Das
brachte eine enorme Erleichterung.

---

1 Eine Stimme rief, „Geh, wo niemand gegangen! Grab tiefer, noch tiefer Bis du
erreichst den grimmigen Grundstein Und klopf an das schloßlose Tor." Ich ließ die
Oberflächen-Götter des Denkens, Die durstigen Seen des Lebens Und tauchte zu
den Geheimnissen unten Durch die dunklen Wege des Körpers. (*A God's Labour*)

*(sehr langes stöhnendes Schweigen)*

Es ist seltsam, das packt mich so *(Geste von der Taille bis zu den Knien)*, besonders da *(Geste zur Taille)*. Ich kann nicht beschreiben, was es ist – eine schreckliche Bedrängnis … Wenn es hierhin kommt *(zur Brust)*, dann schreie ich.

Es ist in den Beinen bis hinunter zu den Knien. Jetzt kann ich kaum noch laufen.

Das ist völlig physisch, materiell.

*(Schweigen)*

Ach …

Ich weiß sehr gut, was erforderlich wäre: Das Phänomen müßte beobachtet, statt gefühlt werden – gewußt werden: ein Wissen anstelle des Gefühls. Dann wäre es wie alle anderen Arten von Wissen … Aber wovon hängt das ab? Ich weiß es nicht.

*(langes Schweigen)*

*Wir werden siegen, liebe Mutter.*

Ja.

*(Schweigen, Satprem legt seine Stirn auf Mutters Schoß)*

Verstehst du … daß es besiegt werden wird, davon bin ich ABSOLUT überzeugt, aber … ist der Augenblick gekommen, ist er da?

Und dieser Zweifel ist eine Tortur.

*(Mutter nimmt Satprems Hände)*

## 12. September 1970

*(Mutter verteilt „Transformations"-Blüten)*

Für dich und Satprem …

Man verbietet mir, Salz zu essen *(Mutter verteilt Suppenpäckchen)*, angeblich kommt diese Schwierigkeit [am linken Auge] von zu viel Salz…

Was hast du zu sagen?

*Geht es besser, liebe Mutter?*

Ja, ein wenig besser. Es ist noch nicht ... *(Mutter schüttelt den Kopf)* Aber ich würde gern ein wenig Wasser trinken, denn ...

*(Sujata holt Wasser)*

Allerdings kann ich noch nicht richtig essen.

Es geht besser, und die Nacht, der zweite Teil der Nacht, war relativ gut, d.h. ohne ständige Schmerzen.

*(Mutter versucht, einige Tropfen Wasser zu trinken)*

Ich habe festgestellt ... Vorher war es meine große Befriedigung, stundenlang schweigend, reglos, konzentriert zu verharren ... jetzt kann ich das nicht mehr tun: ich habe unkontrollierbare Bewegungen. Ich muß im Gegenteil beschäftigt sein. Wenn ich beschäftigt bin, geht es relativ gut. Entweder fast mechanisch beschäftigt: Fotos signieren usw. – dies hält meinen Körper ruhig. Oder mit Antworten beschäftigt: man stellt mir Fragen.

Nur die Augen ... Die Augen sind seltsam. Natürlich ist dies [das linke geschwollene Auge] lästig, aber zuweilen sehe ich fast klar, und in anderen Augenblicken liegt alles wie hinter einem Schleier. Der Atem ist noch nicht normal. Es scheint, ich hatte eine Lungenentzündung *(Mutter deutet auf die linke Lungenspitze)*. Es ist noch nicht völlig normal.

*Ist dieser Druck immer noch da?*

Das ... das war eine schreckliche Schlacht. Es ist noch nicht ganz vorbei.

Diese Erfahrungen müssen von der Empfindung zum Bewußtsein übertragen werden; und das Bewußtsein kann es noch nicht erfassen ... Im Bewußtsein geht es; in der Empfindung ist es unmöglich. Und da ich es zuerst in der Empfindung hatte ... Sobald ich bewußt wurde, war es natürlich viel leichter zu ertragen, aber es darf nicht die Empfindung beeinträchtigen.

*(Mutter ist außer Atem)*

Der Atem ist nicht frei ... Diese beiden Dinge müßten verschwinden, dann ginge es gut.

Eine physische Verschlechterung ist eingetreten *(Mutter berührt ihre Beine)*. Ich kann nur noch mit großen Schwierigkeiten gehen, und ich bin völlig gebeugt ... Das ist sehr schlecht für die Atmung.

Ich habe bemerkt, daß all dies von einer bestimmten Haltung abhängt ... Ärgerlicherweise zwingen mich die Umstände, an den Körper zu denken. Das ist lästig. Wenn ich nicht daran denke, geht es gut – wenn ich an die Arbeit denke oder Dinge betrachte, geht es relativ gut. Doch der Körper ist sehr ... beschwerlich geworden.

Ich kann nicht mehr alleine gehen – theoretisch könnte ich es, aber es besteht Gefahr, daß ich mein Gleichgewicht verliere, deshalb wollen sie mich nicht lassen – sie haben völlig recht. Aber ...

Und dies *(Mutter berührt ihre Kehle, ihre Brust)*, der Atem ist kurz und beengt.

*Man hat den Eindruck, daß eine Art Wille dich zwingt, in deinem Körper zu bleiben – denn man nimmt dir deine Konzentrationen, all das wird dir genommen.*

Ja, ja.

*Als wollte man ...*

Ja, das ist es! Ach, sobald ich es versuche *(Geste, sich über den Körper zu erheben)*, entsteht augenblicklich ein schreckliches Unbehagen: es heißt NEIN.

Genau so ist es.

*(Schweigen)*

Dieses Leben im Körper ist fast eine Tortur für mich, denn in sich selbst birgt es keinerlei Interesse ... Schon seit langem fand ich keine physische Freude mehr daran. Jetzt ist es so weit, daß die Leute gar nicht mehr verstehen, warum ich leide: ich scheine nicht krank zu sein, außer dieser Kurzatmigkeit, die nicht so ernst zu sein scheint. Ich habe nichts, das man wirklich als Leiden bezeichnen könnte: nichts. Es ist eine Art ... Das Wenigste, was man sagen kann, ist ein völliges Desinteresse: ob ich esse oder nicht ... Das einzige Problem ist, daß ich mich nicht ausruhen kann – ich kann eben nicht ... *(Mutter macht eine Geste, sich vom Körper zurückzuziehen)* in ein höheres Bewußtsein eintreten. Das ist etwas ... Seit SO VIELEN Jahren, seit mehr als zwanzig Jahren legte ich mich aufs Bett, und uff! *(Geste, sich zurückzuziehen)* trat ich in den Herrn ein. Genau das ist mir untersagt, und dies verursacht das größte Leiden.

Wahrscheinlich hätte ich diese Arbeit nicht ertragen können und hätte meinen Körper verlassen; es war allzu natürlich ... *(Geste, nach oben zu entschwinden)*. Aber ... *(Mutter senkt ihre beiden Fäuste, als würde sie gewaltsam in die Materie geschleudert oder dort festgehalten)* Ich traf keine Vorkehrungen, die Kraft wirklich in den Körper zu ziehen ... Ich könnte sagen, daß mein Körper zu sehr (wahrscheinlich wegen seiner Art, in der materiellen Welt zu sehen, zu fühlen und zu reagieren), zu sehr[1]... Nur äußerst selten in meinem Leben habe ich das Ananda im physischen Körper erlebt. Nur wenn ich schöne Dinge sah *(Mutter hebt ihre Augen, als betrachte sie die Kokosnußpalme im Hof, die sie mit ihren physischen Augen nicht mehr sehen konnte)*, in gewissen Augenblicken im Kontakt mit der Natur habe ich das erlebt, aber ansonsten war mein ganzes Leben niemals ... (wie soll ich sagen?) eine Quelle des Ananda.

*(Mutter hält inne und versucht zu atmen)*

Es ist wirklich lästig, nicht frei atmen zu können.

Wenn man beschäftigt ist, bemerkt man es nicht, aber wenn man verharrt, ohne etwas zu tun, und ständig keucht ... das ist unangenehm.

*(Schweigen)*

In meinem ganzen Leben empfand ich eine völlige Indifferenz gegenüber den Dingen: ob sie so oder so waren, hatte keinerlei Bedeutung. Doch jetzt ... Ich gebe dir ein Beispiel: Ich bat um Wasser, aber sie brachten es mir viel zu kalt, so daß ich es nicht trinken konnte; früher hätte ich es trotzdem genommen, aber ich konnte nicht, meine Kehle war wie zugeschnürt. Statt mir leicht gekühltes Wasser zu geben, brachte man mir fast Eiswasser[2]...

*Ja, ich habe es gesehen.*

Ich konnte es nicht trinken. Dadurch wird man so unerträglich, nicht wahr! Die Dinge müssen genau so oder so sein – das macht das Leben für die anderen unerträglich.

*Nein, liebe Mutter, keineswegs!*

Das regelt sich dann so, daß der Arzt sagt: „Es MUSS so sein" ... Dann ... verstehst du, das ist lächerlich.

Damit kommt dem materiellen Leben eine unendlich größere Bedeutung zu als früher, und das ist nicht lustig ... Gerade jetzt, wo schon genug Schwierigkeiten und Reibereien bestehen ...

Da ich erschöpft aussehe, wollen sie mir natürlich nichts sagen, sie wollen mir keine Arbeit geben, sie wollen nicht ... Das schafft für mich eine Atmosphäre, die derjenigen, die sein sollte, genau entgegengesetzt ist.

---

1 Mutter will vielleicht sagen, daß sie sich zu sehr der höheren Welten bewußt war.
2 Mutter hat eine neue Assistentin.

Ich habe jetzt darum gebeten, mich arbeiten zu lassen ... Und du siehst, ich spreche und bin atemlos.

*(Schweigen)*

*Aber all dies ist ein Zeichen, daß wir uns nähern, liebe Mutter ...*

Ja.

*Es muß dort etwas geben ... ganz in der Tiefe des Körpers muß eine Sprungfeder sein, dort muß etwas sein.*

Ja ... ja, aber was denn?

*(Schweigen)*

*Der Göttliche Wille dort.*

*(Mutter nickt und tritt in eine lange, recht friedliche Kontemplation)*

Hast du nichts?

*Nein, liebe Mutter.*

Wie spät ist es?

*Fünf vor elf.*

*(Mutter taucht wieder ein, um dann wie erstickt aus der Kontemplation zu treten)*

Ach ...

*(Mutter taucht wieder ein, worauf ihr Bein zuckt)*

Das sind diese Bewegungen, sobald ich mich konzentriere.
Wenn ich beharre, wird es ... Ich fange an zu schreien.
Diese Bewegungen hören nur auf, wenn der Körper mit irgendeiner Tätigkeit beschäftigt ist.
Wenn ich keine Tätigkeit aufnehme und darauf beharre, mich zu verinnerlichen, beginne ich buchstäblich zu schreien, als würde ich gefoltert.

*(Schweigen)*

Gestern fragte ich den Arzt – nicht Sanyal[1]: Dr. Bisht, der ein intelligenter Mann ist. Er sagte mir, daß gewisse Zellen des Gehirns unabhängig sind und nicht unter der bewußten Beherrschung stehen

---

1 Dr. Sanyal ist Mutters üblicher Arzt.

(bei allen Menschen ist das so), und wenn diese Zellen die Kontrolle ergreifen, treten solche Zuckungen auf ... Sind dies wohl die Zellen, die unter der Kontrolle des Unterbewußten sind?...

Aber wie kommt es, daß ich früher STUNDENLANG so konzentriert bleiben konnte, ohne daß mir etwas geschah – sie hatten nie die Macht, etwas zu bewegen.

*(Mutter tritt in ein langes absorbiertes Schweigen)*

So viele Dinge weiß man nicht ...

Wenn man die Ärzte um eine Auskunft bittet, hat man den Eindruck, daß es nur eine teilweise, oberflächliche Beobachtung ist und die wahre Sache fehlt. Wenn man nähere Fragen stellt, sagen sie: „Ach, nein, das wissen wir nicht." Folglich stehen wir da ... Verstehst du, ich habe den Eindruck, in eine Welt getaucht zu sein, die mir unbekannt ist, und muß mich mit Gesetzen herumschlagen, die ich nicht kenne ... um eine Änderung zu bewerkstelligen, die mir ebenfalls unbekannt ist – wie ist diese Änderung beschaffen?...

Das ist nicht sehr angenehm.

Wenn man das bei guter Gesundheit tut und sich in der Bewegung, in der Aktion befindet, ist alles schön und gut; aber so, wie ich jetzt bin, mit dieser physischen Machtlosigkeit, ist es schrecklich.

Ich denke das nicht, aber ich bin in einem Zustand, wo ich wirklich nicht weiß, was geschieht. Das ist nicht gerade angenehm.

*Ja, aber liebe Mutter, ich habe ganz den Eindruck, daß du durch diese Dunkelheit, diese Unkenntnis der „Gesetze" ABSICHTLICH zu einem Punkt geführt wirst, wo die Lösung gefunden werden wird – daß all das einer Ordnung folgt und daß es keine „widrigen" Umstände sind, daß du wirklich getragen wirst.*

Du hast recht. Du hast recht; wenn du willst, könnte ich sagen, daß ich auch so denke – ich „denke" nicht, aber es gibt eine solche Wahrnehmung. Nur ... Da ist alles, was dazwischen liegt.

*Ja ... Ja.*

Weiter so! *(Mutter lacht und nimmt Satprems Hände)*
Denke weiterhin so!

*Ja, liebe Mutter, ich EMPFINDE es so.*

Ja ... Ich hoffe, daß ich es vermag: dieser Körper. Dieser Zweifel besteht.

*Aber wenn du diesen Punkt erreicht hast, bedeutet das, daß der Moment gekommen ist, sonst wärst du nicht hier. Du bist in dieser Verfassung, weil es der richtige Augenblick ist.*

Natürlich, ich weiß das wohl – ich weiß, daß der Moment gekommen ist, wo ... Der Augenblick, den Versuch zu unternehmen, aber wird er gelingen? Ich weiß es nicht ... Ist er ... Wenn du willst, um die Dinge ganz klarzustellen: Ist ihm der Erfolg bestimmt? Da liegt der Zweifel. Ist es dazu bestimmt zu gelingen[1]?

*Es scheint mir unmöglich ... Es scheint mir unmöglich, daß es nicht gelingt.*

Warum?

*Weil du der Körper der Welt bist!... Weil das wirklich die Hoffnung ist.*

Ist das nicht Poesie?

*Aber nein, liebe Mutter! Es IST SO. Man braucht doch nur zu sehen: Die äußere Welt wird immer höllischer.*

Ach, das schon.

*Genau dies geschieht in deinem Körper.*

*(Mutter ergreift Satprems Hände mit Tränen in den Augen)*

Das bringt mich zum Weinen.

*(Schweigen)*

Danke.

*(Satprem küßt Mutters Hand)*

Danke.[2]

1 Wie sie höhnen und grinsen, Teufel und Menschen „Auf Trugbildern baut deine Hoffnung Malst uns den Himmel mit feurigen Farben Du wirst fallen, vergeblich dein Mühn." *(A God's Labour)*
2 Dieses Gespräch und unser Schrei am Ende, um aufzurütteln ... wir wissen nicht was, erinnern seltsam an das letzte Gespräch, das wir drei Jahre später mit Mutter haben werden, am 19. Mai 1973, als müßten wir eine unmögliche, negative Atmosphäre um Mutter herum abschütteln.

## 16. September 1970

*(Mutter schien es viel besser zu gehen.*
*Nachdem sie „Transformations"-Blüten verteilt hatte,*
*trat sie in eine lange, friedliche Kontemplation.)*

Der Friede ist zurückgekommen ... Von Zeit zu Zeit noch eine Spannung.

*(langes Schweigen)*

Hast du nichts zu fragen?

*Nein, liebe Mutter.*

*(Mutter tritt aufs neue in Kontemplation)*

Hast du keine Fragen?

*Man hat den Eindruck, daß die Macht [in Mutters Nähe] immer mächtiger wird.*

*(nach einem Schweigen)*

Die Leute, die krank waren, haben sich wieder erholt[1].

*Ist denn etwas von der Empfindung zur Erkenntnis geworden?*

Oh ja. Das schon.
Die Trennung zwischen der Empfindung und dem Bewußtsein ist sehr klar geworden, das heißt ... ich sah gewisse Dinge.

*(langes Schweigen)*

Während ein oder zwei Stunden hatte ich sogar das Ananda der Schöpfung ... Das erschien so natürlich! Ich fragte mich: „In was für einer Verirrung steckte ich denn bloß?" Ich konnte es nicht begreifen. Ich konnte diese Hölle nicht verstehen. Ich konnte nicht verstehen, wieso ich dort war. Und ich hab auch nicht lange gesucht, weil ich mir sagte: „Dorthin will ich nicht zurückkehren!" Mit der konkreten Wahrnehmung der göttlichen Gegenwart und der ständigen Aktion der Gnade kam das Bewußtsein völlig zurück, und ich versuchte nicht lange zu verstehen, wie ich in den anderen Zustand gelangt war – das genügte mir!... Es kam ganz plötzlich: eines Morgens, nachdem ich

---

1 Insbesondere Mutters Gehilfin, die eine Krebsoperation durchgemacht hat (und die immer noch in Bombay ist). Leider wird sie ihre Arbeit bei Mutter nicht wieder aufnehmen.

eine relativ ruhige Nacht verbracht hatte. Von Zeit zu Zeit spüre ich noch eine Art Beklemmung, etwas ... ein Unbehagen – ein Unbehagen und eine Bedrängnis –, deshalb gebe ich acht, mich nicht innerlich zu konzentrieren.

*(Schweigen)*

Ich werde das später erfahren.

Einen Hinweis hatte ich heute morgen, in Form eines Traums. Als es Zeit war aufzuwachen, fand ich mich ... (wie soll ich sagen?) *crawling*, kriechend auf einem Dach, während ich jemanden trug, ein Mädchen (eine junge Frau). Ich trug diese Person mit beiden Händen, und es gelang mir, über das Dach zu kriechen, um auf der anderen Seite hinunterzuklettern. Das Dach war so *(Geste eines steilen Grats)*, ich war auf dem Dachfirst. Das heißt, ich vollführte eine unmögliche Akrobatik, gefährlicher und schwieriger ging es gar nicht – ich tat dies ABSICHTLICH, und gleichzeitig war es völlig NUTZLOS.

Da sagte ich mir ... Ich „wachte auf", d.h. ich kam in dem Augenblick dort heraus, wo ich mir sagte: „Aber warum tue ich denn das?" Diese Person war charmant, sie war sehr nett, aber ... sie war wie ein Kind, eine kraftlose Person: sie konnte sich nicht selbständig bewegen. Ihr Kopf ... sie war sehr bewußt, sehr hübsch – sehr bewußt. Und ... ihre Hände und Arme waren irgendwie kraftlos oder unvollständig oder ... ich weiß nicht. Natürlich war das alles symbolisch. Ich befand mich auf dem First eines SEHR HOHEN DACHS, und ich trug diese Person *(Geste mit den Armen)*, und ich fragte mich: „Warum mache ich denn so viel Umstände?..." Unten standen Leute, und sie fragten *(lachend)*: „Ist das nötig?..." So beschloß ich aufzuhören. Aber ich mochte dieses Mädchen sehr, und ... sie war SEHR freundlich, ich will sagen, sie hatte ein schönes Bewußtsein. Schließlich beschloß ich: „Genug mit dieser Akrobatik!" Ich wachte auf und kehrte zu meinem normalen Wachzustand zurück.

Es war ein Traum, aber es war kein Traum – es war eine eigentliche Tätigkeit, und alle meine Nerven, alle meine Muskeln, mein ganzer Wille waren schrecklich angespannt im Schlaf.

Zweimal hatte ich nachts das Gefühl, in eine VÖLLIG neue Weise, die Dinge zu sehen und zu fühlen, einzutreten. Als täte ich äußerst schwierige und völlig nutzlose Dinge ... Heute morgen sagte ich mir: „Sieh, wie du bist!..." Fast unmögliche, äußerst schwierige Dinge, und ich tat sie mühelos – aber es schien völlig nutzlos; es gab keinen Grund, sie zu tun.

Heute morgen dachte ich lange darüber nach ... Wahrscheinlich rührt ein großer Teil der Schwierigkeit der Arbeit von ... man kann sagen, von einer Dummheit meinerseits her.

Dennoch sage ich in meinem bewußten Bewußtsein ständig: „Was Du möchtest, Herr, was Du möchtest ...“ Aber im Körper muß es eine Gewohnheit unnützer Anstrengung geben.

*Vor etwa drei Wochen, als du noch mitten in dieser Erfahrung warst, sagtest du: „Ich weiß nicht, ob ich mich erinnern werde, aber vielleicht wird sich das Psychische erinnern, denn es war anwesend.“ Und du sagtest: „Es ist etwas Gewaltiges und doch fast Banales, so einfach ist es.“*

*(Mutter nickt,
Schweigen)*

Heute morgen war dies sehr klar und zwingend, wie um mir eine Lektion zu erteilen.

Es ist noch vermischt: Zuweilen kehren dieser Druck und dieses Unbehagen zurück, und ich sehe deutlich, daß es vor allem mit dem zu tun hat, was im Wesen der Vergangenheit angehört – das, was noch in der Gewohnheit seiner vergangenen Funktionsweise steckt.

*(Schweigen)*

Das war wirklich ein Kunststück: Ich trug dieses Mädchen auf beiden Armen und kletterte auf den Knien über den Dachfirst. Ein Haus mit mindestens vier oder fünf Etagen. Es war absolut wahnsinnig. Ich tat es ganz natürlich, mühelos, als mich auf einmal etwas wie ein Bewußtsein, das mich beobachtete, sagen ließ: „Aber warum tue ich denn das?...“ Dem Mädchen, das ich in den Armen hielt, sagte ich: „Wie nett du bist!“ Und sie war ... sie war lieb, sogar leuchtend und bewußt – aber absolut machtlos. Völlig machtlos: als hätte sie weder Arme noch Beine. Etwas völlig Kraftloses ... Seltsam.

Ich sah die Leute, die unten waren (sie mußten einen Stock tiefer sein) und mich fast lachend betrachteten (jedenfalls amüsiert) und sagten: „Aber warum tun Sie denn das?...“ Ich erwachte mit dem Eindruck, daß ich mein Leben schrecklich kompliziert mache – schwierig und gefährlich –, absolut unnütz.

Darüber staunte ich heute morgen lange. Lange war ich unter diesem Einfluß. Ich sagte mir *(lachend)*: „Irgendwo muß ich extrem dumm sein!“

Das Mädchen hatte ein so schönes Bewußtsein!

*War es das neue Bewußtsein?*

Ich glaube nicht ...

*Nein?*

Ich weiß nicht.
Jedenfalls war sie völlig kraftlos: ich mußte sie tragen.

*Vielleicht das neue Bewußtsein* DES KÖRPERS?

Ich hatte den Eindruck, daß keinerlei Grund bestand, dies zu tun ...
Ich weiß nicht.

*(Mutter verharrt lange schweigend*
*und deutet durch eine Geste an, daß sie es nicht weiß)*

Und diese Frau verschwand nicht. Ich weiß nicht ... sie verschwand
nicht. Die Beziehung änderte sich – ich glaube, es ist eine Frage der
Beziehung, denn die Beziehung änderte sich: ich hatte den Eindruck,
daß sie nicht mehr getrennt war, etwas in der Art.
Vielleicht ist es die Trennung zwischen den beiden, die[1]...
Vielleicht soll das das Gefühl der Trennung zwischen den beiden
symbolisieren?
Wir werden sehen.

*(langes Schweigen)*

Wir werden sehen.
Offensichtlich findet eine große Veränderung statt. Allerdings
gleicht es ... ganz dem Bewußtseins-zustand, den ich vorher hatte. Der
Bewußtseinszustand scheint sich nicht verändert zu haben.
Heute morgen hatte ich den Eindruck, daß ich nach all diesen Tagen
hier wie aus einem schlechten Traum herauskomme ... Ich hatte das
Bewußtsein verloren, das ich in meinem Körper hatte.[2]
Ich weiß nicht ... Es gibt noch vieles zu verstehen.
Ich weiß nicht.
Es kann zwei Dinge bedeuten: Entweder war ich dabei, meinen Kör-
per zu verlassen und in die andere Welt überzugehen, und kam dann
zurück (das ist es vielleicht), oder ich war in einer Übergangsphase
für die Transformation und kam nun aus der gefährlichen, kritischen
Stelle heraus. Eins von beiden. Welches ist es? Wir werden sehen.
Verstehst du, was ich sagen will?

---

1 Vielleicht wollte Mutter sagen, daß die Trennung zwischen dem Körper und diesem
Bewußtsein die Ursache dieser Hölle war.
2 Vielleicht war das die Person, die Mutter trug? Aber man fragt sich wirklich, ob sie
Mutter nicht Medikamente verabreicht hatten ... Dieses Problem wird noch öfter
auftauchen.

Ich weiß nicht …

*(Schweigen)*

Ich will mir ABSOLUT NICHTS einbilden, was es auch sei – wie man es immer tut: Schlüsse ziehen und sagen: „So ist es." Absolut nicht, ich lehne das kategorisch ab. Ich weiß es einfach nicht. Ich schaue, und dann werden wir ja sehen! *(Mutter lacht)*

Auf jeden Fall ist der Albtraum vorbei.

Aber die Natur erinnert sich an die Erfahrung, und sie ist noch … *(schwimmende Geste)* sie fühlt sich noch nicht ganz sicher.

Es besteht auch der Eindruck, daß die Natur, bevor sie bereit ist, in diese neue Schöpfung einzutreten, die GANZE alte Schöpfung vollständig kennen mußte, und daß dies … die Ergänzung war. Aber das war wirklich etwas Schreckliches *(Mutter nimmt ihren Kopf in die Hände)* … Könnte ich doch bloß … Ich sah mich so, BETEND, daß all dies nicht mehr in der Welt sein möge. Könnte ich doch bloß durch diese Tage des Schreckens die Welt von dem befreit haben, dann würde es mir nichts ausmachen. Denn … *(Mutter ergreift ihren Kopf)* das ist schrecklich. Wäre dies aus der Welt genommen worden …

Dieses Gefühl also: Wenn ich, indem ich dies durchlebe, die Welt davon befreien könnte … dann macht es mir nichts aus.

Wir werden sehen … wir werden sehen.

*(Mutter hält Satprems und Sujatas Hände)*

\*
\* \*

*(Nachdem Satprem gegangen war, sprach Mutter noch mit Sujata und erläuterte ihre Erfahrung auf dem Dach folgendermaßen:)*

Sie war eine Person wie du, von deiner Größe (1,58 m), von deiner Statur, und ich sagte zu ihr: „Du bist so lieb!…" Sie war ganz strahlend, aber die Arme und Beine waren wie an den Körper geklebt. Ohne Angst – weder ich noch das Mädchen hatten Angst.

## 19. September 1970

*(Mutter geht es wieder etwas schlechter als letztes Mal)*

Hast du etwas?

*Nein, liebe Mutter, nichts Besonderes ... Hast du Veränderungen festgestellt?*

*(Mutter schüttelt den Kopf)*
*(lange Meditation mit keuchendem Atem)*

Hast du keine Fragen?

*Konntest du eine Erklärung für diese schwierige Passage finden?*

*(Mutter schüttelt den Kopf)*

*Aber ist es jetzt vorbei?*

Oh, ja, vollkommen.

*(weitere Meditation mit eingeengtem Atem)*

Hast du nichts zu fragen?

*Ich sah einen Text von Sri Aurobindo, den ich interessant fand ...*

Ach!

*Da stellt sich eine Frage ... Es handelt sich um einen Brief[1], in dem er von der ersten Zeit im Ashram spricht, als alle „große Erfahrungen" machten; nachher verschob sich die Erfahrung hinunter zur physischen Ebene. Er sagt folgendes:*

„Im Physischen zu arbeiten ist, als ob man in der Erde graben würde: das Physische ist absolut träge, tot wie ein Stein. Als die Arbeit dort begann, verschwanden alle früheren Energien, die Erfahrungen hörten auf, oder, wenn sie kamen, waren sie nicht von Dauer. Der Fortschritt ist äußerst langsam. Man klettert, man fällt, klettert wieder und fällt erneut, und ständig begegnet man den Suggestionen der vedischen Asuras: „Du kannst nichts ausrichten, du bist zum Versagen verdammt."
Man muß die Arbeit Jahr für Jahr fortsetzen, Punkt für Punkt, bis man zum zentralen Punkt im Unterbewußten gelangt, der erobert werden muß – dies ist der Kern des ganzen Problems

---

1 Tatsächlich war es ein Gespräch. Siehe *Talks with Nirodbaran*, I, 179.

und dementsprechend äußerst schwierig ... Dieser Punkt im Unterbewußten ist der Keim, und er fährt fort zu sprießen und zu sprießen, bis man den Keim ausgemerzt hat." (7. Januar 1939)

*(nach einem Schweigen)*

Sagte er nicht noch etwas ... Ermutigenderes? *(Lachen)*

*(langes Schweigen)*

Was sagte er? „Ein Punkt ..."

„... ein zentraler Punkt im Unterbewußten ... dies ist der Kern des ganzen Problems ..."

*(nach einem langen Schweigen)*

Sagte er nicht, was es ist?

*Nein, liebe Mutter.*

*(Mutter macht eine Geste, daß sie es nicht weiß, lange Konzentration)*

Nichts kommt – gar nichts.

*(langes keuchendes Schweigen)*

Nichts, es gibt nichts zu sagen. Keine Erfahrungen, nichts. Wie spät ist es?

*Elf Uhr, liebe Mutter.*

Gibt es keine Arbeit?... Die Arbeit hilft mir, um nicht nach innen zu gehen.
Nicht wahr, das bereitet mir ein Unbehagen überall hier *(Geste auf Brusthöhe).*

*Aber was verursacht es?*

Ich weiß nicht, ich spüre es jetzt.

*Kommt es von mir?*

Nein! Nein ... ich lebe in einem ... *(Mutter schüttelt den Kopf)*

*(langes Schweigen)*

Es wäre besser, wenn du mir etwas vorlesen könntest.

*(Satprem liest Sri Aurobindos Aphorismen für das nächste Bulletin:)*

159 – Wer Krishna, den Gott im Menschen, nicht kennt, kennt Gott nicht vollkommen; wer nur Krishna kennt, kennt nicht einmal Krishna …

Das ist sehr gut, SEHR gut.

… Dennoch ist die gegenteilige Wahrheit auch vollkommen wahr: Wenn du die Gesamtheit Gottes in einer unbedeutenden, blassen, duftlosen Blume sehen kannst, hast du seine höchste Wirklichkeit erfaßt.

Demnach habe ich meine höchste Wirklichkeit erfaßt, aber … *(Mutter lacht)* Nun, jetzt geht es gut, das ist ein Trost! *(Lachen)*

*(Satprem setzt die Lektüre fort und fragt dann:)*

*Ermüdet dich das?*

Oh, nein!… das tröstet mich ein wenig. Es ermüdet mich gar nicht.

*(Schweigen,*
*Satprem legt seine Stirn auf Mutters Knie)*

Das nächste Mal liest du mir vor. Das ist wenigstens … [tröstlich?]

## 23. September 1970

*(Mutter wirkt sehr zurückgezogen)*

Ich habe alte Papiere wiedergefunden …

*(Satprem liest)*

Man muß sich im Licht des Höchsten Bewußtseins halten können, ohne einen Schatten zu werfen.

Ich habe dir das erzählt[1]… Das ist gut.

*(Schweigen)*

Was bringst du?

---

1 Siehe *Agenda* Band 10 vom 16. April und 3. Mai 1969.

*Hier ist das* Bulletin *für den November ... Gibt es nichts Neues?*

Nein.

*(Dann schlägt Satprem gewisse Ausschnitte aus dem Gespräch vom 9. September – die höllische Agenda – für das* Bulletin *vor.)*

Der Teil über Sri Aurobindo [die Torturen, die er erlitt] darf nicht im *Bulletin* erscheinen ... Das ist unmöglich, das würde eine Revolution auslösen.

Was das Ende betrifft [„Ist der Augenblick gekommen?" Mutters Zweifel], das ist schrecklich – wir können das nicht aufnehmen.

*Ich lasse einfach, was ich sagte: „Wir werden siegen, liebe Mutter", und du antwortest: „Ja." Das ist alles.*

Es ist schwierig, das aufzunehmen, ohne ... ohne irgend etwas Zuversichtliches.

*Hast du etwas Zuversichtliches?*

> *(Mutter lacht,*
> *langes Schweigen,*
> *Meditation)*

Der Friede ist wieder zurückgekommen.

*Was sollen wir mit diesem Agenda-Gespräch tun? Veröffentlichen wir es so?*

Am Schluß wäre etwas nötig ... Denn das ist jetzt verschwunden [die Hölle], es ist völlig verschwunden. Deshalb müssen wir wenigstens sagen, daß ich von da herausgekommen bin.

*Am Schluß bleibt: „Wir werden siegen."*

Ja. Gut.

> *(langes Schweigen)*

Ich wünschte mir etwas Ermutigendes am Schluß ... diesmal habe ich nichts.

*Das wird für Februar sein.*

Februar nächsten Jahres?... *(Mutter findet das sehr weit entfernt)*

## 26. September 1970

Was gibt es Neues? Hier gibt es nichts *(Mutter schüttelt den Kopf)*. Nichts Interessantes.

Es geht *(in einem wenig überzeugten Tonfall)*.

> *(Dann liest Satprem die „Kommentare zu den Aphorismen"*
> *und „Mutter antwortet" für das nächste Bulletin.)*

All das kommt mir jetzt vor, als sei es hier geschrieben *(Geste dicht über dem Kopf)*, während ich inzwischen in mein höchstes Bewußtsein vorgedrungen bin *(Geste sehr hoch oben)* … Aber das läßt sich noch nicht ausdrücken. Durch Worte und Ideen läßt sich das nicht ausdrükken. Das passende Ausdrucksmittel müssen wir noch finden.

Im Grunde ist der große Unterschied beim Menschen [im Vergleich zum Tier], daß er die Sprache erfunden hat – die Sprache und natürlich die Schrift und all das. Jetzt müssen wir das nächste Ausdrucksmittel finden, das der Sprache und der Schrift überlegen ist – das muß gefunden werden.

*Ein höheres materielles Mittel?*

Ja, es muß etwas Materielles sein. Materiell aber … Vielleicht begleitet von der Entwicklung neuer Organe? So wie der Mensch die Sprache entwickelt hat. Etwas in der Art.

*Wenn ich schreibe, habe ich immer den Eindruck, daß eine Musik dahinter ist.*

Ach!

*Hinter den Dingen verspüre ich immer eine Musik. Eine Musik und einen Rhythmus.*

Ein Rhythmus, ja.

*Wird es vielleicht das sein?*

*(Mutter stimmt lebhaft zu)* Ja, ja.

> *(Mutter tritt in eine lange Kontemplation)*

Es herrscht ein GROSSER Friede. Hast du es gefühlt?

*Ja, liebe Mutter.*

Ein großer Friede.

> *(langes Schweigen)*

329

Zum Beispiel habe ich den Eindruck einer neuen Art, die Zeit zu zählen. Ich kann das nicht beschreiben. Und … *(Mutter schüttelt den Kopf angesichts der Unmöglichkeit, sich auszudrücken)*

## 30. September 1970

*(Mutter ist etwas verspätet)*

Ich weiß nie, welchen Tag wir haben, und man sagt es mir auch nicht, deshalb wußte ich nicht, daß heute dein Tag ist. Nun bin ich verspätet. Ich weiß überhaupt nicht mehr, welchen Tag wir haben. Ich bin dabei, Leute zu empfangen, und dann sagt man mir plötzlich, es sei Mittwoch … Ich weiß nicht einmal, ob es Mittwoch oder Samstag ist.

Ich lebe völlig außerhalb der Zeit, außerhalb der kleinen täglichen Realität.

*(Schweigen)*

*Gestern sah ich G, es geht ihm nicht sehr gut.*

*(nach einem langen Schweigen)*

Ich habe den Eindruck, er lebt außerhalb der Atmosphäre.

*Dennoch sagt er, er sei dir stets so sehr zugewandt.*

Etwas verhindert den Kontakt.

*(nach einem Schweigen)*

Sein Kontakt ist mental.
Physisch ist es, als lebe er anderswo, verstehst du?

*(lange Konzentration auf G)*

*Eine holländische Übersetzung des* Abenteuer des Bewußt- *seins wird gerade vorbereitet, und D hatte A.M. gebeten, einen Umschlag für das Buch zu entwerfen. A.M. hat etwas gemalt, das er dir zeigen wollte. Hier ist es*[1] *...* (Satprem zeigt die Zeichnung)

Bah! Das ist recht dunkel.

*Es ist recht dunkel, seine Welt ist schwarz.*

Uff! Das ist ohne Hoffnung.

*Ja, so wirkt es.*

Das gefällt mir nicht.

*Ich glaube, das Symbol ist gut, aber die Farbe ...*

Ja. Wenn er das Blau des Mentals nähme: das Bewußtsein soll ja aus dem Mental hervorkommen. Wenn er das Blau des Mentals nähme, dann ginge es. Aber dieses Schwarz ist scheußlich.

*Und mit der Sonne hier.*

Die Sonne sieht man nicht.

*Ja, es ist wohl ein Mond ... Nein, besser wäre das Blau des Mentals und die aufgehende Sonne.*

Oh, ja. Der Mond geht gar nicht.

*Den Eindruck habe ich auch.*

Nein, nicht für dein Buch. Es sollte etwas Aufblühendes sein. Dies ist eng, beschränkt und kümmerlich – es sollte etwas sein, das in einem großen Licht erblüht.
Das geht gar nicht.

*Das andere Buch ist ein Abenteuer, weißt du ... [Die Entstehung des Übermenschen]*

*(Lachend)* Und?

*Nichts, es ist ein Abenteuer.*

Gib ein Papier! *(Mutter zeichnet)*
Erstens braucht da nicht so viel Wasser zu sein. Es ist besser, wenn die Sache darüber ist.
Anstatt eines gewundenen Stengels ... Du windest dich doch nicht! *(Lachen)* Stattdessen kannst du sieben Linien zeichnen – sieben Linien.

---

1 Ein Lotos mit einem langen, gewundenen Stengel in grünem Wasser, dessen geschlossene Knospe knapp über die Wasseroberfläche reicht. Darüber ist ein dunkelgrüner Himmel mit einem Mond zu sehen.

Die sieben Linien treffen hier zusammen *(gerade an der Wasseroberflä-che)*. Dies symbolisiert die Entwicklung des Buches. Und dann hier *(oberhalb des Wassers)* ganz gerade aufsteigend und ... *(Mutter zeichnet sieben Linien, die sich am Ende des Stengels entfalten)*. Verstehst du: sieben Aufstiege *(unten)* und hier oben sieben Antworten. Sieben, die sich in einem Punkt sammeln, der dem entspricht *(dem anderen Punkt der Vereinigung der sieben Linien von unten)*. Das macht Sinn.

*<br>* *

*(Dann geht Satprem zur Lektüre eines alten* Entretien *vom 16. September 1953 über, das mit den folgenden Zeilen endet:)*

„... Wenn man nur offen wäre und einfach atmete – das ist alles, was man tut –, würde man das Bewußtsein, das Licht, das Ver-ständnis, die Kraft, die Liebe und alles Übrige atmen. All das wird auf der Erde verschwendet, weil die Erde nicht bereit ist, es aufzunehmen. Voilà."

*Ist die Erde inzwischen ein wenig empfänglicher geworden?*

*(Mutter tritt in eine sehr lange Kontemplation bis zum Ende des Gesprächs, ohne zu antworten)*

*Oktober*

## 3. Oktober 1970

*(Mutter gibt Satprem einen Kalendernotizblock,*
*dann einen Filzstift.)*

Welche Farbe ist das?

*Violett.*

Das Violett der Macht.

*(Mutter sucht vergeblich nach einem grünen Filzstift für Sujata*
*und gibt ihr schließlich einen blauen)*

Hast du etwas?

*(Mutter tritt in eine lange Kontemplation. Die Atmung verbessert*
*sich, wird ruhiger, aber von Zeit zu Zeit treten Zuckungen*
*des linken Beins und der Schultern auf, vor allem der rechten*
*Schulter.)*

Hast du nichts?

*Gibt es etwas Neues?*

*(Mutter schüttelt den Kopf und geht wieder in sich)*

Hast du mir wirklich nichts vorzulesen?

*Wenn du möchtest, könnte ich dir mein neues Buch vorlesen*[1]...
Das würde mir eine Bestätigung geben, denn ich weiß nicht,
wohin ich gehe.

Das ist gut. Ich würde es mir gerne anhören.

*(Mutter geht wieder in sich)*

Es geht *(in einem wenig überzeugten Ton).*
Wie spät ist es?

*Viertel nach elf.*

*(Mutter schaut mehrere Male auf,*
*verinnerlicht sich aber sofort wieder)*

Das nächste Mal bringst du dann dein Buch.

*
* *

---

1 *La Genèse du Surhomme* [Die Entstehung des Übermenschen], auf deutsch erschienen unter dem Titel: *Der Sonnenweg.*

*(Nachdem Satprem das Zimmer verlassen hat, spricht Sujata*
*zu Mutter über die Mädchen ihrer Generation, die nicht das*
*Privileg haben, „Mutter nahe zu stehen" oder zum Kreis „wichtiger*
*Persönlichkeiten" zu gehören und die Mutter deshalb nie sehen*
*können und darunter leiden. Wir berühren hier ein sehr zentrales*
*Problem des Ashrams, deshalb erwähnen wir es: eine Trennung*
*zwischen den einfachen Elementen, die das Geschirr waschen,*
*nähen oder die Autos schmieren und die einfach da sind mit ihrer*
*Liebe zu Mutter, und den „führenden" Elementen, die immer mehr*
*ihre ehrgeizige und daher verfälschte Natur offenbaren. Dennoch*
*mußte Mutter fast täglich mit diesem undurchlässigen „inneren*
*Kreis" arbeiten, und von daher stammten ihre Schwierigkeiten,*
*wenn nicht gar ihre Erstickung. Mutter vereinbart daher mit*
*Sujata, abwechselnd einige der bescheidenen jungen Schüler und*
*Schülerinnen zu empfangen. Leider wird diese neue Öffnung*
*bald durch die Umstände wieder verschlossen werden: ein*
*neuer ernster Wendepunkt in Mutters Yoga, gefolgt von anderen*
*„Unmöglichkeiten".)*

### 7. Oktober 1970

Man hat mir Zitate von Sri Aurobindos gegeben. Lies dieses:

> Sich hartnäckig dem Licht zuzuwenden, ist am meisten erforder-
> lich. Das Licht ist uns näher, als wir denken …

Das ist interessant!

> … und seine Stunde mag jederzeit kommen.

*On Himself,* XXVI.216

*Das stammt von 1943.*

Was er „das Licht" nannte, ist das Bewußtsein, das … *(Mutter ver-*
*sucht sich zu erinnern)* 1969 gekommen ist.

*Das neue Bewußtsein.*

Und dann das andere?

*Das andere Zitat ist ein Mantra.*

OM Sri Aurobindo Mira

Öffnet meinen Geist, mein Herz, mein Leben Eurem Licht,
Eurer Liebe, Eurer Kraft. Möge ich in allen Dingen das Göttliche
sehen.

16. Juli 1938<br>*On Himself*, XXVI.512

Das ist gut.
Was tun wir damit?

*Das erste könnte eine Botschaft für den November-Darshan
sein?*

Ja, für November ist das sehr gut.
„Das Licht ist uns näher ..."

*Das andere könnte eine Botschaft für Februar sein?*

Ich mag nicht besonders, daß mein Name darin erscheint.

*Und wenn man anstatt Mira, Ma [Mutter] verwendet?*

Er schrieb aber „Mira".

*Mir scheint, du könntest Ma statt Mira verwenden.*

Nein, solche Dinge tue ich nicht gern.

*(Mutters Atem geht wieder schwer)*

Man muß die Botschaft geben, wie sie ist; wenn wir sie später in ein
Mantra verwandeln, können wir Ma schreiben.

*Für den Februar bringen wir sie so, wie sie ist?*

Ja. Entweder nehmen wir es so, wie es ist, oder wir nehmen es gar
nicht. Wenn man Sri Aurobindo zitieren will, muß man ihn unverändert zitieren. Später können wir ein Mantra daraus machen.

*(langes Schweigen)*

Was bringst du?

*Du wirkst sehr absorbiert, liebe Mutter.*

337

Ich?... Nein ... Ich weiß nicht.

*(Schweigen)*

Verstehst du, wenn er dieses Wort [Mira] gebraucht, spricht er von diesem Körper *(Mutter berührt ihren Körper)*, d.h. er identifiziert alles mit dem Körper ... Dieser Wandlungsprozeß vollzieht sich jetzt gerade, und der Körper fühlt nicht, daß er berechtigt ist zu ... Ich weiß nicht, wie ich sagen soll ... Oder ist es eine Frage der Ruhe[1]? Ich weiß es nicht.

Vielleicht wird er im Februar bereit sein? Das ist möglich.

*(Schweigen)*

Er hat sich sehr, sehr verändert.

*Ja ...*

Sehr. Aber es ist noch nicht zu Ende – weit entfernt davon. Also was tun?

Das [Mantra] ist für einen Zeitpunkt bestimmt, wenn der Körper seine Arbeit getan hat – wenn es getan ist.

Wenn wir den Namen [Mira] gebrauchen, dann bedeutet es diesen Körper.

*(Schweigen)*

Das heißt nicht, daß er nicht bewußt ist, aber er fühlt zu sehr, daß er nicht transformiert ist. Doch er ist bewußt. Was du „versunken" nennst, ist, daß er sich der Transformationsarbeit bewußt ist *(Mutter macht eine Geste des Hämmerns)*.

Wie lange wird das dauern? Er weiß es nicht.

Das werden wir im Februar entscheiden.

Auf jeden Fall muß man es als Botschaft so lassen, wie es ist ... Es ist fast wie eine Verpflichtung, verstehst du[2]?

*Ja.*

Du verstehst, was ich sagen möchte.

*(Schweigen)*

*Erscheint dir die Erde aufnahmefähiger?*

Die Erde? Ich weiß nicht. Aber in der Menschheit, ja, da gibt es Elemente, die berührt sind. Es gibt unerwartete Reaktionen. Und dann

---

1 Mutter will sagen, sie möchte nicht durch die Veröffentlichung des Mantras die Aufmerksamkeit auf sich oder ihren Körper ziehen.
2 Eine Verpflichtung, sich zu transformieren, wenn man „Mira" gebraucht.

*(lachend)* ... aber das darf man nicht sagen: eine zunehmende Anzahl von Leuten, die man für verrückt hält – das sind gewiß jene, die die ersten Wogen empfangen haben. Ich habe ein oder zwei gesehen, die von den anderen für verrückt gehalten werden – sie sind berührt worden, aber das Ausmaß der Transformation reicht nicht aus, um das Gleichgewicht zu bewahren.

Das sollte man lieber nicht sagen.

*Ja, so einen kenne ich hier.*

Ach, ich kenne viele. Von überallher schreiben sie mir.

*(Schweigen)*

Hast du mir etwas vorzulesen?

*Letztes Mal sprachen wir von diesem Buch ... Soll ich es dir vorlesen?*

Ja, ich höre.

*Es ist ein erster Entwurf.*

Ist es nicht der Anfang des Buches?

*Doch, aber ich möchte sagen, daß ich wirklich den Eindruck habe, alles, was ich schrieb, fast automatisch geschrieben zu haben.*

Oh!

*Weißt du, es beängstigt mich wirklich ein wenig, dieses Buch zu schreiben. Nicht nur weiß ich nicht, was kommen wird, wenn ich ein Kapitel anfange; auch wenn ich einen Abschnitt beginne, weiß ich nicht, was folgen wird; wenn ich einen Satz beginne, weiß ich nicht, wie ich ihn beenden werde.*

Sieh an! Das ist interessant.

*Aber es ist beängstigend!*

Nein. *(Mutter lacht)* Das ist ein seliger Zustand.

*Die Widmung des Buches lautet: „zu Füßen der Wahrheit".*

Das ist gut.

*Es heißt „La Genèse du Surhomme» [Die Entstehung des Übermenschen], mit dem Untertitel: Ein Versuch experimenteller Evolution. Am Anfang bringe ich ein Zitat von Sri Aurobindo:*

„Vielleicht finden wir,
wenn alles übrige versagt hat,
verborgen im Innern
den Schlüssel zur vollkommenen Wandlung.“

Wo hat er das geschrieben?

*In* Savitri, *liebe Mutter.*

Oh, interessant.

*(Satprem beginnt mit der Lektüre der Einleitung)*

*„Die Geheimnisse sind einfach, weil die Wahrheit einfach ist*
*......*
*...... wird wie ein Kinderspiel sein.“*

Das ist prächtig, mein Kind, prächtig!
Genau das brauchen wir.
Was können wir tun, um das zu verbreiten?... Das muß ... *(Geste in alle Richtungen)*. Ein Buch genügt nicht. Es müßte etwas sein, das überall hingeht.

*(Mutter denkt weiter nach)*

Das ist vollständig. Die Einleitung ist vollständig in sich.
Man müßte sie übersetzen – unter deiner Aufsicht – ins Englische, Deutsche, Italienische, und man müßte es gleichzeitig in einer Zeitschrift veröffentlichen ... einer Zeitschrift mit hoher Auflage. Aber die Übersetzungen müssen bereit sein, und es muß so hinausgehen *(Geste in alle Richtungen gleichzeitig)*.
Die Übersetzungen kannst du hier bekommen.
Hast du noch mehr?

*Ich habe insgesamt neun Kapitel geschrieben.*

Oh ... Aber dies [die Einleitung] kann bereits allein für sich stehen. Du könntest mir jedesmal ein Kapitel vorlesen.
Wir haben Zeit, weil du es noch nicht fertig geschrieben hast, aber diese Einleitung muß verbreitet werden – das Buch wird eine Studie sein, doch die Einleitung muß überall hingehen.
Wer kann das übersetzen?

*Ins Englische ... ich weiß nicht ... T hatte das erste Buch über-*
*setzt.*

T kann es übersetzen. Ins Englische ist es leicht.

*Für das Italienische gibt es N.*

Er ist sehr beschäftigt, aber ich werde ihn darum bitten. Nur die Einleitung. Das Übrige hat Zeit. Bloß die Einleitung muß über die ganze Welt verbreitet werden.

*Ins Deutsche?*

Ein junger Mann ... *(Mutter sucht vergeblich)*
Nur die Einleitung. Davon bräuchten wir Tausende von Exemplaren.

*Man müßte die großen Zeitschriften anschreiben.*

Ja. Aber ich möchte, daß es überall zugleich erscheint – nicht, daß eines herauskommt, und dann vergehen sechs Monate und dann ... Nein: alles zugleich.

*(Schweigen)*

Shu-Hu müßte es ins Chinesische übersetzen. Man könnte ihm ein französisches und ein englisches Exemplar schicken: beide. Ich werde ihn darum bitten, es zu übersetzen.

*Wenn alles gut geht, wird das Buch im Prinzip in vier Monaten fertig sein, im Februar.[1] Dann könnte man die Einleitung überall gleichzeitig veröffentlichen.*

Ja, das ist es. Im Februar.

*(langes Schweigen)*

*Liebe Mutter, ich bete, daß die Übertragung rein und getreu sein möge ... Das ist das Beängstigende.*

*(Mutter nickt zustimmend)* Es ist gut.

*(Satprem legt seine Stirn auf Mutters Schoß)*

---

1 Tatsächlich brauchte Satprem insgesamt drei Monate, um das Buch zu schreiben, und schloß es im November ab.

## 10. Oktober 1970

*(Mutter verteilt „Transformations"-Blüten und steckt sich
eine davon ins Knopfloch, dann spricht sie wieder über die
Übersetzung der Einleitung von „La Genèse du Surhomme».)*

Ich dachte daran, Shu-Hu zu bitten, es ins Chinesische zu übersetzen. Das wäre gut.

*Soll ich ihn für dich bitten?*

Ja, sag ihm, daß ich ihn bitte, es zu tun, wenn er so lieb wäre. Wenn man es nach China schicken könnte ... In Shantiniketan lebt ein Chinese, aber ich habe keinen Kontakt mehr zu ihm (er hat sein ganzes Vermögen den Kommunisten in China überlassen und bleibt hier). Er ist ein Philosoph, ein sehr intelligenter Mensch ... Aber die Übersetzung sollte auf jeden Fall Shu-Hu machen.

Ins Deutsche weiß ich nicht ... Wir haben viele Deutsche hier, aber ich weiß nicht.

Das Buch selbst wird sich wie *Das Abenteuer des Bewußtseins* allmählich verbreiten.

*<br>* *

*(Satprem beginnt mit der Lektüre des ersten Kapitels: „Die
mentale Festung". Mutter hält beim folgenden Satz inne:)*

„... Nichts auf der Welt ist überflüssig – das Leiden, das nicht eine geheime Sprengkraft des Wachstums in sich birgt, muß erst noch gefunden werden."

Das ist großartig, wirklich großartig!

*(Am Schluß des Kapitels zitiert Satprem
den Beginn der „Stunde Gottes" von Sri Aurobindo:)*

„... Es gibt Augenblicke, in denen der Geist sich unter den Menschen bewegt ... es gibt andere, in denen er sich zurückzieht und sie ihren Taten überläßt, der Kraft oder Schwäche ihres eigenen Egoismus gemäß. Ersteres sind Perioden, in denen selbst eine kleine Anstrengung große Ergebnisse zeitigt und das Schicksal verändert ..."

Ist das der Schluß?
Sagst du nicht, daß wir uns in einem solchen Augenblick befinden?

*Ich kann einen Satz hinzufügen: „In Wahrheit befinden wir uns in genau einem solchen Augenblick."*

Oh, ja.

> *(Mutter macht verschiedene zufriedene Kommentare, und tritt dann in eine sehr heitere Kontemplation)*

Das ist eigenartig, es ruft Bilder hervor ....

> *(Mutter versinkt wieder)*

## 14. Oktober 1970

Beim Ordnen von Papieren fand ich dies. Ich weiß nicht, was es ist.

> *(Satprem liest)*

Meine Haare sind nicht gefärbt. Dies ist ihre natürliche Farbe außer einer leichten rötlichen Tönung, die von einer Lotion aus Panamaholz stammt, die ich beim Haarewaschen benutze.

Wenn ich früher ausging, benetzte ich meine Lippen mit Rosenwasser, damit sie nicht aufspringen, und trug Sumo (Puder aus verbrannten Perlen) auf die Lider auf, damit Sonne und Staub sie nicht irritierten.

Haut und Kopf zu pflegen ist genauso wenig eine künstliche Verstellung wie das Zähneputzen.

Wenn eine „Sadhika" [Schülerin] Muße und Lust dazu hat, sich zu schminken, sehe ich darin nichts Schlechtes, vorausgesetzt, sie tut es nicht aus Eitelkeit und Ziererei.

Für die Sadhana zählt nicht so sehr, was man tut, sondern mit welcher Geisteshaltung man es tut.

Boshaftigkeit, Kritik, Zweifel, Skeptizismus und Depression sind weitaus ernstere Hindernisse für die spirituelle Entwicklung als die Nutzlosigkeiten und Kindereien des Lebens, die man hinnimmt, ohne ihnen Gewicht beizumessen.

> *13. März 1965*

*(Lachend)* Das war, als R.R. kam und sich darüber beschwerte, daß ich meine Haare färbe! *(Mutter lacht)* „Mutter malt sich an." Ich habe ihm dies übrigens nie geschickt.

*Deiner Antwort liegt ein Brief von R.R. bei. Er fragte dich: „Warum verwendest du diese künstlichen Tricks?..." Er fragte dich auch: „Warum gibt es im Ashram eine so extreme Bilderanbetung?"*

Ich denke, dieser Herr hat sich ein wenig verändert. Ist da ein Datum?

*1965.*

Ich glaube, er hat sich verändert.

*(Satprem liest ein anderes Blatt)*

Um alle persönlichen Ambitionen im Keim zu ersticken, muß ich folgendes erklären:
„Wenn dieser Körper aus irgendeinem Grund unbrauchbar wird, wird die universelle Mutter sich erneut in Hunderten von Individuen gemäß Befähigung und Empfänglichkeit manifestieren, da jede einzelne eine teilweise Manifestation des Universellen Bewußtseins ist."

*Das ist wichtig.*

Das ist amüsant. Auch das ist lange her.

*Hier steht kein Datum.*

Man findet amüsante Dinge wieder ... Drei oder vier Personen waren gleichzeitig hergekommen (als ich das geschrieben hatte, ich weiß nicht mehr wann), um die Nachfolge der universellen Mutter anzutreten ... Drei oder vier. Vor allem zwei aus Amerika. Hier gibt es auch eine *(Mutter lacht)*.

*Das ist lächerlich und sehr kindisch.*

*(Mutter nickt und gibt Satprem das Manuskript)*

\*
\* \*

*(Dann nimmt Mutter einige Auszüge aus* Savitri,
*die vertont werden sollen.)*

... Ein kleiner Punkt wird die Unendlichkeiten offenbaren.

II.100

Das ist interessant.

*<br>* *

*(Satprem liest das zweite Kapitel seines Buches vor:*
*„Die große Wandlung".*
*Nach einigen zufriedenen Bemerkungen fügt Mutter hinzu:)*

Dies erzeugt ein merkwürdiges Phänomen der Absorbiertheit: es existierte nichts mehr außer dem.[1] Eigenartig. Ich wußte, daß das Ende kam, weil ich wieder in Kontakt mit der Welt trat. Das ist wirklich interessant. Oh, das ist sehr gut.
Wo wird es veröffentlicht?

*Im Prinzip sollte es derselbe Verlag sein, der* Das Abenteuer des Bewußtseins *herausgebracht hat.*

Ja ... Hat er das nötige Kaliber dazu?

*Er hat ... Er wird vom* Abenteuer des Bewußtseins *profitieren.*

*(Mutter schaut Satprem lächelnd an)*

Wie spät ist es?

*Elf Uhr, liebe Mutter.*

Hast du nicht irgendeine kleine praktische Arbeit zu tun?

*Nein, liebe Mutter ... es sei denn, du möchtest die* Savitri-*Übersetzung fortführen ... Aber du sagst nichts, liebe Mutter?*

Ich habe nichts zu sagen.

*(Schweigen)*

Das Bewußtsein des Körpers ist dabei, sich langsam zu ändern, insofern als ihm sein ganzes früheres Leben fremd vorkommt. Es

---

1 Tatsächlich schien Mutter seit Beginn des Kapitels zu „versinken", so sehr, daß Satprem sich fragte, ob sie zuhörte; gegen Ende des Kapitels kam sie dann zurück.

scheint das Bewußtsein eines anderen, das Leben eines anderen zu sein. Seine „Lage" in der Welt ist sozusagen dabei, sich zu verändern.

Es betrachtet sein ganzes früheres Leben wie jemand, der ... nicht gerade ein Fremder ist, aber wie das Leben eines Nahestehenden, den man gut versteht (man wundert sich nicht und versteht gut), doch ... es ist ein Fremder. Nein, kein „Fremder" ... ANDERS. Jemand anderer.

*(langes Schweigen)*

Die neue Person hat keinerlei Grenzen des Kontakts, sie hört nirgendwo auf *(Mutter berührt die Haut ihrer Hände)* ... ein komisches Gefühl.

*(langes Schweigen)*

Das geschieht gerade jetzt. Es ist nicht etwas, das man beobachten kann: es geschieht gerade.

*(langes Schweigen)*

Das ist, als ob es keine Vergangenheit gäbe, weißt du, man ist ganz so *(Geste nach vorn)*; hinter einem liegt nichts. Ein merkwürdiges Gefühl.

*(langes Schweigen)*

Eine merkwürdige Empfindung von etwas, das anfängt. Überhaupt nicht von etwas, das aufhört. Das ist ein merkwürdiges Gefühl: etwas, das anfängt. Mit allem Unbekannten, Unvorhergesehenen ... Merkwürdig.

Ich habe das ständig. Die ganze Zeit habe ich den Eindruck, daß die Dinge neu sind ... Meine Beziehung zu ihnen ist neu ... Ich bin ein Etwas dort *(Geste nach oben)*. Auch der Körper *(Mutter berührt ihre Hände)* hat den Eindruck, auf eine neue Weise zu fühlen, auf eine neue Weise zu reagieren ... Das ist sehr merkwürdig.

*(Mutter nimmt Satprems Hände)*

## 17. Oktober 1970

Ich habe einen Brief von Dr. V, er stellt eine Frage über etwas, das Sri Aurobindo gesagt hat.

*(Satprem liest:)*

„*In der* Synthese des Yoga *spricht Sri Aurobindo von der Vervollkommnung des niederen Mentals, des psychischen Prana ...*"

Was ist das?

*Ich glaube, Sri Aurobindo nannte die vitale Substanz so.*

„*... und von seinen tyrannischen Ansprüchen, die das natürliche Haupthindernis darstellen, das in alles Handeln des Wesens eindringt.*
*Woher kommt dieses psychische Prana? Gehört es zum Psychischen, wie man es in der psychologischen Sprache Indiens versteht?*"

*Ja, damals benutzte Sri Aurobindo den Begriff des „psychischen Prana", aber dies bezeichnet überhaupt nicht das Psychische, die Seele, sondern ich glaube, er meint damit die primäre vitale Substanz ... Dann fragt V noch:*

„*... hat dieses psychische Prana irgendeine Beziehung zum Aufbau der Psyche im Sinne der westlichen Psychologen?*"

All diese Dinge weiß ich nicht. Das ist Philosophie ... auf englisch würde ich sagen *wordy* [wortreich]. Das sind psychologische Begriffe, die ich überhaupt nicht kenne.

*Ja, gewiß! Jedenfalls hat dies überhaupt keinen Bezug zu dem „Psychischen", der Seele, wie wir sie verstehen.*

Es ist nutzlos, mich solche Dinge zu fragen – das interessiert mich überhaupt nicht.

*Natürlich!*

Sri Aurobindo benutzte alle möglichen Begriffssysteme, und erst am Schluß verwendete er jenes, das ich mitgebracht hatte, und damit verständigten wir uns. Zu Beginn, als ich ankam, sprach er von allen möglichen solchen Dingen.
Darüber hinaus *(lachend)* interessiert mich das nicht.

*(Mutter gibt Satprem Suppenpäckchen)*

347

Ich kann nicht essen.

*
* *

*(Satprem liest das dritte Kapitel seines Buches vor: „Der Sonnenweg". Nach der Lektüre schaut Mutter Satprem lange mit einem bezaubernden Lächeln an.)*

Du bist in eine neue Welt eingetreten ... Für jene, die dir folgen können, wird das sehr gut sein.

Oh, dies ist ganz neu ... *(Lächelnd)* Außerordentlich, das ist ...

Ich habe den Eindruck einer neuen offenen Tür. Den Eindruck, als hättest du eine neue Tür für die Menschheit geöffnet.

*Du selbst öffnest sie!*

*(Schweigen)*

Außerordentlich.

Als hättest du der alten Welt „Lebewohl" gesagt.

*Ja.*

Jetzt *(lachend)* möchte ich gern die Fortsetzung hören. Wieviel hast du noch geschrieben?

*Bis jetzt habe ich insgesamt zehn Kapitel geschrieben.*

Und dies ist das dritte ... Bah!

*(Mutter schüttelt entzückt den Kopf)*

Großartig, einfach großartig!

*(Schweigen)*

Wie kommt das?

*Oh, liebe Mutter, ich bete und lasse es dann kommen.*

Das ist es ... das stammt OFFENSICHTLICH aus einer anderen Welt. Man darf dich nicht stören, bis du fertig bist.

*Ja ... Tatsächlich versuchen viele Dinge, mich zu stören.*

Ja.

*Innen und außen.*

Innen?

*Ja, auch: Umstände.*

Das darf nicht sein, man darf das nicht zulassen … Und die Leute dürfen es nicht lesen, bevor es fertig ist.

*Ja, liebe Mutter.*

Für die Einleitung bleiben wir bei unserem Programm … Hast du noch keinen Deutschen gefunden?

*Nein, liebe Mutter, ich kenne keinen.*

Ich habe gesucht und finde keinen. Es muß jemand mit etwas Intelligenz sein. Bis Februar muß es fertig sein. Aber zeige das Buch niemandem, bis es fertig ist.

*Nur Sujata liest und tippt es.*

(Lachend) Sujata ist niemand!
Es ist wirklich großartig.

*Oh, liebe Mutter, ich versichere dir, das ist nicht mein Verdienst!*

Ich möchte gern die Fortsetzung hören.

*Ich hoffe, du wirst nicht enttäuscht sein.*

Nein, nein.

*Oh, ich bete so sehr darum, rein empfangen zu können.*

(Schweigen)

Die gewöhnlichen Verleger sind unfähig zu … Wir müßten selber eine gute Ausgabe herausbringen (was die Herstellung angeht, kann es hier sehr gut gemacht werden), und dann eine großangelegte weltweite Öffentlichkeitsarbeit vorbereiten … Artikel in literarischen Zeitschriften für eine Werbekampagne veröffentlichen. Ich glaube, das wäre besser, als es einem Einzelnen zu überlassen, der … Wir müßten die Angelegenheit selbst in die Hand nehmen – das können wir. Wenn man will, kann man.

*Der einzige Vorteil der Verlage ist, daß sie bereits einen Namen haben und über Mittel verfügen, die Presse zu informieren – der Vertrieb. Darin liegt ihre Macht.*

Aber es gibt Mittel, die Presse zu kontaktieren. Es gibt ein Mittel.

(Schweigen)

Wir werden ... *(Geste, eine Mauer zu durchbrechen)*

*(Schweigen)*

Ich warte; ich werde dir meine Idee sagen, wenn du fertig bist –
wenn du mir alles vorgelesen hast.
Ich habe eine Idee ... Wenn du fertig bist.
Ich warte, bis ich das letzte Kapitel gelesen habe! *(Lachen)*
Denn damit läßt sich wirklich etwas machen.

*(Schweigen)*

Ich habe den Eindruck, dorthin zu gehen *(Geste nach oben)*, ohne
wieder herabzukommen. Das beweist, daß ... Ich bekam einen außerordentlichen Eindruck, verstehst du: ich hörte DORT *(selbe Geste über
dem Kopf)* und mußte nicht herabsteigen.
*(Lachend)* Ich warte auf die Fortsetzung!

## 21. Oktober 1970

Ich habe alte Papiere gefunden.

*(Satprem liest)*

„Man sagt mir, daß du beabsichtigst, Kopien des Porträts, das
du von mir gezeichnet hast, zu verteilen. Es wäre besser, in diese
Versammlung nichts Persönliches einzubringen, das die Atmosphäre einer entstehenden Religion suggerieren könnte."

Das war für Auroville, und zwar ein von Y gemaltes Porträt. Hast
du es gesehen? Du hast es gesehen! *(Mutter lacht)*
Das war eine höfliche Weise, es ihr zu sagen. Aber sie hörte nicht
auf mich und verteilte es trotzdem.

\*
\* \*

*(Dann hört sich Mutter die englische Übersetzung gewisser
Auszüge der „höllischen" Agenda vom 9. September an, die
Satprem in den nächsten „Notizen auf dem Weg" veröffentlichen
wollte. Nolini liest seine Übersetzung.)*

Das ist nicht interessant.
Es ist zu persönlich …

*(Mutter schüttelt den Kopf und versinkt)*

Mir erscheint das zu persönlich, um veröffentlicht zu werden.

*(Mutter versinkt erneut)*

Ich weiß nicht …
Es ist vorbei, es ist zu Ende.
Ich möchte, daß ihr beide absolut aufrichtig seid *(Nolini und Satprem)* – dachte wirklich nichts in euch: „Nein, das kann man nicht veröffentlichen"?

*(Satprem:) Ich hatte nicht diesen Eindruck. Ich hatte den Eindruck, es könnte nützlich sein. Aber ich glaube, Nolini wird objektiver sein, weil er nicht da war, als du gesprochen hast.*

*(Zu Nolini:)* Sag mir absolut aufrichtig, was du fühlst.

*(Nolini:) Ich fand, daß es etwas zu persönlich war.*

*(Mutter stimmt zu)* Zu persönlich.

*(Nolini:) Nicht alles, aber teilweise. So ist mein Gefühl.*

*(Schweigen)*

Ich fürchte, das könnte der Anlaß sein für … das könnte die Leute zu morbiden Erfahrungen ermuntern.

*(Satprem:) Ja, das ist wahr.*

Genau das stört mich. Besser nicht. Es würde bedeuten, die Leute zu morbiden Dingen zu ermutigen.

*Ja, solche sind mir schon begegnet.*

*
* *

*(Dann schickt sich Satprem an, ein weiteres Kapitel seines Buchs vorzulesen: „Die Weggabelung")*

Die Einleitung muß ins Hindi übersetzt werden. Ich werde das mit R besprechen.
Weißt du, daß C.S. [ein deutscher Übersetzer] hier ist? Hast du ihn gesehen?

*Nein, liebe Mutter.*

Noch nicht?

*Nein, seine Beziehung zu mir ist nicht sehr gut.*

Ach? Warum?

*Seit fast zwei Jahren habe ich viel für ihn getan. Und jedesmal … bekam ich Dutzende von Briefen, in denen sich immer mehr eine Art mikroskopischer mentaler Besessenheit zeigte, etwas sehr Kleines, sehr Häßliches, das sich immer festbiß … Das ist schwer zu sagen. In ihm ist etwas wie ein kleiner mentaler Zwerg, voller Galle, voller Bitterkeit. Da ist etwas, das gar nicht schön ist. Jedesmal, wenn ich versuchte … (wie soll ich sagen?) ihm etwas Heilsames zuzusenden, um ihm zu helfen, antwortete er mir mit einem Brief voller Galle. Nach ein oder zwei Jahren merkte ich, daß ich seine Reaktion nur verstärkte. Eines Tages schrieb ich ihm deshalb: „Jetzt ist es in Mutters Händen; ich kann nichts mehr für Sie tun."*

Aus welchem Anlaß geschah das?

*Wegen nichts! Er sagte mir, mein Buch* Das Abenteuer des Bewußtseins *sei eine enorme Lüge …*

Er sagt das?

*Ja! Er sagt, sein ganzes Leben habe ihm gezeigt, daß mein Buch eine Lüge ist, weil er nichts von dem verwirklicht hat, was ich sagte, und alles eine Lüge ist. In jedem Brief kam er darauf zurück: „Ja, Sie in Pondicherry sagen das, denn Sie sind im Licht und in der Stille, aber wir hier unten … Ihr Buch ist eine Lüge!"*

Was hat er dann hier zu suchen?

*Ich weiß es nicht … Aber er leidet, verstehst du. Er ist unglücklich, der arme Mann. Von seiner guten Seite wird er in die eine Richtung gezogen, von seinem kleinen Gnom in die andere. Ich habe die Beziehung zu ihm nicht aus persönlichen Gründen eingestellt, denn ich lasse mich überhaupt nicht kränken, sondern weil ich sah, daß ihm das nicht half – das ist alles. Sonst habe ich nichts gegen ihn; der arme Mann leidet.*

Ich habe nie mit ihm gesprochen.

*Er hat eine mentale Entstellung. Eine Art Groll, weißt du, Bitterkeit, Haß.*

Für die deutsche Übersetzung habe ich noch niemanden gefunden ...

*In Auroville?*

*(Schweigen)*

*Du könntest A fragen, liebe Mutter, er kennt alle Deutschen, die hierherkommen.*

A ist kein Psychologe. Wir sollten lieber warten, um sicher zu sein. Ach, ich bin ganz Ohr!

*Soll ich dir trotzdem vorlesen? Du bist nicht müde?*

Nein, nein ... Ich habe bemerkt, daß ich nicht mehr weiß, was es heißt, müde zu sein – selbst körperlich.

Ein ungeheurer Wandel ist eingetreten, aber es ist noch nicht ... man kann nichts darüber sagen.

*(Lesung)*

## 24. Oktober 1970

*(Mutter übersetzt einige Fragmente aus* Savitri, *die für sie ausgewählt worden waren:)*

Ein Wunder ward geboren aus dem Absoluten.
Unendlichkeit zog sich die Endlichkeit von einer Seele an,
ein Weltmeer lebte in dem Wandern dieses kleinen Tropfens,
ein zeitgeschaffner Körper ward zum Haus des Unbegrenzbaren.
Um dies Mysterium auszuleben, kamen unsere Seelen auf die Erde.

*(dt. S. 111)*

...

Als einsame Gestalt auf der riesigen Treppe der Natur
stieg er hinauf zu einem unsichtbaren Ziel
dort auf dem kahlen Gipfel der erschaffnen Dinge.[1]

(dt. S. 112)

Das ist gut. Schade, daß man es in kleine Stücke geschnitten hat!

*
* *

*(Lektüre des fünften Kapitels aus Satprems Buch:
„Das neue Bewußtsein")*

Das ist sehr gut. Es erzeugt diesen Zustand.

*(Schweigen)*

Ich kann nicht sprechen *(Mutter schüttelt den Kopf).*

## 28. Oktober 1970

*(Mutter gibt Satprem ihre Neujahrsbotschaft für 1971:)*

Gesegnet sind jene,
die einen Sprung
in die Zukunft machen.

*
* *

---

1 *A miracle of the Absolute was born;*
*Infinity put on a finite soul,*
*All ocean lived within a wandering drop,*
*A time-made body housed the Illimitable.*
*To live this Mystery out our souls came here.*
*...*
*A figure sole on Nature's giant stair,*
*He mounted towards an indiscernible end*
*On the bare summit of created things.* (Book II, Canto 1, S. 101 u. 102)

*(Mutter versucht mühsam, einige in großen Buchstaben für sie abgeschriebene Verse aus* Savitri *zu lesen. Diese Texte sollen mit Musik vertont werden.)*

In manchen Augenblicken, kann ich sehr gut lesen, in anderen Augenblicken …

Dort sah er abseits und umwallt von ihrem innerlichen Wesen
in einem mystischen Sperrfeuer dynamischen Lichts
einsam und ungeheuer hochgeschwungen eine Welten-Säule,
wie ein Gebirgsfahrzeug der Götter aufgerichtet,
ohne Bewegung unter einem rätselhaften Himmel.
…
Einst hatten in dem Wachsein einer todentrückten Hellsicht
diese Entwicklungsgrade ihren riesenhaften Absturz markiert,
den weiten Sprung kopfüber bei dem Fall von einer Gottheit.
Ein Holokaust jenes Erhabenen ist unser Leben.
Die große Welten-Mutter hat durch dies ihr Opfer
die eigne Seele zu dem Körper unsres Zustandes gemacht.[1]

(dt. S. 107-109)

Den Körper unseres Zustandes …

*Unseres menschlichen Zustandes.*

*(Mutter wiederholt)* „Elle a fait de son âme le corps de notre condition…»

*(Schweigen)*

Es wäre besser, ich versuchte es noch einmal zu lesen.

*Nein, liebe Mutter, du wirst deine Augen ermüden.*

Ich sehe schlecht.

---

1 *There walled apart by its own innerness*
*In a mystical barrage of dynamic light*
*He saw a lone immense high-curved world-pile*
*Erect like a mountain-chariot of the Gods*
*Motionless under an inscrutable sky.*
…
*Once in the vigil of a deathless gaze*
*These grades had marked her giant downward plunge,*
*The wide and prone leap of a godhead's fall.*
*Our life is a holocaust of the Supreme.*
*The great World-Mother by her sacrifice*
*Has made her soul the body of our state* (Book II, Canto 1, S. 97-99)

*Ja, liebe Mutter, es lohnt sich nicht, das nochmal zu versuchen.*

Wenn es dich nicht ermüdet, hier zu sitzen ...

*Oh nein, liebe Mutter!*

Wir können noch zehn Minuten zusammen bleiben. Du bist nicht müde?

(Meditation)

*<br>* *

*Etwas später*

*Da ist eine Frage wegen der englischen Übersetzung meines Buches. Für den Titel gibt es zwei Möglichkeiten. Auf französisch ist es* La Genèse du Surhomme; *auf englisch schlägt T entweder* Superman in the Making ... *oder* The Birth of the Superman *vor.*

(nach langem Schweigen)

Was gefällt dir denn besser?

*Ich weiß nicht, ich habe den Eindruck, daß* Superman in the Making *vielleicht etwas besser ist. Ich weiß es nicht.*

(nach einem langen Schweigen, lächelnd)

Dem fehlt ein wenig die Würde.

*Ja.*

(Schweigen)

*Ich dachte an etwas wie „The Emergence of the Superman".*

(Ohne Begeisterung) Vielleicht wäre das besser?

(Mutter bleibt konzentriert)

Wie wäre es denn mit: *On the Way to Supermanhood*? [Auf dem Wege zum Übermenschentum]

*Ja, sehr gut! „On the Way to Supermanhood". Ja, liebe Mutter! Ja.*

Schlag ihr das vor.

*Ich weiß nicht, ob das gewollt ist oder ob es von mir ausgeht,
aber ich komme in diesem Buch sehr schnell voran, als ob ich
die Dinge nicht entwickelte: ich hole sie nur herab, ohne sie
wirklich entwickeln zu wollen.*

Ja, besser nicht.

*Besser nicht? Das ist wirklich gewollt?*

Ja.

*Denn ich habe den Eindruck, daß es sehr schnell geht – ich
fragte mich, ob es nicht zu schnell ist!*

Nein, nein ... Man muß immer voran sein.

*Manche Dinge, welche man normalerweise auf zwei Seiten ent-
wickeln würde, sind zum Beispiel in zwei Zeilen gesagt.*

Ja, ja, das ist besser. Das ist viel besser!... Ich finde, die Leute
schwatzen immer zu viel.
So ist es besser.
Ich bedaure, das Kapitel nicht gehört zu haben[1]!

## 31. Oktober 1970

*(Mutter versucht, einige speziell für sie in großer Schrift
abgeschriebene englische Verse aus* Savitri *zu lesen.)*

Das ist ein merkwürdiges Phänomen: F hat das abgeschrieben, und
sie versteht den Text nicht gut – für sie sind das eben nur Worte –, und
ich kann es nicht lesen!

*Ja, ich verstehe. Das liegt am Bewußtsein, mit dem sie es abge-
schrieben hat.*

\*
\* \*

---

1 Satprem war erkältet und konnte nicht lesen.

*(Dann hört sich Mutter die Lektüre einiger Briefe
von Sri Aurobindo an:)*

*(Frage:) X hat mich gefragt, ob es möglich ist, daß im Laufe der
Reinkarnationen eine Frau ein Mann wird oder ein Mann eine
Frau. Er dachte an einige weibliche Züge seiner selbst, die man
so erklären könnte. Ich würde auch gern wissen, ob es im psychischen Wesen selbst etwas gibt, das dem Geschlecht ähnelt.*

(Antwort:) Nicht direkt dem Geschlecht, aber dem, was man
das männliche und weibliche Prinzip nennen könnte. Das ist
ein schwieriges Problem. Die Reinkarnationen folgen gewissen
Linien, und gemäß meiner eigenen und der Erfahrung vieler
folgt man gewöhnlich einer einzigen Linie. Aber man kann nicht
behaupten, daß ein Wandel des Geschlechts unmöglich sei. Möglicherweise wechseln es einige. Die Gegenwart weiblicher Züge
in einem Mann weist jedoch nicht unbedingt auf ein vergange-
nes weibliches Leben hin: das kann vom allgemeinen Spiel der
Kräfte und ihrer Beschaffenheit herrühren. Darüber hinaus gibt
es Eigenschaften, die beiden Geschlechtern gemeinsam sind. Es
kann auch sein, daß ein Bruchstück der psychologischen Persönlichkeit einem Leben angehörte, das nicht das seine ist. Man
kann von einer bestimmten Persönlichkeit der Vergangenheit
sagen: „Nicht ich, sondern ein Teil meiner psychologischen Persönlichkeit war in dieser Person gegenwärtig." Die Wiedergeburt
ist ein komplexer Vorgang. Ihr Mechanismus ist nicht so einfach,
wie man gewöhnlich annimmt.

11. Januar 1936
*Letters on Yoga*, XXII.447

Er sagt, es sind „Bruchstücke"?

*Ja: er sagt, es kann Teile geben.*

Ich habe das selber erfahren. In mir ist zum Beispiel ein Stück von
Murat, und ich habe auch die ganze Erfahrung dieses Bruchstücks
wiedererlangt[1] – aber das war alles, es war nur dies.

Das muß stimmen [was Sri Aurobindo sagt], es entspricht meiner
eigenen Erfahrung.

---

1 Der Sieg Murats, an der Spitze der Armeen galoppierend (siehe *Agenda* Band 3 vom
  30.6.1962 und Band 7 vom 3. November 1966).

Ja, das Psychische hat männliche und weibliche Tendenzen, aber es ist nicht „ein Mann" oder „eine Frau": das Psychische ist geschlechtslos.

Wie er sagt: Das ist eine sehr komplizierte Sache, es gibt alle Möglichkeiten. Man kann von nichts behaupten, es sei unmöglich.

*(Schweigen)*

Jetzt möchte ich dein Kapitel hören.

*(Satprem liest ein halbes Dutzend Seiten des sechsten Kapitels „Das Durchbrechen der Grenzen" vor, muß aber aufhören, weil er noch Halsschmerzen hat.)*

*Liebe Mutter, ich kann nicht weitermachen. Es ist zu lang für mich.*

Du bist müde. Das nächste Mal.

Das ist sehr gut … Sehr gut.

Das läßt mich aus allem heraustreten … Ich verliere allen Kontakt, eigenartig. Das passiert mir zum zweiten Mal. Alles verschwindet: ich trete in eine Formation von Dem ein, und Das bleibt als Einziges. Ein sehr sonderbares Phänomen. Die gesamte Welt verschwindet. Als du aufhörtest, war es auf einmal, als ob ich von irgendwo abstürzte. Merkwürdig!

Das ist sehr interessant.

Ich habe den Eindruck, in das einzutreten, was das Mental ersetzen wird. Eine Atmosphäre, die das Mental ersetzen wird, die Atmosphäre der neuen Schöpfung … Neulich hatte ich das sehr stark, aber das war das erste Mal – ich war völlig verblüfft und glaubte, das hinge von meinem Zustand ab; aber heute hörte ich ganz wie gewohnt zu, und auf einmal wurde ich, ohne es zu merken, in eine Atmosphäre versetzt … eine Atmosphäre des Verstehens. Als du aufhörtest *(lachend: Geste, auf den Boden zu fallen)* … Eigenartig!

Es ist wie eine Welt im Aufbau.

Das ist sehr interessant.

Ich verstehe ANDERSWO, verstehst du? Es ist nicht mehr dasselbe. Ich verstehe anderswo. Und ein wunderbar klares und ausdrucksstarkes Verstehen. Ganz merkwürdig! Das ist interessant. Ich hatte vergessen, daß dies neulich passiert war, und heute geschah genau dasselbe. Das ist sehr interessant.

Ist das die Hälfte des Kapitels?

*Nicht ganz: ein Drittel.*

Oh, das ist wirklich eine Erfahrung.

Denn das Mental ist nicht da, es ist ... Im Grunde ist es das psychische Verständnis der Dinge.

Wirklich interessant!

*(Lachend)* Als du aufhörtest, war es, als ob ich in etwas anderes zurückfiele – etwas Gewohntes –, aus einer anderen Welt kommend. Das gehört einer anderen Welt an.

Das ist überaus interessant.

*(langes Schweigen,*
*Mutters Atmung ist rauh[1])*

Glaubst du, daß es für Februar fertig sein wird?

*Ich denke, ich werde es nächsten Monat fertig haben.*

Oh!

*Es geht sehr schnell. Aber vielleicht sollte ich es doch nachher nochmals durchsehen.*

Warum? Oh, NEIN!

*Was ich dir da vorlese, ist so, wie ich es geschrieben habe[2].*

Ich finde das wirklich sehr gut. Oh, nein, man darf es nicht verändern.

*Nicht verändern?*

Nein, es ist etwas Außergewöhnliches. Es scheint so zu kommen *(Geste einer massiven Herabkunft).*

*Oh, ich habe den Eindruck, daß es mir gegeben wird.*

Ja, ja, es ist fertig. Man darf nicht daran rühren.

*Ja, ich habe ein wenig den Eindruck, daß es „fertig" kommt – so ist es.*

*(Mutter schüttelt schweigend den Kopf)*

Nein, das würde es vermenschlichen – das darf man nicht.

*Ja.*

---

1 Bemerkenswert ist, daß Mutters Atem während der ganzen Lektüre normal war.
2 Tatsächlich liest Satprem den Text hier zum ersten Mal – nach dem Schreiben las er ihn nicht nochmals durch.

Es ist nicht menschlich. Man darf es nicht vermenschlichen, selbst –
selbst wenn das äußere Wesen denkt, gewisse Dinge müßten … [modi-
fiziert oder geklärt oder entwickelt werden]. Denn ich weiß … ich weiß,
wohin ich gehe. Nein.

Nachts gehe ich dorthin, und manchmal geschehen Dinge, die sich
nachher sozusagen in allem widerspiegeln, was sich während des
Tages ereignet.

Das ist sehr stark, es ist wirklich eine neue Welt, die sich vorbereitet.
Das ist sehr stark.

*(Schweigen)*

Es wird mich sehr interessieren, das Ende zu sehen, dein letztes
Kapitel.

*(Mutter verharrt lange „schauend")*

*November*

## 4. November 1970

*(Satprem liest den zweiten Teil des 6. Kapitels seines Buchs vor: „Das Durchbrechen der Grenzen".)*

Das ist eine ganz neue Welt.

*(Schweigen)*

Ich könnte stundenlang so zuhören, ohne mich zu rühren. Das ist sehr erholsam. Ich kann es nicht erklären … sehr entspannend.

Eigenartig … Man möchte sich nicht mehr bewegen, nicht mehr sprechen, nichts mehr.

*(Mutter schüttelt den Kopf und versinkt in Kontemplation)*

## 5. November 1970

*(Mutter zeichnet eine Botschaft für den indischen Rundfunk auf:)*

„Wir wollen Botschafter des Lichts und der Wahrheit sein. Als erstes eröffnet sich eine Zukunft der Harmonie, um der Welt verkündet zu werden. Es ist Zeit, die althergebrachte Regierung der Angst durch die Herrschaft der Liebe zu ersetzen."

## 7. November 1970

*(Mutter beantwortet die Frage einer jungen Schülerin:)*

*„Ich habe viel über vergangene und zukünftige Leben gelesen und gehört, aber ich fühle sehr stark, daß wir im jetzigen Leben unsere höchsten Aspirationen verwirklichen müssen, als wäre es die letzte Chance, die uns gegeben ist. Die Anspielungen auf*

*andere Leben sind für mich nicht greifbar und eher akademisch als eine Hilfe und Hoffnung. Nicht, daß ich nicht an Reinkarnation glaube, aber dieser Gedanke kommt mir sehr oft. Mutter, ist das meine beengte Schau oder was?"*

Die Kenntnis vergangener Leben ist interessant, um die eigene Natur kennenzulernen und seine Unvollkommenheiten zu überwinden. Aber offengestanden hat sie keine große Bedeutung. Es ist viel wichtiger, sich auf die Zukunft zu konzentrieren, auf das zu erlangende Bewußtsein und die Entwicklung der Natur, die fast unbegrenzt ist für jene, die wissen, wie man es anstellt.

Wir befinden uns an einem besonders günstigen Zeitpunkt der universellen Existenz, wo sich alles auf der Erde für eine neue Schöpfung vorbereitet, oder vielmehr, für eine neue Manifestation in der ewigen Schöpfung.

*
* *

*(Dann geht es um einen chinesischen Schüler, der bei Freunden des Ashrams in Singapur Geld hinterlegt hat ...)*

Morgen ist illusorisch.

### 11. November 1970

Lies mir dein Kapitel vor!

*Ja ... Aber sprichst du denn gar nicht mehr?*

Ich habe nichts zu sagen.
Ich werde sprechen, wenn dein Buch abgeschlossen ist.
Bist du fertig damit?

*Fast.*

Mich interessiert, was du am Schluß schreibst.

## 14. November 1970

Was gibt es Neues?

*Mein Buch ist fertig.*

Oh ... Gut! Das ist wirklich gut.
Wieviele Kapitel haben wir noch zu lesen?

*Wir sind halb durch: ich lese dir gerade das achte Kapitel vor,
und es gibt sechzehn.*

Das wird bis in den Januar gehen.

*Willst du denn alles hören?*

Ja, sicher! *(Mutter lacht)*

*(Satprem liest das Ende von Kapitel 8 vor: „Wandel der Sicht".
Nach der Lektüre verharrt Mutter lange wie in tiefer Meditation
versunken.)*

Das versetzt mich immer anderswohin – eigenartig – wie in ein ...
neues Land. Jedesmal passiert mir das.

*(Schweigen)*

Glaubst du, die Übersetzer können dies erfassen?

*(Schweigen)*

Es ist still *(weite Geste)*, leuchtend – großartig, weißt du!

*(Schweigen)*

Wer übersetzt es ins Englische?

*Das ist T.*

Übersetzt sie es gut?

*Ja, sie erfaßt den Rhythmus, die Schwingung. Ins Italienische
übersetzt es N.*

Wir bräuchten jemand, der ...

*(Mutter geht in sich)*

Das war sehr kurz.

*(Mutter schaut lange, lächelt dann plötzlich
und versinkt wieder)*

Wie spät ist es? Gibt es nichts zu tun?

*Nein, liebe Mutter ... Sagst du nichts?*

*(nach einem Schweigen)*

Ich sah etwas recht Merkwürdiges ... Die Geschichte betrifft die Tochter eines Mannes, der ein großes Kino besitzt (ein reicher Mann). Ich weiß nicht, was passiert war, es ging ihr gut, aber nach der Geburt ihres Kindes starb sie im Krankenhaus. Man erfuhr nie warum. Das geschah vor einem Jahr, und ich hatte es vergessen. Das Kind – ein Junge – war jetzt also ein Jahr alt, und man brachte es zu mir. Aber ich erinnerte mich nicht mehr an die ganze Geschichte, daß die Mutter gestorben war usw. Ich wußte von nichts. Als der Junge kam, hatte ich den Eindruck, es sei ein Mädchen. Ich schaute. Nachher sagte man mir, was geschehen war. In diesem Kind ist ganz deutlich das Vital seiner Mutter – es ist sehr präzise erhalten geblieben. Es war da und manifestierte sich durch den Körper des Kindes – das Vital seiner Mutter mit ihrem ganzen Bewußtsein. Das ist eigenartig. Ich erfuhr die Geschichte der Mutter erst später. Ich sah dieses sehr bewußte weibliche Vital und fragte mich: „Was ist denn das?" Dann erklärte man mir: „Ja, das ist das Kind, dessen Mutter bei seiner Geburt starb." Da verstand ich. Das Vital ist im Kind geblieben, das zur Welt kam.

Merkwürdig!

*(Schweigen)*

Wenn die Eltern nur wüßten, wie sie sich verhalten sollten, dann könnten sie ... Dieses Kind könnte absolut bemerkenswert sein: mit einem voll bewußten Vital.

Man bringt mir jetzt all die in Auroville geborenen Kinder, und ich sehe da ... erstaunliche Dinge. Einige – nicht viele, ein oder zwei – ähneln kleinen Tieren, sie haben nichts: sie sind sehr nett, aber wie ein kleines Tier. Doch die meisten haben ein bewußtes Wesen. Leider behandeln die Eltern sie auf eine wirklich dumme Art, weil sie nichts wissen, nichts verstehen.

Heute sah ich wieder eines von ihnen *(winzige Geste)*: Es ist nur wenige Tage alt – so groß –, und ich sah das darin enthaltene Bewußtsein, ganz wunderbar!

Sie behandeln es aber wie ein kleines Tier – und es kann sich gar nicht wehren.

*(Schweigen)*

Werden diese Kleinen die Zwischenwesen sein?... Ich weiß es nicht.

*(langes Schweigen)*

*Du sagst nichts über dich selbst, liebe Mutter.*

Nein, nichts zu sagen.
Nichts zu sagen.

*(Mutter schüttelt den Kopf und schaut weiterhin)*

## 18. November 1970

*(Mutter gibt Satprem Suppenpakete wie jedesmal.*
*Dann kommentiert sie:)*

Eine kleine Katastrophe ist passiert: In Afrika wurden nämlich alle Inder des Landes verwiesen, oder ihr Eigentum wurde beschlagnahmt, und sie schickten uns immer den Käse! *(Gelächter)* Wir werden also keinen Käse mehr haben ... Ich habe nur noch das hier aus Deutschland *(Mutter reicht eine Tube mit Streichkäse).*

*In Pakistan gab es eine wesentlich größere Katastrophe.*

Was ist geschehen?

*Es gab etwa dreihunderttausend Tote.*

Was?

*Ein Zyklon erhob sich, dann eine Sturmflut: eine enorme, mehr als fünf Meter hohe Woge fegte über die ganze Küste hinweg, und es gab an die dreihunderttausend Tote.*

Buh! Wann ist das passiert?

*Vor zwei oder drei Tagen.*

Keiner hat mir etwas gesagt ... War P.L. dort?

*Nein, nein: in Pakistan, liebe Mutter, in Ostbengalen!*

Oh, das weiß ich. Ich verstand „Vatikan".

*Nein, nein. Das wäre nicht so übel ... (Gelächter)*

Das in Pakistan weiß ich.
Das war am Meer?

369

*Ja, an der Bucht von Bengalen.*

(*Mutter bleibt sehr lange absorbiert.*)

Wir stecken in völliger Ungewißheit. Die etablierten Dinge brechen überall zusammen.

Es ist ganz offensichtlich eine Zeit des Übergangs.

(*Schweigen*)

Heute sind wir beim neunten Kapitel?

*Ja, liebe Mutter, du hast ein gutes Gedächtnis!*

*
* *

(*Satprem liest das Kapitel „Das größere Selbst".*)

Was geht mit dir vor?... Mein Kind, das ist … (*Mutter wirkt ganz ergriffen*) Dies ist wirklich das Buch von morgen.

Ist es fertig?

*Ja, ich habe das Buch zu Ende geschrieben.*

Ich bin gespannt, die letzte Seite zu sehen.

(*Mutter verharrt lange, das Gesicht in ihre Hände gestützt*)

Es gleicht einem Wunder.

Als wäre das Morgen schon heute gerufen worden.

(*Mutter schüttelt den Kopf und ergreift Satprems Hände*)

Mein Kind, das ist großartig, wirklich großartig! (*Mutter hat Tränen in den Augen*)

*Oh, liebe Mutter, das ist wirklich nicht mein Verdienst!*

Fähig zu sein, keine Hindernisse in den Weg zu legen, ist schon viel.

(*Satprem schickt sich an zu gehen*)

Ich möchte dir wirklich danken! (*Mutter ist ganz ergriffen*)

*Oh, liebe Mutter!*

(*Satprem legt seinen Kopf auf Mutters Schoß*)

## 21. November 1970

*(Mutter übersetzt einige Auszüge aus* Savitri *und hört sich die erste Hälfte von Kapitel 10 aus Satprems Buch an. Die meiste Zeit bleibt sie versunken oder absorbiert.)*

Innerlich geht es weiter.

*
* *

*(Nachher zu Sujata:)*

Am 5. und 9. Dezember werden wir uns nach der [kollektiven] Meditation treffen. Ich werde nicht übersetzen, möchte aber die *Genèse* hören.[1]

Das ist sehr gut ... Mehr als sehr gut: es öffnet die Pforte der Zukunft.

## 25. November 1970

*(Satprem liest die zweite Hälfte des zehnten Kapitels: „Harmonie“. Mutter hört mit geschlossenen Augen zu.)*

*„... Wenn sich der Blick ändert, kann man die Welt neu gestalten.“*

*(Mutter öffnet ihre Augen weit und versinkt wieder bis zum Schluß)*

Das ist außerordentlich! Das enthält eine Art ... ein GEFÜHL, das nicht von dieser Welt ist. Es verbindet einen mit einer gewissen ... ich weiß nicht, wie ich das nennen soll, aber eine Art Gefühl *(tatsächlich sieht Mutter gerührt aus)* jenseits des Mentals – jenseits von allem, nicht nur des Mentals, sondern des Intellekts.

Ein neues Gefühl. Ich kann es nicht beschreiben. Eigenartig. Jedesmal ist es so, und jedesmal sage ich mir: „Ich werde gut aufpassen

---

1 Es wird kein Treffen geben. Am 3. Dezember wird Mutter schwer erkranken – ein neuer gefährlicher Wendepunkt.

und es verfolgen, um zu sehen ..." Ich versuche, mein Bewußtsein in seinem normalen Zustand zu halten, und dann geschieht etwas, das mich TROTZ meiner Bemühung ... Es ist wie Magie, mein Kind!

Es ist etwas wie ein Gefühl, aber ein Gefühl, das weiß, ein Gefühl, das versteht. Es ist nicht das Denken. Das ist wirklich interessant. Jedesmal wird es bewußter; jedesmal sage ich mir: diesmal werde ich mich nicht mitreißen lassen! *(Gelächter)* Aber diesmal war ich mir bewußter, was es ist ... Es ist etwas Neues jenseits des Mentals, des Intellekts und jeglichen Begreifens; eine Seinsweise, die ... (ich weiß nicht, wie ich das nennen soll) etwas wie ein Gefühl, aber sehr klar und SEHR bewußt.

Es ist stark! Es hat eine außerordentliche Kraft.

Das ist wirklich interessant.

Wieviele gibt es noch?

*Noch sechs Kapitel. Dies war das zehnte.*

Vielleicht werde ich es am Schluß wissen.

Das ist wirklich interessant.

Es hat eine eigenartige Kraft, die Dinge zu verwandeln ... Der Satprem dieses Buches ist für mich nicht derselbe wie zuvor. Und alles ... erhält ein neues Gesicht, ich weiß nicht – es ist ein neuer Kontakt.

Das ist interessant.

Ich habe also noch sechs vor mir ... Ich erwarte das mit ... Es ist wirklich wie eine neue Schöpfung, wie eine neue Welt, die mit der unsrigen in Verbindung gebracht wird.

*(Schweigen)*

Das liegt jenseits der Person. Es gibt kein Ego.

*Ja.*

Jenseits der Person.

Es ist etwas anderes – etwas anderes.

*(Mutter schließt die Augen)*

Das verläßt mich nicht, diese Atmosphäre verläßt mich nicht mehr. Und die Reaktion, auf alle Dinge, die kommen, ist nicht mehr dieselbe.[1]

---

1 Satprem bedauert, keine der Tonaufzeichnungen mit Mutters Kommentaren über die *Genèse* aufbewahrt zu haben. Er hielt sie damals für zu persönlich – damals

## 28. November 1970

*(Satprem gibt Mutter seine Rente und fragt sie, ob er etwas Geld
behalten könne, um sich außerhalb von Pondicherry in den
Nandanam-Gärten ein Zimmer einzurichten.)*

Ja, das wird dir gut tun.

\*
\* \*

*(Dann übersetzt Mutter einige Abschnitte aus* Savitri, *darunter diesen:)*

*Il prête de la beauté à la terreur des gouffres
Et des yeux fascinants aux dieux périlleux,
Revêt de grâce le démon et le serpent.*

II.II.106

Sie leiht dem Schrecken jener Klüfte ihre Schönheit
und den gefahrvollen Göttern ihre hinreißenden Augen.
Mit Anmut kleidet sie den Dämon und die Schlange.

(dt. S. 116)

Das ist bezaubernd!
Dies entspricht ganz und gar der Beschreibung des Vitals – das, was
Théon „die nervliche Welt" nannte.

\*
\* \*

*(Dann liest Satprem den Anfang von Kapitel 11 seines Buchs:
„Wandel der Macht")*

Das bringt eine Atmosphäre hervor, die den ganzen Tag so andau-
ert, und ich kann nicht mehr sprechen.

*(Mutter versinkt)*

Dort kann man endlos weitergehen.
Es ist weit – weit und umfassend –, als richte man ein Licht auf die
Welt. Eigenartig, jedesmal hat es auf mich die gleiche Wirkung.

---

besaß er noch genug „Persönlichkeit", um nichts „Persönliches" zu wollen.

Hier gibt es nichts mehr *(Mutter berührt ihre Stirn)*, nichts. Verstehst du, es ist, als käme es von da und ginge dann so hinaus *(stetige Geste von Satprem zu Mutter gehend, die sich dann von Mutter überall auf die Welt ausbreitet)*.

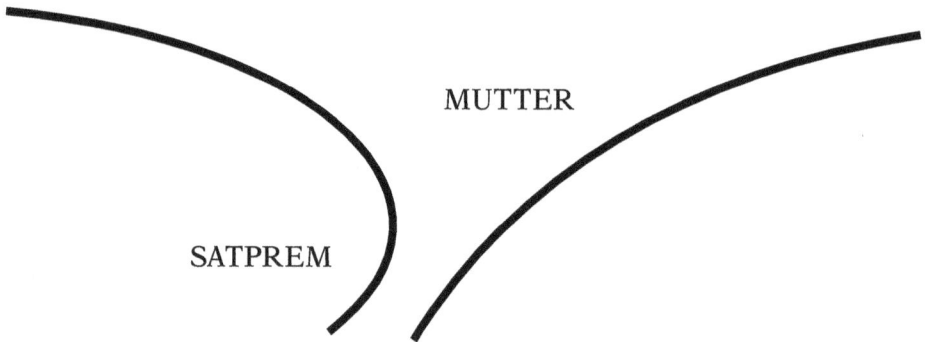

MUTTER

SATPREM

Das ist wirklich interessant. Hier *(Stirn)* bleibt einzig ein sehr angenehmer, sehr stetiger Eindruck und sonst nichts: Schweigen. Es kommt und kommt … *(dieselbe stetige, sich ausbreitende Geste)* Wirklich interessant.

Ich frage mich, ob es Menschen gibt, die das hören können?… Das wäre interessant zu wissen. Es geht in eine … keine mentale Atmosphäre, sondern direkt über dem Mental, aber in diesem neuen Bewußtsein. Es geht so *(die gleiche Geste)* und reicht sehr weit … als ob es sich auf der Erde verbreite.

Das ist interessant.

*(Mutter versinkt lächelnd)*

*Dezember*

## 2. Dezember 1970

*(Mutter hat einen Bluterguß am linken Auge*
*und eine geschwollene Wange)*

Geht es gut?

*Ja, liebe Mutter. Und dir?*

Zahnschmerzen ... Immer etwas ... Das macht nichts.

Das ist nur deshalb interessant, weil ich nicht mehr diese spontane Reaktion wie alle anderen habe *(Geste der Selbstbezogenheit)*, die Dinge in bezug auf ihn *(Mutter deutet auf den Körper)* zu sehen und zu handhaben. Der Körper ist so *(Geste einer Auflösung)*, er existiert nicht. Das ist merkwürdig: völlig spontan. Dies ist nicht das Resultat eines Willens, nicht einmal eines Gedankens oder Bewußtseins: es ist ein natürlicher Zustand. Als ob er nicht existierte. Ich nehme an, dies ist der Grund, daß sich jeder kleine Winkel, der noch nicht ganz so ist, wie er sein soll, querlegt. Dann muß er sich wieder geradestellen. Das ist alles.

Hinsichtlich des Bewußtseins geht es sehr gut – sehr gut. Es wird natürlich, völlig spontan, mühelos.

Es gibt kein Zentrum *(Mutter deutet lachend auf ihren Körper)*, selbst physisch nicht.

Es geht gut.

*
\* \*

*(Mutter übersetzt einige Fragmente aus* Savitri*:)*

*Cette boue doit abriter l'orchidée et la rose,*
*De sa substance aveugle et récalcitrante doit émerger*
*Une beauté qui appartient à des sphères plus lumineuses.*

II.II.107

Aus diesem Erdenschlamm muß nun die Rose und die Orchidee
erblühn.
Aus ihrer blinden und unwilligen Substanz
muß eine Schönheit auferstehn, die glücklicheren Sphären angehört.

(dt. S. 117)

*
\* \*

*(Nach der Lektüre des zweiten Teils von Kapitel 11 aus Satprems Buch: „Wandel der Macht")*

Das ist prächtig!…
Übersetzt T es ins Englische?
Interessiert es sie?

*Ich weiß nicht.*

Und für das Deutsche?… Wenn es jemanden gäbe …

*(Schweigen)*

Das versetzt mich den ganzen restlichen Tag in eine sehr angenehme Atmosphäre.
Wir haben noch etwas Zeit. Wir können noch einen Augenblick ruhig bleiben.

*(Meditation)*

---

## 3. Dezember 1970

> *Von diesem Tag an machte Mutter eine mehr als anderthalb Monate dauernde Prüfung durch, der letzte Wendepunkt nach jenen von 1962 und 1968. Wir werden sie erst am 16. Januar wiedersehen. Am 31. Dezember verließ Satyakarma, ihr treuer Schatzmeister, seinen Körper – als letzter in einer verhängnisvollen Reihe, die Mutter ihrer zuverlässigsten Helfer beraubte. Im Verlauf dieser Prüfung wurde Mutter nacheinander an der Brust, am Bauch, dann an den Beinen und bis zu den Füßen gesundheitlich beeinträchtigt. Die ersten Wundmale bildeten sich auf ihrem Rücken.*

*Vorschau:*
## Mutters Agenda Band 12, 1971

Die letzte Wende in Mutters Yoga, aus der sie mit einem Schrei zurückkehrt: *Lange ging ich in meinem Zimmer auf und ab. Die ganze Zeit war ich nur ein einziger Schrei, als würde mir alles ausgerissen. Es war das gesamte Problem der Welt.*

Diese Agenda wird mehr und mehr durchsetzt von kleinen zerreißenden Schreien; es genügte nicht, daß sie das Geheimnis für sich selber fand, die anderen mußten es auch verstehen – die in ihrer egoistischen Macht verschlossenen Schüler: *Sie haben kein Vertrauen! Alle sagen: „Sie ist alt, sie ist alt..." – eine Atmosphäre des Widerstandes gegen die Veränderung. Von allen Seiten heißt es: „Es ist unmöglich, es ist unmöglich" ... Es ist keine Minute zu verlieren, die Zeit drängt ... Oh, die Herrschaft des Göttlichen muß kommen ... Der Sieg ist gewiß, aber ich weiß nicht, welchen Weg wir nehmen werden, um dorthin zu gelangen. ... Man müßte sich so fest an die Wahrheit klammern ... Sie hören nicht mehr auf mich.*

Sie wird 93, sie tappt im Unbekannten: *Ich sehe besser mit geschlossenen Augen als mit offenen, und es ist die physische Sicht, rein physisch, aber ein Physisches, das vollständiger erscheint. ... Die Änderung muß wirklich im Bewußtsein der Zellen vollzogen werden. ... Die äußeren Erscheinungen werden sich später als Konsequenz ergeben. ... Ich habe den Eindruck, daß ich auf dem Weg bin, zu entdecken, welche Illusion zerstört werden muß, damit das physische Leben ununterbrochen sein kann – daß der Tod von einer Entstellung des Bewußtseins herrührt.*

Wird man auf sie hören, wird man ihr die Zeit lassen? *Nur ein gewaltsamer Tod könnte die Transformation aufhalten, ansonsten weiß der Körper, daß die Arbeit weitergehen wird, immer weitergehen wird ...*

Und wieder dieser Schrei: *Es wird ein Wunder geben. Aber welches, weiß ich nicht.*

# Bibliographie

*Auf deutsch erhältliche Werke von und über Mutter und Sri Aurobindo:*

Beim Verlag Hinder + Deelmann erhältlich:

*Sri Aurobindo:*
   **Das Göttliche Leben**
   **Die Synthese des Yoga**
   **Essays über die Gita**
   **Savitri: Legende und Sinnbild**  (deutsche Übersetzung von Heinz Kappes)
   **Das Geheimnis des Veda**
   **Die Grundlagen der indischen Kultur**
   **Das Ideal einer geeinten Menschheit**
   **Über sich selbst**
   **Licht auf Yoga**
   **Bhagavadgita** (aus dem Sanskrit übersetzt von Sri Aurobindo)

*Die Mutter:*
   **Mutters Agenda** (13 Bände)

*Satprem:*
   **Das Abenteuer des Bewußtseins**
   **Mutter – Der Göttliche Materialismus**
   **Mutter – Die neue Spezies**
   **Mutter – Die Mutation des Todes**
   **Der Aufstand der Erde**
   **Evolution 2**
   **Das Mental der Zellen**
   **Der Sonnenweg**
   **Gringo**

Beim Verlag W. Huchzermeyer erhältlich:

*Sri Aurobindo:*
   **Die Dichtung der Zukunft**
   **Zyklus der menschlichen Entwicklung**
   **Briefe über den Yoga**
   **Gedanken und Aphorismen, mit Erläuterungen der Mutter**
   **Sawitri – Eine Sage und ein Gleichnis**  (zweisprachige Ausgabe,
                                    deutsche Übersetzung von Peter Steiger)
*Die Mutter:* **Gespräche 1950-1958**
*Sri Aurobindo:* **Briefwechsel mit Nirodbaran**
*Nirodbaran:* **Gespräche mit Sri Aurobindo**
*Nirodbaran:* **Zwölf Jahre mit Sri Aurobindo**
*Satprem:* **Vom Körper der Erde oder der Sannyasin**

Beim Aquamarin Verlag:

*A. B. Purani:* **Abendgespräche mit Sri Aurobindo**

*ausführlichere Inhaltsangaben bei* www.evolutionsforschung.org

www.ingramcontent.com/pod-product-compliance
Lightning Source LLC
Chambersburg PA
CBHW081322090426
42737CB00017B/3003